Der große ADAC-Ratgeber

Garten

Gemüse und Kräuter

Der große ADAC-Ratgeber
Garten
Gemüse und Kräuter

EIN
ADAC
BUCH

AUTOREN:
Brigitte und Siegfried Stein

ZEICHNUNGEN:
Marlene Gemke

Dieses Buch entstand in Zusammenarbeit zwischen dem ADAC Verlag, München, und dem Verlagshaus Stuttgart

Projektleitung: Michael Dultz, Wolf Keienburg
Redaktionsleitung: Siegrid Kroeber, Mariele Radmacher-Martens
Textredaktion:
Annette Baldszuhn, Sonnhild Bischoff, Karin Greiner, Dr. Thomas Hagen,
Dr. Ursula Kraxner, Dr. Angelika Weber
Bildbeschaffung: Fotoservice Silvestris, Kastl
Korrektorat: Dr. Linde Lang
Herstellung: Dieter Lidl, Hans-Joachim Preußer
Produktionskoordination: John C. Bergener, Hans-Joachim Preußer
Graphische Gestaltung: Günter Stahl
Layout: Dieter Lidl, Günter Stahl
Titelgestaltung: Graupner & Partner, München
Satz: Typobauer Filmsatz GmbH, Ostfildern
Repro: Eder Repros Offset-Repro GmbH, Ostfildern
Druck und Bindearbeiten: Mohndruck Graphische Betriebe GmbH, Gütersloh

Gedruckt auf »BRO - MM plus«
der Papierfabrik Scheufelen, Lenningen
Hergestellt aus 100 % chlorfrei gebleichtem Zellstoff (TCF)

Printed in Germany

Bildnachweis siehe Seite 240

Die Daten und Fakten dieses Ratgebers wurden mit äußerster Sorgfalt recherchiert und geprüft. Da viele Informationen aber Veränderungen unterworfen sind, kann leider keine absolute Gewähr für die dauerhafte Richtigkeit übernommen werden.

Einige Gemüsepflanzen sind in Teilen, in rohem oder unreifem Zustand giftig (siehe Seite 17 und Pflanzenbeschreibungen ab Seite 134); es ist daher vor allem darauf zu achten, daß Kinder nicht davon essen.

Verletzungen bei der Gartenarbeit, insbesondere offene Wunden, bedürfen der fachkundigen Behandlung durch einen Arzt.

Bei der Verwendung von Düngern und Pflanzenschutzmitteln sind die Gebrauchsanweisungen streng zu befolgen.

ISBN 3-87003-633-8

Inhalt

Aus dem Garten frisch auf den Tisch

Gemüse als Gaumenschmaus und Augenweide

Grundlagen des Wachstums

Aus Samen werden Köstlichkeiten

Reiche Ernte als Lohn

Gewappnet gegen Schäden

Der Weg zur eigenen Ernte

Aus dem Garten frisch auf den Tisch

Gemüse und Kräuter

Auf gepflegten Beeten im eigenen Garten läßt sich eine Fülle von frischen, köstlichen Gemüsen und wohlschmeckenden Kräutern ziehen.

Gemüsegärten haben heute einen anderen Stellenwert als früher. Zog man noch zu Großmutters Zeiten hauptsächlich Kartoffeln und Kohl, um den Kochtopf zu füllen, erobern heute eher lukullische Spezialitäten die Beete. Frische Salate und würzige Kräuter, exotische Fruchtgemüse und so köstliche Delikatessen wie Grünspargel oder Artischocken verdrängen zunehmend den Anbau von althergebrachten Feldfrüchten. Aber welche Gemüse man auch anbaut, wichtig sind dabei vor allem die Freude am Gärtnern und das Erfolgserlebnis einer reichen eigenen Ernte.

Gesunde Nahrung aus dem eigenen Garten

Bunte Farbtupfer von Ringelblumen, Schmuckkörbchen und Kapuzinerkresse lassen das satte Grün des Gemüses erst richtig leuchten.

Ein hübsch angelegter und gut gepflegter Gemüsegarten erfüllt eine Reihe von Wünschen auf einmal, denn das harmonische Miteinander verschiedenster Gemüsearten spricht meist mehrere Sinne an. Die Augen freuen sich am Spiel der Farben und Formen, die Nase schnuppert aromatische Düfte, und der Gaumen labt sich an erntefrischen Köstlichkeiten. Knackige Radieschen, butterzarter Salat, herzhafte Möhren und würzige Kräuter aus dem eigenen Anbau, frisch und vollreif, schmecken eben unvergleichlich besser als gekauftes Gemüse. Nur im eigenen Garten kann man miterleben, wie aus unscheinbaren Samenkörnchen prächtige und vitaminreiche Gemüse- und Kräuterpflanzen heranwachsen. Wenn dann neben der Freude am Genuß des selbstgezogenen Gemüses auch noch der Reiz von neuen oder auf dem Markt nicht angebotenen Sorten lockt, lohnt sich jede Mühe des Anbaus.

Gemüse als Grundnahrungsmittel

Gemüse zählt zu den Grundnahrungsmitteln. Blätter, Wurzeln, Rüben, Knollen, Früchte und Samen der Gemüse liefern energiereiche pflanzliche Nahrung, auf die Mensch und Tier angewiesen sind. In einer Zeit des Überflusses – zumindest in den Industriegesellschaften des Westens – vergißt man jedoch leicht, daß pflanzliche Produkte über Jahrhunderte für einen Großteil der Bevölkerung das Hauptnahrungsmittel darstellten, weil Fette und tierische Eiweiße Luxus waren. Kohl und später Kartoffeln füllten in vielfachen Variationen oft tagaus, tagein den Magen, und zahlreiche Man-

Großflächiger Gemüseanbau verspricht zwar große Erntemengen, nicht immer aber auch Wohlgeschmack.

gelkrankheiten waren die Folge. In weiten Teilen der Welt sind Kulturpflanzen wie Reis, Mais oder auch Kartoffeln nach wie vor das Hauptnahrungsmittel – mit all den sich daraus ergebenden Konsequenzen für die Gesundheit.

In den Industrienationen hat sich dagegen allmählich der Stellenwert der pflanzlichen Produkte für die Ernährung verschoben: Zwar sind Gemüse noch immer Grundnahrungsmittel – in Form von sättigenden Beilagen bis hin zu kulinarischen Delikatessen –, aber nicht mehr Hauptnahrungsmittel. Mit der Zeit haben vor allem solche Produkte die Speisezettel erobert, die wegen ihres Gehalts an Fetten und Eiweißen lebensnotwendig, dabei häufig aber sehr kalorienreich sind.

Heute wird Gemüse meist großflächig angebaut, fast könnte man sagen industriell erzeugt. Durch Selektion, Züchtung und verbesserte Kulturverfahren stehen viele Arten reichlich, oft überreichlich, zur Verfügung. Aber diese Massenproduktion hat leider auch negative Seiten. Die Verbraucher beklagen zunehmend, daß Vitamingehalt und Geschmack zugunsten höherer Erträge merklich nachgelassen haben. Der Ruf nach schmackhafteren, aromatischeren Feldfrüchten wird immer lauter. Kein Wunder, daß selbstgezogenes, frisch geerntetes Gemüse immer beliebter wird, weil es in der Regel besser schmeckt und darüber hinaus besonders gehaltvoll ist.

Geschmack schafft Genuß

Gemüse soll nicht nur gesund sein und appetitlich aussehen, sondern vor allem auch gut munden. Sein typischer Geschmack ergibt sich aus dem Zusammenwirken von Zuckern, Säuren und Würzstoffen in den Pflanzen.

Sortenbedingt zeigen sich große Unterschiede in der Geschmacksrichtung. Bei Tomaten reichen die Varianten beispielsweise von den fruchtigen gelben über aromatische Sorten bis hin zu den beinahe süßen Kirschtomaten. Wirklich delikat und gehaltvoll sind Gemüse nur in optimalem Reifezustand, zu früh oder zu spät geernteten Früchten fehlt der abgerundete Geschmack, also der Einklang aller Inhaltsstoffe. Je frischer Gemüse auf den Tisch kommt, desto gehaltvoller ist es.

Auch Standort und Düngung spielen für die Qualität eine Rolle. Nur an wirklich geeigneten Plätzen kann eine Pflanze die für sie typischen Inhaltsstoffe ausbilden. Ausreichend lange

Volles Aroma und höchste Qualität entwickelt Gemüse nur am optimalen Standort.

In sonniger Wärme vollkommen ausgereift, schmecken Tomaten am besten.

Knollenziest findet man in Europa nur selten auf dem Markt, daher lohnt sich der Anbau im eigenen Gemüsegarten.

Sonneneinstrahlung, regelmäßige Wasserzufuhr und eine ausgewogene Nährstoffversorgung müssen gewährleistet sein. Tomaten, die ohne genügend Sonnenlicht und -wärme gereift und mit viel Stickstoff gedüngt worden sind, lassen das köstliche Aroma vermissen, das sonnenverwöhnte Früchte von Pflanzen, die auf gut gepflegten, fruchtbaren Böden wachsen konnten, auszeichnet.

Ungewohnten Gaumenkitzel bieten Gemüsearten, die neu auf den Markt gekommen sind oder lange Zeit vergessen waren. Gerade im eigenen Garten hat man die Möglichkeit, den Speisezettel um viele dieser Gemüse zu

Anlage eines Nutzgartens: *Ein Gemüsegarten muß durch Wege gut erschlossen sein. Die Beete werden in Nord-Süd-Richtung angelegt, damit alle Gemüse und Kräuter (in der Skizze grau) gleichmäßig viel Sonne bekommen. Zur Grundausstattung gehört auch eine Kompostanlage. Im Frühbeet können Jungpflanzen vorgezogen und emfindliche Gemüse kultiviert werden. Auf dem Hochbeet gedeihen wärmeliebende Gemüse hervorragend. Eine Hecke aus Beerensträuchern teilt den Nutzbereich vom übrigen Garten ab und dient gleichzeitig als Windschutz. Details im Gemüsegarten: ① niedrige Hecke aus Johannisbeersträuchern; ② Frühbeet mit Anzuchtschalen (vorn) und Zuckermelone (hinten); ③ Porree; ④ Kräuterbeet mit Boretsch, Salbei, Zitronenmelisse und Lavendel (von vorn nach hinten), gesäumt von Thymian und Petersilie; ⑤ Möhren und Knoblauch in Mischkultur; ⑥ Stabtomaten (Mitte), Kopfsalat (rechts), Petersilie (links); ⑦ Buschbohnen (links), Rotkohl (rechts); ⑧ Hochbeet mit Paprika (links), Auberginen (rechts), Zucchini (vorn), Gurken (hinten); ⑨ Kompostanlage; ⑩ Stangenbohnen; ⑪ Wassertonne; ⑫ verschiedene Salate; ⑬ Zwiebeln; ⑭ Kartoffeln; ⑮ Erbsen; ⑯ bunte Blumenrabatte mit Sonnenblumen, Stockrosen und anderen einjährigen Arten.*

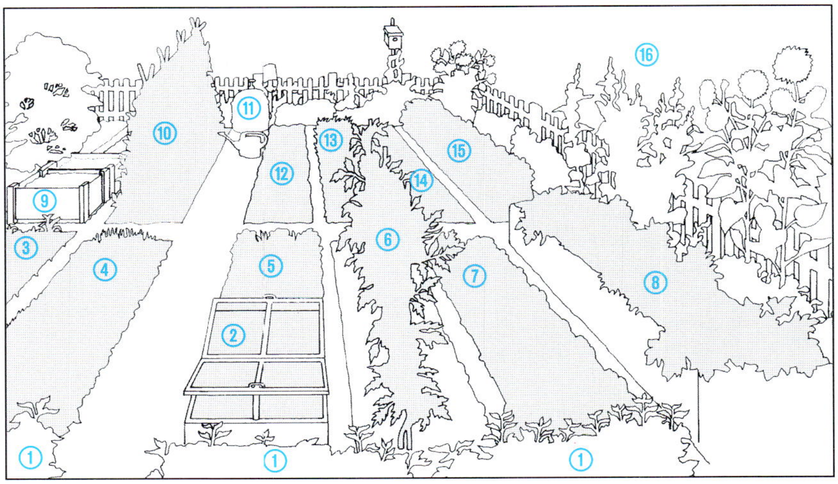

erweitern. Exotische Delikatessen wie z. B. Pak Choi, Okra und Knollenziest, lange vergessene Arten wie Zuckerwurzel oder Gartenmelde sowie selten angebotene Köstlichkeiten wie Mairüben, Aziagurken und Salatrauke lohnen durchaus den Versuch, sie im Gemüsegarten anzubauen.

Erdbeerspinat (Bild ganz links) ist reich an Vitamin C. Erbsen (Bild Mitte links) enthalten viel Phosphor. Grünspargel (Bild Mitte rechts) gehört zu den kalorienarmen Diätgemüsen. Löffelkraut (Bild ganz rechts) schützt wegen seines hohen Vitamin-C-Gehalts vor Skorbut.

Tip

Wegen seines hohen Gehalts an Vitaminen sowie an Ballast- und Mineralstoffen sollte Gemüse nicht immer nur Beilage zu einem Essen sein, sondern viel öfter auch einmal die Hauptmahlzeit bilden.

Tip

Je frischer Gemüse auf den Tisch kommt und je schonender es zubereitet wird, desto höher ist der Vitamingehalt. Durch kurzes Dämpfen in möglichst wenig Wasser bleiben viele Vitamine erhalten.

Nährwert von Gemüse

Gemüse ist gesund und sättigt, ohne den Körper mit einem Übermaß an Kalorien zu belasten. Selbst die früher oft als „Dickmacher" geschmähte Kartoffel ist in Wahrheit eine bekömmliche und im Vergleich zu vielen anderen Nahrungsmitteln kalorienarme Kost.

Im Gegensatz zum geringen Kaloriengehalt enthält die Mehrzahl der Gemüsearten eine bemerkenswert hohe Menge an Vitaminen, Mineral- und Ballaststoffen – also Zellulose –, die für eine gesunde, ausgewogene Ernährung unverzichtbar sind. Die breite Palette verschiedener Aroma- und Geschmacksstoffe macht Gemüse außerdem zu einer wahren Gaumenfreude und sorgt auch auf diese Weise für körperliches Wohlbefinden.

Viele Gemüse eignen sich ausgezeichnet für die Zubereitung einer Diät- oder Schonkost, einige Arten haben sogar einen heilenden Einfluß. So schätzt man Spargel als Delikatesse und profitiert gleichzeitig von seiner entwässernden und entschlackenden Wirkung. Möhren gelten aufgrund ihres hohen Karotingehaltes und der vielen wertvollen Inhaltsstoffe als verdauungsfördernd und stärken die Sehkraft. Nicht umsonst werden Möhren wie auch andere Gemüse als erste Zusatzkost für Säuglinge verwendet.

Wer den Nährwert und die Inhaltsstoffe von Gemüsen kennt, wird die tägliche Nahrung möglichst abwechslungsreich gestalten, um dem Körper auf diese Weise die jeweils notwendigen Nährstoffe zuzuführen.

Vitamine

Vitamine sind unentbehrliche Wirkstoffe, die für alle Lebensvorgänge benötigt werden, aber keine Energie liefern wie Kohlenhydrate, Fette und Eiweiße. Sie kommen nur in Spuren vor und werden überwiegend von Pflanzen gebildet, müssen also mit der Nahrung aufgenommen werden. Vitamine und Provitamine – das sind Vorstufen von Vitaminen – können nicht durch andere Stoffe ersetzt werden. Gemüse und Obst sind die wichtigsten Vitaminlieferanten.

Schon lange, bevor die Wirkungsweise der Vitamine bekannt war, hat man Mangelerscheinungen als Folge einer unzureichenden Versorgung mit Vitaminen vorgebeugt. So nahmen Seefahrer auf ihre langen Reisen Sauerkraut mit, also in Milchsäure gegorenen Kohl, der reich an Vitamin C ist und deshalb vor der Mangelkrankheit Skorbut schützt. Aus dem gleichen Grund ist in den Alpen das auch im Winter grüne Löffelkraut verbreitet, und man gab ihm wegen seines hohen Vitamin-C-Gehalts auch den Namen Skorbutkraut.

Mineralstoffe

Für den menschlichen Stoffwechsel ebenso wichtig wie Vitamine sind Mineralstoffe oder Mineralsalze, also Kalium (chemisches Zeichen K), Natrium (Na), Calcium (Ca), Magnesium (Mg), Eisen (Fe), Chlorid (Cl), Stickstoff (N), Schwefel (S) und Phosphor (P) sowie die sog. Spurenelemente. In Gemüse und Kräutern sind Mineralsalze meist reichlich vorhanden,

Nährwert wichtiger Gemüse

je 100 g rohes Gemüse (genießbarer Anteil)

Gemüse	Eiweiß	Fett	Kohlenhydrate	kJ	kcal	Mineralstoffe						Vitamine			
						Na	K	Ca	P	Fe	Mg	A	B_1	B_2	C
	g	g	g			mg	mg	mg	mg	mg	mg	µg	mg	mg	mg
Artischocke	2,4	0,1	12,2	203	49	47	350	53	130	1,5	26	17	0,14	0,01	8
Aubergine	1,2	0,2	4,4	86	21	4	240	12	20	0,4	10	5	0,04	0,05	5
Blumenkohl	2,5	0,3	4,0	96	23	16	311	22	72	1,1	7	21	0,1	0,11	69
Bohne, grün	2,4	0,2	5,1	148	35	2	243	56	44	0,8	26	60	0,08	0,11	19
Brokkoli	3,3	0,2	4,4	100	24	14	410	113	78	1,3	24	316	0,1	0,2	110
Chicorée	1,3	0,2	2,3	48	11	4	192	26	26	0,7	13	216	0,05	0,03	10
Chinakohl	1,2	0,3	2,0	48	11	7	202	40	30	0,6	11	13	0,03	0,04	36
Endivie	1,8	0,2	2,1	49	12	53	320	68	54	1,6	13	333	0,06	0,10	10
Erbse, grün	6,6	0,5	12,6	290	69	1	340	15	100	1,9	30	50	0,32	0,15	25
Feldsalat	1,8	0,4	7,6	48	11	4	420	32	49	2,0	13	650	0,07	0,08	35
Grünkohl	4,3	0,9	5,1	137	33	44	490	230	90	1,9	34	833	0,10	0,20	105
Gurke, ungeschält	0,6	0,2	1,3	54	13	8	141	15	23	0,5	8	28	0,02	0,03	8
Kartoffel, frisch geerntet	2,1	0,1	18,5	295	71	3	443	9	50	1,0	25	2	0,10	0,05	22
Kohlrabi	1,9	0,1	4,4	106	25	10	372	68	51	0,9	32	2	0,06	0,04	66
Kopfsalat	1,3	0,2	2,2	44	10	10	224	37	31	1,0	11	150	0,06	0,08	10
Möhre	1,0	0,2	8,7	113	27	60	290	37	36	2,1	17	1100	0,06	0,05	8
Paprika, grün, gelb	1,2	0,3	4,7	83	20	2	213	10	26	0,7	12	100	0,07	0,05	140
Porree, Schaft ohne Grün	2,2	0,3	6,3	110	26	5	200	87	54	1,1	15	*	0,10	0,06	30
Radieschen	1,1	0,1	3,5	55	13	17	255	35	28	1,2	8	4	0,04	0,04	27
Rhabarber	0,6	0,1	3,3	44	11	2	270	52	24	0,5	13	12	0,02	0,03	10
Rosenkohl	4,5	0,5	7,2	160	38	7	390	36	80	1,5	22	55	0,10	0,16	102
Rote Bete	1,5	0,1	7,6	173	41	62	335	29	45	0,7	25	2	0,03	0,04	10
Rotkohl	1,5	0,2	4,78	86	21	4	267	38	32	0,5	16	5	0,07	0,05	50
Schwarzwurzel	1,4	0,4	16,3	57	14	5	320	58	76	3,3	23	3	0,15	0,03	4
Sellerie, Knolle	1,6	0,3	7,4	92	22	77	310	55	105	0,5	9	3	0,06	0,06	10
Spargel	1,9	0,1	2,9	23	6	4	220	22	46	1,0	20	50	0,14	0,16	28
Spinat	2,5	0,3	3,4	63	16	54	633	126	51	4,1	58	816	0,10	0,20	51
Tomate	0,95	0,2	3,3	73	17	6	297	13	27	0,5	20	133	0,06	0,04	24
Weißkohl	1,4	0,2	4,2	93	22	13	233	49	29	0,4	20	10	0,05	0,05	47
Wirsing	2,9	0,4	4,4	134	32	9	275	47	55	0,9	12	10	0,05	0,05	47
Zwiebel	1,3	0,3	9,6	137	33	9	175	27	42	0,5	11	33	0,03	0,03	10

g Gramm **mg** Milligramm (1 mg = 0,001 g) **µg** Mikrogramm (1 µg = 0,001 mg) **kJ** Kilojoule **kcal** Kilokalorie (1 kcal = 4,184 kJ)
* nur in äußerst geringen Mengen vorhanden

Tip

Eine umsichtige, ausgewogene Düngung ist unerläßlich, wenn Gemüse einen optimalen Gehalt an Mineralstoffen aufweisen sollen. Nur wenn diese Salze in ausreichender Menge im Boden vorhanden sind, können sie von den Pflanzen aufgenommen werden.

Die Knollen der Kartoffel sind gehaltvolle Speicherorgane.

Tip

Durch reichlichen Genuß von Gemüsen erhält der Körper genügend Ballaststoffe, die dafür sorgen, daß die Inhaltsstoffe der Nahrung besser aufgeschlüsselt werden. In den übrigen Nahrungsmitteln sind diese verdauungsfördernden Zellen und Fasern nur unzureichend enthalten.

Tip

Beim Abreifen von Erbsen und Zuckermais wird besonders deutlich, daß aus dem bei der Photosynthese entstehenden Traubenzucker Stärke aufgebaut wird. Die Früchte sind anfangs reich an Traubenzucker und süß, verlieren aber nach und nach ihre Süße und werden zunehmend mehlig, d.h. stärkereich.

so enthalten z.B. Schwarzwurzeln viel Eisen, Petersilie viel Kalium, Erbsen viel Phosphor und Grünkohl viel Magnesium. Calcium ist ein Baustein der Knochen und Zähne, Eisen spielt eine wichtige Rolle bei der Sauerstoffaufnahme, und Jod reguliert die Schilddrüsenfunktion. Wie bei den Vitaminen hat auch ein Mangel an Mineralstoffen gravierende gesundheitliche Folgen.

Kohlenhydrate

Neben Vitaminen und Mineralstoffen sind Kohlenhydrate die für die menschliche Ernährung wichtigsten Bestandteile von Gemüse. Kohlenhydrate entstehen in den Pflanzen durch die Photosynthese des Kohlendioxids; sie sind für alle Organismen Grundnahrung und Energiequelle, und für Pflanzen bilden sie die Gerüstsubstanzen.

Viele Pflanzen können Kohlenhydrate (Zukker und Stärke) in Wurzeln und Knollen speichern, beispielsweise Kartoffeln, Zuckerrüben und Topinambur, ein kartoffelähnliches Gemüse. Auch in Früchten und Samen von Buchweizen, Mais und anderem Getreide sowie in Erbsen wird dieser wichtige Energieträger angesammelt.

Nicht alle Kohlenhydrate können im Dickdarm mikrobiell zersetzt werden. Die zellulosehaltigen Teile von Blättern, Stielen, Früchten und Schalen, die sog. Ballaststoffe, haben keinerlei Nährwert, sind aber besonders nützlich, weil sie im Darm quellen, ihn füllen und dadurch zur Tätigkeit anregen. Eine an Pflanzenfasern und -zellen reiche Nahrung wirkt sich daher auch positiv auf das Körpergewicht aus.

Eiweiße

Eiweiße sind in pflanzlichen Organismen im allgemeinen und im Gemüse im besonderen in eher geringen Mengen vorhanden; der Mensch muß seinen Bedarf deshalb zusätzlich durch eiweißreiche tierische Lebensmittel dekken. Lediglich Hülsenfrüchte, also Bohnen, Sojabohnen, Erbsen und Linsen, sowie Kartoffeln, verschiedene Kohlarten und Mais zeichnen sich durch einen höheren Eiweiß- oder Proteingehalt aus.

Eine ausreichende Zufuhr von pflanzlichem Eiweiß in Form verschiedenster Gemüsearten ist für die Ernährung aber von großer Bedeutung, weil der Mensch die für den Aufbau der Eiweiße – und damit für den Aufbau und die Erhaltung der Körperzellen – notwendigen Aminosäuren nicht selbst bilden kann, was der Pflanze jedoch aus anorganischer Substanz möglich ist.

Fette

Pflanzen enthalten insgesamt relativ wenig Fett, aber in den Samen werden teilweise größere Mengen gespeichert, die zur Versorgung der Keimlinge dienen. Fette sind die Nährstoffe, die die meiste Energie liefern. Die Art des Fettes wird durch den Gehalt an gesättigten und ungesättigten Fettsäuren bestimmt. Ungesättigte Fettsäuren, die in vielen pflanzlichen Fetten (z.B. Distel- oder Sonnenblumenöl) enthalten sind, müssen dem menschlichen Körper mit der Nahrung ausreichend zugeführt werden, da er sie nicht selbst bilden kann. Relativ reich an ungesättigten Fettsäuren sind z.B. Sojabohnen, Mais und Grünkohl.

Würzstoffe

Geschmack und Aroma bekommen Gemüse durch den Gehalt an organischen Säuren, ätherischen Ölen und anderen Bestandteilen.

Verlockend ist nicht nur der Anblick, sondern auch der Geruch der vielen Gewürzkräuter, die dank verschiedener Aromastoffe den Speisen eine besondere Note geben.

Tip

Pflanzliches Eiweiß ist für den Menschen vorteilhafter als tierisches, weil es leichter verdaulich ist. Ein zu hoher Gehalt an tierischem Eiweiß in der Nahrung – durch übermäßigen Verzehr von Fleisch oder Eiern – kann zu chronischen Nierenerkrankungen oder Gicht führen.

Tip

Da Gemüse nur wenig Fett enthält, ist es für eine kalorienarme Kost wie geschaffen.

Alkaloide geben Paprika seine Schärfe, schwefelhaltige Aminosäuren verursachen den typischen Zwiebelgeschmack, Menthol verleiht der Pfefferminze ihre erfrischende Wirkung, und ätherische Öle geben dem Fenchel seinen anisartigen Geschmack.

Diese Aroma-, Bitter- und Scharfstoffe sind in einigen Pflanzen besonders reichlich vorhanden, in anderen nur in einer charakteristischen Mischung. Ernährungsphysiologisch sind diese Inhaltsstoffe der Gemüse und Gewürzkräuter sehr wichtig, weil sie den Speichelfluß und damit die Magensaftproduktion anregen. Nicht von ungefähr läuft einem beim Duft köstlich gewürzter Gerichte das Wasser im Mund zusammen.

Unerwünschte Inhaltsstoffe

Gemüse kann auch Stoffe enthalten, die den Geschmack beeinträchtigen, die seine Qualität herabsetzen oder sogar giftig und dadurch gesundheitsschädlich sind. Pflanzeneigene Stoffe, die den Genuß schmälern, sind z.B. Oxalsäure – in Rhabarber und Spinat – oder die Bitterstoffe in manchen Gurkensorten; sie sind jedoch nicht gesundheitsschädlich. Ebenfalls von den Pflanzen selbst werden einige Giftstoffe produziert, etwa Phasin in Bohnen, das aber durch Kochen zerstört wird, oder Solanin, das in den nicht eßbaren Teilen, aber auch in grünen Knollen von Kartoffeln und unreifen Früchten von Tomaten und anderen Nachtschattengewächsen zu finden ist und sich erst mit zunehmender Reife zurückbildet.

Schadstoffe wie Nitrate oder Umweltgifte wie Schwermetalle werden von den Gemüsen in unterschiedlicher Menge angereichert. Um die Belastung so niedrig wie möglich zu halten, sollte man auf sachgemäße Düngung und schonenden Anbau achten.

Ätherische Öle verleihen dem Fenchel seinen anisartigen Geschmack.

Vollwertig und kalorienarm – Keimsprossen und Grünkraut

Knackig-zarte Sojasprossen sind eine unverzichtbare Zutat zu vielen Chinagerichten.

Die zarten Keimblätter des Rettichs schmecken mild pfeffrig.

Wer frisch ausgekeimte Samen einmal probiert hat, kennt ihren Wohlgeschmack. Ernährungsbewußte wissen allerdings auch den gesundheitlichen Wert dieser Sprossen zu schätzen, die in der Küche Chinas und Japans schon seit 3000 Jahren eine große Rolle spielen. Eine Vielzahl von Samen, Kernen und Körnern lassen sich schnell und einfach durch Vorquellen im Zimmer heranziehen. Den kleinen Unterschied macht der Zeitpunkt der Ernte: Keimsprossen nennt man die eben gekeimten Samen, bei denen nur die ersten zarten Würzelchen und Triebspitzen zu sehen sind. Grünkraut dagegen wächst einige Tage länger, geerntet werden dann – beispielsweise bei Kresse und Senf – die ersten feinen Keim- und Laubblätter.

Vitaminreich und gesund

Pflanzensamen sind wahre Kraftpakete. In den unscheinbaren Gebilden ist alles eingeschlossen, was eine junge Pflanze zunächst zum Wachsen braucht. Neben den genetischen Codes für Aussehen und Eigenschaften der jeweiligen Art stecken darin auch Nährstoffvorräte für die ersten Tage und Wochen, bis die Jungpflanzen sich selbst versorgen können. Samen enthalten in konzentrierter Form neben Pflanzeneiweiß (Protein), Fetten und Kohlenhydraten auch sehr viele Vitamine, Mineralstoffe und Spurenelemente. Schon in den Samen süßer Weizenkeime, roter und grüner Sojabohnen (Azuki- und Mungobohnen), in zarten Alfalfasamen und nahrhaften Kichererbsen schlummern zahlreiche verschiedene Vitamine. Während des Ankeimens der Samen nimmt der Vitamingehalt sogar noch beträchtlich zu.

Keimende Samen enthalten auch eine verhältnismäßig große Menge an Ballaststoffen, die Kalorienzahl dagegen ist gering. Das entspricht genau den Anforderungen an eine vollwertige, gesunde Nahrung. Durch den Keimprozeß werden die im Samen enthaltenen Nährstoffe aktiviert und in eine Form gebracht, die der Mensch leicht aufnehmen und verwerten kann. Stärke wird z. B. in Zucker umgewan-

In flachen Glasschalen auf der Fensterbank werden aus unscheinbaren Samen innerhalb kurzer Zeit wahre Vitaminbomben, hier sind es Gartenkresse (links) und Weizen (rechts). Wichtig bei der Anzucht ist regelmäßiger Wasserwechsel.

delt, dessen Energie schnell verfügbar ist.

Außer diesen Stoffen enthalten viele Samen noch ätherische Öle und andere Wirkstoffe, die zur Erhaltung der Gesundheit beitragen. Die in vielen Keimen vorkommenden Senföle wirken z.B. Infektionskrankheiten entgegen. Vor allem im Winter sind Keimsprossen daher eine hochwertige Ergänzung des Speisezettels.

Eine Mischung verschiedener Keimsprossen sorgt auch im Winter für genügend Vitamine.

Abwechslungsreiche Kost

Keimsprossen und Grünkraut bieten eine Reihe von Geschmacksvarianten, die für Abwechslung auf dem Speiseplan sorgen. Weizenkeime schmecken süß, Kichererbsen ähnlich wie Haselnüsse, Mungobohnen und Alfalfa wie frische Erbsen, Bockshornklee, ein Bestandteil von Currygewürzmischungen, leicht bitter, Rettichsprossen scharf, Grünkraut aus Salatrauke nußartig und Kresse würzig-pikant. Sehr empfehlenswert sind auch Mischungen, die man selbst zusammenstellen oder fertig kaufen kann.

Die gesunden Keimlinge werden in der Küche am häufigsten als Salate oder als Salatzugaben verwendet. Dabei kommen alle ihre Vorzüge und auch der Geschmack voll zur Wirkung, denn als Rohkost enthalten sie die meisten Vitamine und Mineralstoffe. Aber auch in Suppen oder als Gemüsebeigabe, angebraten oder fritiert, in Säften oder zerkleinert in Cocktails, in Omelettes oder mit Sojasoße im Wok nach fernöstlicher Art angerichtet, sind Keimsprossen und Grünkraut eine besondere Delikatesse.

Spezielles Saatgut

Für Keimlingsgemüse verwendet man nur spezielles Saatgut aus dem Samenfachhandel oder aus dem Reformhaus, das weder gebeizt noch anderweitig behandelt wurde. Saatgut, das für den Garten verwendet wird, ist nicht zu empfehlen. Die Samen von Nachtschattengewächsen wie Tomaten oder Auberginen eignen sich ebenfalls nicht zur Keimlingskultur, da sie giftige Alkaloide enthalten. Und auch die gesundheitsschädlichen Stoffe in grünen Bohnen werden erst durch Kochen zerstört. Bei Azuki- und Mungobohnen dagegen werden diese Substanzen schon bei der Keimung abgebaut, sie kann man bedenkenlos auch roh verzehren.

Beim Einkauf von Getreide muß unbedingt darauf geachtet werden, daß es von Unkrautsamen, vor allem von der giftigen Kornrade, und von dem Pilzparasiten Mutterkorn, einem schwarzvioletten, meist stark vergrößertem Getreidekorn, gereinigt ist.

Anzucht der Keime

Die Samen werden zuerst gründlich verlesen, gebrochene oder beschädigte aussortiert, dann in einem Sieb unter fließendem Wasser gewaschen. Nach eventueller Einweichzeit (siehe Tabelle Seite 21) werden sie in dünner Schicht im Keimgefäß ausgebreitet.

Frisch auf einem Butterbrot sind Keimsprossen ein gesunder Genuß.

Für die Keimlingsanzucht eignen sich besonders gut die im Fachhandel angebotenen Spezialbehälter: Über eine Auffangschale für das herabtropfende Wasser sind mehrere Keimschalen mit siebartigem Boden übereinandergesetzt, in denen man verschiedene Keimlinge gleichzeitig heranziehen kann. In jede Keimschale wird eine dünne Schicht Samen eingestreut. Von oben gießt man frisches Wasser hinein, so daß sich die Samen vollsaugen können. Das Wasser rinnt durch einen speziellen Stöpsel von einer Etage in die nächste und benetzt die dort ausgebreiteten Samen.

Das Keimgefäß wird bei etwa 15–25 °C aufgestellt. Die meisten Samen brauchen kein Licht zum Keimen. Will man dagegen Grünkraut ernten, stellt man das Gefäß an einen hellen Platz, damit die Keimlinge Blattgrün bilden können. Meistens muß ein- bis zweimal pro Tag von oben Wasser in den Keimbehälter

In praktischen Keimboxen kann man auf mehreren Etagen gleichzeitig verschiedene Sprossen ziehen.

Anzucht der Keime in einem Weckglas: Die Keimsprossen werden in dünner Lage in das Glas gefüllt und mit Wasser bedeckt (oben). Das Weckglas deckt man mit einem Stück Gaze oder Leinen ab (Mitte). Wässern und Abgießen (unten) werden meist zwei- bis dreimal täglich wiederholt.

gegossen werden, dabei werden die Sämlinge gründlich durchgespült. Das abgeflossene Wasser in der Auffangschale wird weggeschüttet. Ein gründliches Spülen der Keimlinge ist wichtig, um Abbaustoffe und Schimmelsporen zu entfernen. Meist sind die Keimlinge dann in drei bis fünf Tagen erntereif.

Bei der Anzucht von Keimen ist besonders zu beachten, daß die Samen nur zum eventuell erforderlichen Vorquellen für einige Stunden in lauwarmem Wasser liegen dürfen. Für den eigentlichen Keimvorgang brauchen sie sehr viel Sauerstoff und nur einen leichten Wasserfilm, sonst setzt Fäulnis ein.

Dies gilt auch für andere, weniger aufwendige Keimgefäße. Hygienische, leicht zu reinigende Plastikschalen mit einem Deckel voller Schlitze oder Löcher sind genausogut geeignet wie einfache Weckgläser, die mit einem Stück Gaze oder Leinen verschlossen werden, durch das Wasser eingefüllt und wieder abgelassen werden kann. Das Wässern wird bei solchen Keimgefäßen zwei- bis dreimal täglich wiederholt.

Grünkräuter – Senf, Rettich, Salatrauke, Gartenkresse und Weizen – gedeihen auch sehr gut in einer speziellen Hydro-Keimschale, die es im Fachhandel gibt. Die Samen werden auf einem Siebeinsatz flach ausgebreitet, keimen in einem dünnen Wasserfilm und strecken durch die Maschen des Siebes ihre Wurzeln nach unten in den Wasservorrat der Keimschale.

Manchmal kommt es vor, z.B. durch Nachlässigkeit beim Wasserwechseln oder durch zu hohe Temperaturen, daß die Keimsprossen anfan-

Im Licht entwickeln sich bald die zarten Blätter der Rettich- und Radieschenkeimlinge.

gen, faulig zu riechen. Durch fünf- bis sechsmaliges Spülen mit frischem Wasser kann man sie jedoch meistens retten. Nach dem Spülen werden sie dann bei höchstens 20 °C aufgestellt. Nach kurzer Zeit entwickeln sich wieder der frisch-würzige Geruch und das appetitliche Aussehen der Keimlinge.

Tips für die Aufbewahrung

Wer die keimenden Sprossen nicht täglich versorgen kann, z.B. wegen einer kurzen Reise, kann sie sogar einige Tage aufbewahren. Dazu wird stehendes Wasser im Keimgefäß abgeschüttet, denn die Samen sollen nur feucht sein. Das Gefäß stellt man dann verschlossen in den Kühlschrank, wo die Samen zwei bis vier Tage lang frisch bleiben. Wenn man sie dann mit frischem Wasser durchspült und warm aufstellt, läuft der Keimprozeß weiter.

Beim Keimen quillt und platzt die Samenschale, der Sproß schiebt sich zum Licht.

Keimsprossen von Mungo- oder Azukibohnen, Kichererbsen und Linsen beispielsweise kann man auch auf Vorrat heranziehen und dann im optimalen Stadium im Kühlschrank bei 4–8 °C einige Tage lang aufbewahren. Salatartige Sprossen wie Alfalfa oder Weizenkeime lassen sich bei Bedarf sogar portionsweise einfrieren.

Beliebte Keimsprossen und Grünkräuter

Samenart	Inhaltsstoffe	Wässerung täglich	Keim-temperatur	Keim-dauer (Tage)	Besonderes
Alfalfa (Luzerne)	Proteine (rd. 30%), Minerale (P, Fe, Mg, Ca, K), Vitamine (A, B_1, B_2, C, E)	1–2mal	15–25 °C	6–10	Samen vor dem Keimen nicht einweichen
Azukibohnen (rote Sojabohnen)	Proteine (rd. 40%), Minerale (P, Mg, K, Ca, Fe), Vitamine (A, B_1, B_2)	1–2mal	18–25 °C	4–6	Samen vor dem Keimen 6–12 Stunden einweichen
Bockshornklee	Proteine (rd. 23%), ätherische Öle, Vitamine (A, C)	1–2mal	15–25 °C	3–5	Samen vor dem Keimen etwa 5 Std. einweichen; Currygeschmack verliert sich nach 4–5 Tagen
Gartenkresse	Proteine (rd. 4%), Senföle, ätherische Öle, Minerale (Fe, Ca, K), Vitamine (A, B_1, B_2, C)	2–3mal	18–25 °C	5–6	Samen etwa 4 Std. in reichlich Wasser einweichen
Kichererbsen	Proteine (rd. 19,8%), Minerale (K, Ca, P), Vitamine (A, B_1, B_2, C)	2–3mal	15–25 °C	2–4	Samen vor dem Keimen 6–12 Std. einweichen
Linsen	Proteine (rd. 23%), Minerale (K, Fe, P), Vitamine (A, B_1, B_2)	1–2mal	18–25°C	4–6	Samen vor dem Keimen 6–12 Std. einweichen
Mungobohnen (grüne Sojabohnen)	Proteine (rd. 25%), Minerale (K, P, Fe, Mg), Vitamine (A, B_1, B_2, E)	1–2mal	18–25 °C	4–6	Samen vor dem Keimen 6–12 Std. einweichen
Radieschen	Proteine (rd. 12%) Senföle, Vitamine (A, B_1, B_2, B_6, C)	1–2mal	12–22 °C	5–6	Samen vor dem Keimen etwa 4 Std. einweichen
Rettich	Proteine (rd. 12%), Senföle, Vitamine (A, B_1, B_2, B_6, C)	1mal	14–22 °C	5–6	Samen vor dem Keimen etwa 4 Std. einweichen
Salatrauke (Ruka)	Proteine (rd. 1%), Senföle, Vitamine (A, C, E)	1–2mal	15–25 °C	10–12	Samen vor dem Keimen nicht einweichen
Senf	Proteine (rd. 1%), Minerale (P, K, Ca, Fe), Vitamine (A, B_2, C)	1mal	14–22 °C	3–5	Samen etwa 4 Std. in reichlich Wasser einweichen
Weizen	Proteine (rd. 27%), Minerale (P, K, Fe, Ca), Vitamine (A, B_1, B_2, E)	1–2mal	15–25 °C	3–4	Samen vor dem Keimen 6–12 Std. einweichen; bald verzehren, da sich der Geschmack schnell verliert

Ca Calcium **Fe** Eisen **K** Kalium **Mg** Magnesium **P** Phosphor

Alfalfa

Mungobohnen

Kichererbsen

Azukibohnen

Gemüse als Gaumenschmaus und Augenweide

Planung und Gestaltung

Bei aller Zweckmäßigkeit kann auch ein Gemüsegarten sehr ansprechend wirken, dafür sorgen z. B. so farbenfrohe Gewächse wie der Stielmangold.

Schon beim Blick in einen attraktiv angelegten Gemüsegarten kann einem angesichts der Köstlichkeiten, die sich harmonisch nebeneinander präsentieren, das Wasser im Mund zusammenlaufen. Und knackige Salatköpfe, üppige Fruchtgemüse und duftige Kräuterblüten lassen ein Gemüsebeet mindestens ebenso hübsch wirken wie ein Blumenbeet – auch wenn beim Gestalten des Gemüsegartens praktische Erwägungen im Vordergrund stehen, denn überlegtes Planen erleichtert die Arbeit und verhilft zum Erfolg. So macht das Gärtnern von der Aussaat bis zur Ernte Spaß, und als Lohn winkt appetitliches Gemüse: als Gaumenschmaus und als Augenweide.

Planung des Nutzgartens

Aus dem Beet direkt am Haus kann man selbst bei Regen schnell frisches Gemüse und ein paar Gewürze ernten.

Tip

Gemüse braucht das ganze Jahr über einen vorwiegend sonnigen Standort. Häuser, Mauern und Gehölze werfen Schatten. Deshalb sollen Verlauf und Ausdehnung des Schattenwurfs ermittelt werden, bevor man einen Gemüsegarten anlegt, und zwar nicht nur für die Zeit eines Tages, sondern besser für eine komplette Wachstumsperiode. Ein im Sommer sonniger Platz kann im Herbst durchaus im Schatten eines großen Baumes liegen. Die Folge wäre, daß dem Gemüse an dieser Stelle das nötige Licht zum Ausreifen fehlt.

Tip

Eine Hecke gibt nicht nur Windschutz, sondern beherbergt und ernährt auch viele Nützlinge. Vor allem freiwachsende Hecken aus heimischen Laub- und Fruchtgehölzen wie Kornelkirschen, Schlehen, Wildrosen, Rotem Hartriegel und Holunder bieten einen idealen Lebensraum für viele Vögel, Insekten und Kleintiere, die zugleich nützliche Schädlingsvertilger sind.

Gemüse und Kräuter, abwechslungsreich gepflanzt, beleben jeden Garten. Sehr häufig werden sie in einem abgetrennten Bereich kultiviert, gesäumt von niedrigen Beerenobsthekken oder sogar hinter einem Zaun versteckt. Meistens sind Gerätehäuschen, Frühbeete und Kompostplatz nicht weit von den Beeten entfernt. Ein komplett ausgestatteter, eigenständiger Nutzbereich bietet den Vorteil, daß die Pflegearbeiten zügig und auf kurzen Wegen durchgeführt werden können. Am Haus liegende Gartenflächen bleiben dann der Erholung und dem Wohnkomfort vorbehalten.

Andererseits kann man mit einem Nutzgärtchen nahe am Haus, vielleicht sogar mit einem direkten Zugang von der Terrasse, das Nützliche mit dem Dekorativen verbinden. Das Gemüsebeet, von dem man – selbst bei Regenwetter – schnell ein paar leckere Zutaten für die Küche holen kann, läßt sich mit Blumen und Sträuchern attraktiv auflockern. Vor allem die Gewürzkräuter sollten in der Nähe des Hauses wachsen dürfen. Je leichter man sie erreicht und ernten kann, desto häufiger werden sie den Speisezettel bereichern. Bestes Vorbild für eine solche gelungene Mischung aus Nutz- und Zierpflanzen sind Bauerngärten (siehe Seite 28).

Zum Wachsen und Gedeihen brauchen fast alle Gemüse viel Sonne.

Ein so großer Nutzgarten ernährt sogar eine vielköpfige Familie.

Lage und Kleinklima

Viele Gemüsearten stellen hohe Ansprüche an den Standort, daher sollte man für den Nutzgartenbereich stets die sonnigste Stelle des Gartens aussuchen. Gemüse kann nur dann voll ausreifen, wenn von morgens bis abends Sonnenlicht auf die Pflanzen fällt.

Ein zweiter wichtiger Faktor für das Gedeihen ist das Kleinklima: Die Beete sollten möglichst vor kalten Winden geschützt sein, etwa durch einen dichten Zaun, geschmückt mit bunten Blumen, oder eine Hecke – beide bieten effektiven Schutz, besonders dann, wenn man sie quer zur vorherrschenden Windrichtung errichtet bzw. anlegt. Die Wirksamkeit solcher Einfriedungen ist meßbar, denn im Schutzbereich bleiben die Temperaturen im allgemeinen um ein paar Grad höher, und der Boden trocknet nicht so stark aus.

Schließlich spielt auch die Bodenqualität eine Rolle. Optimal für Gemüsekulturen ist ein mittelschwerer, sandig-lehmiger Humusboden, der gut mit Nährstoffen versorgt ist und viel Feuchtigkeit speichern kann. Bei sehr schlechten, z. B. mageren, steinigen, verdichteten, stets feuchten oder auch sehr trockenen Böden, sollte man den Boden verbessern (siehe Seite 40), ihn notfalls austauschen oder Mutterboden aufschütten.

Größe der Nutzfläche

Die Ausdehnung der jeweiligen Nutzfläche im Garten richtet sich in erster Linie nach der gewünschten Ertragsmenge. Wer sich ausschließlich aus der eigenen Ernte versorgen will, muß für Gemüse pro Person eine Anbaufläche von etwa 50 m^2 veranschlagen, zusätzlich noch etwa 1 m^2 für Gewürzkräuter, rund

Alternativ zur klassischen Rechteckform können Gemüsebeete auch als Kreissegmente angelegt werden.

Dadurch ergibt sich eine besonders attraktive optische Wirkung: Die Wege bilden ein strahlenförmiges Grundmuster.

30 m^2 für Beerenobst und weitere 50 m^2 für Baumobst. Das ergibt pro Person einen Flächenbedarf von etwa 130 m^2, also rund 500 m^2 reine Anbaufläche für eine vierköpfige Familie. Rechnet man die Wege, den Kompostplatz, das Gewächshaus, die Frühbeete usw. hinzu, so sind 600–700 m^2 Fläche für den Nutzgarten einzuplanen.

Normalerweise wird man aber nur einen Teil des Bedarfs an Gemüse aus dem eigenen Anbau decken, zumal die Fläche der Hausgärten heute meist kleiner als 500 m^2 ist, und so reduziert sich der Nutzbereich in der Regel auf eine Größe von 15–20 m^2 pro Person.

Aber selbst bei beengtem Raum braucht niemand auf Frucht-, Blatt- und Wurzelgemüse zu verzichten, denn sogar auf Balkon und Terrasse (siehe Seite 27) lassen sich in geräumigen Gefäßen wohlschmeckende Salate und pralle Tomaten ziehen; natürlich kann man auch kleine Beete zwischen Zierstauden zum Anbau von Kohl und Rettichen nutzen.

Anlage von Gemüsebeeten

Oberstes Prinzip bei der Anlage eines Gemüsegartens sind eigentlich immer praktische Überlegungen, denn alle Bereiche müssen später leicht zugänglich sein, damit die Bearbeitung nicht überflüssige Mühe bereitet. Die eher traditionelle Form der Gestaltung ist, den Garten in rechteckige Beete aufzuteilen, unterbrochen von Wegen oder Trittplatten. Die Beete sollten möglichst in Nord-Süd-Richtung verlaufen, damit die Pflanzen – überwiegend in Längsreihen angebaut – gleichmäßig viel Sonne bekommen.

Bei der Gartenarbeit sollen alle Stellen des Beetes leicht erreichbar sein, deshalb bevorzugt man schmale, rechteckige Grundformen.

Die günstigste Breite eines Beets liegt bei 100–120 cm, so daß man beim Gärtnern von beiden Seiten leicht die Mitte erreicht. Die Länge kann variieren, wobei man allerdings daran denken sollte, daß die Wege von einer Seite zur anderen um so weiter werden, je länger ein Beet ist.

Tip

Bevor man einen Gemüsegarten neu anlegt, empfiehlt es sich, die Fläche mit Kartoffeln oder Gründüngern zu bestellen, weil dadurch der Boden gelockert, das Bodenleben aktiviert und die Humus- und Nährstoffversorgung verbessert wird.

Niedrige Schnitthecken aus Buchs säumen die Beete und halten die Erde fest.

In ländlichen Gärten faßt man Beete gern mit massiven Rundhölzern ein.

Tip

Der Hauptweg darf nicht zu schmal sein, sonst kommt man mit der Schubkarre nicht durch. Als Belag ist rutschfestes, trittsicheres Material zu empfehlen, um Gefahren auszuschließen.

Tip

Um alle Stellen eines Beets mühelos zu erreichen, ohne es zu betreten, sollte man die Beetbreite der eigenen Körpergröße anpassen. Man geht zu diesem Zweck in die Hocke und mißt die Strecke von den Fußspitzen bis zur ausgestreckten Hand, verdoppelt den Wert und erhält somit die individuell günstigste Beetbreite. Je kleiner man ist, um so schmaler sollten die Beete natürlich sein.

Erschließung durch Wege

Bei der Aufteilung des Gartenareals spielt das spätere Wegenetz eine wichtige Rolle: Von einem Hauptweg, der 100–120 cm breit sein muß – u.a. auch deshalb, weil man ja häufig die Schubkarre benutzt –, sollten 30–40 cm breite Seitenwege abzweigen. Um auch bei Regenwetter oder aufgeweichtem Boden gut an die Beete heranzukommen, empfiehlt es sich, den Hauptweg mit einem festen, dauerhaften Belag aus Platten oder Pflastersteinen zu versehen. Für die Seitenwege reichen dagegen Bretter, Trittroste, Trittsteine, Kies oder Rindenmulch aus, weil sie ja seltener beansprucht werden. Die einfachste Lösung ist immer noch, schmale Wege einfach festzutreten; allerdings bleiben die Schuhe dann meist nicht sauber.

Noch etwas gilt es bei der Wegeplanung zu berücksichtigen: Eine vorgegebene Ordnung durch Beetumrandungen verleiht dem Garten Struktur. Sie sieht nicht nur gut aus, sondern ist auch praktisch, weil man die Beeteinteilung nicht jedes Jahr erneut vornehmen muß. Außerdem erlaubt eine Umrandung, die Beete etwas höher mit Erde aufzuschütten, um schwere Böden besser zu durchlüften. Beispielsweise verhindern niedrige Schnitthekken aus Buchsbaum *(Buxus sempervirens)*, Heiligenkraut *(Santolina chamaecyparissus)* oder Edelgamander *(Teucrium chamaedrys)* als Beeteingrenzung ein Abschwemmen der Erde ebenso wie lange Rundhölzer, Bohlen oder kurze Palisaden; selbst Pflastersteine oder niedrige Mauerstreifen kann man als Beetumrandung verwenden.

Leichter Zugang, kurze Wege

Schließlich geht es bei der Planung eines Nutzgartens auch um den leichten Zugang zum Wasseranschluß, Gerätehäuschen und Kompostplatz. Brunnen, Regentonne oder Wasserhahn direkt beim Nutzbereich, am besten an einer vom Hauptweg aus gut zugänglichen Stelle, erleichtern die tägliche Arbeit. Ein Gartenhäuschen oder Schuppen in unmittelbarer Nähe dient zur Aufbewahrung der Arbeitsgeräte und spart lange Wege, wenn man z.B. Grabegabel oder Hacke benötigt.

Für Frühbeete oder ein Gewächshaus wird der sonnigste und wärmste Platz innerhalb oder in der Nähe des Nutzgartens reserviert, Hügel- und Hochbeete (siehe Seite 85ff.) wer-

Tip

Lebhaft bunt wirkt eine Beetumrandung aus niedrigen Studentenblumen, ausdauernden Kräutern wie Lavendel, Ysop, Weinraute und Schnittlauch oder einjährigen wie Basilikum, Bohnenkraut und Majoran; so läßt sich zugleich der tägliche Bedarf an diesen Küchengewürzen decken.

Nicht so oft begangene Seitenwege brauchen nur wenig befestigt zu werden.

Ein Pumpbrunnen spendet das notwendige Naß direkt vor Ort und erspart lange Wege.

Selbst auf dem Balkon läßt sich eine Fülle gesunden Gemüses ernten: Salatköpfe, Tomaten, Paprika und Schlangengurken gedeihen in geräumigen Kästen prächtig.

Tip

Blickfang des Gartens und gleichzeitig Platz für eine Ruhepause ist eine Bank oder kleine Sitzecke in unmittelbarer Nähe des Gemüsegartens oder sogar in seiner Mitte. Praktisch ist auch ein Tisch, auf dem man Arbeiten wie Pikieren oder Gemüseputzen erledigen kann.

Tip

Ausdauernde Gewürzkräuter wie Salbei und Rosmarin lassen sich wie Kübelpflanzen auch über mehrere Jahre auf Balkon und Terrasse ziehen. Im Herbst müssen sie allerdings eingeräumt und in einem hellen, kühlen Raum bei 5–10 °C überwintert werden. Bei Bedarf schneidet man die Pflanzen in Form. Nach den Eisheiligen können sie dann wieder ins Freie.

den anstelle eines gewöhnlichen Beets angelegt und auf diese Weise in den Nutzbereich einbezogen. Auch der Kompostplatz sollte möglichst dicht bei den Gemüsebeeten liegen.

Gemüse und Kräuter auf dem Balkon

Viele Gemüse und Kräuter können problemlos ebenso auf dem Balkon gezogen werden; vor allem Pflück- und Schnittsalat, Radieschen, Cocktailtomaten, Kresse, Petersilie und Gewürzpaprika gedeihen in Kästen und Kübeln prächtig. Auch Stangen- und Feuerbohnen, an Spanndrähten oder Spalieren in die Höhe gezogen, bringen ausgiebige Ernte und bieten darüber hinaus hervorragenden Sicht- und Windschutz. Gewürzkräuter lassen sich sogar direkt zwischen bunte Sommerblumen pflanzen und sind mit ihren schönen Blüten in Balkonkästen oft eine besondere Zierde.

Viele neuere Züchtungen sind im übrigen eigens für Topfkulturen bestimmt, so z.B. die niedrigen, buschig wachsenden „Balkontomaten" oder die klein bleibenden „Portionsgurken". Auch Gemüse wie Zucchini und Mangold, sogar Frühkartoffeln und Erbsen lohnen durchaus einen Versuch.

Die Kästen sollten mindestens 20 cm tief und 20 cm breit, Kübel für großwüchsige Arten besser sogar 30 cm tief sein und ein Fassungsvermögen von 8–10 l haben. Wichtig ist bei allen Gefäßen, daß überschüssiges Wasser über Abzugslöcher abfließen kann. Die Balkonkulturen werden in frische Blumenerde gepflanzt und am besten mit Langzeit- oder Depotdüngern versorgt, weil nur so gesichert ist, daß die Gemüse in den Gefäßen über einen langen Zeitraum ausreichend Nährstoffe zur Verfügung haben.

Tip

Kräuter wie Thymian, Salbei und Oregano brauchen eher mageren Boden; oft muß die Balkonerde deshalb mit Sand „abgemagert" werden. Man mischt zu diesem Zweck einen Teil Balkonerde mit einem Teil gewaschenem Sand. Gedüngt werden die Pflanzen nur schwach: Im allgemeinen reicht die Hälfte der in der Gebrauchsanweisung angegebenen Düngermenge.

Gestaltung des Nutzgartens

Auch ein schmaler Reihenhausgarten läßt sich gut zum Gemüseanbau nutzen, ohne daß man auf Zierbereiche verzichten müßte.

Tip

Säumt man die Beete mit niedrigen Schnitthecken aus Buchsbaum, mit Schnittlauch oder Petersilie, wird die Grundeinteilung des Gartens zusätzlich betont, das Schema besonders deutlich. Beetumrandungen aus Holzbohlen, Stämmen oder niedrigen Palisaden erfüllen gleichzeitig den Zweck, beim Gießen ein Abschwemmen der Erde vom Beet zu verhindern.

Tip

Hügelbeete (siehe Seite 85 f.) sind dank ihrer vergrößerten Anbaufläche für kleine Gärten eine gute Alternative, um den spärlich vorhandenen Platz möglichst gut auszunutzen. Zudem erlauben sie wegen ihrer „Innenheizung" mehrere, meist reiche Ernten im Laufe eines Jahres.

Ein Gemüsegarten soll – wie schon erwähnt – vor allem praktisch angelegt sein, damit die Arbeit leicht von der Hand geht. Dennoch sollte man den Zierwert vor lauter Zweckmäßigkeit nicht vernachlässigen oder ganz vergessen; schließlich macht der Nutzbereich meistens einen gar nicht so geringen Teil des Gartens aus. Und warum die Köstlichkeiten in einem entlegenen Winkel verstecken, wo doch schon der Anblick bunter, verlockender Gemüse ein Genuß ist?

Die Wege, ihr Verlauf und ihre Anordnung, bestimmen grundlegend das Bild des Gemüsegartens: Gewöhnlich wird der Nutzbereich in mehrere rechteckige Beete mit strengem, grafischem Grundmuster aufgeteilt. Meist sind die Beete, von einem Hauptweg ausgehend, ordentlich hintereinander aufgereiht und von kleinen Nebenwegen umrahmt. Abwechslung und Pfiff bekommt der Gemüsegarten jedoch, wenn man von diesem Muster abweicht und ihn in Form eines Kreises, Halbkreises, Dreiecks oder einer Raute anlegt, das Wegenetz und die Beete ihren Abmessungen und Umrissen entsprechend angepaßt.

Gemüse auf begrenztem Raum

In kleinen Gärten bleibt oft nur wenig Spielraum für einen ausgedehnten Nutzbereich, und man muß sich in diesem Fall mit wenigen Beeten begnügen, die aber keinesfalls ein Schattendasein im entlegensten Winkel führen sollten. Mit ein wenig Phantasie lassen sich selbst bei begrenztem Raum Salate, Bohnen und Tomaten anpflanzen.

Wer nur hin und wieder einen Salatkopf oder ein paar Kräuter aus dem eigenen Garten ernten möchte, kann auf Gemüsebeete ganz verzichten. Zwischen Blumen und vor Hecken finden sich immer noch sonnige Fleckchen für einzelne Gemüsepflanzen.

Ist man aber trotz kleiner Fläche auf größere Ernten aus, dann sollte man ruhig einmal wagen, Gemüse auch auf Beeten und Rabatten anzupflanzen, die eigentlich für Zierstauden vorgesehen waren. Viele Arten und Sorten sind so farbenfroh, daß man damit durchaus ein attraktives Beet gestalten kann. Rote Salatköpfe, gelbe Zucchini, blaue Kohlrabi und andere Gemüse bringen bereits viel Farbe in den Garten, ein paar Zierpflanzen dazwischen vervollkommnen das Bild.

Vorbild Bauerngarten

Bauerngärten mit ihrem besonderen Charme werden häufig als Vorbild für den eigenen Garten hergenommen, verbinden sie doch Nützliches und Schönes auf einfache, aber sehr wirkungsvolle Weise: Meist ist die Fläche durch ein geometrisches Wegenetz gegliedert, dessen Mittelpunkt in der Regel ein Rundbeet, ein Brunnen oder eine Hochstammrose bilden. Die gewöhnlich von niedrigen Hecken umgebenen Beete tragen ein buntes Gemisch aus Gemüsen und Kräutern, zwischen deren verschiedenen Grüntönen farbenfrohe Sommerblumen oder Stauden Blickpunkte setzen, überwiegend Arten mit Heilwirkung wie z.B. Ringelblumen, Schwertlilien oder Mutterkraut. Auch Gewürzkräuter, die früher hauptsächlich wegen ihrer heilkräftigen Eigenschaften angepflanzt wurden, zieren mit ihrem Laub und der oft üppigen Blütenfülle viele dieser schmuckvollen Bauerngärten.

Obst, Gemüse und Blumen stehen in diesem ländlichen Garten einträchtig beieinander.

Kräuter als Zierde

Kaum eine andere Gruppe von Nutzpflanzen vereint so viele Vorzüge in sich wie die Gewürz- und Heilkräuter: Sie sind Speisewürze und Fitmacher zugleich, oft eine Zierde für den gesamten Garten, und zuweilen verbreiten sie geradezu betörende Düfte – Gründe genug, ihnen reichlich Platz einzuräumen.

Kräuter können in ihrer bunten Vielfalt zu Pflanzengemeinschaften zusammengefügt werden, etwa auf einer Kräuterspirale (siehe Seite 87 f.) oder auf einem schmalen Randstreifen rund um den Gemüsebereich. An sonnenverwöhnten, trockenen Stellen des Gartens gedeihen z.B. wärmeliebende Arten wie Salbei, Basilikum, Oregano, Rosmarin und Thymian besonders gut und erzeugen ein beinahe mediterranes Flair.

Da man für den täglichen Bedarf an Kräutern meist nur wenige, zuweilen sogar nur eine Pflanze im Garten benötigt, weil sie ja ständig neu austreiben, kann man sie als Blickfang auch zwischen die verschiedenen Gemüse setzen. Dort wirken sie mit ihrem oft reizvollen Laub und ihrer reichen Blütenpracht nicht nur schmückend, sondern zudem noch förderlich für das Wachstum und, weil sie häufig Bienen, Hummeln und andere Bestäuber anlocken, auch für den Fruchtansatz.

Duftkräuter

Alle Gewürzkräuter zeichnen sich durch einen mehr oder weniger intensiven Duft aus, der beim Zerreiben der Blätter besonders gut zu riechen ist. Die breite Palette verschiedener Aromen reicht von blumig-süßlichen über harzig-rauchige und erdige bis hin zu lieblich-fruchtigen Nuancen. An warmen, sonnigen Tagen entfalten die Kräuter ihre Wohlgerüche noch nachdrücklicher. Pflanzt man z. B. Lavendel, Zitronenmelisse, Oregano, Thymian, Ysop und andere Kräuter direkt neben den Sitzplatz, wird man von Wolken aromatischer Düfte geradezu eingehüllt.

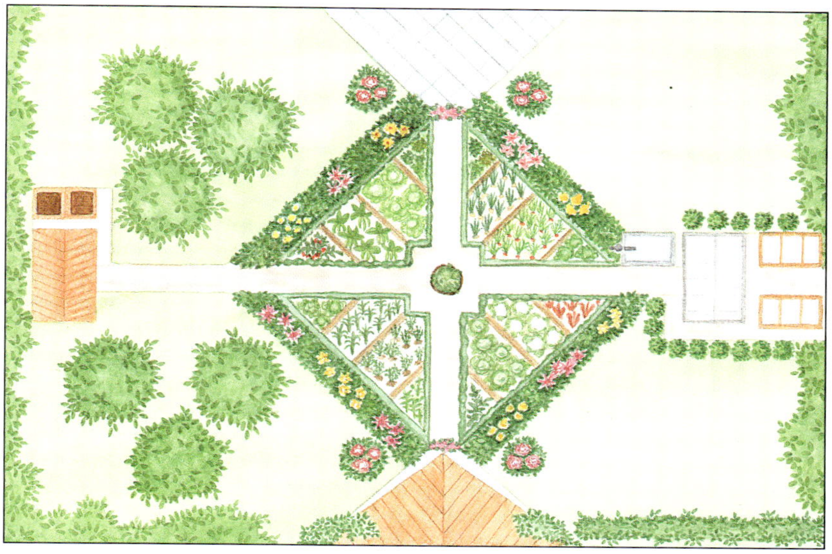

Grundelemente des Bauerngartens auf neue Weise kombiniert: Der Nutzbereich des Gartens ist rautenförmig um ein Wegekreuz angeordnet und von Blumenrabatten eingerahmt.

Die ätherischen Öle, die flüchtigen Bestandteile der Kräuter, unterstreichen nicht nur den Geschmack von Speisen und fördern die Gesundheit, sondern sie wirken auch über die Nase auf das Wohlbefinden. Viele Gewürzkräuter werden als Parfumzusätze oder als heilende Duftöle verwendet. Die Melisse etwa gilt als beruhigend, ihr Duft soll Schlafstörungen beheben. Der warme, süße Duft des Muskatellersalbeis lindert Kopfschmerzen, und herb-würziger Lavendelduft beruhigt.

Kräuterbeet mit Boretsch, Süßdolde, Eibisch, Zitronenmelisse, Muskatellersalbei, Ysop, Mariendistel, Salbei, Basilikum, Lavendel, Quendel, Schnittknoblauch, Estragon, Schnittlauch und Thymian (von links im Uhrzeigersinn).

Tip

Bauerngärten, die nach überlieferten Vorbildern angelegt worden sind, kann man häufig auf Gartenschauen, in Botanischen Gärten oder Freilichtmuseen besichtigen. Sie können wertvolle Anregungen und Informationen zum Gestalten des eigenen Gartens geben.

Tip

Besonders intensiv duftende Gewürzkräuter sind: Lavendel, Melisse, Pfefferminze, Thymian, Oregano, Bohnenkraut, Ysop, Muskatellersalbei, Liebstöckel, Gewürzfenchel, Beifuß, Wermut, Thymian. Doch Vorsicht, nicht alle Düfte sagen jedem zu.

Die Apotheke im Garten – Heilpflanzen im Kräuterbeet

Viele Pflanzen werden von alters her wegen ihrer heilenden Kräfte geschätzt: Sie sind die ältesten Arzneimittel. Nicht wenige dieser Heilkräuter, darunter hochwirksame und bei falscher Anwendung sehr gefährliche Giftpflanzen, spielen nach wie vor eine wichtige Rolle in der Volksmedizin, in der Homöopathie und auch in der Schulmedizin.

Ihre Anwendung und Wirkungen sind seit der Antike in zahlreichen Schriften überliefert; so hat man im Lauf der Jahrhunderte einen reichen Erfahrungsschatz gewonnen und weiß heute von vielen, aber längst nicht von allen Heilkräutern genau, worauf ihre Wirksamkeit beruht.

Mönche brachten den im Mittelmeerraum heimischen Lavendel über die Alpen. Die hübsche Pflanze besitzt neben ihrer Würzkraft auch heilende Wirkung.

Wirkstoffe der Arzneipflanzen sind in erster Linie Alkaloide, Glykoside, ätherische Öle sowie Gerb- und Bitterstoffe. Die Heilpflanzen werden meistens getrocknet und zerkleinert verwendet, wobei entweder die ganze Pflanze oder nur Teile davon verarbeitet werden, wie Blätter, Blüten, Samen, Rinde oder Wurzeln.

Gegen jede Krankheit ist ein Kraut gewachsen, behaupten berühmte Natur- und Pflanzenforscher. Viele dieser Heilpflanzen wachsen im Garten, oft unerkannt, als hübsche Zierpflanzen oder auch als duftende Küchenkräuter. Überhaupt haben fast alle Gewürzkräuter auch eine medizinische Wirkung. Allein schon durch ihre Würzstoffe tragen sie zum Wohlbefinden bei, außerdem regen sie den Appetit und die Verdauung an, wirken entschlackend und machen die Speisen bekömmlicher.

Heilkräftige Kräuter gehören zu den ältesten Arzneimitteln und werden auch heute noch in Klostergärten kultiviert.

Pfefferminze enthält das sehr erfrischende Menthol.

Gewürzkräuter können Salz zum Teil oder auch völlig ersetzen und haben deshalb ihren festen Platz in der modernen Diät- und Vollwertküche erobert.

Heilkräuter richtig ernten

Bei allen Heilpflanzen ist es wichtig, den richtigen Erntezeitpunkt zu wählen, denn während des Wachstums verändert sich der Gehalt an wirksamen Stoffen in den einzelnen Pflanzenteilen. Im Frühsommer und Sommer, wenn die Pflanzen das meiste Licht erhalten und kurz vor der Blüte stehen, sind Aroma und Wirkstoffe am stärksten in den Blättern entwickelt. Später werden sie dann z.T. in Samen oder Wurzeln transportiert.

Kräuter, von denen sämtliche oberirdischen Pflanzenteile verwendet werden, erntet man daher im allgemeinen zu Beginn der Blütezeit. Blätter pflückt man, wenn sie noch jung, aber voll entfaltet, Blüten, wenn sie gerade frisch aufgeblüht sind. Samen und Früchte sammelt man in ausgereiftem Zustand, Wurzeln werden erst dann ausgegraben, wenn sie voll entwickelt sind, und Rinden schält man im Frühling von jungen Zweigen, dann lassen sie sich leicht ablösen.

Gesammelt werden nur gesunde Pflanzen oder Pflanzenteile, am besten nach einer längeren Schönwetterperiode an einem frühen Vormittag, wenn der nächtliche Tau schon verdunstet ist, die Pflanzen aber noch nicht von der Mittagshitze ermattet sind.

Die geernteten Teile werden luftig und locker in einen Korb gelegt. Zum Sammeln sollte man keinesfalls eine Plastiktüte verwenden, dort schwitzen die Pflanzen und verlieren ihre wertvollen Inhaltsstoffe. Nach der Ernte sollen die Pflanzenteile sofort weiterverarbeitet werden.

Kamille gehört zu den vielseitigsten Heilkräutern.

Heilkräuter erntet man am besten vormittags, wenn der Tau bereits abgetrocknet ist.

Heilkräuter weiterverarbeiten

Werden die frisch geernteten Heilpflanzen nicht sofort verwendet, müssen sie zum Aufbewahren haltbar gemacht werden. Meistens geschieht dies durch schonendes Trocknen der wirksamen Teile.

Damit man die Kräuter vor dem Trocknen nicht noch mit Wasser reinigen muß, duscht man sie schon ein bis zwei Tage vor der Ernte gründlich ab und muß sie dann nur noch gut ausschütteln. Sofort anschließend werden sie schonend getrocknet, am besten an einem luftigen, schattigen Platz, denn in der prallen Sonne oder bei zuviel Wärme verlieren die Heilpflanzen leicht die ätherischen Öle in Blättern, Blüten und Samen.

Samen enthalten wenig Feuchtigkeit, sie werden nach der Ernte nur einige Tage an einem trockenen Ort ausgelegt. Blätter und Blüten breitet

Die Mariendistel mit ihren schön gezeichneten Blättern wurde früher auch gegen schwere Frauenleiden angewandt.

Durch eine schonende Trocknung an der Luft bleiben die wirksamen Inhaltsstoffe weitgehend erhalten.

Getrocknete Heilkräuter werden am besten in dunklen Gläsern luftdicht aufbewahrt.

man auf Tüchern oder Sieben aus oder bündelt die Stengel und hängt sie kopfüber auf, sie trocknen innerhalb von etwa zwei bis drei Wochen. Wurzeln werden ausgegraben, gründlich gereinigt und in schmale Schnitze geschnitten, die mehrere Wochen an der Luft oder in einem Dörrapparat bei niedriger Temperatur trocknen müssen. Die getrockneten Teile füllt man in gut schließbare Gläser oder Dosen und bewahrt sie an einem trockenen und möglichst dunklen Ort auf.

Heilpflanzen bleiben aber auch dann über längere Zeit wirksam, wenn man sie z.B. in Alkohol, Essig oder Salbengrundlagen wie Lanolin oder Öl einlegt. Auch in der Tiefkühltruhe kann man Heilkräuter aufbewahren, sie sollten jedoch sehr schnell auf −18 °C tiefgekühlt werden. Dazu legt man sie am besten in dünnen Lagen auf einen Teller oder ein Blech und frostet sie einige Stunden vor, bevor man sie zur weiteren Lagerung in Gefrierdosen oder -beutel verpackt.

Heilwirkung und Anwendung

Grundsätzlich sollte man beachten, daß Heilpflanzen Drogen enthalten, die man nicht unsachgemäß anwenden darf. Vorsicht ist vor allem bei längerem Gebrauch, z.B. in Form einer Kur, geboten. Vor der Selbstbehandlung sollte man im Zweifelsfall immer einen Arzt zu Rate ziehen. Ernste und langwierige Erkrankungen müssen prinzipiell von einem Arzt behandelt werden, ebenso Allergien, die durch einige ätherische Öle ausgelöst werden.

Viele Heilpflanzen aus dem Garten lassen sich direkt und ohne Vorbereitung bei leichten Beschwerden anwenden. So lindern eine frisch aufgeschnittene Zwiebel oder frische, zerriebene Minzeblätter Insektenstiche. Kräuter mit überlieferten Heileigenschaften, die auch als Gewürz verwendet werden, sind z.B. Knoblauch als Mittel gegen Arterienverkalkung, Kerbel

Schon im Mittelalter war der beruhigende Baldrian in Gebrauch.

Dillkraut und -samen sind eine Wohltat für den Magen.

als Blutreinigungsmittel oder Petersilie als harntreibendes und herzstärkendes Mittel.

Sehr häufig werden Heilpflanzen auch in Form von Tees eingenommen. Dafür überbrüht man frische oder getrocknete Pflanzenteile mit heißem Wasser, läßt sie einige Minuten ziehen und siebt den Auszug dann ab. Je nach Geschmack kann auch ein Eßlöffel Honig pro Tasse zugefügt werden. Ein Tee aus Fenchelsamen, Pfefferminze oder Majoran lindert z.B. Erkältungskrankheiten.

Einfach in der Anwendung sind Heilkräuter auch als Badezusatz. Dazu gibt man die Pflanzenteile in ein Mullsäckchen oder einen Waschlappen und hängt sie in das Badewasser. Ein Bad mit Kamillenblüten pflegt z.B. die Haut, Rosmarin wirkt durchblutungsfördernd und Minze erfrischend.

Versierte Benutzer der Naturapotheke stellen aus den Heilpflanzen selbst Salben, Essenzen, Liköre und Tinkturen her. Alte Hausmittel sind etwa die Ringelblumensalbe zur Wundbehandlung, Thymiansaft gegen Husten oder Baldriantinktur gegen Migräne und Nervosität.

Beliebte Heilpflanzen aus dem Garten

Pflanzenart	Verwendete Teile	Wirksamkeit	Zubereitung als
Anis *Pimpinella anisum*	Samen	gegen Blähungen, Magenbeschwerden, Husten	Gewürz, Tee
Baldrian *Valeriana officinalis*	Wurzeln	gegen Nervosität, Schlaflosigkeit	Tee, Tinktur
Basilikum *Ocimum basilicum*	Blätter	verdauungsfördernd, beruhigend, wassertreibend	Gewürz, Tee, Tinktur
Beifuß *Artemisia vulgaris*	Blätter	verdauungsfördernd, beruhigend, appetitanregend	Gewürz, Tee, Tinktur
Beinwell *Symphytum officinale*	Wurzeln	zur Heilung von Knochenverletzungen, Wunden und Geschwüren	Tee, Salbe, Breiumschlag
Bohnenkraut *Satureja hortensis*	Blätter, Blüten	gegen Blähungen, krampflösend, verdauungsfördernd, appetitanregend, hustenlösend	Gewürz, Tee, Badezusatz
Boretsch *Borago officinalis*	Blätter, Blüten	schweißtreibend, erfrischend, herzstärkend	Gewürz
Dill *Anethum graveolens*	Blätter, Samen	magenstärkend, appetitanregend, verdauungsfördernd	Gewürz, Tee
Eibisch *Althaea officinalis*	Blätter, Wurzeln	gegen Husten, Entzündungen, Magen- und Darmbeschwerden	Tee
Fenchel, *Foeniculum vulgare* var. *dulce*	Samen	gegen Blähungen, schleimlösend, verdauungsfördernd	Gewürz, Tee, Tinktur
Kamille *Chamomilla recutita*	Blüten, Blätter	gegen Magenbeschwerden, Entzündungen an Augen und im Mund, wundheilend	Tee, Tinktur, Badezusatz
Kümmel *Carum carvi*	Samen	krampflösend, gegen Blähungen, verdauungsfördernd	Gewürz, Tee, Schnaps
Lavendel *Lavandula angustifolia*	Blätter, Blüten	krampflösend, schlaffördernd, gegen Magen- und Darmbeschwerden sowie Durchfälle	Tee, Tinktur, Badezusatz, Duftkissen
Majoran *Origanum majorana*	Blätter	verdauungsfördernd, anregend, gegen Erkältung	Gewürz, Tee, Badezusatz
Mariendistel *Silybum marianum*	Samen	gegen Leber- und Gallenleiden	Tee
Oregano *Origanum vulgare*	Blätter	magenstärkend, hustenstillend, schleimlösend	Gewürz, Tee, Badezusatz
Pfefferminze *Mentha x piperita*	Blätter	gegen Nervosität, Schlaflosigkeit, Husten, Migräne, Magen- und Darmbeschwerden	Gewürz, Tee, Likör, Sirup
Rosmarin *Rosmarinus officinalis*	Blätter	gegen Erschöpfung, niedrigen Blutdruck, Rheuma	Gewürz, Tee, Salbe, Badezusatz
Salbei *Salvia officinalis*	Blätter	entzündungshemmend, krampflösend, gegen Schweißausbrüche	Gewürz, Tee, Tinktur, Badezusatz
Thymian *Thymus vulgaris*	Blätter Blüten	desinfizierend, schleimlösend, hustenstillend	Gewürz, Tee, Extrakt, Badezusatz
Wermut *Artemisia absinthium*	Blätter	antiseptisch, harntreibend, gegen Magen- und Gallenbeschwerden, Würmer	Gewürz, Tee, Tinktur, Likör
Ysop *Hyssopus officinalis*	Blätter	verdauungsfördernd, appetitanregend, magenstärkend, krampf- und schleimlösend	Gewürz, Tee, Likör
Zitronenmelisse *Melissa officinalis*	Blätter	magenstärkend, beruhigend, krampflösend	Gewürz, Tee, alkoholische Aufbereitung, Badezusatz

Beinwell

Boretsch

Eibisch

Salbei

Grundlagen des Wachstums

Boden und Düngung

Das Kapital des Gärtners ist der Boden. Eine schützende Mulchschicht ersetzt wirksam die geschlossene natürliche Pflanzendecke.

Licht, Luft, Wasser und Erde sind die Fundamente unseres Lebens. Dabei ist der Boden mit seinen vielfältigen Funktionen als Standort, Lebensraum, Wasserspeicher und Nährstofflieferant für die Pflanzen von überaus großer Bedeutung, denn ihr Gedeihen hängt weitgehend von seinem Zustand ab. Reiche Ernten kann man nur erwarten, wenn der Boden richtig gepflegt wird und die Kulturpflanzen ihren Bedarf an Nährstoffen darin optimal decken können.

Lebensraum Boden

Der Boden ist im Lauf von Jahrmillionen durch Verwitterung entstanden – durch die Einwirkung von Sonne und Wind, von Hitze und Kälte, durch die Quellkraft des Wassers wie auch durch die Sprengwirkung des Frostes. Er ist kein starres Gebilde, sondern unterliegt ständigen Veränderungen. Schonende Bearbeitung und aufmerksame Pflege tragen dazu bei, daß er gesund erhalten wird. Auf fruchtbarem Boden können auch anspruchsvolle Pflanzen gedeihen, die wiederum Nahrung für Mensch und Tier bieten.

Aufbau des Bodens

Als Folge der verschiedenen Prozesse bei der Bodenbildung – Verwitterung und Einfluß der Bodenorganismen – haben sich Schichten entwickelt, die beim Graben durch ihre unterschiedliche Färbung und Struktur mehr oder weniger deutlich sichtbar werden. Über dem eigentlichen Boden liegt eine dünne Streu- oder Mulchschicht, die aus herabgefallenen Blättern und Pflanzenabfällen besteht. Hier leben Regenwürmer, Springschwänze, Asseln und andere Organismen, die die Pflanzenteile zerkleinern und sie mit dem darunterliegenden Boden mischen, so daß eine grob strukturierte, dunkle Schicht entsteht, die Rotteschicht genannt wird.

Ein Heer von Pilzen, Algen, Fadenwürmern, Milben, Einzellern und Bakterien wandelt diese Masse weiter um, zerlegt sie teilweise in ihre Bausteine oder erzeugt Humusstoffe. Niederschläge und die Tätigkeit der Bodenlebewesen beschleunigen die Vermischung dieser Abbauprodukte mit den mineralischen Bestandteilen des Bodens, bis sich schließlich eine intensiv belebte, feinkrümelige, schwärzlich-braune Humusschicht bildet, in der die meisten Pflanzen wurzeln.

Je tiefer man gräbt, desto heller werden im allgemeinen die Bodenschichten. Die Humusstoffe nehmen ab und der Anteil an hellbraunen bis gelblichen Mineralen – dem verwitterten, zerkleinerten Ausgangsgestein – nimmt zu. In noch größerer Tiefe stößt man dann auf unverwittertes Gestein.

Im Idealfall ist der Gartenboden bis in eine Tiefe von 30–60 cm locker und voller Humus, d.h. reich an allmählich frei werdenden Nährstoffen und damit äußerst fruchtbar. Er riecht

Ein Querschnitt des Bodens: Organismen wie Asseln, Springschwänze und Tausendfüßler (obere Reihe von links nach rechts) zerkleinern und vermischen die Streuschicht langsam mit der darunterliegenden Humusschicht. Algen, Bakterien, Pilze und Geißeltierchen (untere Reihe von links nach rechts) zersetzen den Humus dann weiter. Zuunterst liegt die Mineralschicht, die weitgehend aus verwittertem Gestein besteht.

Nur ein gesunder und von viel Leben durchzogener Boden ist auch fruchtbar.

angenehm, ist ausreichend durchlüftet und speichert die Feuchtigkeit gut. Man spricht von einem garen Boden.

Durch regelmäßige Zufuhr von organischen Düngern bleibt ein Boden humusreich.

Bodenuntersuchung

Durch ständige Bearbeitung und Nutzung verändert sich der Boden immer wieder in seiner Zusammensetzung; vor allem im Gemüsegarten werden ihm laufend Nährstoffe entzogen, da die Pflanzen durch Ernten aus dem natürlichen Kreislauf entfernt werden. Gesundes Wachstum und eine auf die jeweilige Kultur ausgerichtete, gezielte Düngung sind aber nur möglich, wenn wichtige Eigenschaften des Bodens bekannt sind: die Art des Bodens, der Gehalt an Nährstoffen wie Phosphor und Kali, der pH-Wert (Säurewert) des Bodens und damit auch seine Kalkversorgung.

Diese Werte lassen sich durch verschiedene Methoden ermitteln: Im Handel erhältliche Bodenprobesets sind auch für Laien leicht zu handhaben und liefern je nach Ausstattung mehr oder weniger genaue Ergebnisse. Durch eine Bodenanalyse in einem Fachlabor erhält man im allgemeinen sehr viel exaktere Daten. Neben den Grundwerten werden auf Wunsch zusätzlich der Gehalt an Magnesium und anderen Spurenelementen, die Humusanteile oder auch die Belastung mit Schadstoffen wie z. B. Schwermetallen bestimmt.

Zahlreiche staatliche Untersuchungsanstalten (siehe Seite 229) und private Labors (Adressen im Branchen-Telefonbuch unter Laboratorien) nehmen solche Bodenuntersuchungen vor, und neben der Analyse bekommt man meist Empfehlungen für die Düngung, entsprechend den ermittelten Bodenwerten und den jeweils gewünschten Kulturen.

Entnahme von Bodenproben

Für die Bodenanalyse braucht man eine Probe, die in ihrer Zusammensetzung die Struktur der Gartenerde zeigen soll. Am besten eignet sich dafür eine Mischprobe aus kleinen Mengen Erde von verschiedenen Stellen im Garten. Die Entnahmestellen sollten nicht unmittelbar neben dem nährstoffreichen Komposthaufen, aber auch nicht am Rand von Beeten liegen, da sonst das Ergebnis verfälscht wird. Pro 100 m^2 Gartenfläche sind etwa fünf bis zehn Proben erforderlich.

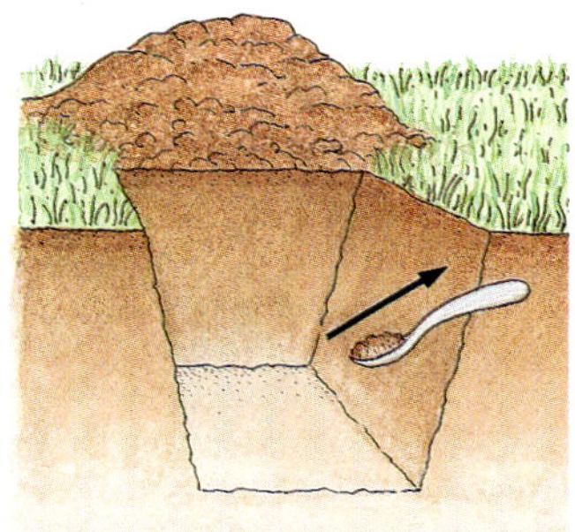

Für eine Bodenprobe gräbt man an mehreren Stellen im Garten (oben) ein spatentiefes Loch. Mit einem Löffel streicht man jeweils diagonal über eine Seite etwas Erde ab (unten) und sammelt sie in einem Eimer.

Mit speziellem Indikatorpapier läßt sich der Säuregehalt des Bodens schnell und einfach feststellen.

Tip

Der beste Zeitpunkt für eine Bodenanalyse sind Herbst oder Frühjahr, also nach der letzten Ernte oder vor der ersten Düngung. Bodenuntersuchungen sollte man alle zwei bis drei Jahre durchführen, denn Bodenqualität und vor allem auch die Nährstoffversorgung können sich relativ schnell verändern.

Man sticht mit einem Spaten ein 25–30 cm tiefes, spatenbreites Loch aus und entnimmt die Probe entweder von einer abgestochenen Scholle oder direkt von der Wand des Loches, indem man mit einem Löffel diagonal von unten nach oben Erde abschabt. Die Einzelproben werden in einem Eimer gesammelt und gut durchmischt. Etwa 500 g dieser Mischprobe füllt man in einen Plastikbeutel, verschließt ihn gut und versieht ihn mit einem Aufkleber mit der eigenen Anschrift. So schickt man ihn an das gewählte Labor, zusammen mit einem Begleitschreiben, in dem man auf die bisherige Bodennutzung und Düngung wie auch auf eventuelle Auffälligkeiten, z. B. Pflanzenschadbilder oder eine ungewöhnliche Blattfärbung, hinweisen sollte.

Für den Anbau von Kohl sollte der Boden kalkhaltig, also basisch sein.

Tip

Den pH-Wert des Bodens kann man mit einfachen, preisgünstigen Testsets auch selbst ermitteln. Man gibt dabei ein wenig Erde in ein Reagenzglas, fügt destilliertes Wasser und eine Testtablette hinzu, und schon nach kurzem Durchschütteln setzen sich die Bodenpartikel ab, wobei die wäßrige Lösung eine bestimmte Farbe annimmt. Anhand einer Farbskala kann man dann den Säurewert ablesen. Andere Verfahren arbeiten mit Teststreifen, die sich in der Lösung verfärben.

Tip

Mild und langsam wirkender Kalk, wie kohlensaurer Kalk und Algenkalk, eignet sich besonders für leichte und mittelschwere Böden. Schnell wirkender Kalk wie Brannt- und Löschkalk sollte nur auf schwere Böden ausgebracht werden, und zwar spätestens zwei Wochen vor der Aussaat oder Pflanzung, weil er anfangs z. T. ätzend wirkt.

Der Säuregehalt des Bodens

Viele Eigenschaften des Bodens, darunter die Verfügbarkeit von Nährstoffen, die Aktivität der Bodenlebewesen, die Humusbildung und die Entstehung einer stabilen Krümelstruktur, hängen vom Säure- bzw. Kalkgehalt des Bodens ab. Eine saure, neutrale oder basische (alkalische) Reaktion des Bodens wird durch den entsprechenden pH-Wert gekennzeichnet. Je geringer dieser ist, desto mehr Säure enthält der Boden, je höher er ist, desto weniger Säuren sind vorhanden. Als Maß für den Säuregehalt hat man eine Skala von 0 bis 14 zugrunde gelegt. Der pH-Wert 7 kennzeichnet dabei den Neutralpunkt, bei dem sich Säuren und Basen die Waage halten. Zwischen pH 0 und 7 liegt der saure Bereich, zwischen 7 und 14 der basische oder alkalische.

Je nach ihrem Ursprung und ihrer Zusammensetzung haben Böden einen sehr unterschiedlichen Säuregehalt – bei den meisten liegen die pH-Werte zwischen 5 und 8. Die Mehrzahl unserer Gemüsearten bevorzugt Böden im pH-Bereich zwischen 5,5 und 6,5, also schwach saure Böden. Kohlarten gedeihen bei pH-Werten zwischen 6,5 und 8 am besten, brauchen also ein eher basisches Substrat.

Der pH-Wert unterliegt häufig stärkeren Schwankungen; dadurch kann auch die Bodenfruchtbarkeit leiden. Beispielsweise bindet übermäßig viel Kalk wichtige Spurenelemente. Als Folge treten Mangelkrankheiten auf. Durch hohe Gaben von Kompost oder sauer wirkenden Mineraldüngern (z. B. schwefelsaurem Ammoniak) läßt sich der pH-Wert im allgemeinen wieder normalisieren. Ist dagegen zuwenig Kalk vorhanden, sterben viele Bodenbakterien ab, und schädliche Stoffe werden frei. Mit kohlensaurem Kalk, Meeresalgenkalk, Dolomitkalk oder Branntkalk kann der pH-Wert wieder erhöht werden. Die Kalkung nimmt man am besten im Herbst vor, wobei als Grundregel gilt: Lieber mehrmals eine hauchdünne Kalkschicht über den Boden streuen und anschließend leicht einharken als einmal zuviel verabreichen.

Bodenarten

Nach der Beschaffenheit des Oberbodens unterscheidet man verschiedene Bodenarten: Es gibt leichte und schwere Böden, je nachdem, ob sie sich leicht oder schwer bearbeiten lassen. Dies wiederum hängt von der Größe der Mineralkörner in der Erde ab. Als Sand werden die gröberen Teilchen (Korngröße von 0,06–2 mm) bezeichnet, als Schluff die mittleren und als Ton die feinsten (Korngröße kleiner als 0,002 mm). Das Mischungsverhältnis dieser Bodenteilchen bestimmt die Bodenart.

Böden sind sehr unterschiedlich zusammengesetzt: Neben reinen Ton-, Lehm- und Sandböden gibt es alle möglichen Übergangsformen, etwa tonige Lehmböden und sandige Lehmböden.

Bestimmung der Bodenart

Mittels der sog. Schlämmprobe lassen sich die Anteile der verschiedenen Bodenarten leicht bestimmen. Dazu füllt man in ein großes Glas (Marmeladen- oder Einweckglas) eine etwa 1 cm dicke Schicht Erde aus der oberen Bodenschicht (bis 20 cm Tiefe). Anschließend wird das Glas mit Wasser aufgefüllt, dicht verschlossen und gründlich geschüttelt, bis sich die Erde aufgelöst hat. Dann stellt man den Behälter hin, damit sich die Bodenteilchen setzen können. Da die Erdpartikel eine unterschiedliche Sinkgeschwindigkeit haben, lagern sie sich in Schichten ab: So setzen sich Sandteilchen schon nach wenigen Minuten, Schluff und Ton dagegen später, zum Schluß der Humus. Bei hohem Ton- und Humusanteil kann dieser Prozeß viele Tage dauern.

Sandboden (links) setzt sich schnell ab. Humus (Mitte) verursacht eine dunkle Färbung, viele Teilchen bleiben lange gelöst. Beim Lehm (rechts) sinken die Sandteile schnell, die feinen Teilchen dagegen langsam.

Sandböden

Sandböden enthalten überwiegend grobe Partikel und werden zu den leichten Böden gezählt. Sie haben einige Vorzüge: Spaten und Sauzahn können leicht geführt werden, weil die kugeligen Sandkörner nicht so dicht beieinanderliegen. Durch ihre zahlreichen Poren sind Sandböden gut belüftet und wasserdurchlässig; das Wachstum setzt im Frühjahr besonders zeitig ein, weil sich die Böden rasch erwärmen. In der lockeren Erde können sich die Wurzeln gut ausbreiten, und organische Substanz wird schnell umgesetzt.

Sandböden sind wegen dieser Vorteile gut geeignet für den Anbau von Gurken, Kürbisgewächsen, Bohnen und Wurzelgemüsen wie Möhren, Wurzelpetersilie und Schwarzwurzeln. Da sie aber Nährstoffe und Wasser nur schlecht speichern können, also meistens nährstoffarm sind und rasch austrocknen, empfehlen sie sich nicht für die Kultur von Kohlgewächsen und Tomaten, die laufend viele Nährstoffe und auch reichlich Wasser brauchen.

Tonböden

Im Unterschied zu Sandböden sind Tonböden schwere Böden und bestehen hauptsächlich aus sehr feinen Teilchen, die mit bloßem Auge nicht mehr erkennbar sind. Die Partikel sind blättchenförmig zu dichten Schichten gepackt, die die Erde verkleben. Dadurch ist ein solcher Boden schlecht durchlüftet und neigt zu Staunässe; im Frühjahr und nach Regenfällen trocknet er zudem sehr langsam ab und erwärmt sich auch nur zögernd. Deshalb haben es Pflanzen schwer, ihre Wurzeln in solchen Böden auszubreiten. Auch der Mensch hat mit der Bearbeitung Schwierigkeiten, weil die Geräte bald mit Erde verschmiert sind und sich nur mit Mühe durch den Boden ziehen lassen. Auf der anderen Seite verfügen Tonböden meist über ein reichliches Nährstoffangebot und können große Mengen Wasser speichern.

Die zuletztgenannten Vorzüge machen aber die Nachteile nicht wett, und den meisten Gemüsearten sagen diese Böden deshalb auch nicht zu. Lediglich Kohlarten profitieren von dem Wasserspeichervermögen und dem meist hohen Kalkgehalt.

Möhren bilden in leichten Sandböden schöne regelmäßige Rüben aus.

Ein Boden mit hohem Sandanteil trocknet rasch ab und läßt sich leicht bearbeiten.

Tip

Dem raschen Abbau von Humus und dem Austrocknen des Bodens kann man entgegenwirken, wenn man dafür sorgt, daß er möglichst dauerhaft von Kultur- und Gründüngerpflanzen oder einer Schicht aus Mulchmaterial bedeckt ist.

Tip

Verbessern lassen sich Tonböden durch reichliche Gaben von Sand und Kompost, die die Erde lockern und die Krümelbildung fördern. Eine ständige Bedeckung mit Mulchmaterial oder auch eine rasche Kulturfolge verhindert das Austrocknen und Verbacken der Oberfläche. Gründüngerpflanzen wie Inkarnatklee und Weiße Lupine sorgen mit ihren tiefreichenden Wurzeln für die Durchlüftung der Erde und machen den Untergrund durchlässig. In extremen Fällen muß jedoch eine Dränage für Entwässerung sorgen.

Sandboden (rechts) rieselt leicht durch die Hand, während Tonboden (links) sich gut formen läßt.

Tip

Das Mischungsverhältnis der einzelnen Bodenarten bestimmt auch deren Eigenschaften. Nur reiner Lehmboden besteht aus Sand, Schluff und Ton zu jeweils gleichen Teilen und bietet damit den meisten Pflanzen optimale Wachstumschancen; sandiger Lehm enthält dagegen mehr Sand und ist deshalb durchlässiger, kann aber weniger Wasser speichern; toniger Lehm schließlich neigt zu Staunässe, enthält aber viele Nährstoffe. Mit geeigneten Bodenverbesserungsmitteln läßt sich das jeweilige Defizit ausgleichen.

Tip

Tonminerale verbessern vor allem sandige Böden. Sie zeichnen sich durch eine besonders große Wasserspeicherkraft aus, weil sie andere Bodenteilchen zu festen Komplexen verkleben, die das Wasser binden. Dadurch wird die Auswaschung der Nährstoffe vermindert und auch das Bodenleben gefördert.

Lehmböden

Lehmböden vereinen die Vorzüge der Sand- und Tonböden in sich. Als sog. mittelschwere Böden bestehen sie aus einer Mischung von Sand, Ton und mittelgroben oder mittelfeinen Teilchen, dem Schluff. Der Sandanteil wirkt lockernd und belüftend, der Tonanteil wasser- und nährstoffspeichernd.

Dieses ausgewogene Verhältnis macht Lehmböden zu idealen Böden für den Gemüsegarten. Im allgemeinen wachsen hier alle Gemüsearten gut. Durch schonende Bodenbearbeitung, regelmäßige Zufuhr von humusbildenden Stoffen und anhaltende Bodenbedeckung mit Mulch lassen sich die positiven Eigenschaften weiter erhalten und verstärken.

Vor- und Nachteile der einzelnen Bodenarten

Eigenschaften	Sand	Lehm	Ton
Wasserspeicherung	–	+	++
Wasserverfügbarkeit	–	+	–
Nährstoffspeicherung	–	+	++
Nährstoffverfügbarkeit	–	+	–
Durchlüftung	++	+	–
Erwärmung	++	+	–
Bearbeitung	++	+	–

++ sehr gut, + gut, – schlecht

Gesteinsmehle für die Bodenverbesserung

Gesteinsmehle sind gemahlene und aufbereitete Abbauprodukte aus natürlichen Vorkommen, die je nach Herkunft unterschiedlich zusammengesetzt sind. Sie enthalten Nährstoffe, vor allem Spurenelemente wie beispielsweise Kupfer und Zink, die jedoch im Boden erst gelöst und aufgeschlossen werden müssen, ehe sie als Dünger wirken – dies allerdings auch nur in geringem Maß. Gesteinsmehle sind in erster Linie Bodenverbesserungsmittel. Da sie zu feinem Staub vermahlen sind, können sie eine Fülle von Nährstoffen binden, die dem Boden sonst verlorengingen, und durch ihr großes Quellvermögen können sie außerdem viel Wasser speichern und verbessern dadurch nachhaltig die Wasserhaltekraft des Bodens.

Man unterscheidet Granit- und Basaltmehl sowie die besonders quellfähigen Tonminerale. Das helle Granitmehl enthält viel Silicium und senkt den pH-Wert des Bodens, wirkt also sauer; es eignet sich besonders für kalkreiche Böden. Das dunkle Basaltmehl besteht u.a. aus viel Calcium und Magnesium und hat alkalische Wirkung; deshalb wird es vorwiegend auf sauren Böden verwendet. Tonminerale wie Bentonit, Vermiculit und Montmorillonit haben schichtförmige Mineralstrukturen, in deren Zwischenräumen große Mengen von Wasser (ungefähr die 20fache Menge des Eigengewichts) und Nährsalze gespeichert werden können. Mit diesem Gesteinsmehl lassen sich daher vor allem Sandböden verbessern.

Gesteinsmehle sollten mehrmals im Jahr wie dünne Schleier über den Boden gestäubt werden, weil auf diese Weise kontinuierlich eine bessere Wasserversorgung und Nährstoffspeicherung erreicht werden kann. So finden die Bodenlebewesen geeignetere Bedingungen vor und werden aktiver. Indirekt wird also durch die Gabe von Gesteinsmehlen auch die Versorgung mit Humus gefördert.

Bodenbearbeitung

Da kaum ein Garten von allein ideale Voraussetzungen für den Gemüseanbau bietet, muß man behutsam korrigierend eingreifen, um den Boden über einen längeren Zeitraum aktiv und gesund zu erhalten. Die regelmäßige Bodenbearbeitung ist eine der wichtigsten Voraussetzungen.

Im Herbst, zum Ende der Gartensaison, wird die Erde gelockert und bei Bedarf mit Bodenverbesserungsmitteln versorgt. Ob Umgraben dabei besser ist als vorsichtiges Lockern, das ist weiterhin umstritten. Die im Bio-Gartenbau verbreitete Form der minimalen Bearbeitung hat ihr Vorbild in der freien Natur: Dort behält der Boden jahraus, jahrein

Gesteinsmehl wird dünn aufgestäubt und mit der Grabegabel leicht eingearbeitet.

Auf lockeren, krümeligen und humosen Böden finden die Gemüsekulturen die besten Voraussetzungen zum Wachsen.

seine natürliche Schichtung und ist dennoch fruchtbar. Bio-Gärtner gehen deshalb folgendermaßen vor: Zuerst wird die Erde von Unkraut und Ernterückständen befreit und mit einer Grabegabel gelockert, ohne daß die Schichten umgelagert und das Bodenleben gestört werden. Die Gabel wird dabei bis zum Stielanfang in den Boden gestochen und mehrmals vor- und zurückbewegt. Anschließend läßt sich die obere Krume ohne allzu großen Kraftaufwand zerkleinern. Am besten eignet sich dafür der Sauzahn, mitunter auch Wühler genannt. Wenn die Erde den Winter über mit einer dicken Mulchschicht (siehe Seite 43) oder Gründüngung (siehe Seite 58 f.) abgedeckt wird, findet man im Frühjahr einen krümeligen, biologisch aktiven Boden vor, der beste Bedingungen für die Aussaat bietet.

Aber auch das Umgraben hat nach wie vor seine Befürworter. So gehen diese davon aus, daß sich durch eine nicht allzu tiefe Bearbeitung mit dem Spaten eine 20–25 cm starke, gleichmäßig belüftete, lockere Humusschicht bilden kann, in der auf Dauer reiches Bodenleben herrscht, das nur kurzfristig beeinträchtigt wird und sich immer wieder schnell erholt – letztlich also eine gleichmäßige, fruchtbare Oberkrume entsteht.

Tip

Bodenverbesserungsmittel sollten nicht zu sparsam angewendet werden, denn größere Mengen helfen in diesem Fall auch viel. Man bringt auf leichten Böden 150–400 g/m², auf mittleren 100–300 g/m² und auf schweren 50 g/m² aus.

Tip

Viel Mühe spart man sich, wenn man das Lockern des Bodens mit dem Einbringen der Bodenverbesserungsmittel verbindet: Nach der Lockerung mit der Grabegabel werden Kompost, Steinmehl, Sand oder andere Zusätze auf das Beet ausgebracht und mit dem Krail, Kultivator oder Gartenwiesel in die obere Schicht eingearbeitet.

Mühsam, aber unbedingt notwendig ist das vollständige Entfernen von Unkraut.

Mit der Grabegabel wird der Boden schonend gelockert, die Schichtung bleibt erhalten.

Ungünstig ist Umgraben jedoch fraglos für Böden, die nur eine dünne Humusschicht haben, denn leicht gelangt dabei unbelebter Unterboden an die Oberfläche. Günstig kann es dagegen sein, besonders schwere Böden umzugraben, denn die Erdschollen sind auf diese Weise den Winter über der Witterung ausgesetzt, werden mürbe und zerspringen – mühsames Zerkleinern entfällt. Man spricht von der Frostgare des Bodens, die ihn aber nur kurzzeitig verbessert: Schon nach einem starken Regenguß ist die durch den Frost locker gewordene Struktur schnell wieder zerstört.

Bei staunassen Böden ist Umgraben sicher immer sinnvoll, weil auf diese Weise die verdichteten, Wasser stauenden Schichten aufgebrochen werden und die Erde durchlässiger gemacht wird.

Tip

Das Hacken hat viele Vorteile: So werden zahlreiche Unkräuter, die sich rasch als unerwünschte Nahrungskonkurrenten der Kulturpflanzen breitmachen, schon im Ansatz zerstört, und man erspart sich später häufiges Jäten. Außerdem werden Nester mit Schneckeneiern an die Oberfläche gezogen und somit den Nützlingen im Garten dargeboten – eine wirksame Maßnahme, um gegen eine Schneckenplage vorzugehen.

Bodenvorbereitung im Frühjahr

Im zeitigen Frühjahr wird die Beetoberfläche für das kommende Gartenjahr vorbereitet. Die gelockerte oder umgegrabene Erde hat sich inzwischen gesetzt, und viele feine Spalten und Risse, sog. Kapillaren, haben sich dabei gebildet. In diesen winzigen Wasserleitungen kann das Wasser nun mit steigenden Temperaturen mehr und mehr verdunsten, so daß selbst die tiefen Schichten abtrocknen – der Boden ist dann bereit für das Säen und Pflanzen. Ist die Oberfläche abgetrocknet, wird der Boden flach, etwa 3–4 cm tief, mit dem Krail, Kultivator oder Gartenwiesel gelockert. Nur die oberste Schicht soll feinkrümelig werden, die Kapillaren darunter müssen weitgehend erhalten bleiben, damit die Saat genügend Wasser bekommt. Jetzt ist auch Gelegenheit, Dünger einzuarbeiten oder reifen Kompost auszubringen (siehe Seite 55). Nachdem das Beet mit einem Rechen geglättet wurde, kann mit der Aussaat begonnen werden; wenn allerdings gleichzeitig gedüngt wurde, wartet man damit noch etwa zwei Wochen.

Wird der Boden im darauffolgenden Sommer mit einer Mulchschicht oder durch die Gemüsepflanzen selbst abgedeckt, bekommt er eine natürliche Schattengare: Er bleibt dadurch krümelig, hält die Feuchtigkeit länger und ist nicht so starken Temperaturschwankungen ausgesetzt. Fehlt eine solche Bodendecke, muß durch häufiges Hacken verhindert werden, daß die obere Bodenschicht verhärtet

Grabegabel, Spaten, Kombihacke und Rechen gehören zur Grundausstattung für die Bodenbearbeitung.

Mit dem Gartenwiesel wird die oberste Bodenschicht fein zerkrümelt und gelockert.

Große Blätter von Rhabarber, Kohl oder Kürbis eignen sich hervorragend zum Mulchen.

oder verkrustet. Diese nicht sehr beliebte Gartenarbeit bewirkt, daß die Verbindungen der Bodenkapillaren zur Oberfläche abreißen und der Boden länger feucht bleibt. Geeignet sind dafür Geräte wie die Kombihacke mit Krallen, mit der sich der Boden gut durchlüften läßt, und das Gartenwiesel, mit dem sich Unkräuter gleich zerhäckseln und in die obere Bodenschicht einarbeiten lassen.

Bodenschutz durch Mulchen

Unbedeckter Boden ist Wind und Wetter schutzlos ausgesetzt. Um die fruchtbare Scholle vor der Zerstörung durch Frost, Regen und Wind zu bewahren, behilft man sich im Garten mit einer einfachen Technik, dem Mulchen, einem der freien Natur nachgeahmten Verfahren. Dabei werden zerkleinerte organische Abfälle wie z.B. angetrockneter Grasschnitt, Stroh und Laub, aber auch zerkleinerte Brennesseln, gehäckselte Gehölzreste oder Blätter von geerntetem Gemüse in ungefähr 3–5 cm dicken Schichten zwischen den Kulturen als sog. Mulchdecke ausgebracht. Allgemein gilt: Je härter und trockener das verwendete Material ist, desto dicker sollte die Mulchschicht sein; je weicher und nasser, um so sparsamer streut man es aus. Feuchter Rasenschnitt gar darf nur sehr dünn ausgebracht werden, weil die Gefahr besteht, daß er sich verdichtet, fault und den Boden „erstickt". Nur unmittelbar um die Pflanzen herum bleibt ein Ring frei, sonst werden auch alle Lücken gefüllt, so daß möglichst die gesamte Fläche mit einem schützenden Teppich bedeckt ist.

Eine Mulchdecke ersetzt also im Garten die in der freien Natur vorhandene natürliche Bodendecke aus dicht wachsenden Pflanzen und abgestorbenen Pflanzenteilen wie z.B. der Laubstreu und verhilft dem Boden auf diese Weise zu einer Art Schattengare (siehe auch Seite 42), außerdem erspart man sich viel zusätzliches Gießen. Beinahe als Nebeneffekt wird die Erde auch noch mit organischem Material angereichert, das sich in fruchtbaren Humus umwandelt und fehlende Nährstoffe ergänzt. Eine dichte, lückenlose Mulchdecke unterdrückt darüber hinaus das Unkrautwachstum, lästiges Jäten kann auf ein Minimum reduziert werden. Letztendlich mildert eine solche Schicht die Temperaturgegensätze zwischen Tag und Nacht, was den Gemüsepflanzen gut bekommt.

Tip

Mulchdecken schützen das Gemüse auch vor Verunreinigung und Schimmelbildung, denn vor allem Fruchtgemüse wie Zucchini, Gurken oder Kürbisse, deren Früchte oft auf dem Boden liegen, haben dadurch keinen direkten Erdkontakt und bleiben trocken. Eine Mulchdecke bewahrt das Gemüse außerdem vor Erdspritzern beim Gießen oder bei starken Regenfällen.

Unter schwarzer Mulchfolie bleibt der Boden wärmer und länger feucht, Unkraut wird schon im Keim erstickt.

Nährstoffbedarf und Düngung

Tip

Das Ziel einer ausgewogenen Düngung ist:
- **die Nährstoffe zu ersetzen, die dem Boden durch Ernten entzogen worden sind,**
- **die Bodenfruchtbarkeit durch Zufuhr von humusbildenden Stoffen zu erhalten und zu verbessern,**
- **durch gezielte Düngemittelwahl ein ausgewogenes Verhältnis der Nährstoffe zu bewahren,**
- **Nährstoffüberschüsse und eine dadurch bedingte Boden- und Grundwasserbelastung zu vermeiden.**

Neben dem Licht als Energiequelle, der Luft als Lieferant von Sauerstoff und Kohlenstoff sowie dem Wasser für den Aufbau und Transport der Stoffe benötigt jede Pflanze auch Nährstoffe. Im Unterschied zu Mensch und Tier ist die Pflanze in der Lage, unter Zuhilfenahme der Sonnenenergie, die durch das Blattgrün (Chlorophyll) nutzbar gemacht wird, aus den Mineralen des Bodens, dem Kohlenstoff der Luft und dem Wasserstoff des Wassers organische Substanzen aufzubauen. Dabei wird Sauerstoff frei. Diesen Vorgang, der sich nur bei Licht abspielt, nennt man Photosynthese oder Assimilation. Die dabei entstehenden Substanzen dienen in erster Linie dem Aufbau des Pflanzenkörpers; Überschüsse werden von der Pflanze gespeichert. Nachts vollzieht sich der Vorgang umgekehrt: Die Pflanze lebt dann von den bei Licht produzierten Stoffen, sie „veratmet" sie.

Nur wenn die Pflanze Nährstoffe in einem ausgewogenen Verhältnis vorfindet, kann sie optimal wachsen und Widerstandskräfte entwickeln. Neben den Grundbausteinen Sauerstoff (chemisches Zeichen O), Kohlenstoff (C) und Wasserstoff (H) zählen Stickstoff (N), Phosphor (P), Schwefel (S), Kalium (K), Magnesium (Mg) und Calcium (Ca) zu den Hauptnährstoffen, die in größerer Menge erforderlich sind. Nur in winzigen Dosen werden die sog. Spurenelemente wie Eisen (Fe), Zink (Zn), Kupfer (Cu), Mangan (Mn), Bor (B), Molybdän (Mo) und Chlor (Cl) gebraucht.

Lebensablauf in einer Pflanze: Unter Lichteinwirkung wird in den Blättern mit Hilfe des Chlorophylls aus Wasser und Kohlendioxid energiereicher Zucker aufgebaut. Das Chlorophyll ist in den grünen Chloroplasten der Zelle (Ausschnitt 1) enthalten. Über die Blattporen (Ausschnitt 2) nimmt die Pflanze Kohlendioxid auf und gibt den entstehenden Sauerstoff wieder ab. Wasser und Nährstoffe werden von den feinen Haarwurzeln (Ausschnitt 3) aus dem Boden aufgenommen und über die Leitbahnen (Ausschnitt 4) nach oben transportiert. Im Gegenfluß werden die zu Stärke umgebauten Zucker als Reservestoffe über die Leitbahnen in die Speicherorgane der Knollen geschickt. Dort wird die Stärke in kleinen Körnern (Ausschnitt 5) gelagert.

Pflanzennährstoffe

Element (chem. Zeichen)	Bedeutung für die Pflanze	Mangelerscheinungen; Auftreten	Abhilfe
Hauptnährstoffe			
Stickstoff (N)	wesentlicher Pflanzenbaustein	Kümmerwuchs, vorzeitiges Vergilben, kleine Früchte; auf humusarmen, ausgezehrten Böden nach Gaben von unverrottetem Kompost	mineralische Stickstoffdünger, organische Dünger
Phosphor (P)	wichtig für Stoffwechsel, Blüten-, Samen- und Fruchtbildung	Blühverzögerung, blaugrüne Blattverfärbung; auf humusarmen, schlecht durchwurzelten Böden, tritt selten auf	Phosphordünger, z.B. Thomasphosphat, Knochenmehl
Schwefel (S)	wesentlicher Eiweißbaustein, wichtig für Enzyme	geringer Blütenansatz, blaugrüne Blätter: auf humusarmen Böden, tritt selten auf	schwefelhaltige Dünger, z.B. Magnesiumsulfat
Kalium (K)	wichtig für Wasserhaushalt, Aufbau der Kohlenhydrate, Gewebefestigung	Kümmerwuchs, Welke vom Blattrand her; auf Tonböden, häufig leichte Unterversorgung	Kalidünger, z.B. Kalimagnesia
Magnesium (Mg)	wichtig für Wasserhaushalt, Stoffwechsel, Chlorophyllbildung	Chlorose, Kümmerwuchs, gelbe Blattverfärbung; auf stark sauren Böden, bei zu hohen Kaligehalten	Magnesiumdünger, z.B. Kalimagnesia, Magnesiumsulfat
Calcium (Ca)	wichtig für Wasserhaushalt, Enzyme, Gewebefestigung	Spitzendürre, Blattverformungen, gestörtes Wurzelwachstum, Herzfäule; auf sauren Böden	Kalkdünger, z.B. Knochenmehl
Spurenelemente			
Eisen (Fe)	wesentlicher Enzymbestandteil, wichtig für Stoffwechsel	gelbe oder weiße Blattverfärbung, verkümmerte Knospen; auf stark kalkhaltigen Böden, auf Torfböden, bei zu hohen Phosphatgehalten	Eisendünger, z.B. Eisenpräparat, Algenpräparat
Mangan (Mn)	wesentlicher Enzymbestandteil, wichtig für Stoffwechsel	Chlorose, gestörtes Wachstum; auf sehr trockenen Böden, auf stark basischen Böden	Mangansulfat, Algenpräparat
Zink (Zn)	wichtig für Stoffwechsel, Enzymbildung	Wuchshemmungen, weiß-grüne Blattverfärbungen, gestörte Fruchtbildung; auf stark basischen Böden, bei zu hohen Phosphatgehalten	Spurenelementdünger, z.B. Blutmehl, Gesteinsmehl
Kupfer (Cu)	wesentlicher Enzymbestandteil, wichtig für Stoffwechsel	Spitzendürre, Welkeerscheinungen; auf Moorböden, Sandböden, bei zu hohen Phosphatgehalten	Spurenelementdünger
Molybdän (Mo)	wesentlicher Enzymbestandteil, wichtig für Stoffwechsel	Wachstumsstörungen, verbräunte Blattränder; auf sauren Sandböden	Spurenelementdünger
Bor (B)	wichtig für Stoffwechel, Kohlenhydrattransport	Wachstumsstörungen, Verkorkungen, Herzfäule; auf trockenen Böden, stark kalkhaltigen Böden	Spurenelementdünger, Borax
Chlor (Cl)	wichtig für Enzymaktivierung	Welkeerscheinungen, verdickte Wurzeln; tritt selten auf	Spurenelementdünger

Fruchtfolge zur optimalen Bodennutzung

Nicht alle Pflanzen haben den gleichen Bedarf an Nährstoffen. Einige Arten wie Kohl, Tomaten oder Porree sind sehr anspruchsvoll, andere wie zahlreiche Küchenkräuter und Hülsenfrüchte sind genügsamer. Ihrem Nährstoffbedarf entsprechend teilt man die Gemüse in sog. Stark-, Mittel- und Schwachzehrer ein, und die Düngung wird diesen unterschiedlichen Ansprüchen angepaßt. Am besten werden die im Boden vorhandenen Nährstoffe durch eine bestimmte, bedarfsgerechte Fruchtfolge ausgenutzt.

Fruchtfolge: Im ersten Jahr (obere Reihe) werden vier Quartiere für Schwachzehrer (Buschbohne), Mittelzehrer (Salat), Starkzehrer (Möhre) und Dauerkultur (Artischocke) festgelegt. Im zweiten (mittlere Reihe) und dritten Jahr (untere Reihe) wechseln die Kulturen, nur die Dauerkultur bleibt im selben Beet.

Das bedeutet, daß zuerst anspruchsvolle Starkzehrer auf ein gut versorgtes Beet gepflanzt werden, im folgenden Jahr baut man dort nach einer milden Folgedüngung Mittelzehrer an, und wieder ein Jahr später sind schließlich die Schwachzehrer an der Reihe, die mit den restlichen Nährstoffen vorliebnehmen. Nach einer Düngung folgen dann im vierten Jahr wieder Starkzehrer.

Kohlgewächse wie der Weißkohl sind sehr anspruchsvoll und brauchen viele Nährstoffe, sie gehören zu den Starkzehrern.

Um den Anbau von Gemüse nach diesem Prinzip planen zu können, teilt man die Fläche in vier Areale oder Quartiere auf, je eines für Stark-, Mittel- und Schwachzehrer sowie eines für Dauerkulturen wie Rhabarber, Erdbeeren oder Artischocken. Die Dauerkulturen wachsen mehrere Jahre auf dem gleichen Beet, während die übrigen Gemüse jedes Jahr ein Quartier weiterrücken. Durch dieses Rotieren lassen sich die Menge und die Konzentration des ausgebrachten Düngers begrenzen, und es reicht aus, wenn man einzelne Kulturen nach Bedarf hin und wieder zusätzlich mit Dünger versorgt.

Das Quartier für Starkzehrer wird vor der Bepflanzung mit einer recht üppigen Grunddüngung (siehe Seite 50) versehen; verwendet wird dabei Mist, Kompost oder Mineralvolldünger. Eventuell muß man sogar in der Wachstumsphase schnell wirkende Dünger

Guano ist ein organischer Dünger, der an vielen Küsten durch den Abbau der Exkremente riesiger Seevogelkolonien gewonnen wird.

nachreichen. Im darauffolgenden Jahr wird das Quartier für die Mittelzehrer durch eine milde Düngung aufgebessert, z.B. mit Kompost. Die Schwachzehrer schließlich brauchen lediglich auf sehr leichten oder sehr schweren und humusarmen Böden vor der Bestellung eine phosphor- und kalibetonte Düngung, z.B. mit Knochenmehl.

Ersatz der Nährstoffe

Durch jährliches Ernten werden dem Kreislauf der Natur viele Nährstoffe entzogen. Diese wertvollen Substanzen müssen durch Düngung wieder ersetzt werden, was in verschiedener Weise erfolgen kann: durch organische Düngung, z.B. mit Kompost, Hornspänen, Guano, Blutmehl oder Mist, durch organisch-mineralische Düngung oder durch mineralische Düngung, z.B. mit Kalkstickstoff, Superphosphat oder Kalimagnesia.

Eine ausgewogene, bedarfsgerechte Düngung ist wichtig, damit Salat keine Nitrate anreichert, die in schädliche Nitrite umgewandelt werden.

Mineralische Düngung

Die Pflanze kann nicht unterscheiden, ob die ihr angebotenen Nährstoffe aus mineralischer oder organischer Düngung stammen. Wichtig ist lediglich, daß diese für sie verfügbar sind. Mineraldünger enthalten vor allem leicht lösliche Mineralsalze, die von Pflanzen schnell aufgenommen werden können. Mit mineralischer Düngung kann man also gezielt auf den Bedarf der Pflanzen eingehen, die benötigten Nährstoffe genau dann verabreichen, wenn sie gebraucht werden, und sie so dosieren, daß Gemüse zur Erntezeit nicht unnötig viel Nährsalze gespeichert hat und dadurch möglicherweise sogar gesundheitsschädlich ist. Vor allem sollte man nicht zuviel Stickstoff zuführen, weil einige Gemüse wie Spinat und Salat dadurch Nitrate anreichern, die in schädliche Nitrite umgewandelt werden können.

Mineralsalze versorgen die Pflanzen also direkt, die Bodenlebewesen werden dabei in ihrer Tätigkeit weitgehend ausgeschaltet, was sich nachteilig auswirken kann. Die Vorteile der Mineraldüngung werden sogar zum Nachteil, wenn der Dünger zu konzentriert – also auf einmal in hohen Dosen statt mehrmals in geringen Konzentrationen – gegeben wird. Überdüngung birgt darüber hinaus noch weitere Gefahren: Zu viele Salze lassen die Wurzeln und Blätter regelrecht verbrennen und schaden auch dem Bodenleben. Außerdem werden überschüssige Nährstoffe in den Boden geschwemmt und belasten dadurch das Grundwasser. Dies gilt besonders für Stickstoffdünger und Kalisalze. Auch die schnell löslichen Volldünger (Blauvolldünger ohne Chlor, Rotvolldünger ohne Chlor) können bei Überdosierung leicht ausgewaschen werden.

Organische Düngung

Bei der organischen Düngung verlaufen die Prozesse anders. Organische, also pflanzliche oder tierische Düngemittel wie z.B. Kompost, Mist oder Hornmehl ernähren hauptsächlich das Bodenleben. Die Pflanzen erhalten ihre Nährstoffe erst, wenn diese Stoffe durch die Bodenorganismen umgesetzt werden. Deren größere Aktivität bedeutet aber gleichzeitig verstärkte Humusbildung und damit bessere

Die meisten Gewürzkräuter brauchen nur wenig Nährstoffe: Sie sind Schwachzehrer.

Tip

Mineraldünger gibt es in verschiedenen Zusammensetzungen:
- **Volldünger beinhalten alle wichtigen Nährstoffe und Spurenelemente in einem ausgewogenen Verhältnis;**
- **Mehrkomponentendünger bestehen aus zwei oder drei wichtigen Hauptnährstoffen;**
- **Einnährstoffdünger enthalten – wie der Name sagt – nur einen Nährstoff. Je nach Bedarf kann man durch gezielte Auswahl genau die Nährstoffe ersetzen, die dem Boden fehlen.**

Tip

Sog. Depot- oder Langzeitdünger sind speziell aufbereitete mineralische Dünger: Die darin enthaltenen Nährstoffe sind entweder ummantelt oder an einen Trägerstoff gebunden, so daß sie erst allmählich freigesetzt werden, und zwar in Mengen, die von den Pflanzen weitgehend sofort aufgenommen werden können. Die Gefahr einer Auswaschung ist daher gering.

Mineralische Dünger

Düngerart	durchschnittlicher Nährstoffgehalt in Prozent					Wirkungsweise
	Stickstoff	Phosphat	Kalium	Calcium	Magnesium	
Stickstoffdünger						
Ammoniumsulfat (schwefelsaures Ammoniak)	21					wirkt sauer, langsam
Kalkammonsalpeter	23–27			10–30		wirkt sauer, schnell, anhaltend
Kalksalpeter	15–16					wirkt leicht basisch, schnell
Chilesalpeter	15–15,5			+		wirk basisch, schnell, Spurenelemente
Kalkstickstoff	20–23			39		wirkt basisch, unkrautvernichtend
Harnstoff	46					wirk sauer, schnell
Phosphordünger						
Superphosphat		18				wirkt sauer, schnell
Thomasphosphat		15	15	45	2	wirkt basisch, langsam, Spurenelemente
Kaliumdünger						
Kaliumsulfat (schwefelsaures Kali)			50			wirkt neutral, schnell
Kalimagnesia (Patentkali)			28–30		10	wirkt neutral, schnell
Magnesiumdünger						
Magnesiumsulfat (Bittersalz)					16	wirkt neutral, schnell
Calciumdünger (Kalkdünger)						
kohlensaurer Kalk (Kalkmergel, Düngekalk)				50–80	+	wirkt basisch, langsam, gut für leichte Böden
Branntkalk				60–95	+	wirkt basisch, schnell, nur für schwere Böden
Löschkalk				bis 70	+	wirkt basisch, schnell

+ = in geringen Mengen vorhanden; wirkt sauer = senkt den pH-Wert des Bodens; wirkt basisch = erhöht den pH-Wert des Bodens

Bodenstruktur und -eigenschaften. Organische Dünger werden deshalb auch Humusdünger genannt. Von großem Vorteil ist, daß sie kaum Verbrennungen verursachen und die Gefahr einer Auswaschung nur gering ist. Allerdings wirken organische Dünger meist nur langsam, dafür oft aber um so nachhaltiger, weil die Nährstoffe den Pflanzen in kleinen Portionen kontinuierlich über einen langen Zeitraum zur Verfügung stehen. Organische Düngung muß also langfristig geplant sein und frühzeitig erfolgen, weil die verfügbare Menge an Nährstof-

Abgelagerter, reifer Mist ist ein ausgezeichneter organischer Dünger.

fen vom Zustand des Bodens abhängig ist. Seine Temperatur, seine Feuchtigkeit und die Aktivität des Bodenlebens sind ausschlaggebend für den Grad der Umsetzung von organischen in mineralische Bestandteile.

Organisch-mineralische Düngung

Organisch-mineralische Dünger sind Mischprodukte aus organischen und mineralischen Düngern. Dabei werden den organischen Rohstoffen mineralische Nährsalze zugegeben; im Handel sind solche Produkte z.B. unter den Bezeichnungen Torfmischdünger oder Humusdünger zu finden. Die organische Komponente sorgt vor allem dafür, daß der Boden mit Humus angereichert und die Nährstoffe kontinuierlich nachgeliefert werden, während die mineralischen Zusätze schnell fehlende Nährstoffe ergänzen.

Anwendung der Düngemittel

Um unerwünschte Nebenwirkungen durch unsachgemäße Düngung möglichst auszuschließen, müssen die Bedürfnisse der Pflanzen, der Zustand und die Art des Bodens wie auch seine Versorgung mit Humus berücksichtigt werden. Die Düngung muß zur richtigen Zeit und in möglichst genau berechneter Menge erfolgen. Nur dann kann man sicher sein, daß Gemüse gut gedeiht, reiche Ernten bringt und auch die Umwelt keinen Schaden nimmt.

Tip

Organische Dünger enthalten meist zuwenig Kali; deshalb sind den organisch-mineralischen Mischdüngern oft Kalisalze (Kalimagnesia) beigemengt. Im allgemeinen hat man damit gute Erfahrungen gemacht. Doch muß man sich auch bei diesen Düngern an die empfohlenen Dosierungen halten, sonst kann es leicht zu Verbrennungen kommen.

Organische Dünger

Düngerart	durchschnittlicher Nährstoffgehalt in Prozent					Spuren-elemente	Wirkungsweise
	Stickstoff	Phosphat	Kalium	Calcium	Magnesium		
Blutmehl	10–14	5	+	+	+	viele	wirkt neutral, langsam
Hornmehl, -gries, -späne	5–14	+		+	+	wenig	wirkt neutral bis leicht basisch, langsam
Knochenmehl, gedämpft	4–5	18–22	+	20–27		mittel	wirkt basisch, langsam
Rizinusschrot	6	2–2,5	1,5			wenig	wirkt neutral bis leicht basisch, schnell
Peru-Guano	6	12	2	12	+	viele	wirkt neutral, schnell
Rindermist, verrottet	0,4–0,6	0,2–0,4	0,5	+	+	mittel	wirkt neutral bis basisch, schnell
Pferdemist	0,6–2,4	0,3–4	0,5–0,6	+	+	mittel	wirkt neutral bis basisch, langsam
Hühnermist, trocken	3–4	3–5	2–3	6–14	1–3	mittel	wirkt neutral bis basisch, langsam
Kompost, reif*	2–3	2–3	1–3	+	0,3–0,5	mittel	wirkt neutral bis basisch, langsam

+ = in geringen Mengen vorhanden; wirkt sauer = senkt den pH-Wert des Bodens; wirkt basisch = erhöht den ph-Wert des Bodens
* Nährstoffgehalt schwankt je nach Zusammensetzung, Rotteablauf und Zusatzstoffen

Ausgehend vom Nährstoffvorrat des Bodens, sollen immer nur soviel Nährstoffe ergänzt werden, wie die Kulturen benötigen: Starkzehrer erhalten also mehr Nahrung als Mittelzehrer, Schwachzehrer geben sich im allgemeinen mit den noch im Boden vorhandenen Mengen zufrieden.

Tip

Den besten Anhaltspunkt für die jeweils benötigte Düngermenge bekommt man durch regelmäßige Bodenuntersuchungen (siehe Seite 37), weil allein dadurch der aktuelle Nährstoffbedarf ermittelt werden kann.

Tip

In schwere, humusreiche Böden, die Nährstoffe gut speichern, kann man im Spätwinter oder zeitigen Frühjahr die gesamte Düngermenge einbringen, weil die Gefahr einer Auswaschung nicht so groß ist. Dagegen sollte man leichte, humusarme Böden mit geringem Speichervermögen besser mehrmals in kleinen Mengen düngen, denn sonst wird der Dünger schnell ausgewaschen.

Tip

Wird im Gemüsegarten gemulcht (siehe Seite 43), gelangen durch den Zersetzungsprozeß immer wieder Nährstoffe in den Boden. Dieser langsame, aber stete Nachschub muß bei jeder Folgedüngung berücksichtigt werden. Im Einzelfall kann man auf zusätzliche Düngergaben auch ganz verzichten.

Grunddüngung

Die Grund- oder Vorratsdüngung wird stets rechtzeitig vor der Saat oder Pflanzung gegeben, am besten im zeitigen Frühjahr; so wird vermieden, daß die Nährstoffe den Winter über ausgewaschen werden. Man verwendet dafür Dünger, die über eine lange Zeitspanne hin wirksam bleiben, im Gemüsegarten meist verrotteten Mist oder Kompost, aber auch mineralische Volldünger.

Der Dünger wird bei der Bodenlockerung (siehe Seite 42) eingearbeitet; in der Regel gibt man maximal 5 l/m² verrotteten Mist oder 3–10 l/m² reifen Kompost, oder man streut 30–50 g/m² organischen oder mineralischen Volldünger aus. Dies sollte etwa acht bis zehn Tage vor der Saat oder Pflanzung geschehen, damit die Auflösung und Umsetzung des jeweiligen Materials dann bereits begonnen hat und die empfindlichen Wurzeln der Jungpflanzen durch die anfangs noch ätzende Wirkung der Düngemittel keinen Schaden nehmen.

Kopfdüngung

Besonders die sog. Starkzehrer brauchen in der Wachstumsphase sehr viele Nährstoffe, so daß häufig nach der Grunddüngung weitere Gaben notwendig sind. Diese sog. Kopf- oder Folgedüngung sollte immer nur in geringer Konzentration und erst dann erfolgen, wenn die Gemüsepflanzen gut eingewurzelt sind. Im allgemeinen werden für diese Nachdüngung leicht lösliche, schnell wirksame Mineraldünger verwendet, aber auch organisch-mineralische oder rein organische Materialien wie beispielsweise Guano oder Blutmehl. Man streut

Durch die Kopfdüngung werden starkzehrende Gemüse während des Wachstums mit zusätzlichen Nährstoffen versorgt.

Hühnermist sollte vor der Anwendung mit Erde vermischt und kompostiert werden.

den Dünger entweder rings um die einzelnen Pflanzen herum und bringt ihn flach in die Krume ein oder verabreicht ihn in flüssiger Form (Flüssigdünger). Bei der Kopfdüngung sollte die Gesamtmenge 40 g/m² nicht überschreiten, und man verteilt sie am besten auf zwei (dann jeweils maximal 20 g/m²) oder drei Gaben (pro Düngevorgang jeweils maximal 12–14 g/m²), die in Abständen von drei bis sechs Wochen ausgebracht werden. Die letzte Düngung sollte spätestens Anfang August erfolgen, damit die Nährstoffe von den Pflanzen noch aufgenommen werden können und nicht unnötig den Boden belasten.

Humusdüngung

Pflanzliches Wachstum ist nur in einer vergleichsweise äußerst dünnen Schicht der Erde möglich, und lediglich die oberste Krume enthält Humus. Dieser für die Pflanzen so lebenswichtige Stoff ist das Zwischenprodukt eines nahezu perfekten natürlichen Recyclingprozesses, der das Gefüge des Bodens stabilisiert, für eine gute Krümelstruktur sorgt und schließlich Wasser und Nährstoffe speichert. Darüber hinaus lockert er auch noch die Erde auf und durchlüftet sie.

Im Unterschied zur freien Natur gibt es im Gemüsegarten keinen Nachschub an humusliefernden Stoffen: Gemüse wird geerntet und damit zunächst dem Garten entzogen. Eine Streuschicht aus Pflanzenresten fehlt dem Boden dadurch weitgehend. Um diese Negativbilanz auszugleichen, muß hier organische Masse nachgereicht werden, z.B. in Form von Kompost und Ernterückständen, von gehäckseltem Gehölzschnitt, durch Haushaltsabfälle, Stallmist von Groß- und Kleintieren, Jauche, Horn- und Knochenmehl, schließlich durch organische Dünger, Rindenpräparate, Torf, Torfersatzstoffe und Mulchmaterial sowie auch durch Gründüngung.

Kompost – die Goldgrube im Garten

Viele alte Kulturvölker, allen voran die Chinesen, waren wahre Meister in der Kompostierung, der Nachahmung natürlicher Abläufe, bei denen aus organischen Resten fruchtbarer Humus und wieder neue Pflanzensubstanz entstehen. Schließlich erschöpft sich die natürliche Kraft und Fruchtbarkeit der Böden irgendwann einmal, und nur durch eine wohlüberlegte Abfallwirtschaft ist dann weiteres Wachstum möglich.

Kompostieren bietet die Gelegenheit, Abfälle aller Art aus Haushalt und Garten sinnvoll weiterzuverwerten, denn dabei entsteht wertvoller Dünger, der dem Boden nicht nur Nährstoffe zurückgibt, sondern auch seine Eigenschaften verbessert. Darüber hinaus entlastet man durch Kompostierung die Mülltonnen und leistet so einen positiven Beitrag zur Lösung des Entsorgungsproblems. Der Komposthaufen ist heute beinahe eine Selbstverständlichkeit in jedem Garten.

Kompostierbare Materialien

Gute Komposterde entwickelt sich aus einer möglichst vielfältigen Mischung organischer Materialien, wie sie täglich in Garten und Küche anfallen. Trockene, holzige Stoffe (z.B. Zweige, Staudenstengel, Stroh) sollen sich mit weichen und nassen Abfällen (z.B. Fruchtschalen, Salatresten, Kaffeesatz, frischem Grasschnitt) mischen; die groben Anteile sorgen dabei für gute Durchlüftung, so daß der Zersetzungsprozeß, die Rotte, geregelt ablaufen kann und es nicht zu Fäulnis kommt. Schwer zersetzbare Stoffe wie Laub, Holz oder trockenes Stroh werden vorher zerkleinert, damit die Angriffsfläche für die Mikroorganismen groß ist und die Rotte bald einsetzen kann.

Über den Kompost schließt sich der natürliche Stoffkreislauf wieder, die Nährstoffe werden in den Boden zurückgeführt.

Ungeeignete Materialien

Ungeeignet für den Kompost sind alle nicht verrottenden Stoffe wie Metalle, Kunststoffe und Glas, ebenso mit Schadstoffen befrachtete Materialien wie gespritzte und gewachste Schalen von Zitrusfrüchten, chemisch behandelte Pflanzenreste sowie die Chemikalien selbst. Auch kranke Pflanzenteile und nicht restlos vernichtete Unkrautsamen können bei der Kompostierung zum Problem werden. Unter Umständen durchlaufen sie den Verrottungsprozeß sogar unbeschadet und werden schließlich beim Ausbringen der fertigen Komposterde über den ganzen Garten verteilt.

Über Wertstoff- oder Restmülltonnen müssen entsorgt werden:

- alle Metalle, z.B. Dosen und Kronkorken,
- alle Kunststoffe, z.B. Plastiktüten, Joghurtbecher und Folien,
- alle Gläser, Keramik- und Porzellanteile, z.B. Flaschen und Scherben,

Zur Kompostierung eignen sich alle organischen Stoffe wie ungespritzte Ernterückstände (z.B. Kohlstrünke, Erbsenstroh, Salatblätter, Möhrenlaub), Holzabfälle (z.B. Sägespäne, Holzwolle) und Stroh, unbedruckter Karton und Zeitungspapier (nur in kleinen Mengen), Mist von Rindern, Pferden, Kleintieren und Geflügel (möglichst mit Stroh vermischt), unbehandelte organische Küchenabfälle (z.B. Kaffeefilter, Teesatz, zerkleinerte Eierschalen, Obst- und Gemüsereste, Schnittblumen, jedoch keine Fleisch- und Speisereste), Grasschnitt (leicht angewelkt und nur in dünnen Schichten), Laub und Koniferennadeln (nur in dünnen Schichten), Gehölz- und Staudenschnitt (gut zerkleinert) sowie Erdreste (z.B. Balkonkastenerde, Topferde), Haare und Horn.

Tip

Regenwürmer, die sich bei der Kompostzersetzung sehr nützlich machen, fühlen sich offenbar von Kaffee- und Teesatz, Schnittlauchabfall, Zwiebel- und Knoblauchschalen magisch angezogen. Diese Stoffe scheinen sich auf ihre Freßlust und darüber hinaus auf ihre Vermehrung günstig auszuwirken. Man sollte diese Abfälle deshalb immer sammeln und auf den Kompost geben.

Tip

Ein Komposthaufen soll nicht zur Belästigung für die Nachbarn werden. Deshalb gilt als Grundregel: Kompostmieten müssen einen Mindestabstand von 50 cm zur Grundstücksgrenze haben. Sinnvoll ist es darüber hinaus, Behälter so aufzustellen, daß unangenehme Gerüche nicht direkt zur nachbarlichen Terrasse ziehen, und eine unsachgemäße Befüllung zu unterlassen, die Ungeziefer anlockt.

Tip

Kürbisse am Fuß einer Miete zu pflanzen, bringt mehrfachen Nutzen: Zum einen gedeihen die Früchte dank der Sickersäfte prächtig, zum anderen sind die großen Blätter nicht nur eine Zierde des Gartens, sondern geben der Miete zugleich den nötigen Schatten. Ein über die Miete gelegter Maschendraht, an dem sich der Kürbis festrankt, so daß man ihn mitsamt den Ranken anheben kann, erleichtert den Zugriff und schützt außerdem vor Vögeln, die den Kompost oft nach Würmern durchwühlen.

- Steine und Bauschutt,
- alle Schadstoffe, z. B. Pflanzenschutzmittelreste, Lacke, Farben (zum Sondermüll!),
- schadstoffbelastete Materialien wie Laub von der Straße, lackierte oder imprägnierte Bauhölzer, verseuchte Erde, behandelte Nahrungsmittelreste und Ernterückstände,
- Düngemittelreste,
- alle kranken Pflanzen, besonders von Kohlhernie befallene sowie Gurken und Astern, bei denen man Welkekrankheiten festgestellt hat,
- blühende und fruchtende Unkräuter sowie Wurzelunkräuter wie Quecke und Giersch,
- Fleisch- und Fischabfälle, ebenso Fäkalien, die hygienische Probleme verursachen können und Mäuse, Ratten, aber auch Hunde und Katzen anlocken.

Kompostanlagen

Kompost braucht Luft und Erdkontakt; deshalb sollte man beim Anlegen eines Komposthaufens einige Grundregeln beachten. Kompost gehört immer auf gewachsenen Boden, niemals auf eine befestigte, betonierte oder gepflasterte Fläche. Nur so können die Bodenorganismen von unten her einwandern und Sickersäfte aus dem Kompost ungehindert abfließen. Für ausreichende Luftzirkulation müssen zahlreiche Öffnungen in den Wandungen der Kompostbehälter sorgen.

Damit der Kompost weder zuviel Feuchtigkeit erhält noch zu sehr austrocknet, richtet man ihn an einem halbschattigen bis schattigen, windgeschützten Platz im Garten ein, z. B. unter Bäumen und Sträuchern. Mit dekorativen Sträuchern wie Holunder, Blutjohannisbeere oder Hasel, mit Sonnenblumen, Wicken und Tomaten läßt sich die Anlage geschickt kaschieren. Ein befestigter Weg oder Pfad erleichtert den Zugang. Gesammelt werden kann das kompostierbare Material in verschiedenen Behältern; es läßt sich aber auch frei in einer Miete aufschichten.

An einem halbschattigen Ort trocknet das Kompostmaterial nicht so schnell aus.

Kompostmieten werden in regenreichen Gebieten möglichst steilwandig, in trockenen dagegen eher flach und breit aufgeschichtet.

Frei aufgesetzte Kompostmieten

Unter Mieten versteht man locker geschichtete Haufen, die nach und nach aus kompostierbaren Materialien entstehen. Sie brauchen viel Platz, nehmen aber auch eine Menge Abfälle auf und sind deshalb besonders für große Gärten zu empfehlen. Eine Kompostmiete sollte maximal 120–150 cm breit und 80–100 cm hoch sein, die Länge kann variieren. Wichtig ist auch, daß die Seiten schräg abfallen. Es soll ein Hügel entstehen.

Zunächst wird der Abfall in einer Sammelstelle, z. B. einer Komposttonne oder einem kleinen Silo, zwischengelagert und durch eine Abdeckung vor dem Austrocknen geschützt. Einmal in der Woche wird das Füllgut zerkleinert, gut durchmischt und locker zur Miete aufgesetzt. Sobald die endgültige Höhe erreicht ist, sollte man den Haufen mit Erde, Stroh oder Schilfmatten abdecken. Drei bis sechs Monate später wird er dann umgesetzt; dabei werden die Materialien erneut gründlich durchmischt und durchlüftet, und nach einem weiteren Umsetzen entsteht – je nach Beschaffenheit und Zusammensetzung der Ausgangsmaterialien – im Lauf von eineinhalb bis zwei, zuweilen erst nach drei Jahren Reifekompost (siehe Seite 55).

Kompostkästen oder Kompostsilos

Kompostkästen oder -silos sind Behälter aus Holz, Beton, Faserzement, Blech, Kunststoff oder Ziegelsteinen, die vom Fachhandel in verschiedenen Ausführungen angeboten werden. Sie lassen sich aber auch leicht selbst herstellen. In der Regel haben sie eine Größe von 100×100×100 cm.

Der Vorteil solcher Behälter ist, daß der Kompost nicht umgesetzt werden muß, weil durch die Lamellen, Löcher und Spalten viel Luft direkt zu dem organischen Material gelangt und so für rasche Umsetzung gesorgt ist. Man sollte aus praktischen Gründen darauf achten, daß sich der fertige Kompost leicht mit wenigen Handgriffen entnehmen läßt. Günstig ist eine Kompostanlage, die aus drei Behältern besteht: In dem einen wird das ständig anfallende Material gesammelt, im zweiten läuft der Verrottungsprozeß ungestört ab, und aus dem dritten kann die fertige Komposterde entnommen werden. Wer wenig Platz hat, kann es auch bei zwei Behältern belassen.

Kompostsilos müssen an den Seiten viele Lüftungsschlitze oder -löcher aufweisen.

Komposttonnen

Diese zylindrischen oder auch konischen Behälter aus feuerverzinktem Eisenblech oder speziellem Kunststoff lassen beim Verrottungsprozeß besonders hohe Temperaturen zu, so daß der Kompost schneller reift. Die Tonnen sind meist 100 cm hoch und haben einen Durchmesser von 50 cm. Im unteren Teil befindet sich ein Trichter, durch den die Sickersäfte ablaufen können. Die Tonne ist durchlöchert, damit die Luft genügend zirkulieren kann, sie wird mit einem Deckel verschlossen, und durch eine Klappe läßt sich der Inhalt leicht entnehmen.

Thermokomposter

Diese Art von Kompostanlagen ist besonders für kleine Gärten geeignet, weil man nur zwei Behälter benötigt, einen für die Befüllung und einen für die Reifung des Materials. Die angebotenen Modelle bestehen aus doppelwandigem Kunststoff und sind dadurch gut isoliert. Die bei der Rotte entstehende Wärme bleibt auf diese Weise erhalten, und selbst bei kühler Witterung finden die Mikroorganismen optimale Bedingungen vor, so daß die Abbauvorgänge insgesamt schneller ablaufen.

Flächenkompostierung

Eine besondere Form der Kompostierung ist die Flächenkompostierung. Ähnlich wie bei den Vorgängen in der freien Natur, wo eine

Eine Mulchschicht aus Stroh schützt den Boden und liefert bei der Zersetzung Nährstoffe.

Streu aus Laub und Nadeln den Boden bedeckt und ihn fruchtbar erhält, werden hierzu keine Behälter gebraucht: Die Verrottung erfolgt direkt an Ort und Stelle. Organische Materialien werden in dünnen Schichten im Gemüsegarten ausgebracht und durch die

Besonders schnell läuft die Rotte im Thermokomposter ab.

Tip

Kompost wird umgesetzt, damit das Material möglichst gleichmäßig verrottet. Man geht dabei folgendermaßen vor: Nach dem letzten Befüllen läßt man im Sommer etwa zwei bis drei Monate vergehen, bis einmal umgeschichtet wird, in der kühlen Jahreszeit wartet man sogar vier bis fünf Monate. Aus dem alten Haufen entsteht ein neuer, indem nach innen geschaufelt wird, was vorher am Rand lag, und umgekehrt.

Tip

Falls Niederschläge über längere Zeit ausbleiben, gibt man einige Kannen Gießwasser über den Kompost, sonst kommt die Verrottung zum Erliegen. Bei Komposttonnen, die oben mit einem Deckel verschlossen werden, ist es besonders wichtig, für ausreichende Feuchtigkeit zu sorgen.

Tip

Als vorteilhaft erweist sich bei der Flächenkompostierung, eine dünne Schicht Blutmehl über den Boden zu streuen, weil der darin enthaltene Stickstoff die Umsetzung beschleunigt. Gleiches gilt für zusätzliche Gaben von Algenkalk, die ferner den Säuregehalt des Bodens regulieren. Eine hauchdünne Schicht Gesteinsmehl sorgt darüber hinaus für die Nachlieferung von Mineralstoffen.

Tip

Fängt der Kompost an, unangenehm zu riechen, ist die Ursache meist eine zu dichte Schichtung einer großen Menge feuchten und weichen Materials. Abhilfe läßt sich in der Regel durch Umsetzen des Komposts schaffen, wobei man gleichzeitig grobes und lockerndes Material wie Gehölzschnitt oder Staudenstengel unterhebt.

Tip

Mikroorganismen müssen regelrecht Hunger leiden, wenn der Kompost zu viele schwer zersetzbare Teile enthält, also kohlenstoffreiche Materialien wie Laub, Stroh und Holz. Diese Stoffe können nur dann gut abgebaut werden, wenn den Kleinstlebewesen auch genügend Stickstoff zur Verfügung steht, der notfalls zusätzlich eingebracht werden muß. Hierfür eignen sich z. B. Brennesseljauche (siehe Seite 117 f.), Horn- und Blutmehl oder Guano.

Bodenorganismen in Humus umgewandelt. Diese Abdeckung, die aus Grasschnitt, verrottetem Mist, Stroh, Kohlblättern, Häckselmaterial vom Gehölzschnitt oder aus Gemüse- und Blumenresten bestehen kann, schützt die Erde gleichzeitig vor dem Austrocknen und wirkt so wie eine Mulchdecke (siehe Seite 43). Für die Flächenkompostierung eignet sich auch angerotteter Kompost, bei dem die Zersetzung erst begonnen hat. Er wird schon im Herbst etwa 2–3 cm dick auf die Beete ausgebracht. Das organische Material darf jedoch nicht untergegraben werden; es wird lediglich aufgelegt oder flach in die oberste Erdschicht eingearbeitet – das Durchmischen besorgt die Natur von selbst.

Faktoren für eine gute Kompostierung

Der Verrottungsprozeß läuft nur dann geregelt ab, wenn die Bedingungen optimal sind, wenn also Luftzufuhr, Temperatur und Feuchtigkeit bestimmte Grenzwerte nicht über- bzw. unterschreiten. Durch gezielte Maßnahmen läßt sich die Zersetzung günstig beeinflussen, z. B. durch Rottelenker, Impfmittel u. a. (siehe Seite 55).

Grobe holzige Teile, die unter feine weiche Abfälle gemischt werden, belüften den Kompost.

Sauerstoff

Rottebakterien und Kleinlebewesen sind auf geregelte Luftzufuhr angewiesen. Wenn diese unterbrochen ist, vermehren sich die Organismen, die Sauerstoff scheuen, und die Pflanzenmasse verfault, wobei übelriechende Dämpfe entweichen.

Während die Abfälle im Behälter gesammelt werden, kann der Komposthaufen ausreifen.

Größere Mengen von Gras oder Blättern sollten daher immer mit sperrigen Stengeln oder gehäckselten Ästen aufgelockert und durchmischt werden, damit die notwendige Luftzufuhr gesichert ist. Vorsicht ist geboten bei frisch geschnittenem Gras, das leicht zu festen Paketen verklebt, die sich kaum zersetzen. Falls man frischen Grasschnitt nicht zum Mulchen in Stauden- und Gemüsebeeten braucht, ist es besser, wenn man ihn erst angewelkt auf den Kompost gibt.

Wärme

Erfahrene Gärtner wissen, daß bei der Tätigkeit der Mikroorganismen Wärme entsteht. In den ersten Tagen des Verrottungsprozesses können Temperaturen bis zu 60–70 °C erreicht werden, wenn auch im allgemeinen die Werte nach etwa einer Woche wieder sinken. Eine besonders intensive Wärmeentwicklung ist oft zu beobachten, wenn tierische Dünger, vor allem Pferde- und Schafmist, auf den Kompost gegeben werden. Durch eine Überhitzung aber wird der Rottevorgang gestört, die organischen Materialien „verbrennen", und die Nährstoffe können verlorengehen. Das läßt sich jedoch vermeiden, wenn man dem Kompost möglichst viele andere Substanzen beimischt.

Unterkühlung wiederum hat zur Folge, daß der Zersetzungsprozeß zum Erliegen kommt. Im Winter ist das ganz normal, in der warmen Jahreszeit jedoch vermeidbar. Meist rührt ungenügende Wärmeentwicklung von zuviel holzigem Material her, und man tut gut daran, dem Kompost Mist, Stickstoffdünger oder feuchtes Material beizumengen, z.B. Grasschnitt oder Blätter, um die Verrottung wieder in Gang zu bringen.

Feuchtigkeit

Ausgeglichene Feuchtigkeit im Komposthaufen sorgt dafür, daß die Abbauvorgänge nicht ins Stocken geraten. Der optimale Feuchtigkeitsgehalt liegt bei Werten von 45–60%. Um sicherzugehen, daß der Kompost diesen Ansprüchen gerecht wird, macht man eine einfache Probe: Fühlt sich eine Handvoll Rotte feucht an, dann ist der Wassergehalt in Ordnung. Läßt sich dagegen Wasser herausdrükken, ist die Masse zu naß, weil überschüssiges Wasser nicht ablaufen konnte. Die Folge ist, daß der für die Zersetzung notwendige Sauerstoff keinen Zugang findet und der Kompost anfängt zu faulen.

Fehlt dagegen Feuchtigkeit, meist wegen mangelnder Regenfälle, dann sterben die Mikroorganismen ab, und der Verrottungsprozeß ist gleichfalls gestört, wenn auch aus anderen Gründen. In einem solchen Fall muß man mit der Gießkanne nachhelfen. Zu schnelles Austrocknen kann auch daher rühren, daß der Kompostplatz nicht richtig gewählt wurde. Am besten geeignet ist immer eine schattige Stelle; wo eine solche nicht zur Verfügung steht, sollten Jutesäcke, Rhabarberblätter, Schilfrohrmatten oder Stroh auf den Komposthaufen gelegt werden, um auf diese Weise die Feuchtigkeit zu erhalten.

Kompostierhilfen

Rotteförderer und Impfmittel helfen, den Zersetzungsprozeß zu steuern und zu beschleunigen. Am einfachsten ist es, wenn man einige Schaufeln reifen Kompost auf den neu angelegten Haufen gibt und ihn dadurch mit Mikroorganismen „impft", die sonst erst vom Boden her einwandern müßten.

Wenn dagegen erstmals eine Miete angelegt werden soll, sind sog. Kompoststarter angebracht, die im Gartenhandel als Pulver, Granulate, Flüssigkeit oder als Paste zu haben sind und Mikroorganismen sowie Stickstoff, Spurenelemente und Kräuterauszüge enthalten, die den Zersetzungsprozeß schneller in Gang bringen.

Auch Pflanzenjauchen, z.B. aus Brennesselblättern oder Comfrey (siehe Seite 117f.) bringen Stickstoff in den Kompost und fördern die Aktivität der Mikroorganismen. Außerdem kann man natürlich Tierjauchen (Gülle) versprühen, die den Nährstoffgehalt der Miete recht kräftig erhöhen.

Kalk hat gleich mehrere Vorzüge: Er fördert die Tätigkeit der Mikroorganismen, wirkt einer Übersäuerung entgegen und sorgt für eine optimale Verrottung, sofern genügend Sauerstoff in den Haufen gelangt.

Für Kompost sind pH-Werte von 5,5 bis 7,5, also leicht sauer bis neutral oder nur schwach basisch, ideal. Bei zu geringen pH-Werten, also zu saurem Kompost, kann man den Säuregehalt durch gezielte Kalkgaben positiv beeinflussen. Nötig wird dies vor allem bei Mieten, die überwiegend aus frischem Gras und vielen Küchenabfällen bestehen. Dabei streut man jeweils über eine Schicht von etwa 20–30 cm eine dünne Lage Branntkalk, kohlensauren Kalk oder Algenkalk. Man rechnet 1–2 kg Kalk/m^3 Kompost, also für ein Silo mit den Ausmaßen 100×100×100 cm.

Frisch- und Reifekompost

Frischkompost entsteht je nach Witterung und Verlauf des Zersetzungsprozesses in einem Zeitraum von drei bis vier Monaten; die Ausgangsstoffe sind dann verhältnismäßig wenig ab- und umgebaut. Er kann im zeitigen Frühjahr anstelle von verrottetem Stallmist mit der Grunddüngung eingegraben oder zum Abdecken des Bodens von bepflanzten Gemüseflächen, von Baumscheiben oder Beerenobstquartieren benutzt werden und wirkt dabei wie eine Mulchdecke: In reichem Maße werden nach und nach Nährstoffe abgegeben, und das Bodenleben wird gefördert.

Bis Reifekompost entsteht, dauert es wesentlich länger: Erst nach etwa ein bis zwei, manchmal sogar drei Jahren hat sich nährstoffreicher Humus von feinkrümeliger Struktur gebildet. Je nach Art und Mischung der kompostierten Abfälle – von denen auch die Reifedauer abhängt –, enthält er etwa 2–3% Stickstoff, 2–3% Phosphor und 1–3% Kali, hat also eine gut düngende Wirkung.

Reifekompost kann auch zum Eintopfen oder Auspflanzen und zum Abdecken von Gartenböden anstelle einer Düngung verwendet werden. Beim Auspflanzen gibt man ein paar Handvoll direkt ins Pflanzloch oder mischt den Kompost mit der ausgehobenen Erde. Auf Flächen ausgebracht, darf die Menge 3–10 l/m^2 im Jahr nicht überschreiten, das entspricht einer Schicht von 0,3–1 cm. Für Aussaaten ist Reifekompost nur geeignet, wenn er vorher durch Erhitzen sterilisiert (siehe Seite 73) und bei Bedarf mit reichlich Sand vermischt wurde.

Brennesseljauche (oben), mit der das Kompostmaterial gegossen wird, fördert die Rotte und verhilft zu einem gleichmäßig vererdeten Kompost (unten).

Tip

Gerüche von den verrottenden Abfällen sowie häufig ganze Schwärme von Fruchtfliegen sind vor allem dann lästig, wenn sich der Kompostplatz in Hausnähe befindet. Stäubt man ein paar Handvoll Gesteinsmehl über die Miete, ist die Plage beseitigt.

Tip

Frischkompost wird auch als Roh-, Grob- oder Mulchkompost bezeichnet. Er sieht schon erdigdunkel aus und riecht angenehm nach frischem Waldboden, zeigt aber noch deutlich die Strukturen der Ausgangsstoffe. Der Reifekompost, auch reifer Kompost oder Komposterde genannt, ist dagegen kaum strukturiert und feinkrümelig.

Andere Humuslieferanten

Tip

Vor dem Anbau von Kohl sollte man auf Mistgaben verzichten und besser reifen Kompost oder andere organische bzw. mineralische Dünger anwenden: Mit Mist gedüngte Kohlarten schmecken oft eigenartig, untypisch oder gar unangenehm.

Frischer Pferdemist wirkt ätzend.

Hühnermist ist reich an Mineralien und verhärtet rasch.

Tip

Pferde- und Schafmist entwickeln beim Verrotten sehr viel Wärme; man spricht deshalb von „heißem" oder „hitzigem" Mist. Der Fachmann beugt einer Überhitzung beim Kompostieren vor, indem er den Mist mit angefeuchteter Erde und pflanzlichen Rückständen mischt, um so das Material vor dem Verbrennen zu schützen.

Neben selbsthergestelltem Kompost stehen dem Gärtner noch eine Reihe anderer Humusdünger zur Verfügung, mit denen er den Humusgehalt seines Gartenbodens entscheidend verbessern kann.

Stallmist

Man könnte meinen, in unserem hochtechnisierten Zeitalter habe Stallmist ausgedient. Das trifft aber keinesfalls zu; zumindest in ländlichen Gegenden behauptet er nach wie vor seinen Platz als Humuslieferant: Rinder, Pferde, Schweine, Geflügel und Kleintiere liefern jahraus, jahrein wertvolle Pflanzennahrung, die sich gut in den natürlichen Kreislauf der Stoffe zurückführen läßt.

Guter, brauchbarer Mist darf weder zu strohig – sonst ist der Düngewert gering – noch zu fett sein – sonst kann es zu Verbrennungen kommen. Ätzend wirkt Mist vor allem dann, wenn er sehr frisch ist, wenn also noch keinerlei Umsetzung stattgefunden hat. Für Pflanzen ist die frei werdende Wärme ebenso schädlich wie entweichende Ammoniakdämpfe. Deshalb ist das zeitige Frühjahr, wenn die Vegetation noch ruht, die beste Zeit für das Ausbringen von Mist. Ein dünner Mistschleier (etwa 4–5 kg/m^2), als Mulch auf den Beeten oder um die Pflanzen herum ausgebracht, steigert die Fruchtbarkeit beträchtlich.

Rettiche dürfen auf keinen Fall mit frischem Mist gedüngt werden.

Rindenkompost (links) wird als Torfersatz verwendet, Regenwurmhumus (rechts) ist ein ausgezeichnetes Bodenverbesserungsmittel.

Als Humusdünger ist Mist hochwillkommen, weil er entweder mit normalem Kompost gemischt oder separat gelagert und kompostiert werden kann. Beim Aufsetzen von Mistkompost sollte man reichlich feuchte Gartenerde, Gesteinsmehl oder auch pflanzliche Rückstände untermischen. Nachdem die „heiße Phase" der Umsetzung vorbei ist, also nach etwa drei Wochen, ist daraus ein nährstoffreicher Naturdünger geworden. Er eignet sich selbst für anspruchsvolle Gemüse wie Tomaten, Paprika oder Gurken und wird am besten in dünner Schicht flächig ausgebracht oder um die Pflanzen herum auf den Boden verteilt. Dagegen vertragen Gemüsearten, die durch Gemüsefliegen bedroht sind – also Radieschen, Rettiche, Kopfkohl und Möhren –, frischen Mistkompost nicht; für diese Kulturen muß er über sechs bis zwölf Monate kompostiert und abgelagert werden.

Rindenkompost

Rindenkompost findet als Humuslieferant und als Ersatz für Torf immer mehr Verbreitung. Dabei werden in erster Linie Fasern, die bei der Holzverarbeitung als Reste anfallen, mit Ton oder aufbereiteten Grün- und Rindenabfällen gemischt und, angereichert mit Stickstoffträgern, kompostiert.

Beim heute im Handel erhältlichen Rindenkompost ist die Umsetzung durch Bakterien bereits weitgehend beendet, er ist feinkrümelig, enthält also nur noch wenige grobe Bestandteile und riecht gut. Auf den Packungen ist vermerkt, ob der Rindenkompost ausreichend mit Nährstoffen angereichert ist oder ob man noch eine spezielle Düngeempfehlung des Herstellers beachten muß.

Torf

Für gärtnerische Zwecke wird heute überwiegend sog. Weißtorf aus Hochmooren angeboten, eine noch wenig zersetzte und nährstoffarme Form von Torf. Obwohl dieses stark faserige Material irreführend als Düngetorf bezeichnet wird, enthält es kaum Minerale und keinen Kalk. Eine Düngewirkung entsteht erst, wenn dem Torf Nährstoffe, Ton und Sand sowie Kalk zugesetzt werden, wie dies bei den im Handel erhältlichen Torfmischdüngern zur Bodenverbesserung der Fall ist.

Torf hat Vor- und Nachteile: Wegen seiner vielen faserigen Bestandteile kann er Wasser gut speichern und wirkt in schweren Böden lockernd; auf Dauer gegeben, macht er die Erde jedoch sauer. Generell sollte man im Garten aber auf Torf verzichten, weil die selten gewordenen Moore mit ihrer einzigartigen Tier- und Pflanzenwelt durch den Torfabbau stark bedroht sind und sich genügend Stoffe als Ersatz anbieten, z.B. Rindenkompost.

Wurmhumus

Regenwurmhumus, kurz Wurmhumus genannt, wird durch eine bestimmte Art von Regenwürmern erzeugt, durch die Roten Kompostwürmer *(Eisenia foetida)*. Sie vermehren sich stark und verarbeiten große Mengen organischen Materials. In einer Wurmkiste läßt sich dieser Humus platzsparend gewinnen.

Wurmhumus hat gegenüber dem normalen Kompost viele Vorteile: Er besitzt eine weit bessere, stabilere Krümelstruktur, einen reicheren Nährstoffgehalt, eine höhere Wasserspeicherkraft und weist eine viel größere Anzahl von Mikroorganismen auf. Außerdem soll sein Kieselsäuregehalt die Pflanzen stärken, und sie sollen durch die in diesem Humus vorhandenen, antibakteriell wirkenden Schleimstoffe vor Krankheiten geschützt werden. Schon geringe Mengen bringen positive Effekte. Versuche bei Topfpflanzen haben jedoch gezeigt, daß nur wenigen der Gehalt an Stickstoff für den Aufbau reicht und man in

Tip

Nicht verwechseln darf man Rindenkompost mit Rindenmulch, also grob zerkleinerten Rindenabfällen. Rindenmulch ist für Gemüsekulturen nicht geeignet. Man sollte ihn lediglich als Wegbelag oder Mulchabdeckung unter Gehölzen verwenden, weil er oft Reste von Harzen und Schädlingsbekämpfungsmitteln enthält, die in den Wäldern breitflächig eingesetzt werden. Von Nachteil ist weiterhin, daß er arm an Nährstoffen ist. In solcher Rinde wächst nichts, und man streut sie deshalb nur zur Unterdrückung von Unkraut aus.

Eine Wurmkiste herstellen

Eine Kiste zur Gewinnung von Wurmkompost läßt sich leicht selbst herstellen; solche Behälter werden aber auch im Fachhandel angeboten. Die Kiste sollte einen etwa 12 mm starken Boden aus Spanplatten mit den Ausmaßen 50×100 cm und eine Sperrholz- oder Spanplattenwandung von etwa 50 cm Höhe haben. In den Boden werden acht bis zehn Löcher von 6 mm Durchmesser gebohrt, durch die das überschüssige Gießwasser abfließen kann. In der Mitte wird die Kiste durch eine Mauer aus Lochziegeln geteilt, so daß die Regenwürmer durch die Löcher zwischen beiden Kammern hin- und herwandern können. Eine Abdeckung, am besten zwei getrennte Klappdeckel oder Schilfmatten, sorgt dafür, daß die Kiste Schatten hat, damit sich im Innern die Feuchtigkeit möglichst gleichmäßig hält und auch die Temperatur konstant bleibt (am günstigsten sind 25 °C).

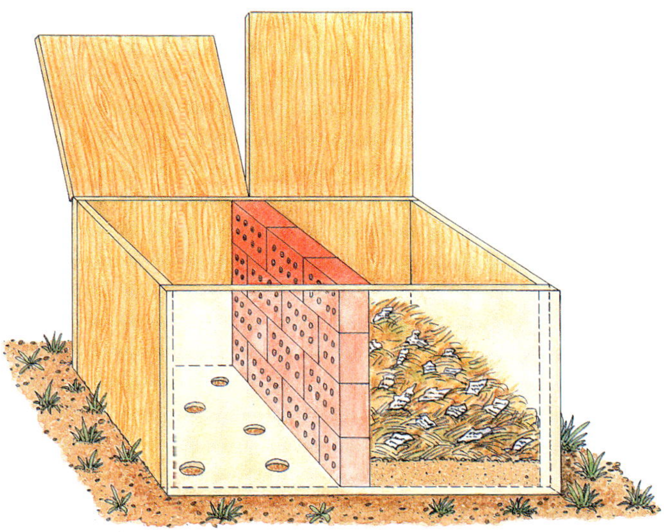

Eine Wurmkiste läßt sich mit einfachen Mitteln aus Spanplatten und Lochziegeln selbst herstellen.

Als unterste Schicht bringt man zunächst in eine der beiden Kammern eine etwa daumendicke Lage normale Gartenerde oder Komposterde ein; sie enthält die für die Vorverdauung nötigen Mikroorganismen. Darüber kommt eine Mischung aus 50% Pferdemist (frisch aus dem Reitstall) und 50% Papierabfällen (zerrissenes, nicht farbig bedrucktes Zeitungspapier, über Nacht eingeweicht und gut ausgedrückt), Rasenschnitt und Küchenabfällen. Die Kompostwürmer, die es im Gartenfachhandel zu kaufen gibt, werden nun in diese Mischung gegeben und zersetzen sie allmählich zu mürbem Kompost. In der Zwischenzeit kann man die andere Kammer mit der gleichen oder einer ähnlichen Mischung füllen, so daß die Würmer bald vom frischen Material angezogen werden.

Die erste Kompostkammer kann man dann entleeren. Die entstandene Erde wird gesiebt, die noch darin lebenden Würmer abgesammelt und zu den übrigen in die andere Kistenhälfte gegeben.

Der fertige Wurmkompost läßt sich zum Abdecken von Beeten, zur Belebung von Mineralböden, zum Auspflanzen oder zum Eintopfen von Zimmerpflanzen benutzen.

Frisch aufgelaufene Gründüngersaat (ganz links); Weißer Senf (Mitte links); Gelbe Lupine (Mitte rechts); Wurzelknöllchen der Puffbohne (ganz rechts).

Tip

Läßt man die Reste der Leguminosen im Boden, vor allem die Wurzelreste, ist der Boden für kommende Kulturen ausreichend mit Stickstoff versorgt. Bei Gemüsen mit nur geringem oder mittlerem Nährstoffbedarf erübrigt sich eine zusätzliche Stickstoffdüngung.

Tip

Auch bei der Gründüngung muß man die Regeln des Fruchtwechsels (siehe Seite 89 f.) beachten. Danach werden Kreuzblütler nicht direkt hintereinander auf demselben Beet angebaut. Vor oder nach Kohlgewächsen darf man also keine Gründünger wie Senf, Raps oder Ölrettich säen.

jedem Fall nachdüngen muß, obwohl anfangs beachtliche Nährstoffkonzentrationen in diesem Substrat vorhanden sind.

Gründüngung

Die Alternative zum Stallmist und auch zum Kompost heißt Gründüngung. Man verwendet als Gründünger eine Reihe von Pflanzen, die in recht kurzer Zeit viel organische Masse bilden, in erster Linie Gewächse aus der Familie der Schmetterlingsblütler (Leguminosen), zu der beispielsweise Lupinen, Luzerne, Kleearten, Puffbohnen und Erbsen gehören. Diese Pflanzen nehmen den in der Luft reichlich vorhandenen Stickstoff auf und transportieren ihn in die Wurzeln, wo er in den Wurzelknöllchen, kleinen rundlichen Gebilden, von bestimmten Bakterien zu einer auch für die Pflanzen nutzbaren Form umgewandelt wird und Pflanzenmasse bildet. Wenn die Gründüngungspflanzen verrotten, wird der Boden mit Nährstoffen angereichert, und zusätzliches Düngen wird somit überflüssig.

Dem Gärtner bringt diese Form des Düngens weitere Vorteile: Einmal erhält der Boden auch außerhalb der Kulturzeit von Gemüse Schatten und wird vor Erosion und Austrocknung geschützt. Dann lockern die meist tiefreichenden Wurzeln der Gründüngungspflanzen den Boden gründlich auf und befördern zudem zahlreiche Nährstoffe aus dem Unterboden in die oberen Erdschichten, wo sie auch für Folgekulturen nutzbar werden.

Durch das Einarbeiten der Pflanzenreste in den Boden wird ähnlich wie bei der Flächenkompostierung die Humusbildung angeregt, die Erde wird lockerer und kann mehr Wasser und Nährstoffe speichern. Gründüngung ist also nicht nur eine besondere Form der Düngung, sondern auch eine gute Methode zur Bodenverbesserung.

Nicht zuletzt hat Gründüngung einen weiteren positiven Effekt: Sie schont Boden und Grundwasser, weil sie das Auswaschen von Mineraldüngern und mineralisierten Resten aus organischer Düngung in den Untergrund behindert. Dies ist vor allem im Winter wichtig, wenn die Gefahr der Nährstoffauswaschung besonders groß ist. Im Spätsommer ausgesät, fangen Gründüngerpflanzen die von den Kulturpflanzen nicht gebrauchten Nährstoffe auf und lagern sie in der eigenen Pflanzenmasse an. Erst bei der Zersetzung der Grünpflanzenreste werden die gebundenen Nährstoffe wieder frei und stehen dann den Sämlingen und Setzlingen im Frühjahr rechtzeitig zur Verfügung.

Gründüngung ausbringen

Prinzipiell kann man Gründüngung während der gesamten Vegetationszeit, also etwa von April oder Mai bis November, aussäen. In der Praxis hat sich allerdings der Spätsommer als bester Zeitpunkt bewährt, wenn die Kulturpflanzen vom Beet geräumt sind; die Gründüngung ist dann die Nachfrucht. Für jeden Zweck gibt es besonders gut geeignete Pflanzen (siehe Tabelle rechts), und je nach Bodenart und Anwendungszeit kann man unter verschiedenen Arten auswählen. Manche sterben mit dem ersten Frost ab, andere bleiben auch im Winter grün. Oft werden auch Samenmischungen aus verschiedenen Pflanzenarten angeboten.

In der Regel bringt man den Samen breitwürfig auf ein feinkrümelig hergerichtetes Beet aus und recht ihn nur flach mit der Harke ein – bei genügend Feuchtigkeit keimt er dann schnell aus. Man kann ihn aber auch in Reihen mit einem Abstand von 20–25 cm aussäen.

Mit Beginn der Blütezeit dieser Pflanzen oder nach dem ersten Frost, spätestens aber im zeitigen Frühjahr hat die Gründüngung ihren Dienst getan. Man kann die Pflanzen dann absicheln, abhäckseln oder ausreißen und kompostieren oder besser noch – zerkleinert – flach, etwa 10–15 cm tief, in den Boden einarbeiten oder einfräsen. Die nach der Frostperiode zusammengesunkene Grünmasse ist für den Boden noch genauso wertvoll wie vorher, weil die humusbildenden Strukturen und Wurzeln als abbaubare Nahrung für Kleinlebewesen, Regenwürmer, Pilze und Bakterien erhalten bleiben und so der Erde neue Nährstoffe zuführen. Die Gründüngung, vor allem wenn sie aus stickstoffsammelnden Leguminosen besteht, kann eine Grunddüngung (siehe Seite 50) völlig ersetzen. Wenn nämlich die Grünmasse abgemäht und in den Boden eingearbeitet worden ist, braucht er nur noch einige Tage oberflächlich abzutrocknen und kann dann nach gründlichem flachen Auflokkern – z.B. mit dem Gartenwiesel – die Saat oder die Jungpflanzen aufnehmen. Für die Kultur von Starkzehrern kann man reifen Kompost, Gesteinsmehl oder Hornspäne unter die Erde mischen. Mittel- und Schwachzehrer brauchen keine Zusätze.

Tip

Im Spätsommer nimmt die Tageslänge und damit auch das Sonnenlicht, das die Pflanze als Energiequelle braucht, kontinuierlich ab. Der auf der Samentüte angegebene spätestmögliche Termin für die Aussaat muß deshalb genau beachtet werden. Kommt der Samen nur ein paar Tage zu spät in den Boden, kann in einem kalten Herbst die ganze Mühe umsonst sein.

Gründüngungspflanzen

Pflanzenart	Saatzeit (Monate)	winterhart	Saatmenge g/m³	bevorzugte Böden	Bemerkungen
Puffbohne (Ackerbohne, Dicke Bohne) *Vicia faba*	II–VII	bedingt	20	l, m, s	Stickstoffsammler, Tiefwurzler
Inkarnatklee *Trifolium incarnatum*	VII–VIII	bedingt	3–4	l, m	Stickstoffsammler
Persischer Klee *Trifolium resupinatum*	III–VIII	nein	3–6	m	Stickstoffsammler, Bienenweide, 2–3mal mähen
Gelbe Lupine (Bitterlupine) *Lupinus luteus*	IV–IX	nein	20–30	s	Stickstoffsammler, Tiefwurzler, tief säen
Blaue Lupine (Bitterlupine) *Lupinus angustifolius*	IV–IX	nein	20–30	s	Stickstoffsammler, Tiefwurzler, tief säen
Weiße Lupine (Bitterlupine) *Lupinus albus*	V–VIII	nein	20–30	s, m	Stickstoffsammler, Tiefwurzler, tief säen
Luzerne *Medicago sativa*	III–VIII	ja	2	m	Stickstoffsammler, Tiefwurzler, Bienenweide, 2–3mal mähen
Bienenfreund *Phacelia tanacetifolia*	IV–VIII	nein	3–5	l, m, s	sehr anspruchslos, Bienenweide
Winterwicke (Zottel-, Sandwicke) *Vicia villosa*	IX–X	ja	15–20	l, m, s	Stickstoffsammler
Spinat *Spinacia oleracea*	III–X	ja	10–15	l, m, s	auch als Zwischensaat
Esparsette *Onobrychis viciifolia*	IV–VIII	ja	25–40	m	Stickstoffsammler, Bienenweide
Weißer Senf (Gelbsenf) *Sinapis alba*	IV–VIII	nein	4–6	m	Sorte 'Maxi' wirkt gegen Rübennematoden, Kreuzblütler, kohlhernieresistente Sorten wählen
Ölrettich *Raphanus sativus* var. *oleiformis*	IV–IX	ja	4–6	s, m	Kreuzblütler, Sorte 'Nemex' wirkt gegen Rübennematoden
Winterraps *Brassica napus* var. *napus*	VIII	ja	4–6	m	Kreuzblütler, nicht vor Kohl aussäen
Landsberger Gemenge (Gemisch aus 50% Weidelgras, 20% Winterwicken, 30% Inkarnatklee)	IV–IX	ja	7–8	l, m, s	Stickstoffsammler, Tiefwurzler, gute Bodenbedeckung

l leichter Boden **m** mittelschwerer Boden **s** schwerer Boden

Aus Samen werden Köstlichkeiten

Verschiedene Anbau- und Kulturverfahren

Vom Erscheinen des zarten Tomatenkeimlings bis hin zur Ernte saftiger Früchte ist es ein langer Weg von mehreren Wochen.

Sobald sich die Sonne im Frühjahr wieder länger am Himmel zeigt und mit wärmenden Strahlen neues Leben aus dem Boden lockt, beginnt die wichtigste Zeit für den Gemüsegärtner. Frühbeet, Gewächshaus und Gartenbeete werden bestellt, und schon bald entwickeln sich aus unscheinbaren Samen kräftige Pflanzen. Mit besonderen Kulturverfahren wie z.B. Folienschutz, Anbau im Frühbeet, Mistbeet, Gewächshaus oder auf einem Hügelbeet kann man sich eine frühzeitige und reiche Ernte sichern, durch Mischkultur, Fruchtwechsel und Kulturfolge den Boden optimal ausnutzen.

Das richtige Saatgut

Selbst Samen zu sammeln lohnt sich nur bei seltenen Gemüsearten wie z. B. der Pastinake (rechts). Bei anderen wie Stangenbohnen (unten) greift man besser auf das Angebot im Fachhandel zurück, denn leicht könnte krankes Saatgut die ganze Ernte verderben.

Die meisten Gemüse sind kurzlebig und werden nur in ein- oder zweijähriger Kultur angebaut. Sie müssen also alljährlich neu aus Samen herangezogen werden, manche sogar mehrmals im Jahr, wenn man wiederholt ernten möchte. Wichtigster Faktor für eine problemlose Anzucht und gutes Gedeihen ist die Wahl des richtigen Saatguts. In den Samen ist nämlich bereits festgelegt, welche Eigenschaften und Ansprüche die Gemüsepflanzen haben.

Saatguteinkauf

Das Angebot an Gemüse- und Kräutersamen im Handel läßt kaum Wünsche offen. Von den konventionellen Arten wie Kopfsalat, Möhren und Schnittlauch bis zu exotischen Pflanzen wie Erdbeerspinat, Okra und Koriander, von althergebrachten Gemüsen wie Steckrüben, Rapontika und Pastinake bis hin zu regionalen Spezialitäten wie Teltower Rübchen und Meerkohl reicht die breite Palette des Samenangebots. Außerdem kommen von vielen Gemüsearten jedes Jahr neue Sorten auf den Markt, so daß die Wahl nicht ganz einfach ist.

Schon beim Kauf der Samen entscheidet sich, ob die Anzucht erfolgreich sein wird, denn neben Art und Sorte der Gemüse muß auch die Qualität des Saatguts berücksichtigt werden. Auf jeden Fall sollte man die Informationen auf den Samentüten aufmerksam prüfen, hier ist alles Wissenswerte vermerkt.

Qualitätsmerkmale des Saatguts

Die Qualitätsstandards der Samen sind im Saatgutverkehrsgesetz staatlich geregelt und werden von den Behörden überprüft. Wichtig für den Verbraucher sind vor allem die vorgeschriebene Keimfähigkeit und die Sorte. Viele Samen bleiben nur zwei bis vier Jahre keimfähig, daher sollte man das oft aufgedruckte Verfallsdatum nicht überschreiten.

Über längere Zeit bleiben die Samen in sog. Keimschutzpackungen haltbar. Ihre wasserdampfdichten Umhüllungen schützen vor Licht, Wärme und Feuchtigkeit, auch wenn die Samentüten hoher Luftfeuchtigkeit ausgesetzt sind, z. B. in Verkaufsständern im Freien oder im Gartenhäuschen. Die Samen wurden vor dem Verpacken zusätzlich getrocknet, sie enthalten dann statt der üblichen 12–16% nur noch etwa 6% relative Feuchtigkeit.

Sortenwahl

Die meisten Gemüsearten werden in vielen verschiedenen Sorten angeboten. So gibt es z. B. bei Tomaten klein- und großfrüchtige, runde und längliche, buschförmige und hochwachsende Sorten, die zwar alle zur Art Tomate *(Lycopersicon lycopersicum)* gehören, aber zusätzlich einen Sortennamen tragen wie z. B. 'Sweet 100', 'Lucy' oder 'Mirabell'. Eine Sorte entsteht durch gezielte, langwierige Züchtungsarbeit und zeichnet sich durch besondere Eigenschaften wie Wuchs, Form, Farbe, Geschmack, Ertrag, Anbaueignung und Widerstandsfähigkeit gegen Krankheiten aus.

In speziellen Keimschutzpackungen bleibt das Saatgut über längere Zeit vor Feuchtigkeit, Wärme und Licht gut geschützt.

Tomaten zeigen eine sehr große Sortenvielfalt, z.B. kleine rote Kirschtomaten (oben links) und gelbe Eiertomaten (oben rechts). Auch bei Zucchini unterscheidet man grünfrüchtige (unten links) und gelbfrüchtige (unten rechts) Sorten.

Bei Gemüsen ist die Sortenwahl besonders wichtig, weil es für verschiedene Anbauzeiten und -formen speziell geeignete Sorten gibt. Das gilt vor allem für sog. Langtagpflanzen wie z.B. Kopfsalat, Rettich, Radieschen und Spinat, deren frühe Sorten schnell schießen, d.h. in Blüte kommen und dann ungenießbar werden, wenn sie im Sommer mehr als zwölf Stunden Licht erhalten.

Dagegen eignen sich andere speziell gezüchtete Sorten für die Sommerkultur, weil sie auch im Sommer keine Blüten bilden. Wieder andere Sorten, z.B. von Kopfsalat und von Radieschen, sind sehr empfindlich und können erfolgreich nur im Frühbeet oder Gewächshaus angebaut werden.

Deshalb unterscheidet man bei einigen Gemüsen zwischen Sorten, die für den Früh-, den Sommer-, den Spätanbau oder aber für Unterglaskultur geeignet sind. Nur wenn die Sorte entsprechend den Anbaubedingungen gewählt wurde, hat man eine gute Ernte.

Auch die Kulturdauer der einzelnen Sorten muß berücksichtigt werden. Es gibt schnell reifende, also solche mit kurzer Kulturzeit, und Sorten, die bis zur Ernte lange auf dem Beet bleiben müssen, also eine lange Kulturzeit aufweisen. Je rauher das Klima und je kürzer der Sommer, desto aufmerksamer sollte man auf Sorten mit kurzer Kulturdauer achten.

Gemüsearten, die vom zeitigen Frühjahr bis weit in den Herbst oder sogar über den Win-

Tip

Das Saatgut einiger Gemüse- und Kräuterarten bleibt nur sehr kurze Zeit keimfähig. Schnittlauch-, Petersilien- und Schwarzwurzelsamen beispielsweise verlieren ihre Keimfähigkeit bereits nach einem Jahr weitgehend. Die Samen anderer Arten wie Gurken, Kürbisse oder Radieschen bleiben dagegen mehrere Jahre vital.

Tip

Angebrochene Samentüten, solche aus Papier ebenso wie Keimschutzpackungen, müssen richtig gelagert werden, wenn man den Samen später noch verwenden will. Eine bewährte Methode ist die Aufbewahrung in gut schließbaren, dunkel gefärbten Schraubdeckelgläsern. Vor dem Eindosen müssen die Samenpackungen mehrere Tage lang bei niedriger Luftfeuchtigkeit lagern, z.B. im geheizten Zimmer bei 20–25 °C. An einem kühlen, trockenen und dunklen Ort behalten die Samen ihre Keimfähigkeit dann ein bis mehrere Jahre.

Tip

Neben dem deutschen hat jede Pflanze einen botanischen Namen, der über ihre Zuordnung zu einer Pflanzengattung Aufschluß gibt und international verständlich ist. So bezeichnet *Phaseolus* die Gattung Bohnen, *Phaseolus vulgaris* die Art Gartenbohne und *Phaseolus vulgaris* var. *nanus* die Varietät Buschbohne. Die Bohne gehört zusammen mit anderen Gattungen und deren Arten zur Familie der *Leguminosae*, der Schmetterlingsblütler.

Baut man eine frühe Sorte Salat erst im Sommer an, schießen die Köpfe schnell und werden dann unbrauchbar.

Tip

Kriterien für die Sortenwahl:

- **Aussaattermin (Früh-, Sommer-, Spätanbau)**
- **Frosthärte (Winteranbau, sehr frühe oder späte Kultur)**
- **Kulturort (Freiland, Frühbeet, Gewächshaus)**
- **Kulturdauer (lange bzw. kurze Kulturzeit)**
- **Lagerfähigkeit (Eignung zur Lagerung, Einmietung, Tiefkühlung)**
- **Resistenz (Widerstandsfähigkeit gegenüber Krankheiten und Schädlingen)**
- **Wuchsform (Eignung auch für Gefäßkultur)**
- **Qualität des Ernteguts (Farbe, Form, Größe, Geschmack, Aroma, Inhaltsstoffe)**
- **Hybridsaatgut (F_1- Hybriden, spezielle Eigenschaften, Ertrag)**

Für den Anbau in Gefäßen sollten nur schwachwachsende Sorten verwendet werden, z.B. kleinere Gurken.

ter kultiviert werden sollen, sind häufig sehr niedrigen Temperaturen ausgesetzt. Deshalb empfehlen sich bei Porree, Zwiebeln, Rosenkohl und anderen Arten Sorten mit guter Frosthärte.

Auch die Lagerfähigkeit des Ernteguts sollte bei der Wahl der Sorte mit erwogen werden, denn nicht jede eignet sich zum Aufbewahren. Im allgemeinen sind Spätsorten länger haltbar, aber auch hier gibt es natürlich Unterschiede.

Viele Sorten zeichnen sich durch eine besondere Widerstandsfähigkeit gegenüber Krankheiten aus. Sie sind gegen bestimmte Erreger resistent und werden entweder gar nicht oder nur in geringem Ausmaß von solchen Schäden betroffen. So gibt es z.B. Buschbohnensorten, die gegen Brennflecken resistent sind, Feldsalatsorten, die nicht mehr von Mehltau befallen werden, und Möhrensorten, die von der Möhrenfliege weitgehend unbehelligt bleiben. Wer sich für solche Sorten entscheidet, kann sich aufwendige Pflanzenschutzmaßnahmen ersparen.

Will man auch auf dem Balkon Gemüse und Kräuter anbauen, muß man vor allem auf die Wuchsform der Sorten achten. So gibt es nicht nur bei Tomaten und Gurken besonders buschig wachsende Sorten, die sich ausgezeichnet für Kästen oder Kübel eignen. Weitere Kriterien für die Sortenwahl sind Farbe,

Größe und Geschmack des Gemüses. Nicht immer wachsen neue und besonders großfrüchtige Züchtungen zu schmackhafter Nahrung heran; hier greift man oft besser auf eine altbewährte aromatische Sorte zurück und nimmt dafür einen geringeren Ertrag in Kauf. Andererseits verliert manches Gemüse durch Züchtung auch unangenehme Eigenschaften, so z.B. Gurken, von denen es heute absolut bitterfreie Sorten gibt.

Im Handel findet man häufig sog. Hybrid-Saatgut, meist als F_1-Hybriden gekennzeichnet. Diese durch Kreuzung ausgewählter Elternlinien gewonnenen Sorten zeichnen sich durch außergewöhnliche Eigenschaften aus und sind oft besonders ertragreich. Allerdings können diese Züchtungen nicht über selbstgewonnenen Samen weitervermehrt werden, denn sie sind entweder steril, d.h. sie setzen gar keinen Samen an, oder aber die Nachkommen unterscheiden sich deutlich von den Elternpflanzen und bleiben weit hinter den Erwartungen zurück.

Saatgutformen

Samen bekommt man im Handel in verschiedenen Formen. Neben dem normalen, natürlich belassenen Saatgut werden aufbereitete und speziell behandelte Formen angeboten, die besondere Vorteile bei der Aussaat bieten.

Normalsaatgut besteht aus nicht eigens aufbereiteten Samen. Es wird am häufigsten angeboten, ist garantiert sortenecht und erfüllt die gesetzlichen Anforderungen an Reinheit und Keimfähigkeit der Sorte. Standardsaatgut gibt es von vielen Gemüsearten. Die entsprechenden Sorten sind geprüft und innerhalb der Europäischen Gemeinschaft zugelassen. Man erkennt es an dem Vermerk „St“ oder „Standardsaatgut“ auf der Samentüte.

Kalibriertes Saatgut ist meist teurer als Normalsaatgut und oft auf den Samentüten gekennzeichnet. Es enthält ausschließlich Samen ab einer bestimmten Größe, zu große und zu kleine wurden ausgelesen, die übrigen keimen schneller und gleichmäßiger. Einheitlich große Samen lassen sich außerdem leichter mit Saatgeräten ausstreuen und sind für Saatmaschinen (z.B. Saatroller) geeignet.

Pilliertes Saatgut umfaßt feine Samen, die künstlich vergrößert wurden. Sie sind mit einer speziellen Masse aus Lehm, Ton, Steinmehl, Papiermehl oder einer anderen neutralen Substanz umhüllt, der manchmal auch Nährstoffe für den Wachstumsstart beigemengt wurden. Die dadurch relativ großen Samenpillen lassen sich sehr leicht handhaben, können im richtigen Abstand ausgesät werden und ersparen späteres Ausdünnen. Ihre Umhüllung schützt sie vor Feuchtigkeit und

Saatbänder werden nur entlang einer Richtschnur in der richtigen Saattiefe ausgelegt, danach mit Erde bedeckt und gut angegossen.

Tip

Alle Informationen der Samenerzeuger auf den Tüten sollten genau beachtet werden. Hier finden sich wertvolle Hinweise zu Saatgutbedarf, Vorkultur, Aussaattiefe, Reihenabstand, Mischkultur, Fruchtfolge, Düngung, Vitamingehalt und Besonderheiten während der Kultur.

Mit Pillensamen (oben) und Quicksticks (unten) läßt sich besonders einfach der richtige Saatabstand einhalten.

Tip

Pillensamen, auch Pillensaat genannt, enthalten Samen mit hoher Keim- und Triebfähigkeit. Die Hüllmasse leitet den keimenden Samen Feuchtigkeit zu und ist auf die Bedingungen im Freiland ausgerichtet.

vorzeitiger Keimung, bis sie sich nach der Aussaat im Boden auflöst. Besonders vorteilhaft sind Pillensamen z.B. bei Salat, Möhren, Radieschen und Petersilie.

Saatbänder und Samenteppiche (Saatplatten) erleichtern die Aussaat ähnlich wie pillierte Samen. Die einzelnen Samen einer oder auch mehrerer Gemüsearten liegen zwischen zwei Lagen Spezialpapier im richtigen Abstand eingebettet. Man schneidet die Bänder oder Platten in passender Größe zurecht und legt sie in die Saatrillen bzw. -flächen. Das Papier löst sich mit der Zeit völlig auf. Die Pflänzchen stehen danach dünn verteilt im richtigen Abstand.

Pappstäbchen, auch Quicksticks genannt, mit jeweils einem Samen werden zur Aussaat einfach in die Erde gesteckt und bieten dieselben Vorteile wie pilliertes Saatgut oder Saatbänder.

Samenbeizung

Schon die Samen selbst und erst recht die zarten Keimlinge sind von Pilzen, Bakterien und einigen Insekten bedroht. Daher schützt man sie oft durch eine besondere Umhüllung, man beizt die Samen. Mit Beizmitteln vorbehandelt ist sog. inkrustiertes Saatgut, bei dem die Samen gleichmäßig von einer dünnen Schicht abriebfester Pflanzenschutzmittel umgeben sind. Auch Trockenbeizmittel werden verwendet, sie verteilen sich allerdings nur unregelmäßig auf den Samenschalen und lösen sich auch leichter wieder ab.

Durch eine vorbeugende Behandlung der Samen mit Beizmitteln erspart man sich eine spätere Ganzflächenbehandlung des Bodens oder der gerade aufgelaufenen Pflänzchen. Da durch die Beizung nur winzige Mengen an chemischen Pflanzenschutzmitteln ins Erdreich gelangen, ist eine Belastung des Bodens oder der Pflanzen kaum zu befürchten. Inzwischen bietet der Handel aber auch biologisch gebeiztes Saatgut an.

Die Beizung kann man bei nicht ummanteltem Saatgut auch selbst vornehmen. Im Fachhandel sind dafür spezielle Mittel erhältlich. Trockenbeizen gibt man in der vorgeschriebenen Menge zu den Samen in ein Schüsselchen und rührt oder schüttelt beides kräftig durch. Danach werden die Samen abgesiebt und bald ausgesät. Die übrige Beize läßt sich wiederverwenden.

Förderung der Keimkraft

Eine keimungsfördernde und manchmal zugleich schadpilzhemmende Wirkung kann man mit einigen einfachen Mitteln erreichen. Der Samen verharrt in einer Art Trockenruhe, bis durch Wasseraufnahme, d.h. Quellung, der Stoffwechsel im Pflanzenembryo in Gang gesetzt wird, die Keimung beginnt. Manche Arten haben sehr harte oder dicke Samenschalen, durch die Feuchtigkeit nur langsam eindringen kann. Entsprechend zögerlich setzt dann die Keimung ein.

Dieser Vorgang läßt sich mit einem einfachen Trick beschleunigen. Man legt die Samen in eine flache Schüssel oder einen Suppenteller und gibt soviel handwarmes Wasser hinzu, daß alle Samen gerade bedeckt sind. Sie können sich über Nacht vollsaugen, am nächsten Tag werden sie kurz auf Löschpapier oder Küchenkrepp angetrocknet, damit sie sich leichter ausstreuen lassen, und anschließend sofort ausgesät. Durch solches Vorkeimen erreicht man ein schnelleres und gleichmäßiges Aufgehen aller Samen. Empfehlenswert ist dieses Verfahren bei Möhren, Sellerie, Petersilie, Spinat, Mangold, Roter Bete und Bohnen.

Wirkstoffe verschiedener Heilkräuter helfen nicht nur dem Menschen, sie schützen auch Pflanzen vor Viren, Pilzen und Bakterien. Eine keimungsfördernde und beizende Wirkung

Vorgekeimte Samen von Rote Bete sichern ein schnelles und gleichmäßiges Aufgehen.

Tip

Eine Warmwasserbehandlung von Kohlsamen schützt vor der Umfallkrankheit oder Schwarzbeinigkeit, die zum Absterben der Sämlinge führt. Im Handel erhältliches vorbehandeltes Saatgut von Kohlgemüse wurde ungefähr eine halbe Stunde lang in etwa 45–50 °C warmes Wasser gelegt. Dabei werden eventuell vorhandene Erreger abgetötet.

Tip

Bohnen und Erbsen keimen am besten in leicht durchfeuchtetem Sand, denn Hülsenfrüchte benötigen zur Keimung viel Sauerstoff. Für eine Keimprobe füllt man deshalb einen tiefen Teller mit nicht zu feuchtem Sand und steckt die abgezählten Samen etwa 1 cm tief hinein. Ein zweiter Teller dient als Abdeckung. Bei Zimmertemperatur kann man nach etwa einer Woche das Ergebnis erwarten.

Tip

Pilliertes Saatgut ist nicht automatisch auch gebeizt, die Pillenhülle besteht normalerweise nur aus natürlichen Materialien. Wurde eine Beizung durchgeführt, muß dies eigens vermerkt sein.

Tip

Frisch ausgesäte Erbsen sind bei Vögeln sehr beliebt. Mit Samen, die vor der Aussaat etwa eine Viertelstunde in abgekühltem Wermuttee gelegen haben, vergällt man jedoch den Tieren diese Kost.

Durch eine Vorbehandlung der Samen in einem Absud aus Baldrian setzt die Keimung beim Porree rascher ein.

entfaltet u.a. Kamillentee. Samen von Bohnen, Erbsen, Salat, Radieschen und Rettichen keimen zügiger, wenn sie eine Viertelstunde in abgekühltem Kamillentee gequollen haben. Nach dem Absieben und kurzer Trockenzeit auf Löschpapier oder Küchenkrepp müssen die so vorbehandelten Samen sofort gesät werden. Viertelstündiges Quellen in einem Absud aus Baldrian (Baldrianpräparat aus der Apotheke oder Drogerie zu einem Tee aufkochen und abkühlen lassen) fördert die Keimung der Samen von Chicorée, Gurken, Möhren, Tomaten, Paprika, Porree und Zwiebeln.

Keimprobe

Samen, die über längere Zeit gelagert wurden, können an Keimkraft einbüßen. Wenn Zweifel an ihrer Vitalität besteht, ist eine Keimprobe angezeigt. Dazu zählt man einige Samenkörner ab – bei großkörnigen etwa 10 bis 20 Stück, bei kleineren Samen 20 bis 30 – und legt sie in möglichst weiten Abständen auf eine Unterlage. Gut geeignet wegen ihrer hohen Saugfähigkeit sind Zellstoffservietten, Löschpapier oder Küchenkrepp, die man auf einem Teller ausbreitet. Die Samen werden mit handwarmem Wasser übersprüht, wobei darauf zu achten ist, daß kein Wasser auf dem Teller stehenbleibt. Eine über den Teller gezogene Frischhaltefolie oder ein transparenter Plastikbeutel schützt die Samen vor dem Austrocknen.

Der Teller wird hell und warm aufgestellt, die Keimtemperatur auf die entsprechende Gemüseart abgestimmt; in der Regel liegt sie zwischen 18 und 22 °C. Schon nach einigen Tagen beginnt die Keimung, was man an den durchbrechenden Keimwurzeln erkennt. Sind alle deutlich gekeimten Samen ausgezählt, entscheidet das Ergebnis darüber, ob das Saatgut für eine Aussaat noch brauchbar ist.

Unbedenklich verwenden läßt sich der Samen bei einer Keimrate von 75% oder darüber (d.h. von zehn Samen haben mindestens sieben bis acht gekeimt, von 20 Samen mindestens 15, von 30 mindestens 22 bis 23). Keimen nur etwa die Hälfte aller Samen, ist das Saatgut noch tauglich, man sollte aber dichter säen als üblich. Bei einer Quote weit unter 50% ist neues Saatgut vorzuziehen.

Tip

Voraussetzung für ein gleichmäßiges Keimen der Samen in Saatbändern und -platten ist ihr guter Kontakt zur Erde. Nach dem Auslegen der Bänder gießt man sie daher erst gründlich an, bevor sie mit Erde abgedeckt werden.

Ob eine Aussaat gelagerter Samen noch rentabel ist, läßt sich mit einer Keimprobe schnell feststellen.

Tip

Einige Kopfsalatsorten keimen schlecht bei Temperaturen über 18 °C, was in heißen Sommern und bei Gewächshauskultur problematisch werden kann. Mischt man den Samen mit feuchtem Sand und füllt ihn in ein Plastiksäckchen, das über Nacht im Kühlschrank bleibt, dann bricht man die Keimhemmung. Am nächsten Tag wird in den kühlen Abendstunden ausgesät und reichlich angegossen.

Aussaat im Freien

Tip

Sehr feine Samen kann man mit der gleichen oder doppelten Menge feinem Sand vermischen und dann wie gewohnt aussäen. Auf diese Weise vermeidet man, daß sich die Samen an einigen Stellen häufen.

Bevor sich der Bohnenkeimling über seine Wurzel und die ersten grünen Blätter selbst versorgen kann, zehrt er von den Nährstoffvorräten im Samengewebe.

Sobald die Sonne mit zunehmender Kraft den Boden genügend erwärmt hat, kann man mit der Aussaat ins Freiland beginnen. Zuerst muß das Saatbett vorbereitet werden, damit die Samen beste Startchancen finden und schnell und gut wachsen können. Während des Sommers folgen dann weitere Aussaaten, nachdem die ersten frühen Gemüse abgeerntet sind.

Voraussetzungen für die Keimung

Für die Keimung spielen neben den Eigenschaften der Samen selbst auch äußere Faktoren, vor allem Wasser, Sauerstoff und Wärme, eine wichtige Rolle. Samen, der in die Erde gebracht wird, benötigt als erstes Wasser, das durch die Samenschale aufgenommen wird – der Samen quillt. Sobald genügend Wasser in den Zellen des Pflanzenembryos vorhanden ist, setzen die Stoffwechselvorgänge ein. Um neue Pflanzensubstanz aufzubauen, verbraucht der Embryo zunächst seine im Samen gespeicherten Nährstoffvorräte, wozu Sauerstoff und Wärme notwendig sind.

Die optimale Keimtemperatur unterscheidet sich je nach Art, manchmal sogar je nach Sorte. Pflanzen aus kalten Klimazonen wie Kohl, Rettiche und Möhren begnügen sich mit relativ kühlen Temperaturen, wohingegen ursprünglich in tropischen Gefilden beheimatete Gemüse, etwa Tomaten und Gurken, viel Wärme zum Keimen brauchen. Daher sollte man immer die auf den Samentüten angegebenen Aussaatzeiten einhalten, denn nur dann herrschen im allgemeinen die für eine Keimung nötigen Temperaturverhältnisse.

Vorbereitung des Saatbetts

Ob der Boden im Herbst umgegraben wurde oder nicht, bleibt eine Ermessensfrage, nur direkt vor der Aussaat darf keinesfalls mehr eine tiefgründige Bodenbearbeitung erfolgen, sonst zerstört man das feuchtigkeitleitende Kapillarsystem im Boden (siehe auch Seite 40f.). Vielmehr lockert man mit der Harke oder dem Kultivator die obere Erdschicht 3–4 cm tief, beseitigt dabei Verkrustungen, entfernt die letzten Pflanzenreste vom Vorjahr und arbeitet auch gleich – falls erforderlich – Dünger mit ein. Abschließend wird die Oberfläche mit dem Rechen geglättet. Wenn nicht gleichzeitig gedüngt wurde, ist das Beet dann für die Aussaat bereit, sonst wartet man damit noch etwa zwei Wochen.

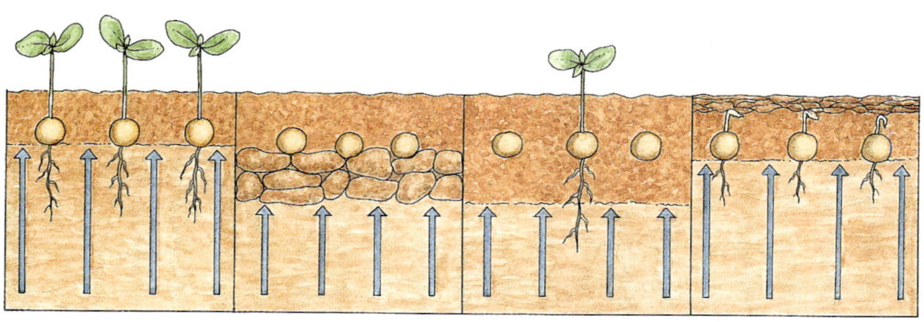

Der Zustand des Saatbetts entscheidet über das spätere Keimergebnis: Bei richtiger Vorbereitung gehen alle Samen auf (ganz links); wird zu spät gelockert, hat sich der Boden noch nicht abgesetzt, Wasser kann nicht aufsteigen (Mitte links); wird zu tief gelockert, trocknet die obere Schicht zu weit aus (Mitte rechts); verschlämmt und verdichtet sich die dünne Erdschicht über den Samen, können diese die harte Kruste nicht durchdringen (ganz rechts).

Reihensaat

Wie der Name schon sagt, werden bei dem im Gemüsegarten am häufigsten angewandten Aussaatverfahren die Samen in Reihen ausgebracht. Zu diesem Zweck legt man in bestimmten Abständen Saatrillen an. Die Abstände der Reihen ergeben sich aus den Wuchsgrößen und dem Platzbedarf der einzelnen Gemüse; in der Regel liegen sie zwischen 20 und 40 cm auseinander. Zu geringe Reihenabstände verursachen kümmerlichen Wuchs und machen die zu eng stehenden Pflanzen für Krankheiten anfällig, da sie nach dem Gießen oder nach Regenfällen nur schlecht abtrocknen.

Beim Einebnen mit dem Rechen wird die oberste Erdschicht gleichzeitig fein zerkrümelt.

Die Samen werden möglichst sparsam und gleichmäßig in den vorbereiteten Saatrillen verteilt, damit man später nicht zu stark ausdünnen muß. Man streut sie vorsichtig entweder wie eine Prise Salz mit den Fingern oder direkt aus der Samentüte in die Rillen, am besten im Abstand von 2 cm.

Die Samenkörner werden mit der Handkante oder mit dem Rechenrücken leicht angedrückt, damit sie engen Kontakt zur Erde bekommen. Danach zieht man mit dem Rechenrücken oder der Hand lockere Erde von der Seite über die Rillen und deckt die Samen damit ab, wenn es sich nicht um Lichtkeimer handelt (siehe Seite 69f.).

Saatreihen werden in gleichmäßigen Abständen gezogen, die je nach Gemüse verschieden sind.

Markiersaat

Gemüsearten wie Möhren, Wurzelpetersilie oder Knollenfenchel haben eine sehr lange Keimzeit. Da die Saat erst spät aus dem Boden herausschaut, kann sie leicht durch Hakken gestört werden. Man erkennt die Saatreihen besser, wenn man bei solchen Gemüsen in größeren Abständen dünn eine Markiersaat mit schnell keimenden Pflanzen, z.B. Radieschen, Kresse oder Spinat, mit einsät.

Horst- oder Dibbelsaat

Manche Gemüse wie Bohnen oder Gurken sind wenig standfest und legen sich spätestens unter der Last des Fruchtbehangs um. Die Früchte verschmutzen und faulen dann leicht. Um dem vorzubeugen, legt man bei der Aussaat Horste von jeweils vier bis sechs Samenkörnern an eine Stelle. Die stärksten zwei oder drei Pflanzen läßt man nach dem Keimen stehen, die schwachen werden entfernt. Wenn sie heranwachsen, stützen sich die Pflanzen dann gegenseitig und fallen nicht so leicht um. Die Abstände der Horste hängen von der jeweiligen Gemüseart ab.

Breitwürfige Aussaat

Nur wenige Gemüsearten kann man – wie früher der Bauer das Getreide – aus der vollen Hand säen. Diese Technik ist nur bei Feldsalat, Spinat, Rübstiel, Bremer Scherkohl, Gründüngern und manchmal bei Pflücksalat üblich. Man streut die Samen dazu möglichst gleichmäßig auf das Beet aus. Geübte Gärtner werfen sie mit Schwung aus der Hand, denn die Wurfbewegung gewährleistet eine ebenso lockere wie gleichmäßige Verteilung der Saat über eine weite Fläche. Anschließend werden die Samen mit dem Rechen leicht mit der Krume vermischt, mit dem Rechenrücken angedrückt und kräftig mit der Brause gegossen.

Folgesaat

Beim sog. satzweisen Anbau werden dieselben Gemüse an verschiedenen Stellen mit zeitlichem Abstand ausgesät oder gepflanzt. Solche Folgesaaten ermöglichen eine lange Erntezeit, denn wenn die erste Saat abgeerntet ist, steht die nächste zur Verfügung. Diese Methode eignet sich für viele raschwüchsige Kulturen wie z.B. Salat, Gartenkresse, Buschbohnen, Spinat und Kohlrabi.

Licht- und Dunkelkeimer

Die Samen der meisten Pflanzenarten keimen ungeachtet der Lichtverhältnisse sowohl im Licht als auch bei leichter Beschattung oder in völliger Dunkelheit. Manche Pflanzen entwickeln sich jedoch nur, wenn ihre Samen ausreichend Licht bekommen, daher nennt man sie Lichtkeimer. Andere dagegen, die

Bei der Horstsaat werden in regelmäßigen Abständen jeweils etwa vier bis sechs Samenkörner dicht nebeneinander gelegt.

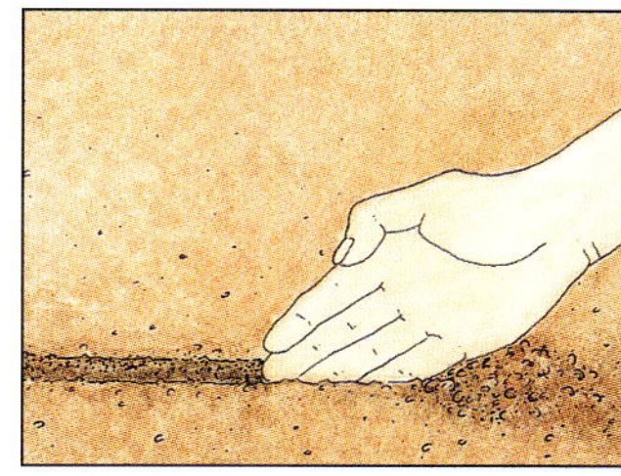

Saatrillen können mit der Handkante gezogen werden (oben) oder mit einer Kante des Rechenrückens (unten) entlang einer Schnur.

Tip

In sehr schweren, tonhaltigen und zum Verschlämmen neigenden Böden gelingt die Keimung besser, wenn die Samen statt mit Erde mit gesiebtem, lockerem Reifekompost abgedeckt werden.

Tip

Bei der breitwürfigen Saat werden die Samen in die Krume eingeharkt. Dabei bleiben viele Samen offen auf dem Boden liegen und werden eine leichte Beute für Vögel und Mäuse. Durch Vogelscheuchen, Vliese und Folien kann man die Saat schützen.

Tip

Pilliertes Saatgut darf nie in zu lockeres Erdreich abgelegt werden. Es braucht den Anschluß an die Kapillaren und damit den Kontakt zur Feuchtigkeit im Boden. Daher sollte es immer gut angedrückt werden.

Sauerampfer gehört zu den Dunkelkeimern.

Majoran ist ein Lichtkeimer.

Tip

In schweren, kompakten Böden, die sich nur langsam erwärmen, reicht eine geringere Saattiefe von 1–3 cm. In leichten Böden, die schnell von der Sonne erwärmt werden und auch in unteren Schichten noch genügend Sauerstoff enthalten, kann man die Samen dagegen ein wenig tiefer auslegen.

sog. Dunkelkeimer, beginnen nur zu wachsen, wenn sie dunkel liegen.

Lichtkeimer sind z.B. Endivien, Kopfsalat, Möhren, Sellerie, Baldrian, Basilikum, Bohnenkraut, Estragon, Kamille, Majoran, Thymian und Ysop. Ihre Samen dürfen entweder gar nicht oder nur ganz wenig (etwa 0,5 cm hoch) mit Erde bedeckt werden. Meist drückt man sie nur leicht an. Zu den Dunkelkeimern gehören Boretsch, Pimpinelle und Sauerampfer. Ihre Samen müssen stets mit Erde abgedeckt, also dunkel gehalten werden.

Saattiefe

In der Natur fallen Samen in Bodenritzen, werden in Ecken geweht und mit lockerem Erdreich bedeckt oder von Ameisen und Vögeln verschleppt. Ganz selten gelangen sie in tiefere Bodenschichten, und wenn das geschieht, dann keimen sie dort nicht. Zum Keimen brauchen die Pflanzen nicht nur gleichmäßige Feuchtigkeit und Wärme, sondern auch viel Sauerstoff, der nur in der belebten obersten Bodenschicht mit lockerer Krümelstruktur ausreichend vorhanden ist. Daher dürfen Samen nie zu tief abgelegt werden.

Eine Faustregel besagt, daß der Samen höchstens drei- bis viermal so hoch mit Erde bedeckt sein darf, wie er selbst dick ist. Eine zu flache Aussaat ist aber ebenso falsch wie eine zu tiefe, denn zu nah an der Erdoberfläche trocknen die Samen entweder sehr schnell aus und können vom Regen weggeschwemmt werden, oder sie werden nach starkem Regen unter Umständen in die verkrustende Oberfläche mit „eingebacken". Die optimale Saattiefe ist meist auf den Samentüten angegeben. Die

Samen brauchen zum Keimen Feuchtigkeit, Wärme und Sauerstoff. Daher dürfen sie weder zu tief noch zu flach in die Erde kommen.

Mit den ersten zarten Wurzeln und Keimblättern beginnt der Sämling sein Wachstum.

meisten Samen werden zwischen 2 cm und 5 cm tief ausgesät.

Saaten kennzeichnen

Alle Aussaaten sollten grundsätzlich genau gekennzeichnet werden, damit man auch später noch weiß, was an welcher Stelle gesät wurde. Stecketiketten, die mit einem wasserfesten Folienschreiber beschriftet werden können, geben Auskunft über Art, Sorte und Saattermin. Auf Hölzchen gesteckte leere Samentüten verwittern im Freien rasch und sind oft schon nach kurzer Zeit nicht mehr lesbar. Man kann sie aber in eine kleine Plastiktüte stecken und die Tüte dicht verkleben.

Pflege nach der Aussaat

Nach der Aussaat müssen die Samen angegossen werden, damit die Keimung einsetzen kann. Bei intensiver Sonneneinstrahlung trocknet die oberste Erdschicht oft schon nach wenigen Stunden derart aus, daß die Keimlinge verdorren. Mit einer feinen Brause, niemals mit einem harten Strahl, werden die Samen mit dem lebensnotwendigen Naß versorgt.

Dabei ist es besser, wenige Male gründlich zu gießen, als mehrmals nur die Oberfläche zu benetzen. Gerade leichte Sandböden nehmen anfangs kaum Wasser auf, es dringt nicht in tiefere Erdschichten vor. Bei tonhaltigen Böden besteht die Gefahr, daß durch wiederholtes oberflächliches Gießen die oberste Krume verschlämmt und verkrustet und die Keimlinge dann die harte Schicht kaum durchbrechen können.

Gleichmäßige Feuchtigkeit ist auch dann wichtig, wenn die Saat aufgegangen ist. Aus den platzenden Samenschalen schieben sich zuerst die feinen Keimwurzeln hervor, die den Sämling mit Wasser und den ersten Nährstoffen aus dem Boden versorgen. Kurz danach

Jede Aussaat wird mit kleinen Schildern deutlich und dauerhaft gekennzeichnet.

beginnen sich die Keimblätter ans Licht zu recken. Nun kann der Keimling mit Hilfe von Licht, Sauerstoff und Wasser neue Pflanzensubstanz aufbauen. Die zarten Jungpflänzchen müssen also weiterhin durch sanftes Gießen, an sehr sonnigen Tagen sogar mehrmals täglich mit Wasser versorgt werden.

Vielen Keimlingen wird es, nachdem sie das zweite Blattpaar ausgebildet haben, zu eng in der Reihe. Dies trifft vor allem bei Wurzelgemüse wie Möhren, Radieschen, Rettichen, Schwarzwurzeln und Zwiebeln zu, aber auch bei Blattgemüse wie Salaten und Kohl. Hier müssen die Keimlinge schon bald ausgedünnt oder verzogen werden. Man sucht sich innerhalb der Reihe im Bereich des endgültigen Abstandes das stärkste Pflänzchen aus und entfernt alle anderen, die dazwischenstehen.

Vermehrung durch Fechser

Meerrettich kann man mit Seitenwurzeln, sog. Fechsern, vermehren. Die etwa fingerdicken, 20–30 cm langen Fechser werden im März/April oder im Oktober/November mit einem kräftigen Ruck von der Wurzel abgebrochen (Bild links) und möglichst schnell wieder eingepflanzt. Dazu hebt man einen Pflanzgraben von etwa 20–30 cm Tiefe aus und legt die Fechser im Abstand von 30 cm schräg hinein, so daß das obere Ende nur wenig unter der Oberfläche liegt (Bild rechts). Dann wird die ausgehobene Erde wieder in den Graben gefüllt.

Tip

Auf schweren Ton- oder leichten Sandböden kann man die Keimung fördern, indem man Vliese, Folien oder Insektenschutznetze auflegt. Sie verhindern ein schnelles Austrocknen des Bodens durch Wind und Sonne, halten ihn also länger feucht. Außerdem mildern die dünnen Abdeckungen auch Temperaturschwankungen, die Erde bleibt ausgeglichen warm.

Tip

Die richtige Bodenfeuchtigkeit für Saat oder Keimlinge läßt sich sehr einfach kontrollieren: Man drückt den Zeigefinger neben der Saat einige Zentimeter tief in die Erde. Fühlt sie sich gleichmäßig feucht an und bleiben kleine Krümel am Finger haften, sind die Samen gut mit Wasser versorgt.

Tip

Beim Verziehen oder Ausdünnen anfallende Pflänzchen kann man an einer anderen Stelle wieder einpflanzen, wenn sie samt Wurzeln vorsichtig gelockert und sofort wieder in die Erde gesetzt werden. Hilfreich ist dabei ein Pikierholz, mit dem man die Pflanzen vorsichtig aus der Erde heben und für sie an der neuen Stelle ein Pflanzloch bohren kann.

Pflanzenanzucht unter Glas

Tip

Umweltfreundliche Alternativen zu Kunststoffgefäßen stellen Töpfe und Schalen aus Altpapier, Pappe, Flachs oder Zellulose dar. Die Pflanzen, die in solchen Töpfen einzeln herangezogen wurden, können später mit dem Gefäß ausgepflanzt werden, die Hülle verrottet im Boden. Diese Gefäße dürfen aber nie ganz austrocknen, denn sonst nehmen die Wurzeln Schaden. Außerdem sollte man sie beim Pflanzen aufreißen, damit die Wurzeln schnell Kontakt zum Erdreich finden.

Tip

Ein einfaches, aber praktisches Anzuchtgefäß läßt sich aus einer flachen Obststeige herstellen. Die Holzkiste wird mit stabiler Kunststoff- oder extra starker Aluminiumfolie ausgekleidet, dadurch abgedichtet und anschließend mit Substrat gefüllt.

Viele Kulturpflanzen wie Auberginen, Tomaten und Paprika stammen aus subtropischen oder tropischen Gebieten. Sie vertragen keinen Frost und haben eine sehr lange Kulturzeit. Würden sie gesät, wenn es das hiesige Klima zuläßt, könnten ihre Früchte kaum noch bis zum Herbst reifen. Deshalb werden sie unter Glas, d.h. im Gewächshaus, im Frühbeet oder auf der Fensterbank, vorgezogen, damit sie bereits gut entwickelt ausgepflanzt werden können, sobald es draußen warm genug ist.

Materialien zur Vorkultur

Bevor man mit der Anzucht beginnt, sollte man zuerst die nötige Ausrüstung – Gefäße, Substrate und Abdeckungen – bereitstellen. Die Auswahl an verschiedenen Anzuchthilfen ist groß, so daß sich jeder die für seine Zwecke am besten geeigneten Materialien heraussuchen kann.

Gefäße zur Anzucht

Für die Aussaat eignen sich flache Schalen, aber auch Einzeltöpfe, die im Fachhandel aus Kunststoff oder Styropor angeboten werden. Will man nur wenige Pflanzen heranziehen, kann man sich auch mit kleinen Ton- oder Kunststofftöpfen, ausgedienten Quark- oder Joghurtbechern oder sogar mit Eierkartons behelfen.

Wärmeliebende Gemüse wie Auberginen werden unter Glas vorgezogen, dadurch verkürzt sich die Kulturzeit.

Utensilien für die Anzucht: Saatschalen, Torfquelltöpfe, Einzeltöpfe, Multitopfplatten.

Prinzipiell sollen Aussaatgefäße nicht zu hoch sein, weil sonst die Wurzeln der Sämlinge zu lang werden und sich dadurch das Verpflanzen erschwert. Außerdem müssen in den Gefäßboden einige Löcher gebohrt sein, damit überschüssiges Wasser abfließen kann und keine Staunässe entsteht.

Als besonders praktisch haben sich sog. Multitopfplatten, kurz Topfplatten, erwiesen, bei denen viele kleine Kunststofftöpfchen eine zusammenhängende Platte bilden. Es gibt sie rund oder quadratisch mit verschiedenen Durchmessern, wobei sich 4–6-cm-Töpfe am besten für die Vorkultur der meisten Gemüse eignen. In diesen Platten lassen sich viele Pflanzen auf kleinem Raum unterbringen und leicht transportieren. Außerdem stehen sie – ein großer Vorteil – jeweils allein und verwachsen nicht miteinander, bilden ein kräftiges Wurzelsystem und lassen sich später leicht herauslösen. So gelangen sie beim Auspflanzen unbeschädigt in die Erde und können ohne große Störungen anwachsen.

Mit seitlich untergelegten Holzleisten stehen die Topfplatten nicht direkt auf dem Boden, und überschüssiges Wasser kann ablaufen.

Torfquelltöpfe

Viele Vorteile bei der Vorkultur bieten auch sog. Torfquelltöpfe, in denen Gefäß und Substrat kombiniert sind. Übergießt man die stark gepreßten flachen Tabletten aus schwach gedüngtem Torf mit lauwarmem Wasser, saugen sie sich voll und quellen in etwa einer halben Stunde zu Topfform auf.

Töpfe aus Preßtorf trocknen leicht aus, deshalb werden sie dicht nebeneinandergestellt.

Man stellt die Quelltöpfe am besten dicht an dicht in eine Schale oder füttert die Zwischenräume mit Erde aus, um ein schnelles Austrocknen zu verhindern. Bei zu wenig Feuchtigkeit können die empfindlichen Sämlinge nicht nur verdorren, sondern die im Quelltopf enthaltenen Düngesalze wandern an die Oberfläche, kristallisieren dort aus und schaden in dieser konzentrierten Form den noch sehr zarten Pflänzchen.

Substrate zur Anzucht

Das Gelingen der Aussaat hängt weitgehend von der verwendeten Erde, dem Substrat, ab. Es soll humos, locker und durchlässig sein, eine gute, stabile Krümelstruktur besitzen und keine Krankheitserreger enthalten. Das Substrat muß außerdem nährstoffarm sein, denn eine zu hohe Konzentration von Nährstoffen kann zu Verbrennungen der empfindlichen Wurzeln führen. Im Handel werden fertige Anzuchtsubstrate angeboten, die diese Bedingungen erfüllen.

Torfkultursubstrate, kurz TKS genannt, bestehen aus Weißtorf, der aufgekalkt ist. Für die Anzucht eignet sich vor allem TKS 1, da es nur wenig Nährstoffe enthält. Wichtig bei diesem Substrat ist, daß man auf eine gleichmäßige Versorgung mit Feuchtigkeit achtet, denn wenn es einmal ausgetrocknet ist, nimmt es nur sehr schwer wieder Wasser auf.

Einheitserden sind Substratmischungen aus Weißtorf und Ton, denen Kalk und Nährstoffe beigemengt wurden. Nicht jede Einheitserde kann zur Anzucht verwendet werden. Für die Vorkultur eignen sich: Einheitserde Typ 0 (auch Nullerde), die nur aus Torf, Ton und Kalk besteht; Einheitserde Typ VM (auch Vermehrungserde), die überwiegend Torf, zusätzlich etwas Ton und Kalk, außerdem zur Lockerung Kunststoff-Flocken oder Perlit enthält und schwach gedüngt ist; Einheitserde Typ P (auch Pikiererde), die etwas stärker aufgedüngt ist als Vermehrungserde und vor allem zur Kultur der pikierten Pflanzen (siehe Seite 75f.) verwendet wird. Untauglich für die Vorkultur ist Einheitserde Typ T (auch Topferde); sie besteht aus Torf, Ton und Kalk, enthält Nährstoffvorräte für vier bis sechs Wochen – doppelt soviel wie Pikiererde – und ist nur für Topf- und Beetkulturen geeignet.

Hausgemachte Anzuchterde

Aufwendiger, aber preiswerter ist die eigene Herstellung von Anzuchterde. Man mischt je ein Drittel Sand (grobkörnigen, gewaschenen Kies- oder Flußsand), Torf (ersatzweise Rindenhumus) und Erde (gesiebte, reife Komposterde, Laubhumuserde, Maulwurfserde oder auch gute Gartenerde) und macht sie durch Sterilisation keimfrei: Die für die Anzucht benötigten kleinen Erdmengen füllt man in einen Metalltopf und dämpft sie bei 100 bis 120 °C eine halbe Stunde im Backofen. Abgekühlt ist die Erde sofort verwendbar.

Tip

Wer etwas für den Erhalt der durch Torfabbau bedrohten Moore tun will, sollte beim Kauf der industriell hergestellten Substrate auf einen möglichst geringen Torfanteil achten. Als Ersatzstoffe für Torf werden heute Rindenhumus, Zellulose, Tonmehl und andere Substanzen verwendet. Eine gute Alternative ist auch der eigene, selbst sterilisierte Kompost.

Tip

Industriell hergestellte Substrate

- **TKS 0 oder TKS Spezial: nur gekalkt, ungedüngt, zur Anzucht geeignet**
- **TKS 1: gekalkt, schwach gedüngt, zur Anzucht geeignet**
- **TKS 2: gedüngt, nur für ausgewachsene Pflanzen geeignet**
- **Einheitserde 0 oder Nullerde: Torf-Ton-Substrat, gekalkt, ungedüngt, zur Anzucht geeignet**
- **Einheitserde VM oder Vermehrungserde: Torf-Ton-Substrat, gekalkt, schwach gedüngt, zur Anzucht geeignet**
- **Einheitserde P oder Pikiererde: Torf-Ton-Substrat, gekalkt, gedüngt, zum Pikieren von Jungpflanzen geeignet**
- **Einheitserde T oder Topferde: Torf-Ton-Substrat, gekalkt, gedüngt, nur für Topf- und Beetkulturen geeignet**

Anzuchterde kann man auch selbst mischen (links), sie sollte aber im Backofen sterilisiert werden (oben).

Bei reichlich Wärme entwickeln Zucchini-Sämlinge besonders kräftige Wurzeln.

Aussaat unter Glas

Gemüse, das schon zeitig im Jahr vorkultiviert wird, wächst um so zügiger, je besser die Keimbedingungen auf die speziellen Ansprüche der einzelnen Arten abgestimmt sind. Für die Vorkultur ist vor allem Wärme erforderlich, daher findet sie am besten in geschützten Räumen statt, die ausreichend warm temperiert sind.

Besonders gute Bedingungen für wärmeliebende Gemüse wie Tomaten, Auberginen, Gurken und Zucchini herrschen in heizbaren Gewächshäusern, in denen man die Temperatur genau auf die Bedürfnisse der Pflanzen einstellen kann. Auch ein rechtzeitig vorbereitetes Frühbeet (siehe Seite 81) ist zur Anzucht von Jungpflanzen gut geeignet. Wer über keine dieser Einrichtungen verfügt, kann seine Gemüsesetzlinge auch im Zimmer, auf der Fensterbank, heranziehen.

Richtig aussäen

Für jede Gemüseart und -sorte wird ein eigenes Quartier bereitgestellt. In Saatschalen und Multitopfplatten finden auch verschiedene Gemüse mit ähnlichen Ansprüchen an die Keimbedingungen Platz. In getrennten Gefäßen sollte man Arten aussäen, die deutlich unterschiedliche Keimtemperaturen verlangen. Tomaten, die bei etwa 20 °C am besten keimen, gehören in ein anderes Gefäß und an einen anderen Ort als Kohlgemüse, die nur etwa 15 °C verlangen und bei zu hoher Temperatur nicht optimal gedeihen.

Alle Aussaatgefäße müssen vor Gebrauch peinlich sauber sein, denn durch Erdreste oder andere Verschmutzungen können sehr leicht Krankheitserreger auf die neue Saat übergreifen. Die Gefäße werden bis zum Rand mit Anzuchtsubstrat gefüllt, überschüssige Erde streicht man weg. Das gefüllte Gefäß wird ein paarmal auf der Tischfläche aufgestoßen, damit sich die Erde gut setzt. Dann glättet man mit einem Stab oder Brettchen die Oberfläche des Substrats, damit sie ganz eben ist.

Beim Säen kommt es darauf an, den Samen gleichmäßig und nicht zu dicht zu verteilen. Ein Abstand von etwa 0,5 cm nach allen Seiten ist ideal, größere Samen sollen etwas weiter auseinander liegen. Man kann die Samen einzeln mit den Fingern plazieren oder direkt aus der Samentüte ausstreuen.

Mit einem Brettchen oder dem Handrücken wird die Saat sanft angedrückt, damit alle Samen Bodenkontakt haben. Anschließend siebt man über das Aussaatgefäß eine dünne Schicht Substrat oder auch Sand. Diese Deckschicht darf nicht höher als der dreifache Sa-

Aussaat im Haus

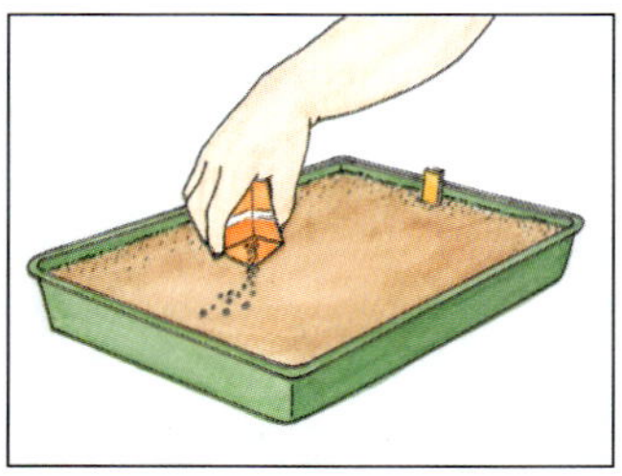

Man streut die Samen dünn in die mit Anzuchterde gefüllte Saatschale aus.

Die Saat wird dann mit einem Brettchen leicht angedrückt und mit Erde übersiebt.

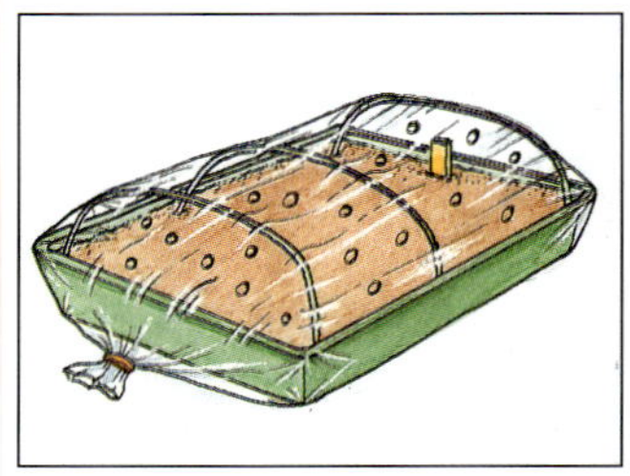

Nach dem Angießen überzieht man die Saatschale schließlich mit gelochter Folie.

Im Gewächshaus und Frühbeet kann die Aussaat, ähnlich wie bei der Freilandkultur, direkt auf die Beete erfolgen, allerdings lassen sich manche Gemüsearten später nur schwierig verpflanzen. Vor allem Arten, die nur schlecht einen kompakten Wurzelballen bilden, sollte man besser in Anzuchtgefäßen vorkultivieren. Gurken und Zucchini reagieren z. B. sehr empfindlich auf Verletzungen ihrer Wurzeln, die sich aber beim Umsetzen der Jungpflanzen kaum völlig vermeiden lassen. Gemüsearten wie Chinakohl, Fenchel, Endivien und Zichorie entwickeln im Erdbeet eine Pfahlwurzel mit nur wenig Verzweigungen; bei Topfkultur werden sie jedoch gezwungen, mehr Seitenwurzeln auszubilden, wodurch sie später ohne großes Risiko verpflanzt werden können.

Tip

Für die Anzucht auf der Fensterbank gibt es im Handel sog. Zimmergewächshäuser und Keimboxen, die aus einer Saatschale und einer passenden Abdeckung bestehen und den keimenden Gemüsen optimale Wachstumsbedingungen bieten. Manche Ausführungen lassen sich sogar elektrisch beheizen.

Tip

Alle Saaten sollte man deutlich kennzeichnen, um die Gemüsearten und -sorten auseinanderhalten zu können. So weiß man immer genau, was an welcher Stelle wächst und wie weiterkultiviert werden muß.

Tip

Wird die Saat mit feinem Sand oder Perlit abgedeckt, kommt viel mehr Luft an die Samen als bei einer Erdabdeckung. Auf diese Weise bleibt das Saatgut besser vor Pilzinfektionen geschützt.

Kleingewächshäuser müssen nach und nach belüftet werden, um die Pflänzchen abzuhärten (linkes Bild).
Aussaat im Vergleich (rechtes Bild im Uhrzeigersinn von rechts nach links): zu naß, zu dunkel, zu trocken, gut anzogene Sämlinge.

mendurchmesser sein, normalerweise reichen wenige Millimeter aus. Nicht abgedeckt werden dagegen Lichtkeimer (siehe Seite 69 f.).

Sofort nach der Aussaat wird das Substrat mit einer feinen Brause gründlich durchfeuchtet, keinesfalls aber durchnäßt. Zuviel Feuchtigkeit in der Saatschale führt leicht zu Fäulnis oder Schimmelbildung, außerdem bekommen die Samen nicht genügend Luft zum Keimen.

Abschließend werden die Töpfchen oder Schalen beschriftet und mit einer Abdeckung versehen. Hierfür eignen sich durchsichtige Folien (z.B. Frischhaltefolie), Glasscheiben oder spezielle Abdeckhauben. Unter einer solchen Abdeckung bleibt die Luft gespannt, d.h. feuchter und wärmer als die Umgebung, da keine Feuchtigkeit verdunsten und Wärme nicht so leicht entweichen kann.

Die Anzuchtgefäße mit der Saat werden den Ansprüchen der Pflanzen gemäß warm oder mäßig warm aufgestellt. Licht ist in der Anfangsphase nur für Lichtkeimer nötig, alle anderen Samen können bis zur Keimung auch dunkel stehen. Bei nicht abgedeckten Gefäßen muß man wenigstens einmal täglich die Feuchtigkeit im Substrat prüfen, hier verdunstet das Wasser oft sehr rasch. Bei abgedeckten Schalen genügt eine Kontrolle in größeren Zeitabständen.

Pflege der Keimlinge

Sobald sich unter der Abdeckung die ersten Keimblättchen zeigen, müssen die Anzuchtgefäße hell aufgestellt und belüftet werden. Die Keimblätter brauchen Licht, sollen aber nicht in der prallen Sonne stehen, wo sie verbrennen würden. Bei zu schwacher Belichtung dagegen bleiben die Keimlinge bleich, bilden kein Blattgrün und vergeilen, d.h. sie versuchen, durch stärkeres Längenwachstum näher an die Lichtquelle zu kommen. Vergeilte Pflänzchen sind stets schwächlich und fallen leicht einer Krankheit zum Opfer.

Die Belüftung der Pflanzen erfolgt behutsam und wird erst allmählich gesteigert, indem man die Abdeckung zunächst nur einen kleinen Spalt öffnet (z.B. durch Unterlegen eines Hölzchens), mit der Zeit diesen Spalt immer stärker erweitert, bis schließlich die Abdeckung ganz abgenommen werden kann.

Viele Gemüsesämlinge, z.B. Salat und Kohl, brauchen nach der Keimung etwas kühlere Temperaturen, damit sie nicht vergeilen und dünn in die Höhe schießen. Oft reicht aber schon das Anheben der Abdeckung aus, um die Temperatur um einige Grad zu senken.

Pikieren

Wie im Freiland bedrängen sich die aufgelaufenen Sämlinge auch bei Unterglaskultur schnell gegenseitig und konkurrieren um Licht, Wasser und Nährstoffe. In den Saatgefäßen muß also ebenfalls bald ausgedünnt werden. Damit sich die einzelnen Pflanzen kräftig entwickeln können, werden sie pikiert, d.h. umgesetzt bzw. verpflanzt.

Mit dem Pikieren wird begonnen, sobald die Sämlinge nach den Keimblättern die ersten richtigen Blätter ausgebildet haben, also das zweite Blattpaar erscheint. Vorher gießt man sie schwach an, um sie leichter aus dem Erdreich nehmen zu können und ihre Wurzeln nicht zu verletzen. Schwächliche oder kranke Pflanzen sondert man gleich aus. Die Sämlinge werden mit einem Pikierstab oder auch mit einem Bleistift gelockert, indem man schräg seitlich neben ihnen in das Substrat sticht und die Wurzeln leicht anhebt. Vorsichtig umfaßt man die Pflänzchen an der Ansatzstelle der Blätter, hebt sie heraus und löst sie behutsam voneinander. Lange Wurzelspitzen werden etwas eingekürzt, dadurch wird eine bessere Verzweigung der Wurzeln angeregt und das Einpflanzen erleichtert.

In einer neuen Schale oder einem Einzeltopf, die mit einem nährstoffarmen Substrat,

Tip

Die keimenden Pflanzen dürfen nicht an die Abdeckung stoßen, denn sonst faulen sie leicht. Mit stabilen Drahtbügeln oder kleinen Holzstäben, über die die Folie gezogen wird, kann man eine Art Tunnel herstellen, der mehr freien Wuchsraum bietet als die ebene Abdeckung.

Tip

Die Keimtemperatur überwacht man am besten mit einem Thermometer. Ausschlaggebend ist vor allem die Erdtemperatur, deshalb wird das Thermometer in die Erde gesteckt. Mit einem Minimum-Maximum-Thermometer kann man auch die nächtliche Abkühlung der Erde überprüfen und bei zu niedrigen Werten für Abhilfe sorgen.

Tip

Bei Abdeckung der Saatgefäße mit geschlitzter Folie erübrigt sich eine Belüftung, denn durch die Löcher kann genügend Luft zirkulieren. Mit zunehmendem Wachstum der Keimlinge muß allerdings auch diese Folie allmählich entfernt werden.

Tip

Junge Pflänzchen brauchen zum Wachsen viel Licht, das bei sehr früher Aussaat in den kurzen Tagen des Spätwinters aber noch nicht ausreichend zur Verfügung steht. Hier kann man mit einer Zusatzbeleuchtung nachhelfen.

Pikieren

Mit einem Pikierstab oder Hölzchen werden die Sämlinge vorsichtig gelockert und aus dem Substrat gehoben.

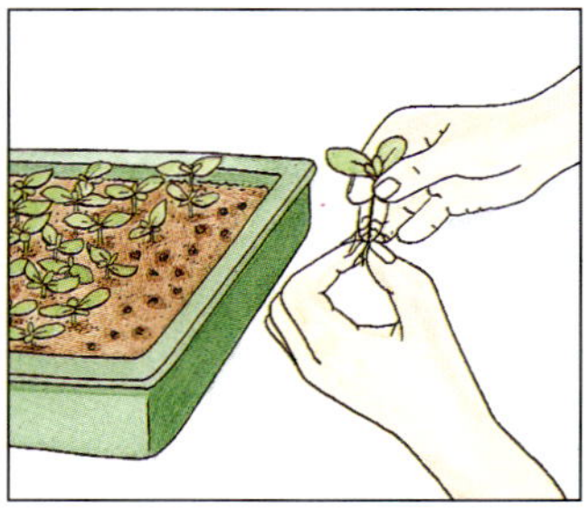

Zu lange Wurzeln der Sämlinge werden etwas eingekürzt, man zwickt sie einfach mit den Fingernägeln ab.

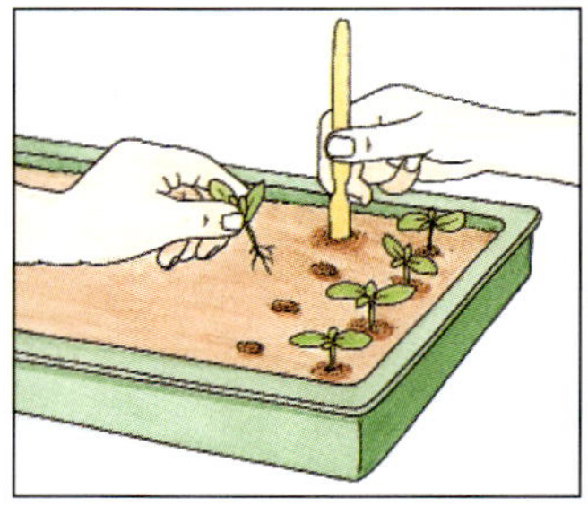

Mit dem Pikierstab bohrt man ein Loch in die Erde des neuen Gefäßes und setzt das Pflänzchen hinein.

Abschließend wird der Sämling mit den Fingerspitzen leicht angedrückt, damit die Wurzeln fest sitzen.

Tip

Meist reicht es aus, wenn die Pflanzen einmal pikiert werden. Wachsen sie nach dem ersten Pikieren erneut zu dicht, müssen sie ein weiteres Mal verpflanzt werden, dann aber am besten gleich in Einzeltöpfe mit Substrat, das schon mehr Nährstoffe enthält, z. B. TKS 2 oder Topferde.

Tip

Die Pflanztermine für das Freiland sind stark vom lokalen Klima abhängig. In milden Weinbaugegenden kann das Pflanzen sehr viel früher beginnen als im rauhen Bergland, wo oft noch Ende Mai Fröste auftreten. Eine alte Bauernregel besagt, daß nach den Eisheiligen (11. bis 13. Mai, in Süddeutschland bis 15. Mai) die Gemüsesaison ohne Gefahr beginnen kann.

Tip

Wer beim Pflanzen nicht vom Weg aus arbeitet, sollte sich auf ein am Boden liegendes Brett knien. Durch die größere Druckverteilung wird eine übermäßige Verdichtung der feinkrümeligen Bodenoberfläche vermieden.

z. B. Pikier- oder Vermehrungserde, befüllt wurden, bohrt man für jeden Sämling in angemessenem Abstand (meist 4–5 cm) mit dem Pikierstab oder einem Hölzchen ein Loch, in das er gesetzt werden kann, ohne daß seine Wurzeln verkrümmt werden. Die Pflänzchen werden so tief eingepflanzt, daß die Keimblätter (das erste Blattpaar) etwa 1 cm über der Oberfläche stehen. Zu tief gesetzte Sämlinge faulen leicht, zu hoch gesetzte haben nicht genügend Standfestigkeit. Dann wird das Loch mit Erde aufgefüllt, die man vorsichtig andrückt, so daß das Pflänzchen festen Halt bekommt. Sind alle Sämlinge pikiert, wird das Substrat gründlich durchfeuchtet und die Gefäße an einen hellen, den Ansprüchen der jeweiligen Art entsprechend temperierten Platz gestellt. Auch hier hilft eine Folienabdeckung, Wärme und Feuchtigkeit länger zu halten.

Pflege der pikierten Pflanzen

Wenn die jungen Pflanzen zunehmend kräftiger werden, müssen die schützenden Abdeckungen langsam entfernt werden, um die Setzlinge abzuhärten. Das Gewächshaus oder Frühbeet wird mehr und mehr gelüftet, allerdings muß man Zugluft vermeiden. Auf der Fensterbank vorkultivierte Gemüse dürfen bei milder Witterung tagsüber auch schon mal ins Freie, um sich an die neue Umgebung zu gewöhnen.

Der Nährstoff- und Wasserbedarf der Pflanzen steigt mit dem Wachstum. Nach einigen Wochen, wenn die pikierten Pflanzen schon kräftig an Umfang und Größe zugelegt haben, sorgt man alle zwei Wochen einmal mit einer schwachen Düngung für Nährstoffnachschub. Man mischt in das Gießwasser eine Volldüngerlösung, die aber nur halb so hoch konzentriert ist wie sonst üblich oder wie auf der Gebrauchsanweisung angegeben. Auch in Wasser aufgelöster Guano oder Blutmehl (2 g/l) kann dazu verwendet werden.

Pikierte Pflanzen können im Frühbeet gut vor schlechter Witterung geschützt werden.

Auspflanzen ins Freie

Wenn keine Fröste mehr auftreten und milde Witterung das Wachstum fördert, kann man mit dem Auspflanzen der vorkultivierten Gemüsesetzlinge in die vorbereiteten Beete (siehe Seite 42) beginnen. Robuste Arten wie

z. B. Kohlrabi, Kopfkohl und erste Salate können schon im April ins Freie gesetzt werden, empfindliche und wärmebedürftige Arten wie Tomaten, Gurken und Paprika dagegen erst Mitte oder Ende Mai, wenn keine Nachtfröste mehr drohen.

Wer Jungpflanzen nicht selbst vorkultiviert hat, kann sich die Setzlinge auch in Gärtnereien und auf Wochenmärkten aus einem reichen Angebot aussuchen. Zu Beginn der Pflanzzeit ist die Auswahl besonders groß. Gesunde Pflanzen erkennt man an einem gedrungenen, kräftigen Wuchs, an sattgrünen Blättern und einem gut entwickelten Wurzelballen. Von Jungpflanzen mit gelben Blättern, kümmerlichem Wuchs, gelb oder braun verfärbten Wurzeln läßt man besser die Finger.

Kartoffeln können in Eierkartons an einer hellen, warmen Stelle vorgekeimt werden.

Die Gemüsesetzlinge werden vielfach getopft angeboten. An einem geschützten, hellen Ort kann man sie auch einige Tage stehenlassen, bevor man sie auspflanzt, wenn man sie ausreichend gießt. Ungetopfte Setzlinge werden für den Transport nach Hause in Zeitungspapier eingewickelt und dort am besten sofort gepflanzt. Eine Aufbewahrung ist nur für wenige Stunden möglich, sonst nehmen die Pflanzen Schaden.

Richtig pflanzen

Am günstigsten für den Umzug ins Freie ist ein trüber, nicht zu heißer Tag. Pflanzen, die in Schalen oder im Frühbeet vorkultiviert wurden, haben keinen vorgeformten Wurzelballen und werden in Löcher gesetzt, die man mit einem Pflanzholz oder ersatzweise mit dem Stiel einer Handschaufel gebohrt hat. Setzlinge, die in Einzeltöpfen gezogen wurden, besitzen dagegen einen festen Ballen, deshalb hebt man mit der Pflanzschaufel oder bei lockeren Böden auch mit der Hand eine entsprechende Pflanzgrube aus.

Tomaten (links) werden tief, Kohlrabi (Mitte) höher ins Freie ausgepflanzt. Salat (rechts) wird so eingesetzt, daß der Trieb nur höchstens fingerbreit mit Erde bedeckt ist.

Die Pflanzlöcher müssen groß und tief genug sein, um die Wurzeln oder den Ballen aufzunehmen. Die Pflanzen sollen – von einigen Starkzehrern wie z. B. Tomaten, Gurken, Porree und Kopfkohl abgesehen, die tiefer gepflanzt werden – später ebensotief in der Erde stehen wie vorher. Werden sie zu hoch gepflanzt, fallen sie leicht um, werden sie zu tief gesetzt, droht Fäulnis. Mit der einen Hand hält man die Pflanze in das Pflanzloch, mit der anderen füllt man dieses mit Erde auf. Dann wird der frisch gepflanzte Setzling mit beiden Händen festgedrückt, damit er sicher steht und nicht umfällt.

Anschließend wird angegossen. Mit einem kräftigen Guß tränkt man den Boden direkt um die Setzlinge herum. Durch dieses Einschlämmen bekommen die Wurzeln überall Erdkontakt und können zügig weiterwachsen. Nur oberflächliches Befeuchten der Erde nützt den Pflanzen nichts, denn das Wasser kann nicht einsickern und verdunstet, bevor es aufgenommen werden kann.

Steckzwiebeln werden aufrecht, mit der Triebspitze nach oben in Reihen im Abstand von 10 cm einfach in die Erde gedrückt.

Bleichspargel setzt man in tiefe Gräben, deren Sohle mit Kompost oder verrottetem Mist angereichert wurde, die Wurzeln werden vorsichtig nach allen Seiten ausgebreitet (Bild unten).

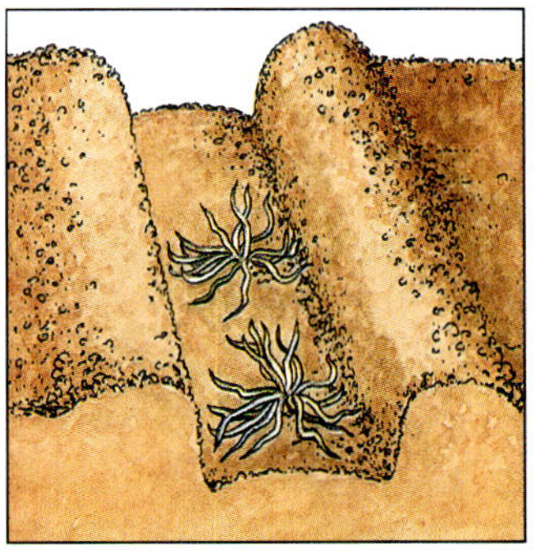

Zur Pflanzung von Porree bohrt man mit dem Pflanzholz ein Loch in die Erde, setzt die Pflanze ein und gießt sie seitlich an; die Erde wird dann um den Schaft gespült (Bild links).

Methoden zur Ernteverfrühung

Durch einfache oder auch aufwendige Verfahren kann man weit über die übliche Kulturzeit während der warmen Monate hinaus Gemüse anbauen. Unter schützenden Folien und Vliesen, in Frühbeeten und Gewächshäusern reifen vom zeitigen Frühjahr bis zum späten Herbst, bei geeigneten Bedingungen sogar das ganze Jahr über, schmackhafte Gemüse und aromatische Kräuter heran.

Gelochte Folien eignen sich sowohl zur Ernteverfrühung auf flachen Beeten wie auch für Hauben über Tomaten.

Verfrühung mit Folien

Unter einer wärmenden Foliendecke, die die Kälte abschirmt, stellt sich schon früh ein günstiges, wachstumsförderndes Kleinklima ein: Boden- und Luftfeuchtigkeit sind erhöht, kalte Winde können nicht eindringen, und die tagsüber aufgenommene Wärme geht nicht verloren. Außerdem sind die Pflänzchen vor langanhaltenden Regenfällen, Hagel und Sturm geschützt.

Die einfachste Art der Verfrühung wird mit transparenten, meist 0,05 mm starken Flachfolien aus PE (Polyethylen) oder PVC (Polyvinylchlorid) durchgeführt. Aus Gründen des Umweltschutzes sollte man Folien aus PE den Vorzug geben, da sie fast rückstandsfrei entsorgt und zum Teil wiederverwertet werden können. Dagegen enthalten Folien aus PVC chlorierte Kohlenwasserstoffe, die die Umwelt belasten.

Folien kann man bereits ab März oder April, wenn sich der Boden erwärmt hat, flach über das Beet breiten und darunter die ersten Gemüse wie Salat, Radieschen, Kohlrabi und Spinat anbauen. In ihrem Schutz ist eine um etwa drei Wochen frühere Aussaat möglich; auspflanzen und folglich auch ernten kann man damit zwei Wochen vor dem üblichen Zeitpunkt. Im Herbst hilft eine Folienabdeckung, spätes Gemüse noch reifen zu lassen, da sie leichte Fröste bis etwa –5 °C abhält.

Tip

<u>PE-Folien</u> sind ebenso lichtdurchlässig wie Glas, bieten eine <u>gute Isolierung</u> und sind sehr elastisch. Durch die UV-Strahlen des Sonnenlichts werden sie allerdings mit der Zeit spröde und brüchig. Es gibt jedoch auch <u>UV-stabilisierte PE-Folien</u>, die <u>widerstandsfähiger</u> sind und nicht so schnell altern; sie halten etwa drei bis vier Jahre.

Unter dem Schutz von einer wärmenden Foliendecke reifen Kohlrabi (links) und Salat (rechts) schon sehr früh.

Wichtig ist, daß die Folie gelocht oder geschlitzt ist, damit ein ausreichender Gas-, Temperatur- und Feuchtigkeitsaustausch zwischen der Außenluft und dem Raum unter der Abdeckung stattfinden kann.

Lochfolien

Je nach Hersteller sind Lochfolien unterschiedlich gestanzt, sollten aber mindestens 500, besser 1000 Löcher pro m^2 haben. Durch diese Öffnungen kann überschüssige Feuchtigkeit abziehen, wodurch Fäulnis und Schimmel vermieden werden.

Mit ein paar Haken werden die Folien fixiert, so kann ein Windstoß sie nicht wegfegen.

Die nicht dehnbaren Lochfolien werden stets locker über das Beet gebreitet, so daß noch genug Platz für schnellwachsende Pflanzen bleibt. Um einen Spielraum zu haben, kann man die Folie anfangs an den Beeträndern auf 10–20 cm Breite einmal falten. Die Ränder müssen gut befestigt werden, damit nicht ein Windstoß die Folie abhebt. Man kann sie entweder mit etwas Erde beschweren, Bretter, Stangen oder Steine darauflegen oder sie mit Haken in der Erde verankern.

An warmen Tagen mit viel Sonne muß die Folie gelüftet werden, sonst steigt die Innentemperatur schnell so weit an, daß die Pflanzen Schaden nehmen. Dazu räumt man die Folie vormittags, sobald die Außenluft mild genug ist, beiseite und breitet sie nachmittags, bevor sich der Boden wieder zu stark abkühlt, erneut aus. Gewässert wird nur bei anhaltender Trockenheit, da die Bodenfeuchtigkeit unter der Folie weitgehend konstant bleibt.

Die Lochfolie bleibt so lange über der Kultur, wie die Witterung es verlangt und die Pflanzen noch klein sind. Größer gewordene Gemüsepflanzen kommen auch mit kühleren Temperaturen zurecht, sie würden unter einer zu straff aufliegenden Folie nur im Wachstum behindert. Spätestens etwa drei Wochen vor der Ernte erübrigt sich ein Folienschutz, und die Auflage wird an einem milden, möglichst windstillen und bedeckten Tag abgenommen, damit die Pflanzen nicht durch einen zu krassen Wechsel der Wachstumsbedingungen beeinträchtigt werden. Im Herbst kann die Folie länger über den Kulturen bleiben, um die Gemüse noch gut ausreifen zu lassen.

Schlitzfolien

Im Gegensatz zu Lochfolien sind Schlitzfolien dehnbar und passen sich dem Wachstum der Pflanzen entsprechend an, daher werden sie auch „wachsende" oder „mitwachsende" Folien genannt. Sie sind allerdings auch weniger stabil und reißen leicht, wenn sie unsanft behandelt werden. Schlitzfolien sind mit etwa 35000 winzigen versetzten Schlitzen pro m^2 versehen, die anfangs dicht geschlossen sind, sich aber mit fortschreitendem Wachstum der Pflanzen dehnen und immer weiter öffnen, bis sie schließlich wie ein feines Netzwerk über den Pflanzen liegen.

Schlitzfolien bieten gegenüber den Lochfolien mehrere Vorteile. Der Luft-, Temperatur- und Feuchtigkeitsausgleich wird den Ansprüchen der Pflanzen entsprechend allmählich gesteigert. Dadurch entfällt ein Lüften der Folie, sie kann sogar bis zur Ernte über der Kultur bleiben. Der Regen gelangt durch die Schlitze in den Boden, ohne daß er verschlämmt, und auch zum Gießen braucht die Folie nicht abgenommen zu werden.

Schlitzfolien sind sehr elastisch und passen sich dem rasch wachsenden Gemüse von selbst an.

Vliese

Lockere, textilähnliche Gespinste aus Kunststoffen wie Polyethylen (PE) oder Polypropylen (PP) bieten ähnliche Vorteile wie gelochte

Tip

PVC-Folien sind undurchlässig für UV-Strahlen, bleiben also länger elastisch, sind aber steifer und fester als PE-Folien. Häufig sind sie leicht orangegelb getönt.

Tip

Ungelochte Flachfolien sind nur bedingt für eine Abdeckung geeignet, weil die Pflanzen darunter leicht faulen und bei Sonnenschein sogar verbrennen und absterben können. Die nötigen Löcher lassen sich aber mühelos mit einem Bohrer bei niedrigster Drehzahl in eine dünne Folie bohren, solange sie sich noch auf der Rolle befindet.

Tip

Flachfolien werden nach Gebrauch gereinigt, aufgerollt und an einem dunklen Ort gelagert. Verschmutzungen und unsachgemäße Aufbewahrung führen dazu, daß die Folien weniger lichtdurchlässig und schnell brüchig werden.

Tip

Zur Beschleunigung der Reife werden im Handel z.B. für Stabtomaten, hochgebundene Gurken oder Auberginen Hauben aus geschlitzter Folie oder Vlies angeboten, die man im Spätsommer am oberen Ende des Stützstabs befestigt und über die Früchte stülpt. An sonnigen Tagen wird die Folienhaube hochgerollt, damit Luft und Licht an die Früchte gelangen.

Ein Vlies wirkt auch als Frostschutz: Wassertröpfchen, die sich innen niederschlagen, frieren und bilden eine natürliche Isolierschicht.

Tip

Vliese, Schlitz- und Lochfolien halten nebenbei auch zahlreiche Schädlinge vom Gemüse ab, etwa Gemüsefliegen, Käfer und Wildkaninchen. Zudem schützen die Abdeckungen bei starken Regengüssen und Hagelschlag.

oder geschlitzte Folien. Durch diese Vliese können Luft und Wasser dringen, sie brauchen wie Schlitzfolien nicht abgenommen zu werden. Allerdings dehnen sie sich nicht so stark und müssen daher – ähnlich wie Lochfolien – mit einem gewissen Spielraum durch Falten der Ränder verlegt werden.

Vorzüge der Vliese sind auch die hohe Reißfestigkeit und das äußerst geringe Gewicht, 1 m^2 wiegt nur etwa 8–17 g, während Lochfolien um 50 g/m^2 wiegen. Außerdem kann sich in dem feinen Gespinst der Vliese der Wind nicht so leicht fangen, an ihnen rüttelt meist selbst ein kräftiger Wind vergebens.

Vliese (links) schützen junge Bohnenpflanzen vor kalter Witterung; Mulchfolien (rechts) ersparen lästiges Jäten.

Vliese werden im Frühjahr zum Schutz von zeitig angebauten Gemüsen verwendet, allerdings ist der Verfrühungseffekt meist nicht so hoch wie bei Folien. Im Frühsommer helfen Vliese, kühle Perioden für empfindliche Gemüse wie Gurken oder Melonen erträglicher zu machen. Im Herbst deckt man sie über späte Kulturen, um diese vor Austrocknung und Frost zu bewahren.

Mulchfolien

Statt mit natürlichen Materialien wie Stroh, Laub oder Kompost (siehe Seite 43) kann man auch mit speziellen Folien mulchen. Im Handel werden schwarze Folien als Mulch-, Erdbeer- oder Gurkenfolien angeboten, mit denen man den Boden bedecken und ihn vor Austrocknung schützen kann. Dabei werden gleichzeitig lästige Unkräuter unterdrückt.

Mulchfolien halten Feuchtigkeit und Wärme länger im Boden, wovon vor allem wärmeliebende Gemüse wie Gurken, Zucchini, Melonen oder Kürbisse profitieren, die dadurch rascher wachsen und früher reifen können. Wenn sich der Boden etwa Ende April ausreichend erwärmt hat, wird die Folie auf dem Beet verlegt und an den Rändern gesichert. Dann schneidet man an den vorgesehenen Pflanzstellen kreuzweise Schlitze und setzt die Pflanzen ein.

Tip

Im Fachhandel werden auch Mulchdecken aus Papier oder Textilfasern angeboten, die nach und nach von den Bodenorganismen zersetzt und der Humusbildung zugeführt werden.

Folientunnel

In seiner Wirkung ähnelt der Folientunnel einem Gewächshaus, mit dem Unterschied, daß er sehr einfach und schnell über einem Beet installiert und bei Bedarf ebenso leicht versetzt werden kann. Ein Tunnel vereint also die Vorzüge von Folie und Glashaus, schafft ein günstiges Kleinklima und läßt sich an verschiedene Beetgrößen anpassen.

Anders als Flachfolien haben Folientunnel einen geräumigen Innenraum, in dem sich hochwachsende Gemüse wie Fenchel, Sellerie und Zwiebeln ungehindert entwickeln können. Sie können im Frühsommer sogar für die noch nicht voll ausgewachsenen Tomaten und Bohnen genutzt werden.

Der Tunnel besteht aus stabilen, rostgeschützten, überwiegend kunststoffummantelten Drahtbügeln, über die eine Folienabdeckung gespannt ist. Die manchmal auch doppelt nebeneinandergesteckten Bügel werden im Abstand von etwa 1 m in die Beetränder gesteckt, möglichst unter Spannung, denn dadurch haben sie mehr Standfestigkeit und Tragkraft. Statt der Bügel kann man auch ein ausreichend großes Baustahlgeflecht verwenden, das bogenförmig über das Beet gesteckt wird. Ebensolche Dienste leistet ein zeltförmiges Holzgerüst, das man sich aus Latten selbst zurechtzimmern kann. Über diese Gerüste

Tip

Verwendet man beim Folientunnel als Stützelemente keine bogenförmigen Drahtbügel, sondern U-förmige Teile, z.B. zusammengesteckte dünne Installationsrohre oder entsprechend gebogene, rostfeste Stahlstangen, wird der Tunnelinnenraum noch größer. Die Randbereiche sind dann genauso hoch wie die Tunnelmitte und können ebenfalls mit hochwachsenden Gemüsen bepflanzt werden.

wird eine etwa 0,1–0,2 mm starke Folie gespannt. Man kann dazu auch Lochfolie nehmen, die später nicht so oft gelüftet werden muß.

Frühbeete

Wer seinen Pflanzen Schutz vor ungünstiger Witterung bieten will, wer im Frühling Gemüsesetzlinge vorkultivieren, im Sommer empfindliche Gemüsearten ziehen und auch in der kalten Jahreszeit noch Feldfrüchte ernten oder treiben möchte, ist mit einem Frühbeet, auch Kalter Kasten genannt, gut beraten. Es bietet ideale Kulturbedingungen für wärmeliebende Gemüse wie Melonen, Auberginen und Paprika und dient im Winter als Einschlag für Porree und Chicorée oder zum Kultivieren von Feldsalat und anderen Wintergemüsen.

Die vielseitigsten Frühbeetmodelle sind als sog. Wanderkästen transportabel und können so überall im Garten aufgestellt werden. Im Handel werden Kästen angeboten, deren Wände aus leicht zusammensetzbaren Holz-, Kunststoff- oder Faserzement-Fertigteilen bestehen, aber auch Glaskonstruktionen gibt es. Die Abdeckung bilden meist Glasfenster, aber genausogut kann sie aus einem Rahmen mit einer Folienbespannung bestehen. Ein stabiler Rahmen aus Holz, Stahl oder Aluminium hält bei den Glasmodellen den Kasten zusammen, die Eckstreben müssen sorgfältig im Boden verankert werden.

Bei selbstlüftenden Frühbeeten öffnen und schließen sich die Scheiben durch Sonnenwärme.

Wanderkästen wie auch fest installierte Frühbeete kann man mit etwas Geschick selbst bauen. Der feste Kasten wird nur wenige Zentimeter in das Erdreich gesenkt, die Bodenoberfläche ist zugleich Kulturfläche. Die Kastenwände können aus Holz, Faserzement oder Ziegeln bestehen. Holz hat den Nachteil, daß es mit der Zeit verrottet. Zum Schutz empfiehlt sich eine Imprägnierung der Holzteile mit pflanzenverträglichen Mitteln.

Die Größe des Frühbeets orientiert sich in erster Linie an den Ausmaßen der zur Verfügung stehenden Fenster. Die vielfach verwendeten Holländer-Fenster sind 150×80 cm groß. Ausgediente Sprossenfenster können ebenso zum Frühbeetbau genutzt werden;

Besonders stabil ist ein Folientunnel durch doppelte Drahtbügel, zwischen denen die Folie eingespannt wird.

Ein Frühbeet selbst bauen

Nach dem Zuschneidemuster oben wird mit vier Kanthölzern ein Kasten errichtet.

Für die Abdeckung wird über einen Holzrahmen mit Drahtbügeln Folie gespannt.

Ein kleines Holzstück zwischen Fenster und Kasten sorgt für ausreichende Belüftung.

Tip

Besonders haltbar und stabil sind Folien mit einem integrierten Drahtgeflecht, sog. Draht- oder Gitterfolien. Gut isolierend wirken Noppen- oder Luftpolsterfolien, die auch noch vor stärkeren Frösten schützen, aber weniger Licht hindurchlassen.

Tip

Fenster aus klarem Glas lassen das Licht nahezu ungehindert hindurch, was bei starker Sonnenbestrahlung zu Verbrennungen an den Pflanzen führen kann. Genörpeltes Glas streut das Licht und ist daher pflanzenfreundlicher. Eine Folienbespannung sollte aus UV-stabilisierter, 0,1–0,2 mm starker Folie bestehen; besonders haltbar ist drahtverstärkte Folie.

dann paßt man die Kastenabmessungen deren Größen an. Im Handel werden Selbstbau-Sets für Frühbeete in verschiedenen Größen angeboten, meist liegt aber eine Beetbreite von 80–100 cm zugrunde.

Frühbeete bieten in kühlen Zeiten zwar ein ideales Kleinklima, müssen aber bei intensiver Sonneneinstrahlung und an warmen Tagen gelüftet werden, damit sich unter dem Glas die Hitze nicht staut. Am besten schiebt man ein Kantholz unter das Fenster und hebt es so ganz nach Bedarf mehr oder weniger stark an. Eine moderne Alternative dazu ist eine automatische Lüftung mit stromlosen Geräten, die auf Öldruck reagieren.

Tip

Das Belüften erledigt sich von allein, wenn sog. selbstlüftende Fenster verwendet werden; sie steuern die Lüftung nicht elektrisch, sondern mit Öl nach dem Prinzip der Ausdehnung. Im Fachhandel werden mehrere Modelle angeboten.

Anlage eines Mistbeets

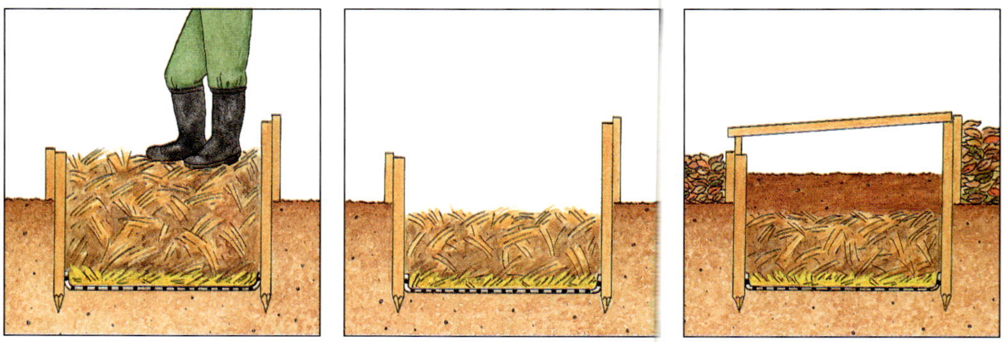

Stroh und strohiger Pferdemist werden in das Mistbeet gefüllt, dann lagenweise festgetreten und gründlich angefeuchtet.

Der Mist beginnt mit Hilfe von Bakterien zu verrotten und erwärmt sich sehr stark. Danach sinkt die Temperatur wieder.

Auf den abgekühlten Mist gibt man, nachdem er neu festgetreten wurde, eine Mischung aus gesiebter Erde und reifem Kompost.

Tip

Statt Pferdemist kann ebensogut Rindermist zur Packung verwendet werden, der das Frühbeet aber nicht so stark erwärmt. Ersatzweise läßt sich das Mistbeet auch mit Stroh oder Laub befüllen, das mit warmem Wasser angefeuchtet und mit 1300 g/m² Kalkstickstoff vermengt wurde.

Tip

Der geeignete Zeitpunkt zur Bestellung des Mistbeets kann mit einem Kressetest ermittelt werden. Keimt ausgestreuter Kressesamen nach vier bis fünf Tagen und bildet saftgrüne Blätter, ist das im Mist enthaltene schädliche Ammoniak verflogen, und die richtige Temperatur ist erreicht. Bleiben die Keimlinge aber gelb, muß man noch eine Woche warten.

Aufgestellt wird ein Frühbeet an einem sonnigen, geschützten Platz, nicht allzuweit vom Haus entfernt. Die höhere Kastenrückseite sollte dabei stets nach Norden weisen, die niedrige Vorderseite nach Süden, damit möglichst viel Sonnenlicht durch die geneigte Fensterfläche auf die Kulturen trifft.

Bei Frost kann das Frühbeet durch Auflegen von Noppen- oder Doppelstegfolie, deren Luftkammern wärmedämmend wirken, zusätzlich isoliert werden. Auch eine dicke Laubpackung oder Schilfrohrmatten schützen das Innere des Frühbeets vor strenger Kälte.

Mistbeet

Ein Mistbeet oder Warmer Kasten ist ein Frühbeet, das in seiner traditionellen Form durch eine Mistpackung zusätzlich erwärmt wird, heute jedoch oft durch eine elektrisch betriebene Anlage. Es kann schon sehr früh im Jahr bestellt werden, da durch die Bodenwärme selbst dann Gemüse reifen, wenn draußen noch Schnee liegt.

Das traditionelle Mistbeet wird durch die Wärme beheizt, die beim Verrotten der eingeschichteten Mistpackung entsteht. Man hebt im Frühbeet in den Ausmaßen des Kastens eine 40–50 cm tiefe Grube aus, die zum Schutz vor Wühlmäusen mit Maschendraht ausgelegt wird. Im Februar oder März wird zuerst eine 10 cm dicke Lage Stroh oder trockenes Laub eingefüllt, darauf kommt eine 30–50 cm starke Schicht aus strohigem Pferdemist, der jeweils lagenweise fest angetreten und danach gründlich angefeuchtet wird. So vermehren sich die im Mist enthaltenen Rottebakterien wegen des reichlichen Stickstoffangebots explosionsartig und bewirken nach etwa einer Woche ein Ansteigen der Bodentemperatur auf etwa 70 °C, danach fällt die Temperatur langsam wieder.

Wenn sich der Mist auf etwa 25 °C abgekühlt hat, was sich leicht mit einem Thermometer feststellen läßt, tritt man ihn erneut fest und füllt darüber eine weitere 10 cm starke Lage Stroh oder Laub, die verhindert, daß Pflanzenwurzeln bis in den Mist hineinwachsen und daß Pilze aus dem Mist in die Pflanzerde wandern. Den Abschluß bildet eine 15–20 cm dicke Schicht aus reifem Kompost oder lockerer, gesiebter Gartenerde.

Zur Aussaat ist eine Bodentemperatur von 25 °C ideal, die langsam abklingende Verrottungswärme sorgt noch lange genug für günstige Wachstumsbedingungen. Wird das Mistbeet von außen zusätzlich isoliert, etwa durch eine dicke Laubschicht, Rohrmatten oder Noppenfolie, bleibt die Wärme länger gespeichert.

Die Mistpackung wird heute vielfach durch eine elektrisch betriebene Heizung im Frühbeetkasten ersetzt, mit der die Bodentemperatur über einen längeren Zeitraum exakt geregelt werden kann. Dazu werden spezielle, mit Schwachstrom betriebene Heizkabel oder -matten auf dem Boden ausgelegt und mit Pflanzerde bedeckt.

Während draußen noch Frost herrscht, gedeihen im Schutz des Glases bereits frische Gemüse.

Kleingewächshäuser

Wer ein Gewächshaus besitzt, kann sich nahezu jeden Gärtnerwunsch erfüllen. Im Schutz des Glases lassen sich fast unabhängig von der Jahreszeit Gemüse anbauen, selbst exotische Delikatessen ziehen und auch Setzlinge vorkultivieren. Vom preiswerten Folienhaus zur Selbstmontage bis zum aufwendig ausgestatteten Glashaus bietet der Handel eine Fülle unterschiedlicher Modelle an, aus der man sich das für die eigenen Zwecke am besten geeignete heraussuchen kann.

Dabei sollte man bedenken, daß die Nutzungsmöglichkeiten von der Bauweise und Ausstattung abhängig sind. Im ungeheizten Gewächshaus ohne isolierende Außenhaut, dem Kalthaus, kann man im Winter nur solche Gemüse anbauen, die auch im Freien überwintert werden. Auch ein temperiertes Haus, in dem die Temperaturen im Winter immer über dem Gefrierpunkt bleiben, ist zu dieser Jahreszeit nur eingeschränkt nutzbar. Das ganze Jahr über läßt sich nur im geheizten Gewächshaus Gemüse anbauen, da hier für die nötige Wärme gesorgt ist.

Kleingewächshäuser gibt es in vielen verschiedenen Ausführungen, Wand- und Dachmaterial entscheiden mit über die Nutzungsform.

Tip

Temperierte, nur leicht beheizte Gewächshäuser sollten immer aus isolierenden Materialien bestehen, denn über die große Außenfläche geht im Winter viel Wärme verloren. Voll beheizte Gewächshäuser haben einen sehr hohen Energiebedarf, deshalb sind Aufwand und Nutzen besonders gründlich abzuwägen.

Tip

Außenhautmaterialien für Gewächshäuser:

- **<u>Gartenblankglas</u>, ein einfaches Glas mit glatter Oberfläche, eignet sich nur für ungeheizte Gewächshäuser;**
- **<u>Gartenklarglas</u> hat außen eine glatte, innen eine genörpelte Oberfläche, dadurch wird das einfallende Licht gestreut, die Pflanzen können nicht verbrennen;**
- **<u>Isolierglas</u> besteht aus zwei oder drei miteinander verschmolzenen Scheiben und wirkt sehr gut isolierend, ist aber schwer;**
- **<u>Stegdoppelplatten</u> aus Kunststoff, meist aus Acryl (Plexiglas) oder PVC, isolieren ebenfalls gut und sind bruchfest;**
- **<u>Folien</u> aus UV-stabilisiertem Polyethylen von 0,2 mm Stärke, eventuell drahtgitterverstärkt, werden vor allem bei einfachen Konstruktionen verwendet.**

Behördliche Vorschriften

Frei aufgestellte Kleingewächshäuser ohne festes Fundament sind in der Regel genehmigungsfrei, allerdings ist bei einigen Bautypen oder Nutzungsformen u.U. doch eine Genehmigung durch die Baubehörde notwendig. An das Haus angebaute Gewächshäuser, sog. Anlehnhäuser, sind ähnlich wie Wintergärten in jedem Fall genehmigungspflichtig und erfordern bestimmte Sicherheitsmaßnahmen, wie z.B. splitterfreies Sicherheitsglas im Dachbereich. Vor der Errichtung eines Kleingewächshauses sollte deshalb stets zuerst Rücksprache mit der zuständigen Behörde genommen werden. In Kleingartenanlagen ist die Erlaubnis des Vorstands einzuholen.

Standort des Gewächshauses

Damit die im Gewächshaus gezogenen Pflanzen möglichst viel Licht und Wärme bekommen, sollte man als Standort unbedingt eine vollsonnige, geschützte Stelle im Garten wählen. Ist die Breitseite des Hauses nach Süden gerichtet, erhalten die Pflanzen sogar im Winter ein Optimum an Licht. Zu schattenwerfenden Bäumen, Hecken und Mauern muß ein genügend weiter Abstand gehalten werden.

Form, Material und Ausstattung

Frei stehende Gewächshäuser werden meist als Satteldachhäuser konstruiert. Zum bequemen Arbeiten sollten die Außenwände 160 cm, besser 200 cm hoch sein, der First auf jeden Fall so hoch, daß man aufrecht gehen kann. Für Pultdach- oder Anlehnhäuser empfiehlt sich dieselbe Seitenwandhöhe.

Ausreichende Seitenwand- und Firsthöhe erlauben ein bequemes Arbeiten im Gewächshaus.

Einfache Gewächshäuser bestehen aus einer stabilen Rahmenkonstruktion, die mit Folie überspannt wird. Die Tragvorrichtung kann aus Aluminium-, aus verzinkten Stahl- oder aus Holzträgern bestehen. Am haltbarsten ist Aluminium, es rostet nicht, ist sehr stabil und leicht formbar. Verzinkter Stahl beginnt früher oder später zu rosten, und imprägniertes Holz sieht zwar schön aus, ist aber pflegeaufwendig. Beim Wand- und Dachmaterial bleibt die Wahl zwischen verschiedenen Glasarten und Kunststoffen.

Zur Grundausstattung eines Gewächshauses gehören in jedem Fall eine Lüftungsvorrichtung sowie Thermometer und Hygrometer zur Temperatur- bzw. Feuchtigkeitskontrolle. Nützlich sind außerdem eine Vorrichtung zum Schattieren, eine Heizungs- und Beleuchtungsanlage, ein Ventilator oder automatische Fensteröffner.

Besonders energiesparend ist ein Anlehnhaus, das die Wand des Wohnhauses als Wärmespeicher nutzt und das Anschließen von Wasser, Strom und Heizung erleichtert.

Gewächshauseinrichtung

Im Gewächshaus läßt sich die Arbeit durch viel nützliches Zubehör erleichtern. Ein Arbeitstisch zum Vorziehen, Pikieren und Umtopfen ist zwar praktisch, allerdings geht dadurch auch Platz für den Anbau verloren. Hängeregale nehmen dagegen Saatschalen und Töpfe auf, ohne Fläche zu verbrauchen.

Gute Dienste leisten sog. Frostwarner oder Frostwächter, batteriebetriebene Heizventilatoren, die sich bei einer gewählten Mindesttemperatur einschalten. In beheizten Gewächshäusern steuern Temperaturregler die Temperatur nach Wunsch.

Alternativen zur Flachbeetkultur

Ein Hügelbeet ermöglicht mehrfache und reiche Ernte.

Zur Kultur von Gemüse wurden unterschiedliche Verfahren entwickelt, meist, um auch bei problematischen Verhältnissen gute Ernten zu sichern. Statt die Pflanzen auf einem normalen, flachen Beet zu ziehen, kann man sie auch auf einem über dem Bodenniveau liegenden Hügelbeet oder einem tiefer angelegten Kraterbeet kultivieren. Dabei nutzt man im einen Fall die Verrottungswärme im Inneren des Hügelbeets, im anderen ein günstigeres Kleinklima, um Wachstum und Reife zu beschleunigen. Außerdem kann durch eine bessere Bodenausnutzung auf kleinerer Grundfläche mehr Gemüse angebaut werden als auf einem normalen Beet.

Hügelbeet

Die Hügelbeetkultur war schon in der Bronzezeit in Europa bekannt, wurde aber in China zur Blüte gebracht. Ursprünglich dienten hochgelegte Kulturen zur Arbeitserleichterung und zum Schutz der Gemüse vor ansteigendem Grundwasser und Überflutungen. Eher nebenbei entdeckte man, daß die hügelartig aufgeworfenen Beete sich auch schneller erwärmen und den Pflanzen bei geeigneter Materialwahl auch noch reichlich Nährstoffe bieten.

Ein Hügelbeet anlegen

Ein Hügelbeet legt man am besten im Herbst an, weil dann alle nötigen Materialien ausreichend zur Verfügung stehen und sich das Beet bis zum Frühjahr in Ruhe setzen kann. Es kann in beliebiger Länge errichtet werden, im Normalfall wird es 2–3 m lang sein. Die Höhe des fertig aufgeschichteten Beets soll etwa 80–90 cm über dem Bodenniveau liegen, die Breite muß 150–180 cm betragen – so werden die beiden Hügelflanken nicht zu steil, und die Erde wird vom Regen nicht so stark heruntergewaschen.

An einem sonnigen Platz schachtet man nach Möglichkeit in Nord-Süd-Richtung eine 15 bis 20 cm tiefe Mulde in der geplanten Länge und Breite aus. Zum Schutz vor Schädlingen legt man sie mit einem feinmaschigen Drahtnetz aus. In der Mitte der flachen Grube schichtet man dann einen 40–50 cm hohen Kern auf aus grob zerkleinerten Ästen und Zweigen, ersatzweise aus Stroh. Darüber folgt eine Ummantelung aus einer etwa 15 cm dicken Schicht Frischkompost und einer etwa 20 cm starken Lage aus gut angefeuchtetem und zu einer kompakten Masse verdichtetem Laub. Die nächste, 15 cm hohe Schicht besteht aus Reifekompost. Abschließend wird das Hügelbeet mit einer 15 cm dicken Schicht gesiebter Gartenerde abgedeckt.

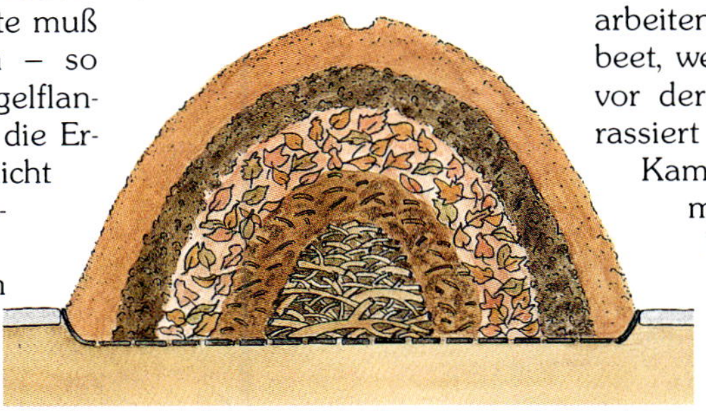

Nur durch die richtige Schichtung bringt ein Hügelbeet gute Ernten.

Leichter bepflanzen und bearbeiten läßt sich das Hügelbeet, wenn seine Hänge kurz vor der Pflanzung leicht terrassiert werden. Auf dem Kamm des Hügels legt man eine tiefe und breite Gießmulde an, damit das Gießwasser auch ins Hügelinnere gelangt und nicht die Erde von den Seiten abschwemmt.

Tip

Das Gießen des Hügelbeets kann man sich mit einer automatischen Bewässerungsanlage erleichtern. Über Tropfschläuche gelangt das Wasser gezielt zu den Pflanzen. Man kann auch direkt neben den Pflanzen kleine Blumentöpfe in die Erde einsenken, die man mit Wasser füllt, das durch die Abzugslöcher nur langsam versickert.

Tip

Unter einer dicken Mulchdecke aus Stroh, Laub oder auch unter einer Folienabdeckung bleibt die Eigenwärme des Hügelbeets über den Winter besser gespeichert. So kann man unter Folie bereits im Februar die ersten Gemüse anbauen.

Ein Hügelbeet bietet in jeder Hinsicht beste Bedingungen für zügiges Wachstum.

Umgedrehte, mit Wasser gefüllte Flaschen dienen als zusätzliche Feuchtigkeitsspender.

Heute wird das Hügelbeet vor allem deshalb geschätzt, weil man in ihm Abfälle aus dem Garten ertragssteigernd einsetzen kann. Ein Hügelbeet ist im Grund nichts anderes als ein bepflanzter Komposthaufen, der sich durch die Verrottung erwärmt und langsam in Humus umwandelt.

Die Bodentemperatur liegt im Hügelbeet um 5–8 °C höher als im gewachsenen Boden, weil die Verrottung der aufgeschichteten Materialien wie eine Fußbodenheizung wirkt. Schon bald stellt sich ein reges Bodenleben ein, und durch den Abbau der organischen Substanzen stehen den Kulturen reichlich Nährstoffe zur Verfügung. Der lockere Boden und die gute Durchlüftung im Inneren tun ein Übriges, den Pflanzen ideale Wachstumsbedingungen zu schaffen.

Ein Nachteil des Hügelbeets ist aber der erhöhte Wasserbedarf. Da die Feuchtigkeit schnell nach unten rinnt, aus dem gewachsenen Boden aber nicht in den Hügel aufsteigen kann, besteht die Gefahr der Austrocknung. Deshalb muß ein Hügelbeet häufig gegossen werden.

Nutzung des Hügelbeets

Bedingt durch Form und Aufbau ergeben sich für das Hügelbeet eigene Bepflanzungsregeln. Da das Material im Lauf der Zeit verrottet, verringern sich die Wärme im Innern und später auch das Nährstoffangebot zunehmend. Diesem Prozeß wird man durch einen speziellen Anbauplan gerecht. Die höchsten Erträge erzielt man durch Mischkultur (siehe Seite 90) und durch eine geeignete Kulturfolge, die sich von der für normale Flachbeete (siehe Seite 46) unterscheidet.

Als erste Kultur nach der Anlage werden vor allem wärmeliebende Mittelzehrer wie z. B. Zwiebeln, Möhren und Salate angebaut, da zu dieser Zeit die Eigenwärme des Beets am höchsten, der Nährstoffgehalt der Pflanzschicht allerdings noch nicht so üppig ist. Im zweiten und dritten Jahr läuft die Nährstoffnachlieferung auf Hochtouren, vor allem Stickstoff steht reichlich zur Verfügung. Jetzt werden hauptsächlich Starkzehrer wie z. B. Gurken, Blumenkohl, Rot- und Weißkohl kultiviert.

Im vierten und den darauffolgenden Jahren nimmt die Nährstoffzufuhr ab, die Wärmeentwicklung ist nur noch schwach, der Hügel sackt langsam zusammen. Angebaut werden also Mittelzehrer und Schwachzehrer wie z. B. Bohnen, Erbsen und Kräuter. Nach etwa fünf bis sechs Jahren hat sich das Hügelbeet erschöpft, das Innere ist fast vollständig verrottet. Dann muß ein neues Hügelbeet errichtet werden, das ehemalige wird glattgerecht und wie ein normales Flachbeet bestellt.

Auf der Hügelkrone werden die wärmebedürftigsten Gemüse angebaut.

Hochbeet

Ebenso wie beim Hügelbeet nutzt man auch beim Hochbeet die durch Rotte entstehende Wärme im Inneren für einen intensiveren Gemüseanbau. Gleichzeitig bietet das Hochbeet eine wesentliche Arbeitserleichterung, denn hier kann man ohne Bücken arbeiten. Vor allem bei sehr schweren und nassen oder zu Staunässe neigenden Gartenböden ist ein Hochbeet nützlich, weil darin die Erde stets locker bleibt und Staunässe gar nicht erst entstehen kann.

Ein Hochbeet wird normalerweise in einer Breite von 120–150 cm (samt Umrandung)

Nur mit der richtigen Schichtenabfolge von groben und feinen Materialien werden die Vorteile eines Hochbeets wirksam.

und einer Höhe von 70–90 cm über dem Bodenniveau angelegt. Die Länge richtet sich nach den Gegebenheiten des Standorts. Die Umrandung kann aus Holzbalken, Rundhölzern, Brettern, Palisaden, Hohlblocksteinen, Betonsteinen oder Wellblechen bestehen, das bleibt dem Geschmack überlassen. Da ein Hochbeet dauerhafter als ein Hügelbeet ist, sollte das Material für die Umrandung aber entsprechend stabil sein.

Ein Hochbeet wird ähnlich angelegt wie ein Hügelbeet. Man schachtet eine 20–30 cm tiefe Grube aus, kleidet sie mit Drahtgeflecht aus und baut die Umrandung hinein. Bei der Verwendung von Rundhölzern sollte man die Grube mit einer stabilen, reißfesten Folie auskleiden, damit die Erde nicht durch die Zwischenräume rieseln kann. Dann schichtet man das Material lagenweise ein: zuunterst eine 20–30 cm hohe Lage aus zerkleinerten Ästen und Zweigen, darüber etwa 5 cm umgedrehte Rasensoden, darauf 30–40 cm Frischkompost, der mit feuchtem Laub vermischt wurde, und zum Schluß 30–40 cm einer Mischung aus Gartenerde und Reifekompost.

Stark- und Mittelzehrer wie Möhren und Salat wachsen in den ersten Jahren am besten.

Ein Hochbeet aus stabilen Holzplanken kann viele Jahre lang genutzt werden.

Bepflanzt wird das Hochbeet ebenfalls ähnlich wie das Hügelbeet in Mischkultur mit geeigneter Kulturfolge. Auch hier nutzt man die natürliche Wärmeentwicklung im Inneren und das Nährstoffangebot. In den ersten drei Jahren wachsen Stark- und Mittelzehrer am besten, später werden Schwachzehrer kultiviert. Füllt man zwischendurch das allmählich in sich zusammensackende Hochbeet wieder mit reifem Kompost auf, verlängert sich die Nutzungsdauer. Sonst muß man es nach etwa fünf bis sechs Jahren neu befüllen. Ebenso wichtig ist das regelmäßige Gießen, denn auch das Hochbeet trocknet durch seine lockere Schichtung leicht aus, was man durch Mulchen jedoch (siehe Seite 43) verzögern kann.

Kräuterspirale

Eine besondere Form zur Kultur verschiedener Gewürzkräuter auf kleinstem Raum ist die Kräuterspirale oder -schnecke. Durch eine sol-

Tip

An steilen Hanglagen, in steinigen oder betonierten Höfen und sogar auf großzügig angelegten Terrassen und Dachgärten ist das Hochbeet eine hervorragende und oft auch die einzige Möglichkeit, Gemüse auf kleinstem Raum zu kultivieren.

Tip

Wer Holz zur Umrandung eines Hochbeets wählt, sollte nur druckimprägniertes oder mit pflanzenunschädlichen Holzschutzmitteln behandeltes Material verwenden. Es eignen sich querliegende runde Blöcke ebenso wie senkrecht stehende Palisaden. Da der Druck auf die Außenwände groß ist, muß man alle Verbindungen sehr gut sichern.

Tip

Um lästige Wühlmäuse abzuhalten, kann man, statt ein Drahtgeflecht auszulegen, auch Zweige von Lebensbaum und Holunder unter das Material für den Holzkern mischen. Deren strenger Geruch hält die Nager wenigstens einige Zeit fern.

Eine Kräuterspirale anlegen

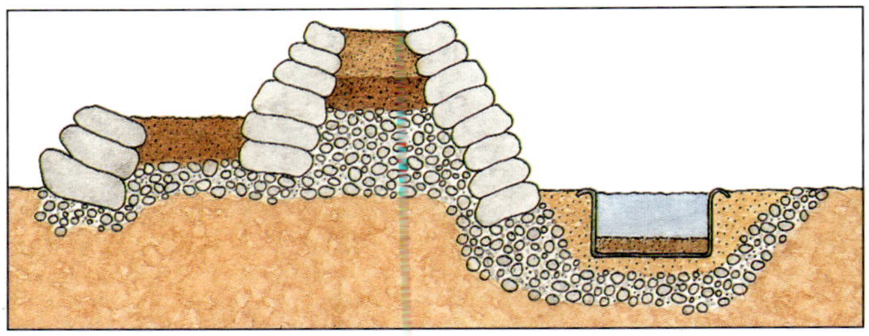

Kräuterspiralen (links Bepflanzung, oben Aufriß) sind nicht nur praktisch für die Kultur von frischen Küchenkräutern, sondern auch attraktive Gestaltungselemente im Garten.

Zur Anlage einer Kräuterspirale wird an einer sonnigen Stelle im Garten zunächst eine kreisförmige Fläche von etwa 2–3 m Durchmesser 20 cm tief ausgehoben und mit einer Kiesschicht ausgefüttert. Am im Süden liegenden Rand legt man einen kleinen Folienteich an oder versenkt einen alten Mörteleimer. Vom Teich ausgehend, errichtet man in Spiralform eine flach ansteigende Trockenmauer aus nach innen geneigten Natursteinen, die in der Mitte der Spirale etwa 80 cm hoch ist.

Bis zur halben Mauerhöhe wird die Spirale mit grobem Kies oder Schotter, darüber mit Erde aufgefüllt. Im oberen Bereich wird mit reichlich Sand abgemagerte Gartenerde verwendet, nach unten zu wird der Sandanteil der Erde immer stärker reduziert. Für die flachen Bereiche mischt man zur Erde noch ein paar Handvoll reifen Kompost. Auf einer so angelegten Spirale können auf kleinstem Raum die unterschiedlichsten Kräuter den ihnen gemäßen Standort finden.

Tip

Lücken zwischen den anfangs noch kleinen Kräuterpflanzen kann man gut mit ein paar anspruchslosen Sommerblumen wie z. B. Duftsteinrich füllen. Hübsche Effekte erzielt man, wenn in einzelne Mauerlücken kleine Polsterpflanzen wie Polsterphlox oder Schleifenblumen gesetzt werden.

Eine Kräuterspirale bietet den verschiedensten Gewürzkräutern ideale Standorte.

che Anlage schafft man dicht beieinanderliegend ganz unterschiedliche Standorte, auf denen sowohl trockenheitsliebende wie feuchtebedürftige Arten optimale Bedingungen finden.

Eine Kräuterschnecke besteht aus einer spiralig verlaufenden Trockenmauer, die nach innen hin ansteigt. Am flachen Auslauf kann zusätzlich ein kleiner Teich oder ein Feuchtbeet angelegt werden. Die Kräuterspirale kann in den Nutzbereich integriert, aber auch als eigenständiges Gestaltungselement an anderer Stelle des Gartens errichtet werden.

Die mit magerer, sandiger Erde gefüllte Kuppe der Spirale bietet trockenheitsliebenden Kräutern wie Rosmarin, Lavendel, Oregano, Salbei und Thymian ideale Bedingungen. In den abfallenden Bereichen wird die Erde zunehmend nährstoffreicher und feuchter, hier fühlen sich Arten wie Bohnenkraut, Estragon, Kerbel, Beifuß und Pimpinelle wohl. Im flachen Auslauf ist der Boden am nährstoffreichsten und feuchtesten und damit bestens geeignet für Schnittlauch, Petersilie, Zitronenmelisse und Pfefferminze. Im kleinen Teich kann man Brunnenkresse ziehen.

Kulturverfahren zur besseren Nutzung

Wachstum und Ertrag des Gemüses können durch einen planvollen Wechsel und gezielten Mischanbau entscheidend verbessert werden. Gleichzeitig nutzt man durch Fruchtwechsel und Mischkultur die natürlichen Ressourcen optimal aus und beugt Krankheiten und Schädlingsbefall vor.

Fruchtwechsel

Schon seit langer Zeit weiß man in der Landwirtschaft, daß Pflanzen immer schlechter gedeihen, wenn sie viele Jahre hintereinander auf derselben Fläche angebaut werden. Jede Pflanzenart entzieht dem Boden Nährstoffe in unterschiedlicher Menge und Zusammensetzung, jede hinterläßt in der Erde bestimmte Wurzelausscheidungen. So wird das Beet einseitig beansprucht, wenn immer nur ein und dieselbe Art darauf wächst.

Viele Bodenschädlinge, vor allem Nematoden, Pilze und Bakterien, haben sich auf bestimmte Pflanzengruppen spezialisiert. Sie können sich bei einer einseitigen Bodennutzung dank des großen Nahrungsangebots reichlich vermehren und die Kulturpflanzen schädigen. Betroffen sind vor allem Kreuzblütler, also Kohlgewächse, Rettiche, Radieschen und Rüben. Wechselt man beim Anbau zwischen verschiedenen Gemüsearten ab, verschwinden die Bodenschädlinge, zumindest bleibt ihre Zahl so gering, daß sie keinen nennenswerten Schaden anrichten können.

Ergänzend zur Fruchtfolge (siehe Seite 46) achtet man beim Fruchtwechsel auf eine geeignete Variation von Gemüsen aus verschiedenen Pflanzenfamilien mit unterschiedlichen Ansprüchen, um den Boden optimal zu nutzen und gesund zu erhalten. Der Fruchtwechsel ist also in erster Linie eine vorbeugende Maßnahme, mit der man Pflanzenschäden vermeidet.

Einige Gemüsearten sind mit sich selbst unverträglich, sie sollten daher nicht in direkter Folge auf demselben Beet angebaut werden. Dazu gehören z.B. Erbsen, deren Wurzelaus-

Tip

Eine bessere Bodennutzung wird erzielt, wenn man zwischen Flach- und Tiefwurzlern abwechselt. Tiefwurzler wie Rote Bete, Endivien, Kopfkohl und Möhren nutzen vorwiegend die Nährstoffe tiefer Bodenschichten, während sich Flachwurzler wie Zwiebeln, Rettiche und Spinat aus den oberen Schichten bedienen.

Durch überlegten Anbau sichert man sich nicht nur reiche Ernten, sondern hält auch den Boden gesund.

scheidungen die Keimung und das Wachstum der eigenen Art hemmen. Andere Gemüse wie z.B. Tomaten werden durch eine enge Anbaufolge dagegen nur wenig beeinträchtigt.

Deshalb achtet man bereits bei der Planung des Anbaus darauf, daß auf den verschiedenen Beeten nicht nur Stark-, Mittel- und Schwachzehrer aufeinanderfolgen, sondern die Gemüse auch verschiedenen Pflanzenfamilien angehören. Besondere Vorsicht ist bei allen Kohlgewächsen geboten, die nur in großen zeitlichen Abständen auf derselben Fläche angebaut werden dürfen, da sonst die Gefahr von Kohlhernie droht.

Kapuzinerkresse wird oft als Fangpflanze für Läuse zwischen Gemüse gesät.

Klassisch und vielfach erprobt ist der Mischanbau von Zwiebeln und Möhren (Bildmitte).

Mischkultur

Mit der gleichzeitigen Kultur verschiedener Gemüsearten nebeneinander ahmt man das Wachstum in der freien Natur nach und profitiert von den positiven Auswirkungen einer solchen Anbauweise. Natürlich gewachsene Pflanzendecken bestehen stets aus vielen verschiedenen Arten, die in einer harmonischen Gemeinschaft miteinander leben. Monokulturen, in denen auf weiten Flächen nur eine einzige Pflanzenart wächst, sind immer künstlich durch Menschenhand entstanden.

Sinn und Zweck der Mischkultur sind die optimale Nutzung der Nährstoffreserven im Boden und gleichzeitig die Vorbeugung gegen Krankheiten und Schädlinge. Während Schädlinge in Monokulturen überreiche Nahrung finden, sich rasend schnell ausbreiten und ungeheuren Schaden anrichten können, müssen sie in vielfältig zusammengesetzten Pflanzgemeinschaften mühsam nach Angriffsmöglichkeiten suchen, große Abstände zwischen den von ihnen bevorzugten Pflanzen überwinden und sich auch von Pflanzen abschrecken lassen, die sie nicht „riechen“ können.

Viele Pflanzen üben nämlich eine positive Wirkung auf andere Arten aus, indem sie durch Duft oder Inhaltsstoffe Schädlinge und Krankheitserreger abwehren oder das Wachstum allgemein fördern. Bei anderen wiederum gilt das Gegenteil. Man spricht deshalb von „guten“ und von „schlechten Nachbarn“. Gute Nachbarn sind Gemüsearten, die sich im Mischanbau gegenseitig fördern, schlechte Nachbarn vertragen sich dagegen nicht gut

Tip

Einige stark duftende Pflanzen werden in Mischkultur angebaut, weil sie Schädlinge von den Gemüsen ablenken. Kapuzinerkresse zieht Läuse auf sich, die Tomaten bleiben dann verschont. Boretsch lockt Läuse von Salaten weg, und Knoblauch vergrämt Wühlmäuse. Der starke Geruch von Koriander schreckt viele Schädlinge ebenso ab wie das intensive Aroma der Pfefferminze.

In Mischkulturen bleiben Gemüse meistens von Schädlingen verschont.

auf engem Raum (siehe Tabelle Seite 224 f.). Das altbekannte Beispiel von Möhre und Zwiebel verdeutlicht den günstigen Einfluß eines gezielten Mischanbaus: Die Möhre hält von der Zwiebel die Zwiebelfliege fern, die Zwiebel wehrt hingegen die Möhrenfliege ab.

Gewürzkräuter haben vielfach eine aromaverstärkende Wirkung auf verschiedene Gemüse. Kresse gibt Radieschen eine besonders würzige Schärfe, Kümmel läßt Kartoffeln schmackhafter werden. Bohnenkraut verbessert das Aroma von Bohnen, Dill intensiviert den Geschmack von Gurken. Meist reicht es schon, wenn einige Kräuterstöcke zwischen die entsprechenden Gemüse gesetzt werden. Ganz nebenbei kann man die Kräuter auch für die Küche nutzen, man kultiviert die Würze für die Gemüse also gleich mit.

Kulturfolgen

Gemüsearten wie Tomaten, Gurken, Kopfkohl, Sellerie oder Stangenbohnen brauchen von der Aussaat oder Pflanzung bis zur Ernte eine lange Zeit, oft den ganzen Sommer. Man bezeichnet sie als Hauptkulturen oder Hauptfrüchte. Andere Gemüse wachsen dagegen in kürzeren Zeitspannen heran, manchmal innerhalb weniger Wochen. Werden solche raschwüchsigen Arten im Frühjahr vor einer Hauptkultur angebaut, nennt man sie Vorkultur oder Vorfrucht. Stehen sie dagegen erst nach der Hauptkultur auf dem Beet, bezeichnet man sie als Nachkulturen oder auch Nachfrüchte. Unter Zwischenkulturen oder Zwischenfrüchten versteht man Gemüse, die zusammen mit einer Hauptkultur angebaut werden, aber schneller als diese reifen und vor ihr wieder abgeräumt werden.

Wer möglichst viel Gemüse von einer Fläche ernten möchte, muß innerhalb eines Jahres mehrere Arten anbauen. Den Auftakt können z.B. im zeitigen Frühjahr als Vorkulturen Salat und Radieschen bilden, ihnen folgen im Frühsommer als Hauptkultur Tomaten und als Zwischenkultur Möhren, im Spätsommer werden dann als Nachkultur Endivien oder Feldsalat angebaut. Durch eine geschickte Kulturfolge läßt sich also der Gesamtertrag eines Beets bedeutend steigern, bis zu drei aufeinanderfolgende Ernten sind pro Jahr auf ein und demselben Beet möglich.

Bei der Kulturfolge müssen natürlich die Regeln des Fruchtwechsels (siehe Seite 89) und der Fruchtfolge (siehe Seite 46) eingehalten werden. Nicht alle Gemüse können problemlos nacheinander angebaut werden, z.B. darf auf Kohlrabi kein anderer Kohl folgen.

Erstellen eines Anbauplans

Um die vielen Regeln für einen optimalen Gemüseanbau gleichzeitig berücksichtigen zu können, bedarf es einer genauen Planung, welche Arten man wann auf welchem Beet kultivieren will. Zuerst sucht man sich die Gemüse heraus, die man bevorzugt ernten möchte. Aus dieser Auswahl ermittelt man die Hauptkulturen, also alle Gemüse, die sehr lange auf dem Beet bleiben. Sie werden unter Beachtung des richtigen Fruchtwechsels ihrem Nährstoffbedarf gemäß auf die Quartiere für Stark-, Mittel- und Schwachzehrer verteilt.

Das bunte Nebeneinander verschiedener Gemüse wirkt nicht nur für das Auge wohltuend, sondern nutzt auch die Nährstoffreserven im Boden.

Sind die Hauptkulturen festgelegt und verteilt, bestimmt man – wieder unter Beachtung der Grundsätze von Fruchtwechsel und Fruchtfolge – die geeigneten Vor-, Zwischen- und Nachkulturen. Dann werden die einzelnen Gemüsearten entsprechend den Regeln für Mischkultur miteinander kombiniert.

Ein ausgearbeiteter Anbauplan erfordert zwar einiges Überlegen, dafür sichert man sich jedoch guten Erfolg und kann sich an reichen Ernten und schmackhaften Gemüsen freuen (siehe auch Tabelle Seite 226 f.).

Tip

In die Kulturfolge sollte man alle paar Jahre eine Gründüngung als Nachkultur einplanen, um den Boden zu verbessern. Der Gründünger wird ausgesät, nachdem die Hauptkultur vom Beet geräumt ist

Tip

- **Fruchtwechsel: planvolle Folge verschiedener Gemüse auf derselben Anbaufläche im Lauf mehrerer Jahre zur Vermeidung von Bodenmüdigkeit und Krankheitsanfälligkeit**
- **Fruchtfolge: gezielter Wechsel von Gemüsearten mit unterschiedlichen Nährstoffansprüchen auf derselben Anbaufläche zur besseren Bodennutzung**
- **Kulturfolge: Anbau mehrerer verschiedener Gemüse nacheinander innerhalb einer Wachstumsperiode zur Ertragssteigerung**
- **Mischkultur: gleichzeitiger Anbau miteinander verträglicher und sich gegenseitig fördernder Gemüse auf einem Beet zur Vorbeugung gegen Krankheiten und Schädlinge sowie zur Wachstumsförderung**

Frisch aus dem Garten – Pilze aus eigener Zucht

Für die Anzucht auf gepreßtem Stroh ist der delikate Austernseitling sehr gut geeignet.

Pilze sind schon seit Jahrtausenden eine beliebte Speise und aus den Küchen der meisten Länder nicht mehr wegzudenken. Sie schmecken nicht nur ausgezeichnet, sondern enthalten auch viele Mineralstoffe und Vitamine und haben einen hohen Eiweißgehalt, aber nur wenig Kalorien. Allerdings sind Wildpilze in den letzten Jahren sehr in Verruf geraten, da sie Schwermetalle, vor allem Cadmium, Blei und Quecksilber, zum Teil in sehr hohen Konzentrationen anreichern.

Eine gute Alternative zu den Waldpilzen bilden deshalb die verschiedenen Zuchtpilze. Zwar ist es trotz intensiver Bemühungen immer noch nicht gelungen, die beliebten Steinpilze oder Pfifferlinge zu züchten, doch bietet der Handel neben Champignon und Egerling inzwischen auch einige andere sehr wohlschmekkende Arten zur Haus- oder Gartenkultur an.

Lebensweise der Pilze

Da Pilze kein Blattgrün (Chlorophyll) besitzen und deshalb nicht zur Photosynthese fähig sind, müssen sie ihren Nährstoff- und Energiebedarf aus ihrer Umgebung decken. So leben einige Pilzarten als Fäulnisbewohner, sog. Saprophyten, auf modernden Pflanzenteilen, totem Holz oder faulenden Stoffen, andere, die sog. Parasiten, schmarotzen auf und in lebenden Organismen.

Das, was gemeinhin als Pilz bezeichnet wird, ist nur sein Fruchtkörper. Der viel umfangreichere Teil, ein dichtes Pilzgeflecht, das Myzel, durchzieht mit zahllosen weißen Fäden den Boden oder ein anderes Nährsubstrat. Mit diesem Pilzgeflecht leben Waldbäume, Orchideen und viele andere Pflanzen in enger Lebensgemeinschaft. Die Pilzfäden verbessern durch ihre große Oberfläche die Wasser- und Nährsalzaufnahme von diesen Pflanzen, dafür profitiert der Pilz von deren organischer Nahrung, die er im Myzel für die Ausbildung der Fruchtkörper speichert.

Pilze selbst ziehen

Viele Pilzgenießer ernten ihre Mahlzeit am liebsten frisch aus dem Garten. Zwar sind auch selbst kultivierte Pilze nicht völlig von Schadstoffen aus der Luft frei, doch ist die Belastung um ein Vielfaches geringer als bei Waldpilzen.

Es gibt verschiedene Methoden, Pilze selbst zu ziehen. Manche Arten wachsen auf Stroh oder ähnlichen Substraten, andere lassen sich gut auf Holz kultivieren. Als Standort eignet sich eine schattige, feuchte Stelle im Garten, beispielsweise unter einer Gehölzgruppe, denn Pilze mögen keine direkte Sonne. Auch im Frühbeetkasten oder im Folientunnel kann man Pilze kultivieren, wenn man sie vor starker Sonnenbestrahlung schützt und immer wieder lüftet. Manche Arten wie Champignons oder Austernseitlinge können sogar im Keller gezogen werden.

Kulturpilze zum Eigenanbau werden keinesfalls nur im Spezialhandel angeboten. Auch in vielen Gartencentern oder über Gartenversandkataloge ist die Pilzbrut, mit der man das Substrat impft, erhältlich. Sie wird auf Stroh oder Sägemehl hergestellt und in Beuteln abgepackt, oder es werden mit Pilzbrut beimpfte Getreidekörner verkauft.

Die Brut sollte nach dem Kauf sofort überprüft werden. Die Pilzfäden müssen weiß sein und sollen angenehm, nicht muffig oder sauer riechen. Auf keinen Fall darf ein grünlicher oder rötlicher Schimmel auf dem Myzel sichtbar sein, denn dann enthält es Schimmelpilze.

Heimkultur aus Fertigpackungen

Am einfachsten ist die Kultur mit Fertigsubstraten. Fast alle großen Gartenversandhäuser und spezielle Pilzbruthersteller bieten fertige Anzuchtpackungen für Champignons, Egerlinge, Austernseitlinge und inzwischen auch für Braunkappen an. Meist wird das Substrat mit bereits eingewachsener Pilzbrut in einem Styroporkasten verschickt. Nach dem Aufbringen der Deckerde, die in einem Foliensack mitgeliefert wird, und dem vorsichtigen Anfeuchten wächst das Pilzgeflecht aus dem Substrat in wenigen Tagen in die Erde ein. Schon etwa zwei Wochen später kann geerntet werden.

Etwas länger dauert es, wenn die Pilzbrut erst ausgebracht werden muß. Dazu wird angefeuchtetes fermentiertes Substrat (feingehäckseltes Stroh) in einen Plastikbeutel gefüllt und mit Brocken von Pilzbrut gespickt. Einige Löcher im Beutel sorgen für Belüftung. Wenn die Brut je nach Art nach etwa zwei bis vier Wochen eingewachsen ist, durchzieht das weiße Pilzmyzel den ganzen Beutel. Die Folie kann nun entfernt werden. Zahlreiche Fruchtkörper bilden sich, etwa zwei Wochen später beginnt die Ernte. Die Pilze werden vorsichtig herausgedreht, und das Substrat wird danach mit der dem Gewicht der Ernte entsprechenden Wassermenge durchfeuchtet. Genaue Anleitungen sind den Fertigpackungen beigelegt.

Pilzkultur auf Stroh

Für die Strohkultur eignen sich vor allem Austernseitling und Braunkappe. Man besorgt sich am besten einen Ballen Weizen- oder Roggenstroh, das nicht mit Chemikalien behandelt wurde, keinerlei Schimmelflecken aufweist und frisch riecht. Aber auch das Stroh anderer Getreidearten ist geeignet, wenn es im Vorjahr geerntet und trocken aufbewahrt wurde. Der Ballen wird zwei Tage lang gründlich

Anzucht von Austernseitlingen im Plastikbeutel.

Wenige Wochen nachdem der Preßstrohballen mit Brut geimpft wurde, beginnt die Ernte der Austernseitlinge.

Die Strohballen werden vor dem Beimpfen gründlich durchfeuchtet.

Die schmackhaften Braunkappen können als Heimkultur auf Strohsubstrat oder als Freilandkultur auf gut gewässerten Strohballen gezogen werden.

gewässert: Man legt ihn entweder in ein Becken oder eine Schubkarre mit Wasser – dann allerdings kann der Transport schwierig werden, denn vollgesogen kann der Ballen 40 kg wiegen –, oder man muß ihn an Ort und Stelle immer wieder ausgiebig gießen. Überschüssiges Wasser läßt man einen Tag abtropfen.

Zum Beimpfen werden im Abstand von etwa 20 cm walnußgroße Brutstückchen 10–15 cm tief ins Stroh gesteckt. Dann drückt man die Löcher wieder zu und deckt den Ballen am besten mit einer Folie oder einem Vlies ab, um das Austrocknen zu verhindern. Ein Päckchen Pilzbrut (etwa 1 l) reicht im allgemeinen für zwei bis drei Strohballen.

Wenn das Myzel das Stroh durchwachsen hat – je nach Pilzart dauert das bei 20 bis 25 °C etwa 4–6 Wochen –, wird die Folie wieder abgenommen und die Kultur mit feinkrümeliger Erde bedeckt. Nach weiteren drei bis vier Wochen erscheinen dann in der Regel die ersten Pilze, die weiteren Ernten erfolgen in Wellen. Bei optimalen Kulturbedingungen kann ein Ballen Stroh 3–6 kg Pilze liefern. Nach drei bis vier Erntewellen geht der Ertrag zurück, dann sind die im Stroh enthaltenen Nährstoffe verbraucht, und man kann es – in bescheidenen Mengen – kompostieren.

Geerntet werden die Pilze prinzipiell nicht mit dem Messer, denn durch die frischen Schnittflächen könnten Krankheitskeime eindringen. Vielmehr werden sie vorsichtig herausgedreht. Die besten Zeiten für eine Kultur im Garten sind das Frühjahr und der Herbst, bei Frühjahrskultur setzt die Ernte im Juli/August, bei Herbstkultur im Mai des folgenden Jahres ein. Frost gefährdet die Pilzkulturen nicht.

Pilzkultur auf Baumstämmen

Einige Pilze wie z.B. Stockschwämmchen, Samtfußrübling, Shii-Take und der Schwefelkopf lassen sich nur auf Baumstämmen kultivieren. Zwar ist diese Art der Kultur etwas aufwendiger und langwieriger als die Kultur auf Stroh, dafür kann man aber gleich mehrere Jahre lang frische Pilze ernten.

Zum Schutz vor Austrocknung kann das beimpfte Stroh mit einer Erdschicht abgedeckt werden.

Shii-Take duften würzig.

Zunächst braucht man die für die jeweilige Pilzart als Substrat geeigneten Gehölze (siehe Seite 95). Wichtig ist, daß nur gesundes, frisch geschlagenes – maximal drei Monate gelagertes –, saftiges Holz von Laubbäumen verwendet wird. In ausgetrocknetem Holz kann die Brut nicht anwachsen. Ideal sind Ast- oder Stammstücke mit einem Durchmesser von 15–25 cm und einer Länge von etwa 40–50 cm. Ob das Holz genügend Feuchtigkeit hat, prüft man an den Schnittflächen: Zeigen sich Risse, ist es zu trocken und muß für ein bis zwei Tage unter Wasser gelegt werden. Das Beimpfen des Holzes kann das ganze Jahr über vorgenommen werden, allerdings sollte die Durchwachsphase während der kalten Jahreszeit im Keller stattfinden.

Sehr einfach und mit wenig Arbeitsaufwand verbunden ist die sog. Kopfimpfung. Sie eignet sich jedoch nur für dickere Stämme und hat den Nachteil, daß das Myzel nur sehr langsam durch den Stamm wächst. Bei dieser Form der Impfung sägt man eine etwa 5 cm dicke Scheibe von einem

Kopfimpfung mit Shii-Take-Brut.

Ende des Baumstamms ab. Dann wird der Stamm aufrecht gestellt, die Schnittfläche mit Körnerbrut bestreut und die zuvor abgeschnittene Scheibe auf die Brut gelegt und festgenagelt. Damit die Brut nicht herausfällt, wird der Schnitt rundum mit einem Klebeband verschlossen.

Bei der sog. Bohrlochimpfung werden im Abstand von 15–20 cm ungefähr 3 cm tiefe Löcher von möglichst etwa 2 cm Durchmesser rundum in den Stamm gebohrt, die mit Pilzbrut ausgefüllt werden. Auch hier verhindert man durch Klebestreifen oder eine mit Reißnägeln befestigte Folie ein Herausfallen der Brut.

Bei der wirkungsvollsten Methode, der sog. Schnittimpfung, sägt man ungefähr 10–15 cm unter der Schnittfläche einen 1,5–2 cm breiten keilförmigen Einschnitt bis zur Hälfte des Stammes. Dann dreht man ihn und sägt in die gegenüberliegende Seite etwa 10–15 cm weiter unten einen zweiten Keil. Die beiden Einschnitte werden mit Pilzbrut beimpft und ebenfalls mit Klebeband oder Folie verschlossen. Wer sich die etwas mühevolle Arbeit des Beimpfens ersparen möchte, kann im Handel auch bereits beimpfte Hölzer erwerben.

Die beimpften Stämme werden gut befeuchtet und an einen schattigen, am besten 15–25 °C warmen Platz im Garten gelegt. Man deckt sie mit feuchtem Stroh oder Heu ab, darüber kommt eine Folie, oder man packt sie auch ganz in Foliensäcke ein.

Nach drei bis vier Monaten hat die Pilzbrut den Stamm durchdrungen und bildet auf der Stirnseite ein weißes Geflecht. Jetzt entfernt man die Klebebänder oder Folien von den Impfstellen und stellt die Stämme im Garten in tiefem Gras, auf feuchter Erde oder Rinde senkrecht auf, um sie leichter gelegentlich mit Wasser überbrausen zu können.

Beginn und Ende der Ernte sind von der Art des Holzes und von der Witterung abhängig. Auf weichem Holz, wie

Stockschwämmchen wachsen auf Buchen-, Pappel-, Birken-, Weiden- oder Ahornholz.

Die beimpften Stämme müssen regelmäßig feucht gehalten werden.

Bei der Schnittimpfung wird die Pilzbrut in einen keilförmigen Einschnitt gefüllt.

Der gefüllte Spalt wird daraufhin mit einer Folie oder einem Klebeband verschlossen.

z.B. Birkenholz, kann oft schon nach drei bis fünf Monaten geerntet werden, und das vier bis fünf Jahre lang. Auf hartem Holz, z.B. Buchenholz, setzt die Ernte erst nach einem Jahr ein, ist dann aber acht Jahre lang möglich.

In dichten Büscheln wächst der Samtfußrübling auf einem alten Baumstumpf.

Der Ertrag liegt bei etwa 20% des Holzgewichts und fällt in mehreren Wellen an. Während dieser Zeit müssen die Stämme immer wieder feucht gehalten und mit Schneckenzäunen oder Bierfallen (siehe Seite 121 f.) gegen Schnecken geschützt werden.

Champignonkultur auf Pferdemistkompost

Von den beliebten Champignons, zu denen auch der Egerling mit braunem Hut und etwas intensiverem Geschmack zählt, werden heute weit mehr als 50 Sorten gezüchtet. Man kann sie das ganze Jahr über kultivieren, am besten im Keller auf fermentiertem Pferdemistkompost, den verschiedene Fachhändler anbieten. Das Substrat wird noch frisch und warm in Kisten oder Plastiksäcke gefüllt, in die man zur besseren Durchlüftung etwa 10–15 Löcher sticht. Dann wird die Körnerbrut eingemischt. Bei einer Kellertemperatur von 20–25 °C ist das Substrat bereits nach zwei bis vier Wochen vom Pilzmyzel durchwachsen. Nun wird eine 4–5 cm dicke Schicht feuchte, lockere, humusreiche Deckerde (z.B. aus einem Teil Gartenerde und einem Teil Torf oder Torfersatzstoffen) gleichmäßig darüber verteilt.

Nach 10–14 Tagen ist auch die Deckerde ganz vom Myzel durchzogen. Um gleichmäßigere Ernten zu erzielen, rauht man das Pilzgeflecht mit einem Nagel oder einer Drahtbürste in kreisenden Bewegungen auf. Bei 13–18 °C setzt die Ernte nach weiteren zehn Tagen ein.

Die Champignons können schubweise in sechs bis sieben Wellen geerntet werden; der Gewichtsverlust durch die Ernte muß aber stets durch entsprechend viel frisches Wasser ausgeglichen werden.

Egerlinge sind im Gegensatz zu den weißen Champignons leicht bräunlich.

Die wichtigsten Kulturpilze im Überblick

Name	Substrat	Ernte	Bemerkung
Austernseitling, Austernpilz *Pleurotus ostreatus*	Weide, Pappel, Birke, Buche, Esche, Erle, Obstgehölze; Stroh, Fertigsubstrat	Kultur auf Holz: Sommertyp Mai bis Oktober, Wintertyp Oktober bis April; Kultur auf Stroh: Frühjahrskultur ab Juli/August, Herbstkultur ab Mai des folgenden Jahres; Kultur im Haus: ganzjährig	Unterscheidung in zwei Typen: mit gelblichem Sommertyp im Frühjahr, mit grauem Wintertyp im Spätsommer und Herbst impfen; ist einfach zu kultivieren. Der Wintertyp ist nur bei speziellen Pilzfarmen erhältlich
Braunkappe, Rotbrauner Riesenträuschling, Kulturträuschling *Stropharia rugosoannulata*	Stroh, Fertigsubstrat	Kultur auf Stroh: Frühjahrskultur ab Juli/August, Herbstkultur ab Mai des folgenden Jahres; Kultur im Haus: ganzjährig	Kultur auch im Keller möglich; nach der Anwachsphase kann das Stroh mit Erde abgedeckt werden
Champignon *Agaricus hortensis* und Egerling *Agaricus bisporus*	fermentierter Pferdemistkompost oder Fertigsubstrat	Frühjahr bis Herbst, im Haus ganzjährig	Kultur auch im Keller möglich; nach jeder Ernte das Substrat vorsichtig durchfeuchten
Chinesische Morchel, Judasohr *Auricularia auricula judae*	Holunder, Buche, Eiche u.a. Laubhölzer	April bis Oktober	wächst ganzjährig
Rauchblättriger Schwefelkopf *Hypholoma capnoides*	Fichte, Kiefer	Frühjahr und Spätherbst	wächst in milden Jahren auch im Winter
Samtfußrübling, Winterrübling *Flammulina velutipes*	Weide, Esche, Buche, Birke, Pappel, Ahorn	September bis April	sieht dem Stockschwämmchen ähnlich, riecht leicht laugenartig
Shii-Take, Pasaniapilz *Lentinus edodes*	Eiche, Birke, Erle, Buche, Kastanie	ganzjährig	aus Ostasien, würziger Geruch und Geschmack
Stockschwämmchen *Kuehneromyces mutabilis*	Birke, Pappel, Weide, Buche, Ahorn	Mai bis Oktober	wächst in dichten Büscheln, intensiver Geruch; Stamm am besten liegend bis zur Hälfte eingraben
Südlicher Schüppling, Pappelschüppling *Agrocybe aegerita*	Pappel	Mai bis September	wächst ganzjährig

Austernseitling, Wintertyp

Chinesische Morchel

Samtfußrübling

Reiche Ernte als Lohn

Pflege und Ernte im Gemüsegarten

Damit viele Kohlköpfe für den Wintervorrat eingelagert werden können, müssen sie über lange Zeit sorgsam gepflegt werden.

Wie alle Lebewesen brauchen auch Pflanzen sehr viel Zuwendung und Pflege, und der berühmte „grüne Daumen" stellt sich im allgemeinen nicht von selbst ein, sondern ist meist das Ergebnis jahrelanger Erfahrung und intensiver Beobachtung. Wer gesundes und schmackhaftes Gemüse ernten möchte, muß seinen Schützlingen von der Aussaat bis zur Ernte die nötige Aufmerksamkeit zukommen lassen, wenngleich die verschiedenen Arten sehr unterschiedliche Ansprüche stellen. Manche Gemüse wollen täglich umsorgt werden, andere kommen mit weniger Pflege aus.

Bewässerung

Tip

Jeder Gärtner weiß, daß Wind die Erde rasch austrocknet. Deshalb müssen die Stellen im Garten, die dem Wind besonders ausgesetzt sind, häufiger gegossen werden, wie überhaupt nach ausgesprochen windigen Tagen die Beete ausreichend bewässert werden müssen.

Pflanzen gedeihen nur dann optimal, wenn ihre Wurzeln ständig genügend Wasser aufnehmen und dadurch auch die oberirdischen Teile ausreichend versorgen können. Welkende Blätter und schlaffe Triebe sind untrügliche Anzeichen für einen Mangel an Wasser. Fehlt das lebensnotwendige Naß häufiger oder werden die Pflanzen über eine längere Zeit nur mangelhaft damit versorgt, sind Knospen, Blüten und Früchte die ersten, die abfallen, dann folgen auch die Laubblätter; nach und nach verholzt das Gewebe, und die Pflanzen werden anfällig für Schädlinge und Krankheiten. Ist der Boden schließlich ganz ausgetrocknet, verwelken die Pflanzen völlig und gehen ein.

Ein Brunnen im Garten sollte von allen Stellen möglichst leicht erreichbar sein.

Wieviel wird gegossen?

Gemüsepflanzen brauchen je nach Art und Entwicklungsstadium unterschiedlich viel Feuchtigkeit. Während Jungpflanzen mit weniger Wasser auskommen, steigt der Bedarf mit fortschreitendem Wachstum, und blühende und vor allem fruchtende Pflanzen wie beispielsweise Tomaten, Gurken und Zucchini wollen meist reichlich gegossen werden. Geringe Ansprüche stellen in dieser Hinsicht dagegen Gemüsearten wie Kopfkohl, Kartoffeln, Zwiebeln und Pastinaken.

Großen Einfluß auf die Wasserversorgung haben natürlich Jahreszeit und Witterung. Je kühler es ist, desto weniger Wasser wird verdunstet, und desto geringer ist der Bedarf der Pflanzen an zusätzlicher Feuchtigkeit. Steigen die Temperaturen dagegen, muß das Angebot erhöht werden, ganz besonders dann, wenn auch noch der Regen ausbleibt.

Im Frühjahr ist es noch recht kühl, und der Boden ist durch die winterlichen Niederschläge meist gut mit Wasser versorgt, so daß sich häufiges Gießen erübrigt – ausgenommen sind lediglich frisch gesäte oder gepflanzte Gemüse.

Dagegen muß den Sommer über im allgemeinen oft gegossen werden, besonders in längeren Hitzeperioden, denn sonst trocknet der Boden bis in größere Tiefen aus. Die Pflanzen haben es bei der hohen Verdunstungsrate dann schwer, ihren Bedarf an Wasser für das weitere Wachstum zu stillen. Im Herbst brauchen vor allem die Spätkulturen wie Kohl, Endivie und Feldsalat zusätzliche Feuchtigkeit, weil diese Gemüse dann in ihrer entscheidenden Wachstumsphase stehen.

Eine wichtige Rolle für die Wasserversorgung spielt auch die Bodenart (siehe Seite 38 ff.), denn von ihr hängt ab, ob die Erde viel oder wenig Wasser speichern kann, ob also Gießen seltener oder häufig erforderlich wird. Leichte, sandige Böden trocknen schnell aus und müssen deshalb oft und reichlich bewässert werden. Schwere, tonige Böden halten die Feuchtigkeit dagegen länger und machen dadurch in dieser Hinsicht weniger Arbeit.

Wann wird gegossen?

Wer seinem Garten Gutes tun will, der sollte lieber weniger oft, dafür aber um so gründlicher gießen, so daß das Wasser auch in die tieferen Schichten eindringen und dort gespeichert werden kann. Der Vorteil einer solchen Gießweise liegt darin, daß die Wurzeln das Wasser gut aufnehmen können und die Pflanzen auch tiefer reichende Wurzeln bilden.

Gießen muß man spätestens dann, wenn die Pflanzen anfangen zu welken. Allerdings zeigen manche Gemüse wie z.B. Mangold oder Rhabarber auch bei Wasserknappheit keine deutlichen Welkeerscheinungen, sondern sie wachsen nur nicht weiter. Verläßlicher ist es deshalb, die Bodenfeuchtigkeit mit der Hand zu prüfen, und zwar mit Hilfe eines Pflanzholzes, das man in die Erde steckt und wieder herauszieht. Fühlt sich die Erde am

Tip

Morgendliches Gießen trägt auch dazu bei, der Schneckenplage Herr zu werden, weil dann der Boden bis abends abtrocknet und die nachtaktiven Schnecken, die die Feuchtigkeit lieben, eher in ihren Schlupfwinkeln bleiben.

Regner sollte man morgens einsetzen, damit die Pflanzen tagsüber abtrocknen können.

Grund des Loches noch feucht an, ist genügend Wasser vorhanden; ist sie dagegen bis ganz unten trocken oder rieselt sogar in das Loch hinein, muß gegossen werden. Dies geschieht am besten mit einem kräftigen Guß um die Pflanzen herum, bis das Wasser eine Pfütze bildet und nur noch langsam versickert.

Der beste Zeitpunkt für das Gießen ist der frühe Morgen, weil sich feuchte Erde schneller erwärmt als trockene und die Pflanzen dadurch noch günstigere Bedingungen für das Wachstum bekommen. Ein weiterer Vorteil ist, daß die Feuchtigkeit, die nach dem Gießen auf den Blättern haftet, in den Vormittagsstunden schnell abtrocknen kann und Krankheiten dadurch vermieden werden.

Die Regentonne am Haus mit Abfluß vom Dach hilft Wasser sparen.

Wer am Morgen versäumt hat zu gießen, holt dies am besten in den späten Nachmittagsstunden nach, wenn die größte Hitze vorbei ist. Das Wasser kann dann gut in den Boden einsickern. Grundsätzlich gilt, daß man niemals gießen sollte, wenn die Sonne hoch am Himmel steht und die Luft erhitzt ist, weil zum einen das erhöhte Angebot an Wasser die Pflanzen nur zu verstärkter Verdunstung verleitet und zum anderen ein beträchtlicher Teil des Gießwassers verdunstet, bevor es in den Boden eindringen konnte. Außerdem wirken bei voller Sonne Wassertropfen auf dem Laub wie kleine Brenngläser, so daß es leicht zu Blattverbrennungen kommen kann.

Wasser, das durch einen eingegrabenen Topf langsam zu den Wurzeln durchsickert, hat sich schon erwärmt und versetzt empfindlichen Pflanzen keinen Schock.

Wie wird gegossen?

Wasser ist ein kostbarer Stoff, mit dem man sorgsam umgehen sollte. Trotz der zunehmenden Umweltbelastung ist Regenwasser immer noch das beste Gießwasser, und es läßt sich leicht in Tonnen oder Zisternen auffangen. Wenn kein Regenwasser zur Verfügung steht, muß man sich mit Wasser aus einem Brunnen oder aus der Leitung behelfen.

Am effektivsten ist immer noch das Gießen mit der Gießkanne, weil man auf diese Weise jeder Pflanze genau soviel Feuchtigkeit zukommen lassen kann, wie sie braucht. Aus Zeitmangel oder zur Arbeitserleichterung werden aber oft auch Schlauch oder Regner eingesetzt. Verwendet man einen Schlauch, sollte man das Wasser nicht mit der feinen Düse über die Pflanzen versprühen, sondern den Boden rings um die Gewächse mit einem stärkeren Strahl versorgen. Regner, bei denen dies nicht möglich ist, sollten deshalb nur morgens eingesetzt werden, damit die Pflanzen tagsüber gut abtrocknen können – sonst machen sich allzu leicht Pilzkrankheiten auf den feuchten Blättern breit.

Tip

Wird beim Gießen nur die Oberfläche des Bodens benetzt, verdunstet der größte Teil des Wassers rasch wieder, und die Pflanzen können es gar nicht aufnehmen. Außerdem bilden sie bei dieser Art zu gießen vornehmlich Wurzeln, die nur knapp unter der Oberfläche liegen und dadurch leicht vertrocknen.

Tip

Eine stets gleichmäßige Wasserversorgung ermöglicht gesundes, schmackhaftes Gemüse. Je häufiger sich die Wasserverhältnisse im Boden ändern, je öfter also krasse Wechsel zwischen trockenem und nassem Boden auftreten, desto größer ist die Gefahr, daß die Qualität des Ernteguts leidet: Dann können etwa Möhren, Radieschen und Sellerie holzig werden, Kohlköpfe platzen und Salat und Spinat leicht schießen, also vorzeitig Blüten bilden.

Tip

Die Gießarbeit kann man sich heutzutage durch moderne Anlagen mit Tröpfchenbewässerung erleichtern. Dabei gelangt das Wasser über dünne Schläuche zu den einzelnen Tropfvorrichtungen, die es nach und nach abgeben. Besonders vorteilhaft sind Anlagen mit Feuchtigkeitsfühlern, bei denen die Wassermenge dem Bedarf entsprechend geregelt wird.

Verschiedene Pflegemaßnahmen

Im Gemüsegarten sind neben dem regelmäßigen Gießen und Düngen häufig weitere Pflegemaßnahmen notwendig, damit das Wachstum gefördert und die Qualität der Ernte verbessert wird.

Tip

Viele Unkräuter leisten paradoxerweise auch Positives, weil ihre Anwesenheit über die Bodenverhältnisse Auskunft gibt, sie sind sog. Zeigerpflanzen. So wächst z.B. die Brennessel nur auf humus- und nährstoffreichen Böden, Löwenzahn findet man auf kalkreichen, das Ackerstiefmütterchen dagegen auf eher sauren, sandigen Böden.

Tip

Um sich überflüssigen Ärger durch das Jäten der falschen Pflanzen zu ersparen, sollte man sich das Aussehen der jungen Gemüsepflanzen und Unkräuter ganz genau einprägen, denn die Unterscheidung ist nicht immer leicht. Nur wer die einzelnen Arten genau kennt, ist vor Irrtümern gefeit und entfernt nicht unbeabsichtigt auch gleich die Gemüsekeimlinge.

Unkraut bekämpfen

Sehr zum Ärger jedes Gartenfreundes siedeln sich trotz aller Umsicht immer wieder Pflanzen im Nutzgarten an, die zwischen den Gemüsen unerwünscht sind. Solche Arten nehmen den Kulturpflanzen den Platz weg, konkurrieren mit ihnen um Wasser und Nährstoffe und bedrängen oder verdrängen sie oft durch ihr enormes Wachstum. Von alters her bezeichnet man diese Pflanzen als Unkräuter; heute werden sie aber häufig auch wertfrei Wildkräuter, Beikräuter oder kulturbegleitende Kräuter genannt.

Unkräuter zeichnen sich meist durch eine ungeheure Vermehrungskraft aus; so kann das Franzosenkraut *(Galinsoga parviflora)* innerhalb einer Wachstumsperiode bis zu 10000 Samen bilden, die Vogelmiere *(Stellaria media)* gar bis zu 15000. Man kann sich leicht vorstellen, was passiert, wenn solche Arten nicht ausgezupft werden.

Die meisten Unkräuter stellen nur geringe Ansprüche an den Standort; sie keimen und wachsen deshalb an vielen Stellen des Gartens und dann auch noch in rasantem Tempo. Ihre große Anpassungsfähigkeit ist einer der Gründe, warum Arten wie z.B. das Gänseblümchen *(Bellis perennis)* oder der Löwenzahn *(Taraxacum officinale)* beinahe überall vorkommen. Gebietet man ihnen keinen Einhalt, verdrängen sie über kurz oder lang alle anderen Pflanzen.

Die Vogelmiere ist ein lästiges Unkraut, das sich über Samen sehr rasch verbreitet.

Besonders lästig und nur schwer zu bekämpfen sind Wurzelunkräuter wie der Giersch oder Geißfuß *(Aegopodium podagraria)* oder die Quecke *(Agropyron repens)*, weil sie selbst aus kleinsten Wurzelteilen, die beim Jäten im Boden verbleiben, wieder austreiben und neue Pflanzen bilden können.

Der sich schnell ausbreitende Giersch muß konsequent bekämpft werden.

Die aus Wurzelteilen austreibenden Quecken verfügen über eine ungeheure Wuchskraft.

Abhilfe durch Jäten

Wie geht man nun auf Dauer gegen die lästigen, unerwünschten Konkurrenten unserer Nutzpflanzen an? Leider gibt es bis heute kein bewährteres Mittel als frühzeitiges und regelmäßiges Jäten. Werden die Unkräuter nämlich schon kurz nach der Keimung entfernt – am besten mit einer kleinen Handhacke oder mit den Fingern –, dann kommen sie meist erst gar nicht zur Blüte und damit zum Samenansatz.

Sind die Unkrautpflanzen aber schon größer, muß man sie mit Hacke und Spaten oder einem Distelstecher lockern und möglichst mit dem gesamten Wurzelwerk aus dem Boden ziehen. Abgesehen von den Wurzelunkräutern, können die Pflanzenreste, solange sie noch keine Samen tragen, ebenso wie gerade gekeimtes Unkraut auf den Kompost gebracht werden. Fruchtende Unkräuter sollte man nicht kompostieren, denn die Samen vieler Arten überstehen den Verrottungsprozeß ohne Schaden und werden später beim Ausbringen des Kompostes auf die Beete gleichmäßig im Garten verteilt und noch stärker verbreitet.

Einiges kann man als Gärtner tun, um das mühsame und meist als lästig empfundene Jäten auf ein erträgliches Maß zu reduzieren: Wer regelmäßig hackt, um den Boden zu lokkern, entfernt dadurch meist auch keimende Unkräuter. Und nicht nur zur Bodenverbesserung empfiehlt es sich, Mulchschichten zwischen den Kulturpflanzen auszubringen: Auf diese Weise wird gleichzeitig den Unkräutern das Licht genommen, und sie kommen nur noch schwer hoch.

Aushungern der Unkräuter

Wurde die Gartenpflege längere Zeit vernachlässigt und sind die Beete stark verunkrautet, hilft nur eine Radikalkur: Man verzichtet einfach ein Jahr lang auf die Bestellung mit verschiedenen Gemüsen und hungert die Unkräuter durch Lichtentzug schlichtweg aus. Die Fläche wird dazu mit Kartoffeln bepflanzt, die ein reiches Laubwerk entwickeln, außerdem häufig gehackt werden müssen und sich so gegenüber den unerwünschten Nahrungskonkurrenten durchzusetzen vermögen; dadurch läßt sich das Unkraut oft unterdrücken. Auch Kapuzinerkresse *(Tropaeolum majus)* bildet mit ihren großen, tellerförmigen Blättern schnell ein so dichtes Dach, daß Unkräuter kaum noch ausreichend Licht erhalten. Sie wird im April ausgesät und ist selbst gegenüber besonders hartnäckigen Arten erfolgreich.

Kapuzinerkresse wirkt mit ihrem geschlossenen Laubteppich ähnlich wie eine Mulchdecke.

Unter dichtem Kartoffellaub können Unkräuter wegen des Lichtmangels nur schlecht keimen.

Anhäufeln

Eine sehr verbreitete und erfolgreiche Methode für bessere Ernteerträge ist bei einigen Gemüsearten das Anhäufeln. Bei Möhren, Porree, Knollenfenchel, Bleichsellerie, Topinambur und Kartoffeln zieht man zu diesem Zweck die Erde mit der Schaufel, der Ziehhacke oder einem speziellen Häufelgerät von beiden Seiten an die Pflanzen heran, so daß kleine Wälle entstehen. Man muß dabei jedoch darauf achten, daß die Blätter nicht mit Erde bedeckt werden und der Blattschopf stets noch aus dem Boden ragt.

Erstmals sollte die Erde angehäufelt werden, wenn die Pflanzen etwa 10–20 cm hoch sind – bei Kartoffeln also etwa im Mai –, und je nach Größe wird diese Arbeit in den darauffolgenden Wochen noch ein- bis zweimal wiederholt, damit sich der erwünschte Erntesegen später auch wirklich einstellt.

Tip

Wenn einmal die Zeit für das arbeitsaufwendige Jäten fehlt, sollte man wenigstens die Blüten von Unkräutern so früh wie möglich abschneiden oder abzupfen, damit erst gar keine Samen heranreifen können. Doch allzulange sollte man das Entfernen der Pflanzen nicht aufschieben, denn gar zu schnell bilden sie wieder neue Blüten aus.

Hartnäckige Unkräuter kann man unter schwarzer Mulchfolie, Teichfolie oder Pappe regelrecht aushungern. Die Folie bleibt dazu vom Frühjahr bis zum Spätherbst auf dem Beet.

Anhäufeln sorgt beim Porree für lange, gebleichte Stangen.

Durch Anhäufeln bleiben Kartoffelknollen vor Licht geschützt und ergrünen nicht.

Tip

Leichtes Anhäufeln bringt in verschiedener Hinsicht Nutzen: Buschbohnen, Puffbohnen, Erbsen, Kopfkohl und Paprika bekommen mehr Standfestigkeit, Gurken und Tomaten bilden in der angehäufelten Erde mehr Wurzeln, was ihrem Wachstum zugute kommt.

Beim Ausgeizen von Tomaten werden alle Seitentriebe ausgekniffen.

Tip

Beim Entspitzen wie beim Ausgeizen sollte man stets mit sauberen Händen und Messern arbeiten, weil dabei leicht Krankheitskeime übertragen werden können. Selbst wenn die beim Schnitt entstehenden kleinen Wunden an den Pflanzen schnell verheilen, so sind sie doch Eintrittspforten für Erreger.

Der Vorteil dieser Pflegemaßnahme liegt darin, daß die Gemüse in dem locker angehäufelten Boden ein kräftigeres Wurzelwerk bilden, die unterirdischen Teile vor Licht geschützt bleiben und dadurch nicht grün werden. Porree bekommt z.B. schöne weiße, zarte Stangen, weil ein längerer Teil des Schaftes in der Erde verbleibt, und auch bei anderen Bleichgemüsen wie Knollenfenchel und Sellerie behält ein größerer Teil des Ernteguts auf diese Weise seine weiße Farbe (siehe auch Seite 109).

Mit dem Anhäufeln läßt sich jedoch noch mehr bewirken; man kann gleichzeitig auch dem Unkraut zu Leibe rücken. Vor dem eigentlichen Arbeitsgang werden alle deutlich sichtbaren Unkrautpflanzen entfernt, und Keimlinge und Samen gelangen durch das Anhäufeln in tiefere Schichten, in denen ihnen das Licht zum Weiterwachsen fehlt.

Entspitzen

Neben dem Anhäufeln gibt es noch andere Möglichkeiten, um höhere Erträge zu erzielen. So läßt sich durch Entspitzen oder Kappen – das Auskneifen oder Abschneiden der Triebspitze – bei einigen Gemüsearten wie Tomaten, Auberginen, Gurken, Melonen und Rosenkohl eine bessere Fruchtentwicklung erreichen.

Bei Tomaten sollte man im Spätsommer in den Wachstumsprozeß eingreifen und die Triebspitzen entfernen, sobald sich fünf oder sechs Fruchtstände gebildet haben. Eine andere Möglichkeit ist, die folgenden Blütentrauben auszubrechen, so daß die gesamte Kraft den verbliebenen Früchten zugute kommt und diese voll reifen; weitere würden bis zum ersten Frost ohnehin nicht erntereif. Anders ist dies bei Tomaten im Gewächshaus, bei denen sich die Wachstumszeit natürlich verlängert: Hier wird erst nach dem siebten Fruchtstand gekappt.

Auch bei Schlangengurken sollte man den Haupttrieb abschneiden, sobald die im Gewächshaus an Schnüren oder Spanndrähten hochrankenden Pflanzen eine Länge von etwa 2 m erreicht haben. Bei reichlichem Fruchtansatz kommt es nämlich vor, daß kleine Früchte eintrocknen und abgestoßen werden – durch den Schnitt wird dies verhindert.

Doch mit dem Entspitzen des Haupttriebs ist es bei Schlangengurken nicht getan, weil aus den Seitenachseln neue Triebe sprießen, die ebenfalls gekappt werden müssen, sobald sich zwei Blätter und zwei Fruchtansätze gebildet haben. Wachsen weitere Seitentriebe, läßt man nur noch jeweils ein Blatt und einen Fruchtansatz stehen. Bei solcherart gepflegten

Gurken werden entspitzt, damit möglichst viel Wuchskraft in die Früchte geht.

Gurken kann man dann mit ungefähr 20 bis 30 schönen, großen Früchten an jeder Pflanze rechnen.

Auch beim Rosenkohl bringt Entspitzen Vorteile. Sobald die untersten Röschen eine Größe von etwa 1 cm Durchmesser erreicht haben, schneidet man die Triebspitze ab. Dadurch entwickeln sich größere Röschen, die auch gleichmäßiger reifen. Später läßt sich der ganze Strunk auf einmal ernten, und mehrfaches Durchpflücken entfällt.

Entspitzter Rosenkohl entwickelt große und gleichmäßig reifende Röschen.

Ausgeizen

Auch das Ausgeizen von Stabtomaten und Auberginen hat das Ziel, alle Kraft der Pflanze in die Fruchtentwicklung zu lenken. Als Geiztriebe bezeichnet man die aus den Blattachseln entspringenden Seitentriebe. Sie werden möglichst frühzeitig vorsichtig mit den Fingernägeln abgeknipst, damit sie nicht dem Haupttrieb mit den Fruchtständen die Kraft nehmen. Die Maßnahme muß regelmäßig wiederholt werden, da sich immer wieder neue Geize bilden.

Das regelmäßige Ausbrechen der Seitentriebe verhilft den Früchten außerdem zu mehr Licht und Luft, und sie können so besser ausreifen; darüber hinaus wird auf diese Weise auch Pilzkrankheiten vorgebeugt.

Gurken auf Kürbis veredeln: Der Gurkensämling wird auf die Kürbisunterlage aufgebracht (Bild links), die Schnittstelle fest verbunden (Bild rechts).

Veredeln

In der Baumschule ist das Veredeln oder Pfropfen von wertvollen Kultursorten auf mehr oder weniger wüchsige Unterlagen eine eher alltägliche Maßnahme, um den Pflanzen zu mehr Widerstandskraft zu verhelfen. Im Gemüsebau pfropft man dagegen lediglich Gurken auf Feigenblattkürbis *(Cucurbita ficifolia)*, um die Pflanzen vor der Gurkenwelke zu schützen, die Gärtnern das Leben schwermacht. Diese Krankheit wird durch den Bodenpilz *Fusarium* verursacht, gegen den nur der Kürbis resistent ist. Mit einer robusten Kürbisunterlage wachsen die Gurken im allgemeinen besser, sind sehr viel widerstandsfähiger gegen Kälte und bringen wesentlich höhere Ernteerträge.

Anfang April sät man jeweils einen Gurkensamen unter Glas bei mindestens 20 °C in kleine Töpfchen mit Anzuchterde aus. Vier bis sechs Tage später wird der Kürbis, der etwas schneller wächst, unter gleichen Bedingungen ebenfalls in Töpfchen gesät. Nach etwa drei Wochen haben sich bei beiden Pflanzenarten neben den Keimblättern die ersten Laubblätter entwickelt, und das Veredeln kann dann beginnen.

Man wählt je eine Gurke und einen Kürbis aus, deren Stengel etwa den gleichen Durchmesser haben, und topft beide Pflanzen zusammen in ein größeres Gefäß um. Mit einem dünnen, scharfen Messer oder einer Rasierklinge schneidet man den Stengel der Gurke etwa 3–5 cm über der Erdoberfläche mit einem vorsichtigen Schnitt von unten nach oben ungefähr 1 cm schräg bis zur Mitte an, bei der Kürbispflanze erfolgt der Schnitt in entsprechender Höhe und Länge von oben nach unten. Die so entstandenen Zungen wer-

Tip

Wem das Veredeln zu mühsam ist oder wer sich solche Eingriffe nicht zutraut, kann veredelte Gurkenpflanzen auch in einer Gärtnerei erwerben. Der bessere Ertrag rechtfertigt auf jeden Fall den höheren Preis.

Tomaten werden locker in Form einer liegenden Acht an Stäbe angebunden.

den ineinandergepaßt und mit Bleifolie (im Fachhandel), Alufolie, einem Streifen Klebefilm oder einem Wollfaden dicht umwickelt, damit sie fest aneinandersitzen.

In feuchter Luft bei Temperaturen von 20–25 °C – vor starker Sonneneinstrahlung geschützt – verwachsen beide Pflanzen in einer guten Woche miteinander. Nach weiteren zwei bis drei Wochen ist der Veredelungsprozeß so weit fortgeschritten, daß man die Gurkenpflanze von ihrer Wurzel trennen und den Haupttrieb des Kürbisses kappen kann. Die untersten zwei oder drei Blätter des Kürbisses werden erst nach dem Auspflanzen entfernt.

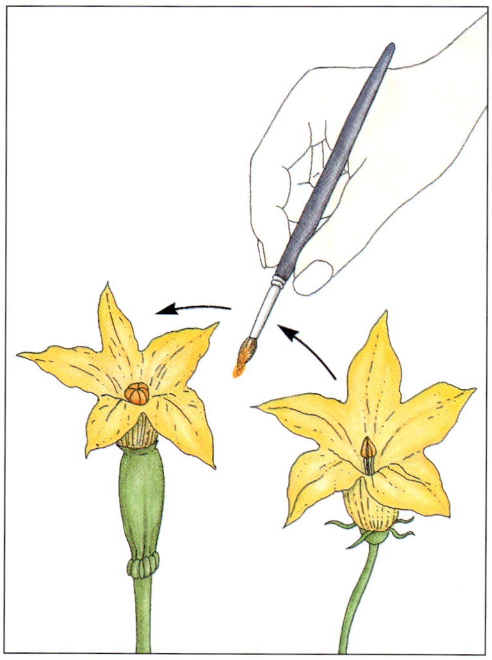

Künstliche Bestäubung im Gewächshaus bei Zucchini: Mit einem weichen Pinsel wird der Blütenstaub der männlichen Blüte (rechts) auf die Narbe der weiblichen (links) übertragen.

Tip

Bei Bohnen und Erbsen können Hitzeperioden dazu führen, daß der Blütenstaub zu früh trocknet und es auf den Narben nicht zur Keimung kommt. Folglich bilden sich auch nur wenige Hülsen. Aufmerksames Gießen beugt hier vor, denn durch die Verdunstung bleibt die Temperatur zwischen den Pflanzen niedriger und die Luftfeuchte höher.

Bestäuben

Fruchtgemüse wie Tomaten, Gurken, Mais und Hülsenfrüchte müssen wie die meisten anderen Pflanzen bestäubt werden, wenn aus den Blüten Früchte werden sollen. Bei Freilandgemüse gibt es da kaum Schwierigkeiten, weil Insekten und Wind für die Übertragung des Blütenstaubs auf die Narben sorgen. Bleiben zur Blütezeit aber Bienen und andere Insekten aus, muß manchmal von Hand nachgeholfen werden.

Einige Gurkensorten tragen ausschließlich weibliche Blüten, sind also jungfernfrüchtig oder parthenokarp, d.h., sie können Früchte auch ohne Bestäubung und Befruchtung hervorbringen. Hier erübrigt sich natürlich eine Bestäubung von Hand. Andere Sorten dagegen – meist alte Züchtungen – sind mit männlichen und weiblichen Blüten ausgestattet, und nur nach einer Befruchtung können aus den weiblichen Blüten, die man an den dicken runden Fruchtknoten erkennt, Früchte entstehen. Dies gilt auch für Melonen. Solche Pflanzen bestäubt man von Hand, indem man mit einem feinen, weichen Pinsel zunächst über die Staubgefäße einer männlichen Blüte fährt und anschließend den Blütenstaub auf die Narben der weiblichen Blüten tupft.

Auch im Gewächshaus muß bei der Bestäubung oft ein wenig nachgeholfen werden, da hier Wind und Insekten als Überträger des Blütenstaubs fehlen. Tomaten und Auberginen sind Selbstbestäuber, der Pollen dieser Pflanzen kann also auch ihre Narben befruchten. Gewöhnlich genügt schon ein kleiner Luftzug, und der Blütenstaub fällt von allein auf die Narben. In der feuchten Atmosphäre des Gewächshauses kann der Pollen allerdings auch leicht verkleben. Häufiges Lüften schafft da gewisse Abhilfe, aber zusätzlich sollte man die Pflanzen immer wieder einmal rütteln, damit sich der Pollen löst und auf die Narben fällt.

Halt für rankende Pflanzen

Gemüse wie Bohnen, Erbsen, Tomaten, Auberginen, Paprika, Melonen und Gurken, die in die Höhe wachsen und sich nicht selbst aufrecht halten können, brauchen die Hilfe von

Rankhilfe für Bohnen aus stabilen Stangen, die zeltartig aneinandergestellt werden.

Kletterzelt für Bohnen: Um einen Pfosten werden rundum Schnüre aufgeleitet.

Stützstäben oder Klettervorrichtungen. Ohne Halt bleiben sie auf dem Boden liegen, und die Früchte – sofern sich überhaupt welche bilden – würden faulen.

Für Gurken, Melonen, Stangenbohnen, Auberginen und Paprika, die im Gewächshaus gezogen werden, eignen sich einfache Schnüre zum Aufleiten. Man befestigt die Schnüre zu diesem Zweck am Wurzelhals der Gemüse und zieht sie bis zum Dach hoch, wo man sie in Haken oder Ösen einhängt. Die biegsamen Triebe klettern dann von selbst nach oben.

Schräg gegeneinander gelehnte Baustahlgitter als Rankhilfe für Gurken.

Für Gewächshaus und Freiland gleichermaßen geeignet sind stabile Stäbe oder Pflöcke, die neben den Pflanzen in den Boden geschlagen werden. Unentbehrlich sind solche Stützen, an denen man die jungen Pflanzen mit Bast in Achterschlaufen anbindet, für Stabtomaten und Stangenbohnen. Während ihres Wachstums müssen mehrfach neue Schlaufen angelegt werden. Dabei darf man die Triebe aber nur locker befestigen, damit sie nicht gequetscht werden und noch an Umfang zulegen können.

Tomaten finden an Spiralstäben ohne weitere Hilfe Halt.

Erbsen ranken gut an in den Boden gestecktem Reisig empor.

Für Tomaten und Freilandgurken eignen sich auch spiralförmig gedrehte Aluminiumstäbe, in deren Windungen die Pflanzen ohne Zutun Halt finden und nicht angebunden werden müssen.

Gitter- oder Baustahl können, in passenden Ausmaßen, ebenfalls als Kletterhilfe geeignet sein. Am besten verankert man das Gitter senkrecht im Boden oder aber stellt zwei Gitterplatten schräg gegeneinander: Melonen, Kürbisse, Gurken und Bohnen ranken daran im allgemeinen willig hoch.

Tip

Zum Aufleiten sollten nur Schnüre aus Sisal, Hanf oder aus anderen pflanzlichen Fasern verwendet werden, weil Naturstoffe rauh und grobfaserig sind und den Pflanzen dadurch einen guten Halt geben. Schnüre aus Kunststoff sind meist zu glatt.

Tip

Kletterhilfen und Stützstäbe müssen so stabil sein, daß sie nicht unter der Last der Pflanzen zusammenbrechen. Jeder Gärtner sollte deshalb beim Aufbau solcher Stützvorrichtungen berücksichtigen, daß ausgewachsene Pflanzen, besonders nach einem Regenguß, ein erhebliches Gewicht haben.

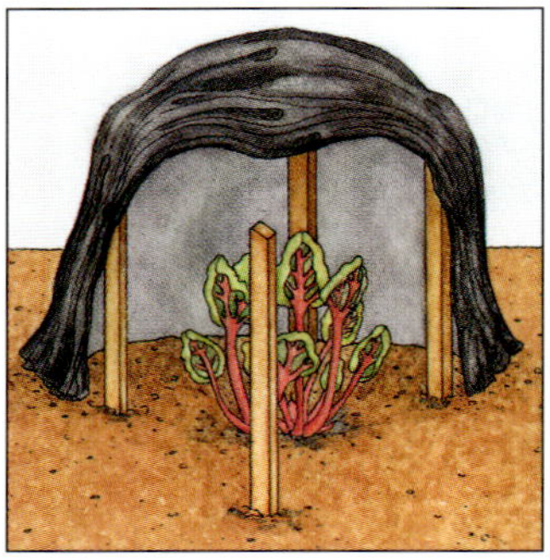

Unter einem provisorischen Zelt aus schwarzer Folie kann Rhabarber vorgetrieben und gleichzeitig gebleicht werden.

Gemüse im Haus vortreiben

Frisches Gemüse ist immer besonders begehrt, vor allem aber in Zeiten, in denen der Garten noch keine Ernte bringt. Dann schätzt man vorgetriebene Köstlichkeiten wie Chicorée und Löwenzahn, ansonsten bittere Gemüse, als Feingemüse, weil sie durch Lichtentzug und Wärme einen milden Geschmack behalten haben. Bei beiden Arten werden die zarten Frühjahrstriebe verzehrt, die normalerweise noch in der Erde stecken, ehe sich Blätter und Blüten ausbilden können.

Am einfachsten läßt sich die Treiberei ohne Deckerde durchführen, allerdings geht das nur bei speziell dafür geeigneten Sorten, die im Handel erhältlich sind. Man braucht zum Vortreiben 3–7 cm dicke Wurzeln von Chicorée und Löwenzahn mit völlig unbeschädigten Köpfen, die Wurzelspitzen können dagegen auch abgeschnitten oder abgebrochen sein.

Die Wurzeln für die Treiberei kann man auch selbst im Garten heranziehen, indem man die gewünschte Sorte im Mai in Reihen mit einem Abstand von 30 cm aussät und in der Reihe auf 8–10 cm vereinzelt. Im Oktober oder November gräbt man die Wurzeln aus, entfernt die Seitenwurzeln und kürzt die Blätter auf 5–6 cm ein, die Triebspitze darf dabei – wie schon erwähnt – nicht verletzt werden. Bis man mit dem Vortreiben beginnen will, kann man die kostbaren Triebe dann im Frühbeet oder im Einschlag aufbewahren.

Zum Vortreiben des Gemüses ohne Deckerde wird ein lichtundurchlässiger 10-l-Eimer etwa 10 cm hoch mit reifem Kompost oder humoser Gartenerde gefüllt, die man gründlich anfeuchtet. Anschließend stellt man die Wurzeln dicht an dicht hinein und deckt den Eimer mit schwarzer Folie, einem passenden Deckel oder einem zweiten Eimer zu. Wichtig ist, daß kein Licht an die Pflanzen gelangt, weil sie sonst grün und damit bitter werden.

Bei Temperaturen von 10–20 °C brauchen die Wurzeln bei Winterbeginn etwa sechs Wochen und im Spätwinter etwa drei bis vier Wochen, bis aus ihnen die köstlichen Sprosse herangewachsen sind. Geerntet werden kann mehrfach, indem man die gewünschte Menge jeweils mit einem scharfen Messer dicht über dem Wurzelhals abschneidet.

Vortreiben im Freien

Nicht nur im Haus, sondern auch im Freien kann man mit ein paar zusätzlichen Handgriffen Gemüse früher als üblich ernten. Geschätzt wird das Vortreiben beim Rhabarber, der unter einer wärmenden Hülle schon im März/April die ersten zarten Stangen liefert.

Bereits im Januar oder Februar muß man mit dem Vortreiben beginnen. An einem milden Tag wässert man die Rhabarberpflanzen

Tip

Für die Treiberei eignen sich auch andere Arten: Radicchio der Sorte 'Verona' kann wie Chicorée ohne Deckerde vorgetrieben werden, allerdings bei Temperaturen, die nicht über 10 °C liegen sollten. Meerkohl, der wie Rhabarber vorgetrieben oder wie Chicorée gebleicht wird, liefert ein bei uns nur wenig bekanntes, spargelähnliches Gemüse.

Tip

Werden die Wurzeln im Herbst eingeschlagen und zeitlich versetzt zum Vortreiben vorbereitet, kann man die Erntezeit über die ganzen Wintermonate ausdehnen.

Vortreiben von Chicorée

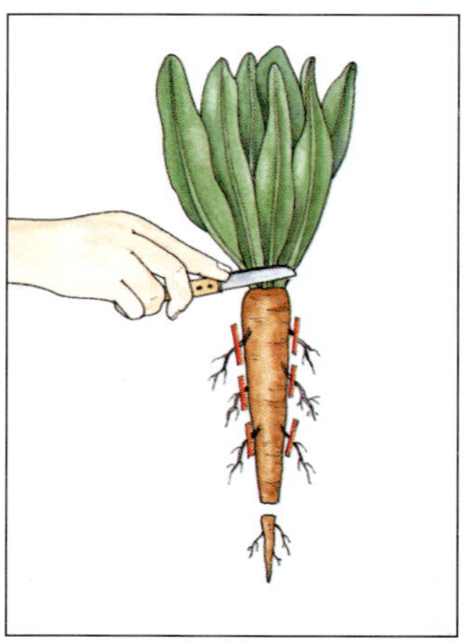

Die Rübenwurzeln werden im Oktober/November von allen Seitenwurzeln befreit und die Blätter auf 5–6 cm eingekürzt.

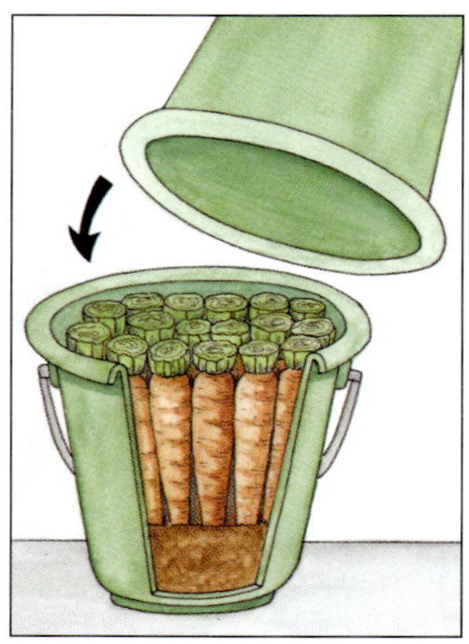

Die Wurzeln werden dicht nebeneinander in einen Eimer gestellt und dann mit einem zweiten Eimer abgedeckt.

Die zarten, gebleichten Chicoréeköpfe können, wenn die Sprosse herangewachsen sind, fortlaufend abgeschnitten werden.

Stangenspargel bleibt unter Lichtabschluß in den Erdwällen weiß und zart.

gründlich, schlägt rund um die Pflanzen ein paar stabile Pflöcke in die Erde und legt darüber eine ausreichend große Folie oder ein Vlies. So können sich die Blätter in dem Hohlraum unter dieser Schutzhülle ungestört entwickeln und stoßen auch nicht an, was die Gefahr des Schimmelns und Faulens mindert. Verwendet man schwarze Mulchfolie, wird nicht nur die Ernte verfrüht, sondern die Stangen werden zugleich gebleicht, wodurch sie besonders zart bleiben.

Weil unter der Folie höhere Temperaturen herrschen, kann der Rhabarber bald austreiben: Ungefähr sechs Wochen nach dem Auflegen der Folie lassen sich erste Stangen ernten. Sobald es wärmer wird, sollte man ab und zu die Hülle etwas anheben, um zu lüften. Um die Pflanzen abzuhärten, kann die Abdeckung ab März je nach Witterung nach und nach entfernt werden. Die Ernte wird bis etwa Juli fortgesetzt.

Gemüse bleichen

Wie das Vortreiben beruht auch das Bleichen auf dem Effekt, daß Gemüse unter Lichtabschluß besonders zart und schmackhaft wird. Ein begehrtes und hochgeschätztes Bleichgemüse ist vor allem der Spargel, dessen feine weiße Stangen nur im Frühsommer geerntet werden (siehe Seite 77, 206ff.). Das Bleichen wird aber außerdem auch bei Gemüsearten durchgeführt, bei denen man vor allem die blaß gebliebenen Teile für die Küche schätzt, so etwa beim Bleichsellerie, Radicchio und bei Endivien.

Der Vorgang selbst ist sehr einfach: Man bindet etwa zwei Wochen vor der Ernte die Blattschöpfe von Endivien oder die Stangen vom Sellerie mit einer Kordel oder einem breiten Gummiband fest, aber ohne die Pflanzen zu verletzen, zusammen und nimmt dadurch den innen liegenden Pflanzenteilen das Licht. Auf diese Weise können sie kein Blattgrün ausbilden, oder sie verlieren es wieder und werden hell. Beim Zuckerhut, einem früher beliebten Gemüse, und beim Radicchio, dem zartbitteren roten Salatgemüse, verfährt man ebenso. Löwenzahn kann sogar während der Sommersaison zusammengebunden und ebenfalls gebleicht werden.

Von fast allen Bleichgemüsen gibt es Sorten, die als selbstbleichend bezeichnet werden. Bei Endivien handelt es sich z.B. um solche, deren Innenblätter besonders dicht stehen und sich dadurch gegenseitig das Licht nehmen; auch Sorten von Stangensellerie mit auffällig dicht stehenden Trieben bleiben ohne Zutun des Gärtners hell.

Bei nicht selbstbleichenden Selleriesorten bindet man die Stangen zwei bis drei Wochen vor der Ernte zusammen und ummantelt sie mit schwarzer Folie oder Packpapier; der Blattschopf muß noch herausschauen. Häufig wird dieses Gemüse aber auch nur angehäufelt (siehe Seite 103f.) und bildet dann ebenfalls zarte Stangen.

Weniger bekannt ist das Bleichen von Cardy, einem der Artischocke verwandten Gemüse. Ab August werden die kräftigen Blattstengel zusammengebunden und mit Wellpappe oder mit schwarzer Folie vor Licht geschützt. Nach einigen Wochen kann man aus den hellen, zarten Blattrippen ein ungewöhnliches, köstliches Gemüse zubereiten.

Spezielle Bleichhauben sorgen für ein butterzartes Herz beim Endiviensalat.

Tip

Statt unter schwarzer Mulchfolie kann man Rhabarber auch unter durchsichtiger Folie oder Vlies verfrühen, dann allerdings bleichen die Stangen nicht. Eine althergebrachte Methode ist das Einpacken der Staude in trockenes Stroh, das ähnlich wie schwarze Folie wirkt.

Zum Bleichen wird Cardy mit Sackleinen oder Wellpappe umwickelt.

Tip

Bleichen lohnt sich auch bei den mehrjährigen Schwarzwurzeln. Werden die Wurzeln im Herbst nicht geerntet, kann man die im Frühjahr austreibenden Sprosse mit Erde oder dunkler Folie abdecken; sie bleiben dadurch hell und zart und ergeben ein köstliches Gemüse.

Gemüse ernten und lagern

Bei einem durchdachten Anbau erstreckt sich die Erntezeit über viele Wochen.

Gemüse aus dem eigenen Garten gelangt meist frisch und damit gehaltvoll auf den Tisch. War die Anbauplanung gut durchdacht, reift das Gartengemüse in Etappen, und man hat den ganzen Sommer und Herbst über frisch Geerntetes, das nicht überständig ist und dadurch schon auf dem Beet an Wert verloren hat. Denn nur wenn man zur rechten Zeit erntet, erhält man auch Gemüse von höchster Qualität.

Vor der Ernte

Schon lange vor der Ernte des selbstangebauten Gemüses bestimmen viele Faktoren, ob die Gartenfrüchte letztlich schmackhaft und vitaminreich sind. So sorgt eine bedarfsgerechte und gezielte Düngung dafür, daß die Pflanzen einerseits nicht hungern, andererseits aber die Nährstoffe, vor allem Stickstoff, zur Erntezeit weitgehend aufgebraucht sind (siehe auch Seite 47). Stickstoff wird von den Pflanzen vorwiegend als Nitrat aufgenommen und in Blättern, Blattrippen und Blattachseln gespeichert.

Nitratreiche und nitratarme Gemüse

Blattgemüse wie Spinat, Kopf- und Feldsalat und Mangold sowie Wurzelgemüse wie Radieschen, Rettiche, Rote Bete und Kohlrabi zählen zu den nitratreichen Gemüsen. Fruchtgemüse dagegen wie Paprika, Auberginen, Tomaten und Hülsenfrüchte sowie Kartoffeln, Rotkohl, Rosenkohl, Porree, Zwiebeln und Schwarzwurzeln sind nitratarm, zumindest was die verzehrbaren Teile betrifft.

Um nun bei der eigenen Ernte Nitratanhäufungen auszuschließen oder wenigstens zu verringern, sollte man folgendes beachten:

Blattgemüse wie Mangold (oben) enthält meist viel Nitrat, Wurzelgemüse wie Möhren (rechts) dagegen weniger.

- Einige Wochen vor der Ernte darf nicht mehr gedüngt werden, denn nur so werden die Nährstoffe vollkommen aufgebraucht.
- Schutzfolien und -vliese sollte man schon einige Zeit vor der Ernte abnehmen, weil die Pflanzen bei Licht von den gespeicherten Vorräten zehren.
- Nitratreiche Gemüse erntet man am besten abends, weil die Pflanzen bis dahin einen Großteil der Vorräte aufgezehrt haben und der Nitratgehalt dadurch im allgemeinen niedriger ist.
- Den Nitratgehalt von Gemüsen kann man durch Wässern, Blanchieren, Dämpfen und Kochen senken, denn Nitrate lassen sich auswaschen.

Brokkoli muß rechtzeitig geerntet werden, sonst fängt er zu blühen an.

Gemüse reif ernten

Gemüse soll – bis auf wenige Ausnahmen – vollreif geerntet werden, weil es dann am besten schmeckt und die meisten Vitamine enthält. Um den richtigen Zeitpunkt zu erkennen, bedarf es genauer Beobachtung, auch gewisser Erfahrung und eines feinen Fingerspitzengefühls. Bei Fruchtgemüsen wie Tomaten erkennt man den Reifegrad an der Färbung, wie überhaupt bei oberirdisch wachsenden Gemüsen leicht festgestellt werden kann, ob sie ausgereift sind, notfalls auch durch Probieren. Schwerer ist es bei Wurzelgemüsen wie Möhren oder Radieschen; hier muß man unter Umständen einmal eine Pflanze herausziehen, um den Reifezustand zu prüfen.

Manche Gemüse wie Blumenkohl, Brokkoli und Zuckermais müssen genau „auf den Punkt“ geerntet werden, weil sie sonst über-

Spätestens wenn das Laub zu vergilben beginnt, sind Kartoffeln erntereif.

ständig sind und rasch an Gehalt verlieren. Das wird besonders dann problematisch und aufwendig, wenn größere Mengen zur gleichen Zeit reif werden und in einem Durchgang geerntet und auch verwertet werden müssen. Von vielen Arten läßt sich dagegen mehrfach ernten, z.B. von Bohnen, Erbsen, Tomaten, Zucchini, Gurken, Rosenkohl oder Pflücksalat. Das hat den Vorteil, daß nicht zuviel Gemüse zur gleichen Zeit anfällt und verarbeitet werden muß, und durch die Ernte das Nachwachsen der verbliebenen Teile oder ein neuer Fruchtansatz gefördert wird.

Hülsenfrüchte werden mehrfach gepflückt, da nicht alle Früchte gleichzeitig reifen.

Gemüse haltbar machen

Trotz vorausschauender Planung ist in unseren Breiten nicht selten gerade im Spätsommer ein überreicher Erntesegen aus dem eigenen Garten zu erwarten, der nicht innerhalb weniger Tage verbraucht werden kann. Dann heißt die Devise: die überschüssigen Feldfrüchte haltbar machen, worin aber viele Gärtner gerade einen besonderen Reiz sehen, stehen ihnen doch selbstgezogene Gemüse sogar dann zur Verfügung, wenn der Garten nichts mehr hergibt. In Form von Tiefgefrorenem, Eingekochtem, Eingelegtem, Gedörrtem oder Eingemietetem kann man sich noch bis weit in den Winter an den Gaumenfreuden aus eigenem Anbau laben, bis wieder frische Gemüse geerntet werden können.

Grundsätzlich sollten aber nur solche Gartenfrüchte haltbar gemacht werden, die unverletzt und frei von Krankheits- oder Schädlingsbefall sind, denn angewelktes, frostgeschädigtes oder krankes Gemüse wird nicht nur schnell unbrauchbar, es steckt meist auch gesundes Erntegut an.

Wird die Ernte sachgerecht eingelagert, kann man davon noch recht lange zehren.

Nicht alle Methoden des Haltbarmachens eignen sich für die verschiedenen Gemüse gleichermaßen, und manche lassen sich überhaupt nicht länger aufbewahren.

Gemüse lagern

Die einfachste Form der Aufbewahrung ist immer noch die Lagerung im Keller: Die gute alte Kartoffelkiste kennt wohl jeder, in der sich

Tip

In geernteten Pflanzen kann sich Nitrat in Nitrit umwandeln und dies wiederum in gesundheitsgefährdende Nitrosamine, die vor allem Säuglingen und Kleinkindern schaden. Nitrit entsteht, wenn Gemüse zu warm gelagert wird bzw. längere Zeit in warmem Wasser oder unter Luftabschluß in Plastikfolie liegt, und ebenso, wenn zubereitetes Gemüse offen aufbewahrt und dann wieder aufgewärmt wird.

Tip

Auch mit einem einfachen Trick läßt sich der Nitratgehalt von Wurzelgemüsen senken. Schon am Vortag oder am Morgen des Erntetages lockert man mit der Grabegabel das Gemüse, beläßt es aber im Boden. Dabei reißen viele feine Wurzeln ab, die Pflanze kann kaum noch Nahrung aufnehmen und wird so dazu gezwungen, den Tag über ihre Vorräte aufzubrauchen. Bei der abendlichen Ernte hat sie dann einen deutlich geringeren Nitratgehalt.

Tip

Viele Frühgemüse erntet man entgegen den allgemeinen Regeln schon weit vor der eigentlichen Reife, denn noch junge Möhren, Kohlrabi und Kartoffeln sind besonders zart und gelten als ausgesprochene Delikatesse.

Rote Bete werden zur Lagerung einzeln in Sand geschichtet.

Statt einer Erdmiete kann man auch ein Frühbeet zum Lagerraum umfunktionieren.

Zwiebeln lassen sich gut als Zöpfe aufbewahren.

Tip

Erdmieten müssen vor Mäusen und anderen hungrigen Nagern geschützt werden. Es empfiehlt sich deshalb, die ausgehobene Grube mit möglichst feinmaschigem Draht auszukleiden, beispielsweise Kükendraht.

Grünkohl ist sehr robust und kann auch im Winter auf dem Beet bleiben.

ein Vorrat für den Winter problemlos anlegen läßt. In Horden, Stellagen, Kisten oder im Sandeinschlag bleiben auch andere Gemüse im allgemeinen lange frisch, sofern der Keller sich durch hohe Luftfeuchtigkeit und möglichst niedrige, jedoch über dem Gefrierpunkt liegende Temperaturen auszeichnet. Was diese Voraussetzungen betrifft, sind Keller von neueren Gebäuden für eine Gemüselagerung nur selten optimal geeignet.

Es empfiehlt sich, Möhren, Petersilienwurzeln, Winterrettiche, Herbstrüben und Rote Bete zur Lagerung in Sand zu legen – die Blätter müssen allerdings vorher abgeschnitten werden. Kohlköpfe, Endivien und Zichorien hängt man am besten am Strunk, Kopf nach unten, auf; letztere kann man aber ebenso wie Chinakohl auch in Zeitungspapier einwickeln und, nicht allzu dicht gedrängt, in Kisten nebeneinander aufstellen.

Eine solche Form der Lagerung verlangt jedoch regelmäßige Kontrolle, denn faulende, schimmelnde oder beschädigte Gemüse müssen schnellstens aussortiert werden, damit sie nicht weiteren Schaden anrichten. Häufiges Lüften der Kellerräume an frostfreien Tagen beugt übrigens solchen Einbußen vor.

Gemüse wie Porree, Grünkohl, Zuckerhut, Radicchio, Chicoréewurzeln, Endivien und Rosenkohl sind auch im Einschlag des Frühbeets gut aufgehoben, sofern sie nicht gleich auf dem Beet bleiben. Die Pflanzen werden zu diesem Zweck dicht an dicht in den Kasten gestellt und die Wurzeln in Erde eingefüttert. Rohrmatten, Noppenfolie oder Ähnliches über dem Frühbeet gibt zusätzlichen Schutz vor Frosteinwirkung.

Erdmieten im Freien als Alternative zum Keller haben sich seit langer Zeit bewährt, besonders zum Einlagern von Möhren, Roten Beten, Knollensellerie und Kopfkohl. Man hebt auf einem abgeernteten Beet kurz vor Einsetzen der Winterzeit eine etwa 50 cm tiefe, 60–80 cm breite und in der Länge dem Bedarf entsprechende Grube aus, legt sie mit Maschendraht aus und schüttet auf den Boden eine etwa 10 cm dicke Schicht Sand, auf die dann das grob geputzte Gemüse lagenweise geschichtet wird.

Damit die Erdmiete zugänglich bleibt, wird an einer Stelle ein Strohballen oder ein Brett als „Türöffnung" eingebaut, bevor man die Miete mit einer 30 cm hohen Lage Stroh oder Laub abdeckt. Obenauf kommt der Erdaushub, der gut festgeklopft wird. So gelagert, bleibt das Gemüse erstaunlich lange haltbar, und man kann noch bis weit in das nächste Frühjahr von den Vorräten aus der eigenen Ernte zehren.

Im Haus läßt sich Gemüse im allgemeinen nur kurzzeitig aufbewahren, sofern man es nicht speziell verarbeitet. Tomaten können z.B. an einem dunklen, warmen Ort langsam nachreifen und sind auf diese Weise noch über einen gewissen Zeitraum hinweg ohne Konservierungsmaßnahmen haltbar. Zwiebeln und Knoblauch locker in Körbe gelegt oder zu Zöpfen geflochten, bleiben ebenfalls einige Zeit frisch, wenn der Lagerraum luftig, kühl und trocken ist.

Milchsauer eingelegte Gurken sind eine wahre Delikatesse.

Gemüse einkochen

Gemüse, die sich nicht lagern lassen – z.B. Erbsen, Bohnen, Zuckermais –, müssen auf andere Weise konserviert werden, z.B. durch Einkochen. Diese Methode ist nach wie vor weit verbreitet, obwohl sie sehr arbeitsaufwendig ist und außerdem durch das Erhitzen viele Vitamine verlorengehen; der Vorteil dieser Art des Haltbarmachens besteht jedoch darin, daß die Gemüse tafelfertig zubereitet werden.

In Scheiben oder Schnitze geschnitten und behutsam gedörrt, ist Sellerie ein köstliches Suppengewürz.

Gemüse einsäuern

Eine altbewährte Konservierungsmöglichkeit, besonders bekannt vom Sauerkraut, ist das Einsäuern oder Einlegen, bei dem die Gemüse, unter Zusatz von Salz, durch natürliche Milchsäuregärung vor dem Verderben geschützt werden. Milchsauer einlegen kann man neben Weiß- oder Spitzkohl z.B. auch Gurken, Kürbis, Sellerie, Bohnen, Paprika, Tomaten, Zwiebeln, Porree, Rüben und Rettiche.

Gemüse tiefgefrieren

Viel Arbeit erspart die Konservierungsmethode des Tiefgefrierens. Außerdem bleiben dabei wertvolle Inhaltsstoffe zum größten Teil erhalten, wie die Vitamine, die beim Einkochen teilweise zerstört werden, und das Gemüse ist nach dem Auftauen noch knackig und aromatisch. Geputzt und zerkleinert, werden Arten wie etwa Bohnen, Erbsen, Kohlrabi, Blumenkohl, Brokkoli, Mais, Porree und Möhren wie auch viele Kräuter in den Kälteschlaf versetzt und sind dann über mehrere Monate hinweg haltbar.

Manche der Gemüse müssen vor dem Einfrieren aber zusätzlich blanchiert werden. Man gibt sie zu diesem Zweck für wenige Minuten in kochendes Wasser, damit anhaftende Keime abgetötet und Enzyme inaktiviert werden. Das anschließende Abschrecken in Eiswasser sorgt dafür, daß die Gemüse nicht weitergaren und ihre typische Farbe behalten. Nach dem Abtrocknen werden die Gemüse am besten schockgefrostet, d.h., sie werden auf einem Blech oder in einer großen flachen Schale ausgebreitet und vorgefroren. Dann verpackt man sie zur weiteren Lagerung.

Gemüse trocknen

Auch durch Wasserentzug, also durch schonendes Trocknen oder Dörren, kann man im Garten oder in der freien Natur Gereiftes haltbar machen. Dies gilt vor allem für viele Kräuter wie Rosmarin, Thymian, Oregano, aber auch für Gemüse wie Möhren, Bohnen, Pastinaken, Sellerie und natürlich für Pilze.

Die Gemüse werden vor dem Dörren geputzt, möglichst aber nicht gewaschen, denn das würde die Trocknungszeit nur unnötig verlängern. In Scheiben oder Schnitze geschnitten, werden sie auf Blechen flach ausgebreitet und bei geringer Hitze (30–50 °C) im Backofen oder in einem Dörrapparat getrocknet. Dann bewahrt man sie in lichtgeschützten Behältern an einem trockenen Ort auf. So bleiben Gemüse und Kräuter fast unbegrenzt haltbar, verlieren aber mit der Zeit an Aroma.

Kräuter werden gebündelt und kopfüber an der Luft getrocknet.

Tip

Gemüse, das man im Keller oder in der Miete lagern möchte, erntet man möglichst spät im Jahr, am besten an regenlosen Tagen und dann mittags oder nachmittags. So ist es trocken und kann im Lager nicht so leicht faulen.

Tip

Schon beim Samenkauf sollte man bedenken, ob und wie man das Gemüse konservieren will, denn es gibt Sorten, die sich für eine bestimmte Art der Aufbewahrung besonders eignen, so etwa Erbsen- und Bohnensorten für das Tiefkühlen oder Kohl- und Möhrensorten, die sich speziell für die Lagerung empfehlen.

Tip

Tomaten, Zucchini, Auberginen, Paprika und Gurken werden am besten nur als fertig zubereitete Gerichte eingefroren. Nicht geeignet zum Tiefgefrieren sind Salate, Kartoffeln, Fenchel und Rettiche, nur als Zutat fertiger Speisen kommen Zwiebeln in Frage.

Gewappnet gegen Schäden

Pflanzenschutz im Nutzgarten

Nützlinge sind die natürlichen Gegenspieler von Schädlingen, so saugen z.B. Schildwanzen die berüchtigten Kartoffelkäfer aus (links Larven).

Jeder Gärtner träumt von gesundem und wohlschmeckendem Gemüse, das problemlos gedeiht und von Krankheiten und Schädlingen verschont bleibt. Doch nur zu viele Tiere, Pilze und andere Organismen können ihm die mühsam verdiente Ernte streitig machen, und das läßt so manchen vorschnell zur Giftspritze greifen. Gerade im Gemüsegarten sollte man sich diesen Schritt aber sehr genau überlegen, will man doch mit den Vitaminen nicht auch Reste von Pflanzenschutzmitteln zu sich nehmen. Auch der Umwelt zuliebe empfiehlt sich der Einsatz alternativer Mittel. Mit kluger Planung und genauer Kenntnis der Bedürfnisse der einzelnen Gemüsearten lassen sich die Krankheiten und Schädlinge im Garten in Grenzen halten.

Tip

Wer auf den Einsatz chemischer Pflanzenschutzmittel nicht verzichten will, sollte nur gezielt (selektiv) wirkende, nützlingsschonende und für Bienen unschädliche Mittel einsetzen. Auf jeden Fall sollte man sich im Fachhandel über ihre Wirkungsweise und Anwendung sowie die damit verbundenen Gefahren gründlich beraten lassen.

Tip

Im Lauf der Zeit haben sich Pflanzen, Schädlinge und Nützlinge so aufeinander eingestellt, daß sie sich, auf Dauer gesehen, in etwa die Waage halten. Die Pflanzen sind auch gar nicht so wehrlos, wie es scheint. Manche haben z.B. durch behaarte Blätter, Stengel oder Früchte eine Abwehrstrategie entwickelt, die es Läusen schwermacht, an den süßen Pflanzensaft zu gelangen.

Umweltverträglicher Pflanzenschutz

Für die meisten Probleme mit Schädlingen und Krankheiten im Garten gibt es alternative Lösungen zum chemischen Pflanzenschutz. Dazu gehören vorbeugende Maßnahmen wie richtige Bodenpflege, Fruchtwechsel, Mischkulturen, natürliche Pflanzenstärkungsmittel und die gezielte Förderung von Nützlingen. Ein unsachgemäßer Einsatz von Pflanzenschutzmitteln gefährdet den Boden und das Grundwasser und hinterläßt Rückstände in den Nahrungsmitteln. Im Gegensatz zu früher, wo mit chemischen Mitteln oft recht unbedacht und leichtfertig umgegangen wurde, wendet man heute im Erwerbsanbau den integrierten Pflanzenschutz an. Pflanzenschutzmittel sind dabei weitgehend tabu und werden nur noch eingesetzt, wenn alle anderen Maßnahmen versagt haben und der Schaden wirklich deutlich größer ist als die Mühen und Kosten für die Bekämpfung. Und auch dann wird die Bekämpfungsmaßnahme gezielt und für die nützlichen Gartenbewohner schonend möglichst mit biologischen Mitteln durchgeführt. Jeder Umgang mit Pflanzenschutzmitteln erfordert eine Reihe von Vorsichtsmaßnahmen. Rat und Auskunft erhält man bei den Pflanzenschutzämtern (siehe Seite 229).

Im privaten Gemüsegarten besinnt man sich zunehmend auf alternative Methoden, kann man doch gerade im kleinen Bereich durch die Anwendung vorbeugender Maßnahmen auf die nicht unbedenklichen chemischen und zum Teil sogar auf die biologischen Schädlingsbekämpfungsmittel verzichten. Das Gemüse aus dem eigenen Garten soll ja nicht nur besser schmecken, sondern auch gesünder sein als die Massenware aus dem Supermarkt.

Um der eigenen Gesundheit willen sollte im Gemüsegarten möglichst kein Gift eingesetzt werden.

Vorbeugende Maßnahmen

Eine ganze Reihe von Maßnahmen zielen darauf ab, die Pflanze zu stärken, ihre Abwehrkräfte zu mobilisieren und damit Krankheiten und Schädlinge im Zaum zu halten. Wichtig ist vor allem der artgerechte Anbau, d.h. die Wahl des richtigen Gemüses für den entsprechenden Standort. Auch die Nährstoffversorgung (siehe Seite 44 ff.) muß auf die Pflanzen abgestimmt sein. Durch geschickte Nutzung der vorhandenen Fläche und Berücksichtigung von Fruchtfolge, Fruchtwechsel und Mischkultur (siehe Seite 46 und 89–91) erhält man nicht nur eine größere Vielfalt, auch der Boden und die Pflanzen bleiben gesünder, und Schädlinge und Krankheiten können sich nicht so leicht ausbreiten.

Schutzpflanzung

Wie schon bei der Mischkultur (siehe Seite 90 f.) erwähnt, können sich Pflanzen gegenseitig beeinträchtigen oder fördern, sowohl in bezug auf Wachstum und Geschmack, als auch auf Schädlingsabwehr. Duftkräuter wie Thymian, Pfefferminze und Salbei schützen Kohl vor dem Kohlweißling, Zwiebeln und Dill können bei Möhren die Möhrenfliege abwehren. Einige Sommerblumen wie Studentenblume *(Tagetes)*, Sonnenhut *(Rudbeckia)*, Kokardenblume *(Gaillardia)*, Ringelblume *(Calendula)* und Mädchenauge *(Coreopsis)* wirken gegen einige schädliche Arten von freilebenden Nematoden, auch Älchen oder Fadenwürmer genannt, da ihre Wurzeln für Nematoden schädliche Stoffe enthalten. Auch mit im Handel erhältlichen Spezialmischungen zur Gründüngung (siehe Seite 59) können mit Nematoden belastete Böden entseucht werden.

Lavendel, Schnittlauch, Winterbohnenkraut, Sellerie und Tomaten vertreiben Läuse von benachbarten Gemüsen. Bei Busch- und Stangenbohnen wehrt Bohnenkraut Läuse ab, die Gartenmelde zieht sie auf sich und schützt damit ebenfalls die Bohnen. Nach dem gleichen Prinzip bewahrt die Kapuzinerkresse Obstbäume vor Blut- und Blattläusen. Tomaten halten mit ihrem intensiven Geruch

Ringelblumen vertreiben durch ihre Wurzelausscheidungen Nematoden.

Pflanzenjauchen sind milde Pflanzenschutzmittel.

Sonnenhut (ganz links) und Studentenblumen (links) halten Bodenschädlinge fern.

Schädlinge vom Kohl ab. Knoblauch wirkt bei einigen Pflanzen gegen Pilzkrankheiten wie Grauschimmel *(Botrytis)* oder andere Schimmelpilze, durch seinen starken Duft werden auch Wühlmäuse abgeschreckt.

Vorbeugen ist immer besser als heilen. Pflanzenstärkungsmittel wie Gesteins- und Tonmehle, aber auch Pflanzenjauchen, -brühen und -tees eignen sich besonders gut, den Krankheitserregern und Schädlingen einen Befall der Pflanzen zu erschweren oder sie auch zu bekämpfen.

Pflanzenjauchen

Jauchen aus Brennesseln, Beinwell, Ackerschachtelhalm, Knoblauch oder Zwiebeln werden als Dünger mit kräftigender Wirkung und vorbeugend bzw. bei Befall gegen Pilzkrankheiten verwendet. Hierfür setzt man 1 kg frische, grob zerschnittene Kräuter in 10 l Wasser an, am besten in Fässern aus Holz, Steingut oder Polyethylen. Man kann auch fertig getrocknete Kräuter oder Trockenmischungen kaufen, hier genügen 150–200 g pro 10 l Wasser.

Das Faß wird an einem sonnigen, warmen Platz aufgestellt und mit einem Gitterrost abgedeckt. So wird verhindert, daß Tiere ins Faß fallen, andererseits ist die zur Gärung notwendige Versorgung mit Sauerstoff gewährleistet. Nun muß die Jauche ein bis zwei Wochen lang durchgären, damit Pflanzenwirkstoffe wie z.B.

Tip

Gesteins- und Tonmehle werden über die Pflanzen gestäubt, in den Boden eingearbeitet oder in Wasser aufgelöst zum Überbrausen benutzt. Die in ihnen enthaltenen Spurenelemente und Silikate stärken die Zellwände der Pflanze und erschweren stechenden und saugenden Schädlingen den Zugriff. Sie wirken auch vorbeugend gegen Pilzkrankheiten.

Brennesseln ergeben ein gutes Pflanzenstärkungsmittel.

Ackerschachtelhalm kann zu einer pilzhemmenden Brühe verarbeitet werden.

Kieselsäure freigesetzt werden. Die unvermeidliche Geruchsentwicklung kann man durch Zugabe von Gesteinsmehl beim täglichen Umrühren in Grenzen halten.

Die Jauche ist fertig, wenn sie nicht mehr schäumt und eine dunkle Farbe bekommen hat. Sie wird abgesiebt und mit Wasser im Verhältnis 1:10 verdünnt, dann kann man die Pflanzen vorbeugend auf der Ober- und Unterseite der Blätter besprühen oder sie damit düngen. Jauchen werden am besten abends angewendet, da sonst leicht Blattverbrennungen auftreten. Nur Ackerschachtelhalmjauche wird tagsüber, möglichst bei Sonne, ausgebracht.

Tip

Das Jauchegefäß sollte wegen der Schaumentwicklung nur etwa bis zur Hälfte gefüllt werden.

Tip

Gegen Pilze, Blattläuse und andere Schädlinge wirkt auch ein Brennesselkaltwasserauszug. Man setzt ihn genauso an wie Jauche, läßt ihn jedoch nicht vergären, sondern spritzt ihn schon nach ein bis zwei Tagen unverdünnt.

Tip

Jauchen, Tees und Brühen werden vor der Verwendung immer erst durchgeseiht und nur abgekühlt verwendet.

Pflanzentees und Pflanzenbrühen

Tees und Brühen aus verschiedenen Kräutern, aber auch aus zerkleinertem Knoblauch, helfen bei der Abwehr von Schädlingen: z.B. Ackerschachtelhalm gegen verschiedene Pilzkrankheiten wie Echten Mehltau oder Kohlhernie, Spinnmilben und andere Milben sowie Lauchmotten; Farnkraut gegen Blut-, Schild- und Schmierläuse; Rainfarn gegen Rost, Mehltau, Weiße Fliege, Kohlerdflöhe, Lauchmotten und Läuse; Knoblauch gegen Echten Mehltau. Man nimmt 1 kg grob zerkleinerte frische oder 150 g getrocknete Kräuter für 10 l Wasser. Pflanzentee wird wie normaler

Pflanzentees werden wie gewöhnliche Tees zubereitet.

Tee aufgebrüht. Die Pflanzenteile werden mit kochendem Wasser übergossen und sollen abgedeckt etwa zehn Minuten lang ziehen. Für Brühen werden die Kräuter etwa 24 Stunden lang in kaltem Wasser eingeweicht, bevor man sie etwa 30 Minuten lang kocht. Bei Ackerschachtelhalm und Farnkraut werden Tee oder Brühe fünffach verdünnt, bei Rainfarn und Knoblauch bleiben sie unverdünnt.

Nützlinge

Die natürlichen Gegenspieler der Schädlinge, die Nützlinge, sollten im Garten unbedingt gefördert werden: Herrscht dort ein ökologisches Gleichgewicht, stellen sich die Nützlinge von selbst ein. Wichtig für ihre Ansiedlung ist z.B. eine Ecke, wo Wildblumen und -kräuter

Eine Ecke mit nektarreichen Wildblumen lockt viele Nützlinge an.

Blattlausjägern wie Schwebfliegen und Florfliegen Nahrung spenden. Trockenmauern oder Holzstapel, Reisig- oder Laubhaufen oder ein alter Baumstamm bieten räuberisch lebenden Tieren Unterschlupf, die sich von Schnecken, Raupen, Engerlingen und vielen Schadinsekten ernähren, z.B. dem Igel, Eidechsen, Salamandern oder Laufkäfern. Nist- und Brutkästen für Vögel und Fledermäuse sollten ebenfalls in keinem Garten fehlen. Ebenso sind Hecken aus vorwiegend einheimischen Gehölzen oder Obstbäume ideale Nistgelegenheiten für Vögel, die Raupen, Läuse, Schildläuse und Blattwanzen vertilgen.

Viele Tiere sind fleißige Schädlingsvertilger, z. B. die Kreuzspinne (links) und der Igel (rechts).

Spinnen

Viele Spinnen spielen als Insektenvertilger im Garten eine sehr nützliche Rolle. Keine heimische Art kann dem Menschen gefährlich werden; sie lähmen mit ihrem Gift lediglich kleine Lebewesen wie Mücken, Fliegen oder auch Blattläuse, um sie dann leichter überwältigen zu können. Kreuzspinnen vertilgen auf 1 ha Gartenland etwa 2 kg Insekten pro Jahr. Daher sollte man „unordentliche" Stellen im Garten dulden und ihre Netze auf keinen Fall zerstören.

Ohrwürmer

Zwar begnügen sich Ohrwürmer nicht immer mit Blattläusen, Schmetterlingseiern oder Milben, sondern machen sich gelegentlich auch über Pflanzengewebe oder süßes Obst her, was aber meist zu verschmerzen ist und ihrer Nützlichkeit keinen Abbruch tut. Im Gemüsebeet stellt man umgestülpte, mit Holzwolle gefüllte Blumentöpfe auf, in die sich die Ohrwürmer tagsüber verkriechen können.

Raubwanzen

Viele Wanzenarten leben von anderen Insekten wie Blattläusen, Spinnmilben, Zikaden und kleinen Raupen. Sie können gut fliegen und siedeln sich schnell an, wenn schon im Frühjahr blühende Pflanzen im Garten locken, einige Brennesseln und Distelarten geduldet werden und im Herbst Laub liegenbleibt.

Käfer

Verschiedene Käfer ernähren sich von Schnekken sowie Eiern und Larven von Schadinsekten wie z. B. Gemüsefliegen, Blattläusen und vielen anderen Schädlingen. Unterschlupf bieten ihnen modrige Ecken, Steinhaufen und liegengebliebene Blätter.

Der bekannteste Käfer, der Marienkäfer, von dem es zahlreiche heimische Arten gibt, ist vor allem auf die nirgendwo gern gesehenen Blattläuse spezialisiert. Jede der Larven, die im Frühjahr aus den meist auf Blättern abgelegten Eiern schlüpfen, kann während ihrer Entwicklungszeit bis 1000 Blattläuse vertil-

Marienkäferarten wie z. B. der Zweipunkt und auch ihre Larven stellen mit Vorliebe Blattläusen nach.

Tip

Kleine Wasserstellen im Garten dienen als Vogeltränke und als Lebensraum für Amphibien und Insekten. Wenn kein Platz für einen Teich ist, genügt auch schon eine kleine Senke, die mit Ton oder Folie ausgekleidet und dann bepflanzt wird.

Tip

Der Australische Marienkäfer *(Cryptolaemus montrouzeri)* vertilgt neben Blattläusen und Larven anderer Insekten vor allem die schwer zu bekämpfenden Woll- und Schmierläuse in Wintergärten und Gewächshäusern. Dieser Nützling ist über den Fachversandhandel zu erwerben.

gen, der erwachsene Käfer etwa 60 pro Tag. Es gibt jedoch auch Marienkäferarten, die sich über Spinnmilben, Schildläuse und sogar einige Mehltaupilze hermachen. Bei entsprechendem Nahrungsangebot vergrößern sich die Käferkolonien rasch.

Florfliegen

Die zartgrünen Florfliegen mit den durchsichtigen, netzartig geaderten Flügeln lassen sich gern auf Doldenblütlern wie Dill, Kerbel, Koriander, Anis, Fenchel, Kümmel und Petersilie nieder. Die sehr aktiven Larven, auch Blattlauslöwen genannt, überwältigen mit ihren zangenartigen Mundwerkzeugen Blattläuse, Milben, Eier von Schmetterlingen und Fliegen. Im Spätherbst suchen die erwachsenen Tiere Unterschlupf in Dachstühlen, Schuppen und Kellern, die frostfrei sein müssen.

Florfliegen schätzen Doldenblütler, ihre Larven ernähren sich räuberisch.

Gallmücken

Neben Gallmückenarten, wie z.B. den Kohldrehherzmücken, die als Schädlinge sehr unbeliebt sind, gibt es auch räuberisch lebende, nützliche Arten dieser Gattung. Sie verzehren mit Vorliebe Blattläuse, die sie mit ihrem Mundstachel zuerst anstechen und lähmen, anschließend aussaugen. Räuberische Gallmücken können auf dem Versandweg bezogen werden. Der Nützling legt seine Eier in der Nähe von Blattlauskolonien ab, so daß die Larven ihr Futter in nächster Nähe vorfinden.

Tip

Papierstreifen mit den Eiern von Florfliegen kann man vom Fachversandhandel beziehen. Sie werden schon bei geringem Befall, also vorbeugend, ausgesetzt und vermehren sich dem Läusebestand entsprechend.

Schwebfliegen

Die gelbschwarz gestreiften Gartennützlinge ähneln den angriffslustigen Wespen, sind aber viel kleiner und völlig harmlos. Von Doldenblütlern werden sie besonders angelockt.

Die Schwebfliegen besitzen ein wespenähnliches Tarnkleid, sind aber völlig harmlos.

Während sich das erwachsene Insekt von Nektar und Pollen ernährt, geht die Larve auf Blattlausfang und vertilgt bis zu ihrer Verpuppung etwa 700 Schädlinge. Aber auch Schildläuse, Blutläuse und kleine Raupen werden nicht verschmäht. Die überwinternden Tiere brauchen bereits im zeitigen Frühjahr Nahrung, die sie vor allem an Hahnenfuß, Schlehen und Weißdorn finden.

Schlupfwespen

Diese hochspezialisierten Parasiten, deren Giftstachel in einen Legeapparat umgewandelt ist, legen ihre Eier in Larven, Puppen oder auch in Eiern von sehr vielen Insekten ab, darunter Blatt- und Blutläusen, Zwiebelfliegen und Kohlweißlingen. Die im Leib der Wirtstiere geschlüpften Larven saugen ihre Opfer aus und gelangen anschließend durch ein Loch im Wirtskörper nach draußen. Die erwachsenen Tiere ernähren sich wie die Schwebfliegen von Nektar. Im Handel sind verschiedene Schlupfwespenarten erhältlich, die im Gewächshaus gegen die Weiße Fliege oder Minierfliege gute Dienste leisten.

Die Schlupfwespen bohren mit ihrem langen Legestachel ihre Opfer an.

Raubmilben

Die natürlichen Gegenspieler der Spinnmilbe – auch unter dem Namen Rote Spinne bekannt –, die zu den schlimmsten Feinden von Gemüsepflanzen im Gewächshaus und auch im Freiland zählt, sind die Raubmilben. Die rot oder rosa gefärbten, kaum sichtbaren Tiere werden meist auf Bohnenblättern herangezogen und auf diesen vom Fachversandhandel geliefert. Sie saugen sowohl erwachsene Spinnmilben als auch deren Eier aus, können sich allerdings nur bei über 18–20 °C vermehren, unter 5 °C sterben sie ab. Daher ist der Erfolg im Freiland sehr begrenzt. Andere Raubmilben parasitieren auf Thripsen, die besonders häufig Porree schädigen, wo sie papierähnliche Flecken hinterlassen.

Raubmilben saugen die Eier vieler schädlicher Insekten aus, vor allem von Spinnmilben.

Räuberische Nematoden

Von den Nematoden, auch Älchen oder Fadenwürmer genannt, gibt es sowohl nützliche wie schädliche Arten. Einige leben im Boden und tragen dort zur Umsetzung von organischer Masse in Humus bei, andere dagegen sind gefürchtete Pflanzenparasiten (siehe Seite 127). Wieder andere Nematodenarten parasitieren in Pflanzenschädlingen, z.B. in den Larven des Dickmaulrüßlers, der Trauermücke oder in Erdraupen, und können deshalb zu deren Bekämpfung eingesetzt werden. Diese parasitischen Nematoden sind ebenfalls über den Fachversandhandel erhältlich.

Bakterien

Auch Bakterien lassen sich zur Schädlingsbekämpfung nutzen. Aus dem Bakterium *Bacillus thuringiensis* werden Präparate hergestellt, die vor allem gegen Raupen von Kohlweißlingen, Frostspannern und Gespinstmotten eingesetzt werden. Die Bakterienpräparate

Unter einem feinmaschigen Netz bleiben Gemüse vor Schädlingen geschützt.

werden beim Auftreten der Raupen an den Pflanzen mit einer Spritze auf die Blätter ausgebracht, dringen dann mit dem Futter in den Darm der Raupen ein und töten die Wirte schon nach wenigen Tagen.

Mechanische Vorbeugemaßnahmen

Netze, Fallen, Zäune und Gelbtafeln sind beliebte Fang- und Abwehrmethoden gegen ungebetene Gäste im Gemüsegarten. Im Handel werden umweltverträgliche engmaschige Spezialnetze oder Vliese angeboten, die, über das Gemüse gelegt, vor Läusen, Blattwanzen, Erdflöhen, Gemüsefliegen und anderen Schädlingen schützen und nebenbei auch Vögel und weitere gefräßige Gäste abhalten.

Fallen, die es in den verschiedensten Ausfertigungen gibt, werden vor allem zum Fangen von Wühlmäusen aufgestellt, die im Gemüsegarten erheblichen Schaden anrichten können. Gegen Schnecken helfen Bierfallen. Man gräbt Gläser oder Becher ebenerdig in den Boden und füllt diese zur Hälfte mit Bier, das die Schnecken anlockt, so daß sie in den

Tip

Der Einsatz von Nützlingen empfiehlt sich gleich bei den ersten Anzeichen eines Befalls. Zwar muß der Nützling einerseits bereits genügend Nahrung vorfinden, andererseits darf er sich nicht langsamer vermehren als der Schädling, sonst leiden die Pflanzen zu stark.

Tip

Werden Gelbtafeln schon im Februar oder März aufgehängt, bleiben an ihnen bereits die ersten Gemüseschädlinge hängen. Dadurch können sich dann Weiße Fliegen, Trauermücken und andere Schädlinge gar nicht erst stark vermehren.

Schneckenzäune sind unüberwindliche Hindernisse.

Schneckenfalle

Tip

Die synthetisch hergestellten Pyrethroide besitzen eine noch intensivere Wirkung als die Naturmittel. Sie gelten als bedenklich, weil sie sich in der Nahrungskette anlagern und lange im Boden verbleiben. Daher sollte man auf eine Anwendung im Garten verzichten.

Tip

Bei reinem Netzschwefel, der verdünnt angewendet werden muß, ist Vorsicht geboten. Bei zu starker Konzentration und hohen Temperaturen werden die Blätter geschädigt.

Leimbeschichtete Gelbtafeln sind Schädlingsfallen.

Fallen ertrinken. Die Bierfallen müssen immer wieder geleert und erneut gefüllt werden. Im Handel werden auch ganz ähnlich wirkende Schneckenlösungen auf Alkoholbasis angeboten. Da der Biergeruch jedoch auch Schnekken von weit her anzieht, sollten die Fallen am besten nur innerhalb eines Schneckenzauns eingesetzt werden.

Ein Drahtgitterstreifen, an der oberen Kante umgebogen, dient als Schneckenschutz.

Schneckenzäune werden um die gefährdeten Kulturen herum in die Erde eingegraben. Sie bestehen aus Blechen, Draht oder Kunststoff und besitzen am oberen Ende eine nach außen und unten gerichtete scharfe Kante, die die Kriechtiere nicht überwinden können.

Mit Leim beschichtete Gelbtafeln, auch Leimtafeln oder Gelbsticker genannt, leisten gute Dienste gegen Fliegen und Mücken, Käfer und andere Schädlinge, die sich von der gelben Farbe besonders angezogen fühlen. Die im Handel erhältlichen Gelbtafeln können sowohl im Freiland als auch im Gewächshaus aufgehängt werden.

Biologische Pflanzenschutzmittel

Wird trotz aller Vorbeugemaßnahmen und trotz eines Nützlingseinsatzes das Gemüse von einer Krankheit befallen oder von Schädlingen heimgesucht, sollte man dennoch den Einsatz von Spritzmitteln nur im äußersten Notfall in Betracht ziehen. Erscheint er unumgänglich, so sollte man möglichst auf biologische Pflanzenschutzmittel zurückgreifen. Aber Vorsicht, nicht jedes als „biologisch" bezeichnete Mittel ist wirklich empfehlenswert. Manche vernichten nicht nur die Schädlinge, sondern auch die Nützlinge gleich mit und stören dadurch das ökologische Gleichgewicht. Trotzdem ist biologischen Pflanzenschutzmitteln der Vorzug vor chemischen zu geben, denn sie wirken zumindest weniger nachteilig und werden schneller abgebaut. Im Fachhandel sind eine Reihe von unterschiedlich giftigen Fertigpräparaten erhältlich.

Pyrethrum-Präparate, deren wirksame Substanzen, die Pyrethrine, aus bestimmten Chrysanthemen-Arten gewonnen werden, wirken gesprüht oder als Granulat ausgebracht sofort tödlich. Sie lähmen das Nervensystem von fast allen Insekten und Spinnen, so daß bei ihrer Anwendung auch viele Nützlinge vernichtet werden. Da sie außerdem giftig für Fische und auch für den Menschen nicht unbedenklich sind, sollte man möglichst auf sie verzichten.

Quassia-Brühe, ein Bitterholz-Spritzmittel aus dem tropischen Quassia-Holz, tötet ebenfalls sofort viele, auch nützliche Insekten und sollte daher wie Pyrethrum nur in äußersten Notfällen und nur sehr begrenzt angewandt werden.

Netzschwefelhaltige Mittel werden gegen verschiedene Pilzkrankheiten eingesetzt, wie z.B. Schorfpilze oder Falschen Mehltau, allerdings schädigen sie auch Nützlinge wie die Raubmilben.

Kupferhaltige Spritzmittel gegen Pilzkrankheiten sollten wegen ihrer Giftigkeit möglichst nicht verwendet werden.

Unbedenklich sind dagegen Lecithin-Präparate, die aus Sojabohnen gewonnen werden und gezielt gegen Echten Mehltau wirken.

Kulturfehler vermeiden

Bevor kranke Gemüsepflanzen behandelt werden, sollte man auf jeden Fall überprüfen, ob nicht Kulturfehler am ungesunden Aussehen schuld sind. Neben falschem Boden oder zu wenig Licht und Wärme kann auch eine unzureichende Wasserversorgung das Wachstum stark beeinträchtigen. Rettich und Radieschen werden bei Wassermangel pelzig, Kohlrabi holzig, Tomaten platzen auf. Ebenso können durch unsachgemäße Düngung, vor allem im Gewächshaus, regelrechte Salzschäden an den Pflanzen entstehen.

Schädlinge im Gemüsegarten

Kein Gemüsegarten wird sich völlig von ungebetenen Gästen freihalten lassen. Will man Einbußen vermeiden, sollte man die Pflanzen regelmäßig kontrollieren, um Schädlinge rechtzeitig zu entdecken. Befallene Teile, notfalls sogar die ganzen Pflanzen, werden sofort entfernt und vernichtet, dürfen aber niemals auf den Kompost geworfen werden.

Blattläuse

Fast alle Gemüsearten können von zahlreichen Blattlausarten befallen werden. Besonders nach milden Wintern und schönem Frühlingswetter ohne nennenswerte Spätfröste treten sie nicht selten massenhaft auf. Blattläuse saugen mit Vorliebe an jungem Pflanzengewebe und verursachen dadurch verkrüppelte Blätter und Triebe. Gefährlicher als diese Mißbildungen sind jedoch Viruserkrankungen, die durch Läuse, besonders die Schwarze Bohnenblattlaus, übertragen werden können.

Die unersättlichen Schwebfliegenlarven spießen Blattläuse mit ihren Mundhaken auf und saugen sie anschließend aus.

Ameisen lieben die süßen Ausscheidungen von Blattläusen, den Honigtau, und halten sich die Läuse deshalb als „Haustiere". Auf den klebrigen Blättern von Läusen befallener Pflanzen siedeln sich schnell Rußpilze an, die zwar nicht in die Zellen eindringen, aber durch den Belag die Photosynthese behindern und dadurch die Pflanze schädigen.

Bekämpfung: Wichtig zur Abwehr dieser Schädlinge ist die Schonung bzw. Ansiedlung von Nützlingen wie Marienkäfern, Flor- und Schwebfliegen, Ohrwürmern, Raubwanzen und vielen mehr. Insektenschutznetze verhindern den Zuflug geflügelter Exemplare, die im Sommer in allen Blattlauskolonien neben den seßhaften Tieren entstehen. Bei Befall hilft oft auch schon das Abspritzen mit einem scharfen Wasserstrahl; feuchte Pflanzenteile kann man mit Gesteinsmehl oder Algenkalk einstäuben, und auch das Spritzen mit einer Schmierseifenlösung, einem Brennesselkaltwasserauszug (siehe Seite 117) oder mit Rainfarntee (siehe Seite 118) kann Abhilfe schaffen. Ebenso können Duftkräuter die Blattläuse vertreiben. Deshalb pflanzt man z.B. Bohnenkraut neben Bohnen, Gurken und Tomaten, die häufig von der Schwarzen Bohnenblattlaus heimgesucht werden.

Blattläuse treten stets in großen Kolonien auf und saugen die Pflanzenzellen aus.

Erdflöhe

Die etwa 2 mm langen dunklen, manchmal gelb gestreiften Blattkäfer fressen Löcher in Keimblätter und junge Blätter. Gefährdet sind alle Kreuzblütler wie Radieschen, Rettiche, Kohlgemüse und Kresse.

Bekämpfung: Insektenschutznetze bewahren junge Pflanzen vor diesem Schädling. Da er trockene Wärme liebt, empfiehlt es sich, den Boden immer feucht, locker oder gemulcht zu halten. Zur Vorbeugung kann man die Keimblätter mit Gesteinsmehl oder Holzasche bestäuben, und auch eine Mischkultur von Salat, Spinat und Kerbel hat sich bewährt.

Kartoffelkäfer

Bei allen Nachtschattengewächsen, also neben Kartoffeln auch bei Auberginen, Tomaten und in geringem Maß auch Paprika, tritt der auffällig gefärbte Kartoffelkäfer auf. Die glänzend gelben Käfer, auch Colorado-Käfer genannt, haben zehn schwarze Längsstreifen. Käfer und Larven schädigen durch Lochfraß die Blätter erheblich und können die Pflanzen kahlfressen.

Tip

Bei der Anwendung biologischer und chemischer Spritzmittel muß auf jeden Fall die Anleitung auf der Packung genau befolgt werden. Bei sehr giftigen Mitteln sollte man unbedingt entsprechende Kleidung, Handschuhe und Mundschutz tragen und jeden Hautkontakt vermeiden.

Kartoffelkäfer schädigen neben Kartoffeln auch andere Nachtschattengewächse.

Tip

Für eine Schmierseifenlösung löst man etwa 150–300 g Schmierseife in 10 l heißem Wasser auf. Ist die Lösung abgekühlt, wird sie unverdünnt gegen Blattläuse ausgespritzt.

Erdraupen fressen vor allem Wurzelgemüse. Nimmt man sie in die Hand, rollen sie sich sofort zusammen.

Bekämpfung: Vorbeugend schützt man die Kulturen durch Insektennetze vor dem Befall oder kräftigt die Pflanzen mit Brennesseljauche, Farnkrautbrühe (siehe Seite 118) oder Algenprodukten. Natürliche Feinde der Kartoffelkäfer sind Kröten und Laufkäfer. Bei Befall sollte man regelmäßig Eier, Larven und Käfer absammeln. Die Larven können auch durch Überstäuben mit Gesteinsmehl vernichtet werden.

Raupen

Verschiedene Schmetterlinge legen ihre Eier an Gemüse ab. Die Raupen fressen an Wurzeln und Blättern und können bei starkem Befall die Pflanzen kahlfressen.

Die bis zu 6 cm langen graubraunen oder grünlichen Erdraupen, Larven verschiedener Eulenfalterarten, suchen besonders in Trokkenperioden die Feuchtigkeit. Sie verstecken sich tagsüber in Erdlöchern und fressen vor allem nachts an Kohl, Möhren, Zwiebeln, Spinat, Salat und anderen Gemüsen, besonders in frisch gepflanzten Kulturen.

Bei allen Kreuzblütlern, vor allem an Kohl, treten im Sommer und Herbst die grünlichen Raupen des Kohlweißlings und der Kohlmotte auf, die sich bis zu den Herzblättern durchfressen können.

An Porree und Zwiebeln ist die Lauchmotte ein unangenehmer Schädling. Der unscheinbare braungraue Falter legt seine Eier meist tief unten zwischen den Blattscheiden ab, wo die Maden schwer zu bekämpfen sind. Die Blätter sind schon in kurzer Zeit von tiefen Fraßgängen durchzogen.

Bekämpfung: Vorbeugenden Schutz bietet das Pflanzen von starkriechenden Kräutern wie Salbei und Lavendel oder Mischkultur mit Tomaten oder Sellerie, gegen Lauchmotten auch mit Möhren. Während der Flugzeit der Falter ab April/Mai sind Insektenschutznetze, die man über die Kulturen spannt, ein sicheres Abwehrmittel. Eier und Raupen sollte man regelmäßig absammeln und vernichten. Natürliche Feinde der Raupen sind neben Vögeln und Fledermäusen vor allem Schlupfwespen. Bei stärkerem Befall empfiehlt sich eine Spritzung mit *Bacillus-thuringiensis*-Präparaten (siehe Seite 121).

Tip

Als Abwehrmaßnahme gegen einen Befall durch den Erbsenwickler, dessen Larven meist mehrere Erbsenkörner in den Schoten anfressen, hat sich die frühe oder späte Aussaat bewährt. Entscheidend ist, daß die Erbsenblüte nicht mit der Flugzeit der Falter im Mai/Juni zusammenfällt.

Tief in den Blattscheiden verborgen entwickeln sich die Eier der Lauchmotte.

Kohlfliegen legen bis zu 100 Eier, aus denen die schädlichen Maden schlüpfen.

Gemüsefliegen

Die weißlichen Larven der Gemüsefliege fressen an verschiedenen Gemüsen und können die Pflanzen zum Absterben bringen. Häufig werden Keimlinge befallen, die Keimblätter abgefressen, wodurch eine Bakterieninfektion begünstigt wird.

Ob Bohnenfliege, Möhrenfliege, Selleriefliege, Kohlfliege, Rettichfliege, Spargelfliege, Zwiebelfliege – allen Arten ist gemeinsam, daß sie sich an windgeschützten, warmen Gartenplätzen wohl fühlen und diese zur Eiablage aufsuchen. Ende April/Anfang Mai ist die gefährlichste Zeit. Aus den abgelegten Eiern schlüpfen bald Maden, die durch Fraßgänge hauptsächlich die Wurzeln und Stengel zerstören.

Bekämpfung: Die natürlichen Feinde der Gemüsefliegen sind vor allem Schlupfwespen, Raubkäfer und Spinnen. Mit sehr frühen oder späten Saaten lassen sich die Flugzeiten der Gemüsefliegen umgehen. Man kann die Pflanzen auch im Haus vorziehen. Gefährdete

Links: Zwischen die Pflanzen gelegt, wehrt Rainfarn durch seinen Geruch Schädlinge ab. Rechts: Schadbild der Kohldrehherzmücke.

Kulturen sollten während der Flugzeit mit Insektenschutznetzen abgedeckt werden. Kohlpflanzen können vorbeugend durch sog. Kohlkragen aus Karton oder Kunststoff geschützt werden. Legt die Kohlfliege anstatt auf die Stengel dort ihre Eier ab, vertrocknen sie schnell. Möhren sät man zum Schutz vor der Möhrenfliege am besten in Saatbändern aus.

Trauermücken

Diese 2–3 mm großen schwarzen Mücken sind überall dort anzutreffen, wo es feucht und warm ist, vor allem in Gewächshäusern und Frühbeeten. Sie legen ihre Eier in der Nähe von Stengeln und Wurzeln ab. Die durchscheinend weißen Larven fressen die Pflanzen vom Wurzelbereich her an und verursachen damit Fäulnis. Der Schaden kann schon kurz nach der Aussaat an den Sämlingen auftreten und beträchtlich sein.

Bekämpfung: Gute Abhilfe schaffen rechtzeitig aufgehängte Gelbtafeln (siehe Seite 122). Auch sollte man die Anzuchterde nicht zu häufig gießen und nur keimfreies Substrat verwenden.

Kohldrehherzmücken

Die winzigen, bis 2 mm großen hellbraunen Gallmücken treten in den Sommermonaten in mehreren Generationen auf allen Kohlpflanzen auf. Sie nisten sich mit Vorliebe in den weichen Herzblättern junger Pflanzen ein, dort legen die Weibchen ihre Eier ab. Die nach kurzer Zeit schlüpfenden Larven saugen die Blattstiele an, die sich verdrehen und krümmen. Das Herz des Kohls stirbt meist ab, so daß es keinen Ertrag gibt, oder die Pflanze wächst verkrüppelt weiter. Am größten sind die Schäden in regenreichen Sommern oder in feuchten Gärten.

Bekämpfung: Die beste Abwehrmaßnahme ist ein Abdecken der Kultur mit Gemüsefliegennetzen. Als Nützlinge sollten besonders die Schlupfwespen und Laufkäfer gefördert werden.

Maulwurfsgrillen

Die etwa 4–5 cm langen braunschwarzen, gepanzert wirkenden Insekten werden auch Werren genannt. Sie wühlen mit ihren schaufelartigen Vorderbeinen fingerdicke Gänge unter Salat-, Kohl-, Kartoffel- und auch Zierpflanzen und fressen deren Wurzeln ab. Der Schaden kann beträchtlich sein.

Maulwurfsgrillen wühlen mit kräftigen Grabschaufeln im Boden und ernähren sich von Gemüsewurzeln.

Bekämpfung: Findet man die Gänge unter abgestorbenen Pflanzen, so kann man sie durch Nachgraben zerstören und die Schädlinge abtöten. Oder man gräbt bei den Gängen glattrandige Konservendosen ebenerdig ein, schüttet Salatöl in die Werrengänge und gießt mit Wasser nach. Die Insekten kommen dann ans Tageslicht und können aus den Do-

Tip

Vorbeugend gegen Gemüsefliegen können stark riechende Tees aus Rainfarn und Wermut oder ein Salbeiauszug gespritzt werden. Zwischen die Saatrillen legt man duftende Kräuter wie Lavendel, Dill oder Rainfarn.

Spinnmilben verursachen ein hellsilbriges Punktmuster auf den Blättern befallener Pflanzen.

Tip

Bei Stangenbohnen kann man durch eine gründliche Reinigung der Kletterhilfen einem erneuten Befall durch überwinternde Spinnmilben vorbeugen.

Tip

Vor jeder Neuanpflanzung müssen alte, befallene Kohlreste gründlich aus den Beeten entfernt werden, damit die nachfolgenden Setzlinge nicht infiziert werden.

sen gesammelt und vernichtet werden. Seit einiger Zeit werden auch räuberische Nematoden (siehe Seite 121) gegen die Schädlinge eingesetzt.

Spinnmilben

Spinnmilben, auch als Rote Spinne bekannt, sind winzige, meist nur mit der Lupe erkennbare gelbgrünliche oder orangefarbene bis rötliche Insekten. Die aggressiven Schädlinge verbreiten sich in kurzer Zeit massenhaft und überziehen meist die Blattunterseiten mit einem feinen Gespinst. Sie saugen die Blattzellen aus, so daß von oben ein hellsilbriges, durchscheinendes Punktmuster entsteht, bis die Blätter schließlich welken. Trockene Luft und hohe Temperaturen fördern die Ausbreitung dieser Schädlinge, die vor allem Bohnen und Gurken gefährden.

Bekämpfung: Hohe Luftfeuchtigkeit und gute Durchlüftung sind im Gewächshaus eine wichtige Vorbeugungsmaßnahme. Schon bei geringem Befall sollte man Raubmilben (siehe Seite 121) einsetzen. Im Garten kann durch Mulchen für gleichmäßige Feuchtigkeit gesorgt werden, und an heißen Tagen muß gründlich gegossen werden. Natürliche Gegenspieler der Spinnmilben sind Raubwanzen, Gallmücken, Schlupfwespen, Florfliegen und Marienkäfer. Anfällige Pflanzen kann man durch Brennesseljauche (siehe Seite 117f.) oder Gesteinsmehl kräftigen. Bereits befallene Gemüse spritzt man mehrmals mit Schachtelhalmbrühe (siehe Seite 118).

Weiße Fliegen

Die Weiße Fliege oder Mottenschildlaus ist eine Verwandte der Blatt- und Schildläuse. Die winzigen Insekten legen ihre Eier auf die Blattunterseiten, und schon nach wenigen Tagen schlüpfen die grünlichen Larven aus. Sowohl die Larven wie auch die erwachsenen Tiere saugen Pflanzenzellen aus und hinterlassen klebrige Ausscheidungen, auf denen sich Pilze ansiedeln können. Trockene Luft fördert ihre Ausbreitung. Im Gewächshaus befällt die Weiße Fliege Tomaten, Auberginen, Paprika und Gurken, im Freiland sind Kohlarten durch die Kohlmottenschildlaus gefährdet.

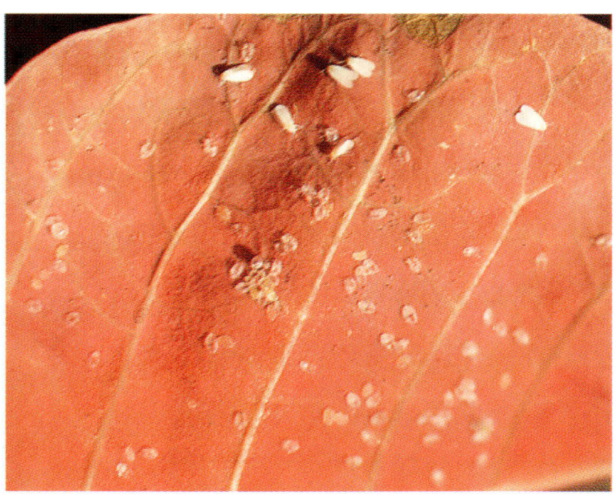

Weiße Fliegen vermehren sich vor allem bei trockener Luft.

Bekämpfung: Hohe Luftfeuchtigkeit und ausreichendes Lüften schützen im Gewächshaus vor Befall. Bei starker Sonneneinstrahlung sollte möglichst schattiert werden. Auch Gelbtafeln (siehe Seite 122) leisten sehr gute Dienste. Im Gewächshaus sollte man Nützlinge wie Schlupfwespen der Art *Encarsia formosa* einsetzen, im Freiland mit einem Brennnesselkaltwasserauszug (siehe Seite 117) spritzen. Um den Befall einzudämmen, müssen geschädigte Blätter stets entfernt und vernichtet werden.

Die fast durchscheinenden Thripse sind in der Paprikablüte nur schwer zu entdecken.

Thripse

Die 1–2 mm langen, je nach Art gelblich bis schwarzbraunen Insekten mit gefransten Flügeln besitzen an den Füßen blasenartige Haftorgane und werden deshalb auch Blasenfüße genannt. Sowohl die ausgewachsenen Tiere wie die gelbgrünen Larven saugen, auf der Blattunterseite sitzend, mit Vorliebe an Gurken, Bohnen, Erbsen, Kohl, Tomaten und Zwiebeln. Die leeren Pflanzenzellen füllen sich mit Luft, dadurch bekommen die Blätter silbrigweiße oder gelbliche Flecken und Streifen, oft wirkt die oberste Schicht wie abgeraspelt.

Bekämpfung: Da sich Thripse besonders bei trockenwarmer Witterung ausbreiten, sollte der Boden durch Hacken und Mulchen feucht gehalten werden. Nützlinge wie Marienkäfer, Raubwanzen, Florfliegen, Raubmilben und andere sollten gefördert bzw. ausgesetzt

Die Blumenmischung 'Gartendoktor' vertreibt Nematoden aus dem Boden.

werden. Bei Zwiebeln und Erbsen hilft eine frühzeitige Aussaat. Zur Abwehr kann man auch Weinraute, Bohnenkraut oder Ysop pflanzen. Bei geringem Befall wird mit Knoblauchtee (siehe Seite 118) gespritzt, in hartnäckigen Fällen wird man zu Schmierseifenlösung (siehe Seite 123) und notfalls zu Pyrethrum-Präparaten (siehe Seite 122) greifen müssen. Nach einem Befall sollte man im Folgejahr kein Gemüse aus derselben Familie an diese Stelle pflanzen.

Nematoden

Die winzigen, mit dem Auge kaum erkennbaren, farblosen und durchsichtigen Fadenwürmer, auch Älchen genannt, kommen überall in der Natur vor. Unter der Fülle von Arten gibt es zahlreiche Nützlinge (siehe Seite 118ff.), allerdings auch viele Parasiten, die den Pflanzen Schaden zufügen. Die Nematoden bewegen sich meist schlängelnd durch das feuchte Erdreich zu ihren Wirtspflanzen, deren Wurzeln oder Stengel und Blätter sie anstechen.

Im Gemüsegarten sind hauptsächlich Kartoffeln, Möhren, Sellerie, Porree, Zwiebeln, Bohnen, Petersilie u.a. Kräuter gefährdet. Vor allem Wurzelnematoden (*Pratylenchus*- und *Paratylenchus*-Arten) schädigen die Pflanzen durch ihre Saugtätigkeit an den Wurzeln, die den Wassertransport stört. Die Wurzeln verfärben sich braun und verkrüppeln, das Wachstum der Pflanze bleibt zurück. Gallenbildende Wurzelnematoden (*Meloidogyne*) erzeugen gallenartige Wucherungen an den Wurzeln, die ebenfalls die Wasserzirkulation stören, wodurch die Pflanze welkt und abstirbt. Zu einer Massenvermehrung der Nematoden kommt es vor allem durch Nichtbeachtung der Fruchtfolge oder zuviel Bodensäure.

Bekämpfung: Ein gut durchlüfteter und genügend gekalkter Boden sowie eine weite Fruchtfolge (vier bis fünf Jahre) halten die Ausbreitung der Nematoden in Grenzen. Befallene Pflanzen – auch Unkräuter, in denen sich Nematoden häufig vermehren – müssen umgehend entfernt und vernichtet werden.

Auch das Auspflanzen von nematodenschädigenden Sommerblumen wie Studentenblume *(Tagetes)*, Kokardenblume *(Gaillardia)*, Mädchenauge *(Coreopsis)*, Sonnenhut *(Rudbeckia)* und Ringelblume *(Calendula)* kann helfen, den Boden gesund zu erhalten. Eine Mischung dieser Blumen ist unter dem Namen 'Gartendoktor' im Handel erhältlich. Man sät sie zwischen Mai und Ende Juli breitwürfig aus oder setzt vorgezogene Pflanzen in geringem Abstand zwischen die Gemüsekulturen. Bis zum Herbst bildet sich ein ausgeprägtes Wurzelwerk; von dessen Ausdünstungen angelockt, dringen die Nematoden wie in andere Wirte ein. Danach kommt es zu keiner weiteren Vermehrung, weil die Älchen so gut wie vollständig absterben. Daher können diese Pflanzen kompostiert oder wie eine Gründüngung untergegraben werden. Die Maßnahme wird alle drei bis vier Jahre wiederholt.

Schnecken

Während die Weinbergschnecke, welche die Eier der Nacktschnecken frißt, zu den Nützlingen gehört und Gehäuseschnecken nur in Ausnahmefällen größere Schäden anrichten, sind insbesondere Nacktschnecken der Schrecken aller Gärtner. Die gefräßigen Tiere, die zum Teil erstaunliche Strecken zurücklegen, machen sich nachts über die feuchten,

Tip

Nicht alle Vertreter der Thripse sind Pflanzensauger. Einige Arten leben räuberisch, z.B. von Blattläusen, und jagen auch ihre eigenen pflanzenschädigenden Verwandten. Manche ernähren sich von Mehltaupilzen.

Tip

Gegen Nematoden, die Wurzeln schädigen, helfen bestimmte Sorten von Gründüngungspflanzen wie Ölrettich der Sorte 'Pegletta' oder Weißer Senf (Gelbsenf) der Sorte 'Maxi'.

Auch Blaue Leimtafeln dienen als Lockfalle für viele Schädlinge, vor allem Thripse (Bild unten).

Nematodenbefall läßt Zwiebeln aufplatzen und faulen (Bild links).

Nacktschnecken können schon innerhalb kürzester Zeit einen Salat völlig auffressen (links), deshalb sollte man bereits die Eier (rechts oben) vernichten.

Tip

Die Verwendung von Schneckenkorn, das von vielen Gärtnern häufig ausgestreut wird, ist keineswegs unbedenklich. Da auch Nützlinge das giftige Schneckenkorn fressen, sollte man vorzugsweise auf andere Maßnahmen zurückgreifen.

Tip

Wer auf den Einsatz von Schneckenkorn nicht verzichten will, sollte es zumindest sparsam und bodenschonend anwenden: Zwei bis drei Körner pro Quadratmeter, in einem ebenerdig eingegrabenen Becher ausgelegt, reichen völlig aus.

regelmäßig gegossenen oder durch Mulchen feucht gehaltenen Gemüsebeete her. Salat, Kohl, Mangold und Spinat zählen zu ihren Lieblingspflanzen. Tomaten dagegen bleiben in der Regel verschont. Auch beim Salat sind Schnecken durchaus wählerisch, so findet z.B. die Sorte 'Lollo' mit ihren spitzen Blatträndern bei ihnen wenig Gefallen. Nacktschnecken legen ihre Eier schon im Spätherbst in Bodenspalten, wo sie überwintern, und die Jungschnecken bevölkern schon zeitig im April oder Mai die Beete.

Bekämpfung: Eine massenhafte Ausbreitung der Schnecken kann man unterbinden, wenn man den Boden im Spätherbst oder zeitigen Frühjahr lockert, um die Eigelege an die Oberfläche zu holen, wo sie dem Frost und Nützlingen ausgesetzt sind. Dies gilt ebenso für den Kompost, in dem sich Schnecken, auch zur Eiablage, gern aufhalten. Ein feinkrümeliger Boden bietet Schnecken keine Rückzugsmöglichkeiten. Regelmäßiges leichtes Hacken befördert sie an die Oberfläche, wo man sie gut absammeln kann.

Nach Einbruch der Dunkelheit lassen sich die Tiere leicht mit der Taschenlampe aufspüren und einsammeln. Legt man vor der Bestellung der Beete eine dunkle Folie aus, sammeln sich die Schnecken tagsüber darunter, und man kann sie bei der täglichen Kontrolle beseitigen. Auch unter Brettern, wo sie gern Unterschlupf suchen, kann man sie aufstöbern. Wer seine Jungpflanzen mit Vliesen oder Netzen abdeckt, muß sie nach allen Seiten hin gut abdichten, damit die Schnecken keinen Zugang finden.

Kostspieliger bzw. aufwendiger sind Schneckenzäune oder Bierfallen (siehe Seite 121 f.). Ein nicht ganz so unüberwindbares Hindernis bilden natürliche Barrieren aus Petersilie, Lavendel, Eberraute, Kerbel und Thymian, die Schnecken nicht mögen. Umgekehrt kann man sie mit Studentenblumen (*Tagetes*) als Lockpflanzen ablenken. Ebenso stellen Schutzringe aus spitzem Material, z.B. Strohhäcksel, Gerstenspelzen, trockene Fichtennadeln, das man um die gefährdeten Pflanzen streut, eine wirksame Abwehr dar. Und natürlich gilt es Igel, Maulwurf, Frösche, Kröten, Eidechsen und Vögel zu fördern, die eifrige Schneckenvertilger sind.

Wühlmäuse

Wühlmäuse, allen voran die gefräßigen Schermäuse, können vor allem in Gärten auf dem Land oder am Stadtrand zur Plage werden. Sie hausen in weitverzweigten unterirdischen Gängen und fressen gern die Wurzeln von Gemüsepflanzen, vor allem Zwiebelpflanzen. Die Schäden können erheblich sein.

Wühlmausgänge ziehen sich mit leichter Erhebung unregelmäßig, aber schnurgerade durch die Beete. Ihr Querschnitt ist hochoval und unterscheidet sich dadurch von Maulwurfsgängen, die eher breit als hoch sind und in Zickzacklinie verlaufen. Ob sie noch begangen werden, kann man leicht testen, indem man sie an einer Stelle öffnet. Wird das Loch im Gang wieder verschlossen, ist er noch bewohnt.

Wühlmäuse ziehen schnurgerade Gänge mit leichter Erhebung durch den Garten.

Bekämpfung: In den Gängen aufgestellte Fallen oder ausgelegte Giftköder wirken in jedem Fall tödlich. Umweltfreundlichere Abschreckungsmethoden sind: Man gräbt Flaschen ohne Boden schräg in die Gänge ein; die vom Wind erzeugten Geräusche vergrämen dann die Wühlmäuse. Oder man steckt an begangenen Stellen Metallstangen in den Boden und schlägt täglich mehrfach mit einem Hammer darauf; diese Geräusche vertreiben die Tiere. Man kann auch stark riechende Pflanzen um die Beete setzen, wie z.B. die Kreuzblättrige Wolfsmilch (*Euphorbia lathyris*), Kaiserkrone (*Fritillaria imperialis*), Hundszunge (*Cynoglossum officinale*) oder Knoblauch (*Allium sativum*).

Die häufigsten Pflanzenkrankheiten

Neben den Schädlingen gibt es noch andere Organismen, die den Pflanzen oft das Leben schwermachen. Die meisten Pflanzenkrankheiten werden von Pilzen verursacht. Aber auch Bakterien, Viren und Mykoplasmen können den Gärtner zur Verzweiflung bringen, denn sie lassen sich nicht direkt bekämpfen. Bakterien verursachen z.B. die Fettfleckenkrankheit bei Busch- und Stangenbohnen, die Bakterienwelke bei Gurken, Tomaten und Bohnen oder die Bakterienfäule bei Kohl, Salat und Möhren. Viren rufen meist mosaikartige Scheckungen und Deformierungen an den Blättern hervor, vor allem bei Salat, Bohne, Tomate, Gurke oder Kartoffel. Sie werden oft durch saugende Insekten übertragen, besonders durch Blattläuse und Thripse.

Gegen Bakterien und Viren gibt es keine wirksamen Spritzmittel oder Präparate. Am besten schützen vorbeugende Maßnahmen gegen diese Krankheitserreger. Daher sollte man nur widerstandsfähige Sorten pflanzen und möglichst gebeiztes Saatgut verwenden. Selbstverständlich muß man Saatschalen, Arbeitsgeräte und ähnliche Gartenwerkzeuge immer peinlich sauber halten und mit einer Desinfektionslösung oder Alkohol reinigen. Pflanzen, die nicht mehr zu retten sind, werden gründlich entfernt und vernichtet, jedoch nicht auf den Kompost gegeben.

Alternaria-Blattfleckenkrankheit beim Kohl wird durch einen Pilz verursacht.

Grauschimmel oder Botrytis befällt vorwiegend geschwächte Pflanzen.

Keimlingskrankheiten

Eine Vielzahl verschiedener Pilzarten verursacht an den Keimlingen, vor allem bei Kohl, Tomaten, Kopfsalat oder Möhren, Keimlingskrankheiten. Die Pilze bewirken, daß sich die Sämlinge schwarzbraun verfärben, an den Wurzelhälsen sind Einschnürungen zu erkennen, welche die Leitungsbahnen unterbrechen. Der Stengelgrund wird weich-faul, so daß die Pflänzchen schließlich umfallen und absterben. Daher wird das Schadbild auch als Umfallkrankheit, Schwarzbeinigkeit oder Wurzelbrand bezeichnet. Feuchtkalte Witterung fördert den Befall, ebenso eine zu dichte Aussaat. Die Pilzsporen werden häufig mit dem Saatgut übertragen oder haben den Winter im Boden überdauert.

Bekämpfung: Zur Vorbeugung empfiehlt es sich, nur keimfreie Erde und gebeiztes Saatgut zu verwenden. Außerdem sollte man nicht zu früh und zu dicht aussäen, Kulturen unter Glas regelmäßig lüften und nicht zu naß halten. Bei Befall kann man Schachtelhalmbrühe (siehe Seite 118) spritzen. Notfalls muß in frische, keimfreie Erde neu angesät werden.

Grauschimmel

Bei anhaltend feuchter Witterung können viele Gemüse von Grauschimmel *(Botrytis)* befallen werden. Der Pilz siedelt sich vor allem auf Pflanzen an, die durch falsche Kulturbedingungen geschwächt sind. Neben Erdbeeren und Wein werden viele Gemüsearten wie z.B. Salat, Gurken, Tomaten, Rot- und Weißkohl befallen. Die betroffenen Pflanzenteile faulen, Blätter und Früchte sind von einem grauen Pilzrasen überzogen.

Tip

Bevor man gegen Wühl- oder Schermäuse vorgeht, muß man eine Verwechslung mit dem Maulwurf ausschließen. Dieser steht unter Naturschutz und darf nur aus dem Garten vertrieben, nicht aber getötet werden.

Tip

Eine ausgewogene Nährstoffversorgung ist für die Gesundheit der Pflanzen sehr wichtig. Zu hohe Düngergaben schaden ihnen eher. Vor allem mit Stickstoff überdüngte Pflanzen sind deutlich anfälliger gegenüber Krankheiten wie Grauschimmel.

Die Möhrenschwärze, eine durch Pilze hervorgerufene Blattfleckenkrankheit, erfaßt zuerst das Laub.

Tip

Zur Vorbeugung gegen Kraut- und Braunfäule kann man Tomaten mit Magermilch oder milchsauer vergorenen Säften (z. B. Brottrunk) einsprühen.

Tip

Die Gefahr eines Befalls mit Falschem Mehltau läßt sich einschränken, wenn man die Pflanzen vormittags gießt. Sie nehmen dann das Wasser rasch auf, und die Blätter trocknen schnell ab.

Tip

Die sog. Dauersporen des Schleimpilzes, der die Kohlhernie verursacht, können mehrere Jahre im Boden überleben und befallen die unterirdischen Teile der Pflanzen. Daher ist eine weite Fruchtfolge (mindestens vier Jahre) anzuraten und ein möglichst hoher pH-Wert des Bodens (6,5 bis 8) durch Kalkgaben anzustreben.

Bekämpfung: Als wichtige Vorbeugungsmaßnahme sind optimale Standortbedingungen für die Pflanzen zu schaffen. Dazu gehören lockere Erde, ausreichender Pflanzabstand und das Vermeiden von Staunässe. Im Gewächshaus muß für Licht und Luft gesorgt werden. Eine ausgewogene Nährstoffzufuhr sorgt zusammen mit Algenkalk und Gesteinsmehl, die auf den Boden gestäubt werden, für gesunde, widerstandsfähige Pflanzen. Zum Schutz bodennaher Kulturen kann man die Erde mit Stroh abdecken. Bei Gefährdung sollten vorbeugend Schachtelhalmbrühe oder Knoblauchtee (siehe Seite 118) gespritzt werden. Kranke Pflanzenteile müssen sofort entfernt werden, sie dürfen aber nicht auf den Kompost.

Kraut- und Braunfäule

Diese vom Pilz *Phytophthora infestans* verursachte Krankheit tritt besonders in feuchten Jahren im Spätsommer und Herbst bei Kartoffeln und Tomaten auf. Die Früchte von Tomaten bekommen schwarzbraune Flecken, die Haut wird runzlig, das Fruchtfleisch darunter hart und ungenießbar. Die Blätter werden ebenfalls braunfleckig, sind auf der Unterseite von einem weißlichen Schimmelrasen bedeckt und welken schließlich. Bei Kartoffeln werden zuerst Blätter und Stengel befallen, später dann auch die Knollen.

Bekämpfung: Wenig empfindliche Sorten bieten eine gewisse Gewähr gegen diese Erkrankung. Auch hier spielt Fruchtwechsel eine wichtige Rolle, damit sich die Erreger nicht über den Boden weiterverbreiten können. Tomaten und Kartoffeln darf man nicht nebeneinanderpflanzen, da sie sich sonst leicht gegenseitig infizieren. Folienhauben schützen die Tomaten vor den Pilzsporen, die sich über den Wind verbreiten oder auf nassen Stellen an den Blättern auskeimen. Die unteren Blätter werden entfernt, damit keine Übertragung vom Boden aus stattfindet. Mit Brennesseljauche (siehe Seite 117), Algenpräparaten und Gesteinsmehl kann man die Pflanzen kräftigen. Befallene Pflanzen spritzt man mehrfach mit Schachtelhalmtee (siehe Seite 118).

Braunfäule breitet sich in kalten und feuchten Sommern bei Tomaten oft schnell aus.

Echter Mehltau

Verschiedene Mehltaupilze befallen u. a. Gurken, Erbsen, Melonen, Löwenzahn, Möhren, Feldsalat oder Schwarzwurzeln. Die Pilze überziehen vor allem im Sommer bei warmem, trockenem Wetter die Blätter und Stengel beidseitig mit einem weißlichen Schimmelrasen.

Der Echte Mehltau tritt vor allem bei sehr warmem, trockenem Wetter auf.

Bekämpfung: Wichtige Vorbeugemaßnahmen sind die Wahl resistenter Sorten, ein sparsamer Umgang mit Stickstoffdüngern sowie ausgiebiges Wässern bei Trockenheit. Spritzungen mit Schachtelhalmbrühe (siehe Seite 118) helfen vorbeugend und bei Befall. Stärker wirken biologische Mittel auf der Basis von Lecithin oder Sachalin-Knöterich.

Falscher Mehltau

Der Falsche Mehltau wird ebenfalls durch verschiedene Pilze verursacht und befällt vor allem Salat, Spinat, Gurken, Feldsalat und Zwiebeln. Bei Gemüse ist er gefährlicher als der Echte Mehltau. Im Gegensatz zu diesem breitet sich der Falsche Mehltau bei feuchtem Wetter aus. Man erkennt ihn an den gelb-braunen Flecken auf der Blattoberseite, auf der Unterseite bildet sich ein weißgrauer Pilzrasen.

Der Falsche Mehltau befällt die Zwiebeln vor allem bei feuchtem Wetter.

Bekämpfung: Vorbeugend hilft die Verwendung von resistenten Sorten und das Pflanzen in ausreichend weiten Abständen. Der Boden sollte locker gehalten werden, und beim Gießen sollten die Blätter möglichst nicht benetzt werden. Gewächshauskulturen müssen häufig gelüftet werden. Schachtelhalmbrühe oder Knoblauchtee (siehe Seite 118) können vorbeugend und bei Befall gespritzt werden.

Kohlhernie

Diese gefährliche Krankheit kann bei allen Kreuzblütlern, auch bei Blumen aus dieser Pflanzenfamilie, auftreten und sich über den Boden sowie über Pflanzenreste weiterverbreiten. Sie wird durch einen Schleimpilz hervorgerufen. Infizierte Pflanzen zeigen kropfartig verdickte Wurzeln, sie kümmern und welken. Da die beweglichen Pilzzellen über Wasser im Boden transportiert werden, verbreiten sie sich vor allem in sehr feuchten Böden. Auch Böden mit einem niedrigen pH-Wert sind besonders gefährdet.

Kohlhernie ist eine gefürchtete Krankheit, der man durch Fruchtwechsel vorbeugen kann.

Bekämpfung: Eine direkte Bekämpfung ist nicht möglich, um so wichtiger sind vorbeugende Maßnahmen wie die Erhöhung des pH-Werts des Bodens durch Algenkalk, die Pflanzung von resistenten Sorten, konsequenter Fruchtwechsel und Mischkultur. Bei der Pflanzung sollte man Algenkalk ins Pflanzloch geben oder die Setzlinge in Algenkalk tauchen. Auf sauren Böden und vor Kohl darf kein Weißer Senf (Kreuzblütler) als Gründüngung ausgesät werden. Befallene Pflanzen muß man ausreißen und vernichten.

Sklerotinia-Fäule

Sklerotinia-Pilze rufen bei Gemüse wie Bohnen, Gurken oder Tomaten Stengelfäule hervor. Auch Salatblätter werden befallen. Die kranken, faulen Stellen weisen einen weißen, watteartigen Pilzrasen auf. Der Pilz bildet schwarzbraune Dauersporen an den Blättern aus, die im Boden überwintern.

Blattfleckenkrankheit an Sellerie (links oben); Sklerotinia-Fäule an Kohlrabi (rechts oben).

Bekämpfung: Die Wahl widerstandsfähiger Sorten ist genauso wichtig wie das Einhalten einer weiten Fruchtfolge (vier Jahre). Betroffene Pflanzen sind sofort zu entfernen und zu vernichten, nach einem Befall im Gewächshaus sollte die Erde ausgetauscht werden.

Blattfleckenkrankheit

Sellerie (Knollen-, Schnitt- und Bleichsellerie), Pastinaken und Petersilie werden zuweilen von einem Pilz befallen, der sich besonders bei feuchter Witterung rasch ausbreiten kann. Zunächst treten an den Blättern gelbliche bis bräunliche Flecken auf, das Gewebe vertrocknet, die Blätter sterben ab, die Knollen bleiben im Wachstum gehemmt.

Bekämpfung: Gesundes Saatgut und resistente Sorten, weiter Pflanzabstand und Fruchtwechsel geben dem Pilz geringe Angriffsmöglichkeit. Vorbeugend und bei Befall sollte man mit Schachtelhalmbrühe (siehe Seite 118) spritzen. Kranke Blätter müssen frühzeitig entfernt und vernichtet werden.

Tip

Bei der Blattfleckenkrankheit überwintern die Pilze auf Pflanzenresten und Samen. Deshalb dürfen niemals Samen von kranken Pflanzen neu ausgesät werden. Vorbeugend können Selleriesamen 20 Minuten in gut 50 °C warmes Wasser gelegt werden.

Der Weg zur eigenen Ernte

Gemüse und Kräuter von A–Z

Attraktive Blüten leuchten aus dem grünen Laub der Zucchini. Schnell entwickeln sich aus den weiblichen Blüten die delikaten Früchte.

Die vielen verschiedenen Gemüse und Kräuter verlangen individuelle Pflege, damit sie bestmöglich gedeihen und eine reiche Ernte bringen. Doch nicht nur der Ertrag spielt eine Rolle, die frische Kost aus dem eigenen Garten soll vor allem auch gesund und schmackhaft sein. Gerade das unvergleichliche Aroma unterscheidet selbstgezogenes Gemüse oft von den Feldfrüchten auf dem Markt. Und Vollendung im lukullischen Genuß erzielt man nur, wenn man seine Nutzpflanzen und ihre Ansprüche kennt und sie entsprechend versorgt. Ein Streifzug durch die bunte Welt der Gemüse weckt Lust zum Gärtnern und Ernten.

Die Gemüse und Kräuter in diesem Kapitel sind alphabetisch nach ihrem gebräuchlichsten deutschen Namen geordnet, unter dem sie auch meistens in Gärtnereien und Katalogen geführt werden. Für viele Pflanzen gibt es jedoch außerdem andere, oft regional unterschiedliche Bezeichnungen; diese sind – wie auch die wissenschaftlichen Namen – im Register erfaßt, so daß man schnell zum jeweils gesuchten Hauptstichwort findet. Gemüsearten, die zu einer Großgruppe gehören, sind unter dem jeweiligen Oberbegriff abgehandelt – so werden z.B. Busch- und Stangenbohnen unter dem Stichwort Bohnen, Blumen- und Weißkohl unter Kohlgemüse beschrieben.

A

Amarant

Amarant

Grüner Fuchsschwanz, Meier, Blitum
Amaranthus lividus var. *oleraceus*

Familie: Amarant- oder Fuchsschwanzgewächse *(Amaranthaceae)*
Herkunft: Mittel- und Osteuropa, Asien
Merkmale: Die Gattung Amaranthus kommt sowohl im Zier- wie im Gemüsegarten vor. Als Gemüse wird bei uns vor allem der einjährige Grüne Fuchsschwanz kultiviert, der bereits zur Römerzeit angebaut wurde und als Vorläufer des Spinats gilt. Die Pflanze wird 40–70 cm hoch und entwickelt kräftige Stengel mit vielen Seitentrieben und dichtem, grünem Blattwerk. Die ovalen, unbehaarten Blätter ißt man als Gemüse. Die kleinen, äußerst unscheinbaren weißlich-grünlichen Blüten sitzen in Knäueln in den Blattachseln, sie sind nicht zum Verzehr geeignet.
Standort: vollsonnig, warm
Boden: Amarant ist ein Mittelzehrer. Er benötigt reichlich Humus und einen Boden, der lange die Feuchtigkeit hält. Als Vorkulturen eignen sich – abgesehen von Pflanzen derselben Familie und der Gänsefußgewächse *(Chenopodiaceae)* – alle Gemüsearten, die reichlich mit Mist versorgt wurden.
Mischkultur: Bei einem Abstand von 50 cm verträgt sich Amarant gut mit Gurken, Kürbis und Zucchini.
Kultur: Am einfachsten wird Amarant ab Mitte Mai direkt ins Freiland gesät. Die Saattiefe beträgt 1–2 cm, der Reihenabstand 40–50 cm. Nach dem Aufgehen der Samen vereinzelt man die Pflänzchen innerhalb der Reihen auf 30 cm. Die Standfestigkeit der Pflanzen wird durch Anhäufeln begünstigt.
Pflege: Die schnellwüchsigen Pflanzen benötigen viel Feuchtigkeit, ansonsten sind sie anspruchslos.
Ernte und Verwertung: Je nach Witterung kann schon ab Mitte Juni geerntet werden. Man pflückt den ganzen Sommer über einzelne Blätter und bereitet sie wie Spinat zu.

Anis

Süßer Kümmel, Brotsamen, Anais, Runder Fenchel
Pimpinella anisum (auch *Anisum vulgare*)

Familie: Doldenblütler *(Apiaceae, Umbelliferae)*
Herkunft: östliche Mittelmeerländer, in Europa häufig eingebürgert

Anissamen

Merkmale: Anis gehört zu den ältesten Heil- und Gewürzpflanzen. Das einjährige Kraut wird etwa 50 cm hoch und ist mit einer spindelförmigen Wurzel im Boden verankert. Die Stengel wachsen aus einer Blattrosette und verzweigen sich oben ästig. Anis besitzt dreierlei Blattformen: Die Grundblätter sind gestielt, ungeteilt und am Rand gezähnt; die mittleren Blätter sind dreilappig, die oberen schmal und tief eingeschnitten. Die

Anis

weißen vielstrahligen Blütendolden erscheinen im Juli/August. Später bilden sich kleine, rundlich-eiförmige Früchte, die aus zwei Teilfrüchten bestehen. Sie reifen in unserem Klima leider nicht immer aus. Der aromatische Geruch der Anisfrüchte geht auf das ätherische Öl Anethol zurück. Außerdem enthalten sie noch fettes Öl, Eiweiß sowie Zucker, der dem Gewürz seinen typischen süßwürzigen Geschmack verleiht.
Standort: warm und sonnig
Boden: Anis ist ein Mittelzehrer und braucht einen durchlässigen, humosen, etwas kalkhaltigen Boden.
Mischkultur: Anis verträgt sich gut mit Erbsen, Gurken, Salat (vor allem Endivie), nicht aber mit Bohnen und Tomaten.
Kultur: Anis keimt nur sehr zögernd. Als förderlich für den Keimvorgang und die Weiterentwicklung hat sich erwiesen, dem Saatgut einige wenige Koriandersamen beizumischen. Die Aussaat erfolgt im April direkt ins Freiland, und zwar etwa 1,5 cm tief in Reihen von 20–30 cm Abstand. Der Samen muß gut mit Erde bedeckt sein (Dunkelkeimer). Wenn die Sämlinge etwa 10 cm hoch sind, werden sie auf 20–30 cm Abstand vereinzelt.
Pflege: Solange die Pflanzen noch nicht ineinander verwachsen sind, sollte der Boden möglichst gut aufgelockert und unkrautfrei gehalten werden.
Ernte und Verwertung: Die Früchte werden etwa einen Monat nach der Blüte, wenn sich die meisten Samen bräunlich färben, geerntet. In naßkalten Sommern reifen die Samen, wenn überhaupt, erst sehr spät. Man schneidet entweder nur die reifen Dolden oder aber die ganze Pflanze kurz vor der Vollreife und schüttelt die Samen zum Trocknen und Nachreifen auf ein Tuch aus.
Anis wird getrocknet für Backwaren, besonders in der Weihnachtsbäckerei, und beim Brotbacken verwendet. Er würzt aber auch Soßen, Suppen, Kohlgerichte und Karotten. Die frischen Blätter geben Suppen und Salaten einen guten Geschmack.

Artischocke
Cynara scolymus

Familie: Korbblütler *(Compositae)*
Herkunft: Mittelmeergebiet
Merkmale: Die mehrjährige distelartige Pflanze mit großen fiederspaltigen Blättern erreicht die stattliche Höhe von 2 m und verzweigt sich kräftig. Sie entwickelt große Blütenköpfe, die – vor der Blüte geschnitten – als Gemüse geerntet werden. Läßt man die Blütenknospen sich an der Pflanze entfalten, blühen sie von August bis Oktober blauviolett. In unserem Klima überdauert die Artischocke 3–4 Jahre, wenn sie ausreichenden Winterschutz bekommt oder der Wurzelstock im Herbst ausgegraben und frostfrei überwintert wird. Die Pflanze ist reich an Mineralstoffen und enthält Fruchtsäuren und Vitamine.
Standort: sonnig, warm, geschützt
Boden: Die zu den Starkzehrern gehörende Pflanze benötigt einen durchlässigen, tiefgründigen, sandiglehmigen Boden. Staunässe verträgt sie nicht.
Mischkultur: Artischocken brauchen ab dem zweiten Jahr viel Platz. Im ersten Anbaujahr können sie mit niedrig wachsendem Gemüse wie Kopfsalat oder Radieschen zusammengepflanzt werden.
Sorten: Kultursorten bilden größere, unbestachelte Blütenköpfe aus, z.B. 'Große von Laon' oder 'Green Globe'.

Artischocke

Kultur: Ausgesät wird im März/April bei etwa 20 bis 22 °C in Schalen oder Töpfe mit Anzuchterde. Später pikiert man die Sämlinge in 8–10-cm-Töpfe und kultiviert sie bei 18 °C weiter.

Artischocke

Nach den Eisheiligen wird im Abstand von 80×100 cm ins Freiland ausgepflanzt. Artischocken werden am besten nach 3–4 Jahren durch neue Aussaat wieder herangezogen. Man kann sie aber auch durch Teilung vermehren. Dazu werden die Mutterpflanzen im März/April bei frostfreiem Wetter freigelegt. Bis auf 2 oder 3 Haupttriebe trennt man alle Nebentriebe mit einem scharfen Messer ab und deckt die Pflanze wieder zu. Gut entwickelte, schon leicht bewurzelte Nebentriebe, die sog. Kindel, kann man als Ableger verwenden. Sie werden zur weiteren Bewurzelung bei 17–20 °C in 7–8-cm-Töpfe gesetzt und Ende Mai ausgepflanzt.
Pflege: Artischocken sollten gut gemulcht, regelmäßig gewässert und gedüngt werden. Vor dem Ansatz der dicken Blütenknospen

empfiehlt es sich, die Pflanze an einem festen Stab anzubinden, damit die schweren Blütenköpfe sie nicht zu Boden ziehen. Im Herbst, nach der Ernte, schneidet man die oberirdischen Teile der Pflanze zurück und schützt die Wurzelstöcke bis zum Frühjahr gut mit Reisig und Stroh. Man kann aber auch den Wurzelstock mit seinen Ausläufern ausgraben und in Sand oder Torf frostfrei im Keller überwintern.
Ernte und Verwertung: Geerntet werden die Blütenköpfe, solange die Schuppen noch grün und geschlossen sind, bei einjährigen Pflanzen im August/September, bei zwei- oder dreijährigen vor dem Öffnen im Juli. Die leicht bitteren, fleischigen Blütenböden und der untere, fleischige Teil der Blütenhüllblätter sind gekocht eßbar.
Schädlinge: Blattläuse
Tip: Um große Blüten zu erreichen, empfiehlt es sich, nur 4–6 Blütenknospen pro Pflanze stehenzulassen und alle anderen Knospen an den Seitentrieben zu entfernen sowie nur 2–3 Triebe an der Pflanze zu belassen.

Aubergine

Aubergine
Eierfrucht, Eierpflanze, Melanzani
Solanum melongena

Familie: Nachtschattengewächse *(Solanaceae)*
Herkunft: tropisches Ostindien
Merkmale: Die einjährige Aubergine gehört mit ihren samtig behaarten, großen ovalen Blättern und den violetten Blüten mit gelben Staubgefäßen zu den attraktiven Gemüsepflanzen. Sie wächst buschig und wird etwa 50–100 cm hoch. Der Name Eierfrucht bezieht sich auf die ursprünglich runden, weiß-gelblichen Früchte, heute werden jedoch meist Sorten mit birnenförmigen, glänzend dunkelvioletten Früchten angebaut. Wegen ihrer hohen Wärmebedürftigkeit lassen sich Auberginen nur unter sehr günstigen Klimaverhältnissen im Freiland kultivieren, in kühleren Gebieten reifen ihre Früchte nicht aus.
Standort: Auberginen gedeihen im Freiland nur an einem vollsonnigen und geschützten Platz, besonders gut auf einem Hügelbeet. Bei weniger als 16 °C treten bereits Wachstumsstokkungen auf. Sicherer ist der Anbau im Gewächshaus, Frühbeet oder im Folientunnel.
Boden: Als Mittelzehrer benötigen Auberginen einen lockeren, humusreichen Boden.
Sorten: Am ertragssichersten sind langfrüchtige Sorten wie 'Blacky' und 'Negro' (beide schwarzviolett) sowie 'Lange Violette' (violett); nur im Gewächshaus gedeihen die etwas empfindlicheren, eiförmigen Sorten gut, z.B. 'Baren' (schwarz) und 'Adona' (dunkelblau).
Kultur: Ausgesät wird von Ende Februar bis Mitte März bei 20–25 °C in Schalen oder Töpfe mit Anzuchterde. Wenn die Sämlinge 3–4 cm hoch sind, pikiert man sie in 10-cm-Töpfe und kultiviert sie bei 20 °C weiter. Die frostempfindlichen Auberginen werden gegen Ende Mai ins Freie, ins geheizte Gewächshaus bereits Ende April, im Abstand von 75×50 cm ausgepflanzt. Fallen Knospen oder Blüten ab, so ist es den Pflanzen zu kalt.
Pflege: Auberginen sind ähnlich wie Tomaten zu behandeln. Sie benötigen regelmäßige Wassergaben und müssen an Schnüren oder Stäben angebunden werden. Durch Einkürzen einzelner Triebe wächst die Pflanze buschiger, und die Fruchtbildung wird gefördert. Um qualitativ gute Früchte zu erhalten, zieht man nur 3 Triebe mit je 2 Fruchtansätzen heran. Alle übrigen Achseltriebe und Blüten mit Fruchtansätzen werden rechtzeitig ausgebrochen (siehe Seite 104f.).
Ernte und Verwertung: Im Gewächshaus wird ab Juni, im Freiland frühestens Ende Juli geerntet, wenn die Früchte dunkel gefärbt sind und schön glänzen. Sie sollen noch fest, d.h. nicht überreif sein, die Samen im Innern weiß und milchig.
Auberginen können bei 8–10 °C, am besten in Folie verpackt, bis zu 10 Tage aufbewahrt werden. Bei zu niedrigen Temperaturen faulen die Früchte allerdings. Gedünstet oder gebacken sind Auberginen ein Leckerbissen.
Schädlinge und Krankheiten: Weiße Fliege, Spinnmilben, Blattläuse; Welkekrankheiten, Blatt- und Fruchtflecken
Tip: Setzen die Pflanzen keine Früchte an, dann sollte man sie an einem sonnigen Tag kräftig schütteln oder notfalls mit einem Pinsel künstlich bestäuben (siehe Seite 106).

Aubergine

B

Bärlauch

Bärlauch

Bärenlauch, Wilder Knoblauch, Waldknoblauch
Allium ursinum

Familie: Liliengewächse *(Liliaceae)*
Herkunft: Mitteleuropa
Merkmale: Der Bärlauch, ein wilder Verwandter des Knoblauchs, ist ein ausdauerndes Zwiebelgewächs. Die Pflanze wird 20–25 cm hoch. Die grundständigen, lanzettlichen Blätter ähneln denen der Maiglöckchen und stehen meist zu zweit oder dritt. Im April/Mai erscheinen weiße, sternförmige, in einer Scheindolde angeordnete Blüten. In Laubwäldern kommt Bärlauch bisweilen massenhaft vor und ist schon von weitem zu riechen. Im Garten wächst er unter Sträuchern.
Standort: schattig
Boden: Der Schwachzehrer braucht sehr feuchte, am besten humusreiche, kalkhaltige Böden, gedeiht im Garten aber auch auf Sandböden.
Kultur: Bärlauch gehört zu den Kaltkeimern: Erst die Frosteinwirkung im Winter löst den Keimvorgang aus. Der Samen wird im Herbst breitwürfig direkt ins Freiland ausgesät und mit etwa 1–2 cm Erde bedeckt. Im Frühjahr entwickeln sich die Jungpflanzen schnell weiter. Einfacher ist die Vermehrung über im Handel erhältliche Zwiebeln, die man im Herbst 4–5 cm tief in den Boden steckt, um im nächsten Frühjahr Jungpflanzen zu haben. Bleiben die Pflanzen ungestört, säen sie sich auch selbst aus.
Pflege: Bärlauch ist anspruchslos und braucht keine besondere Pflege.
Ernte und Verwertung: Man erntet von April bis Mai die frischen Blätter, die wie Knoblauch als Würze verwendet werden. Nach der Blütezeit erntet man bis zum Herbst die Zwiebeln.
Tip: Bärlauch läßt sich sehr gut in Schalen aussäen. Wer den Winter nicht abwarten möchte, stellt die Aussaatschale – in einen Gefrierbeutel gehüllt – für 4–6 Wochen bei maximal 4 °C in den Kühlschrank. Danach kann man sie bei 8–12 °C aufstellen.

Basilikum

Basilienkraut, Suppenbasil, Königskraut
Ocimum basilicum

Familie: Lippenblütler *(Lamiaceae, Labiatae)*
Herkunft: tropisches Vorderindien, Mittlerer Orient, Mittelmeerraum
Merkmale: Basilikum ist ein einjähriges Gewürz- und Heilkraut mit aufrechtem, reichverzweigtem, vielblättrigem Stengel, der bis 60 cm hoch werden kann. Die cremeweißen bis rötlichen kleinen Lippenblüten stehen in endständigen Ähren und erscheinen von Juli bis September – je nach Kulturbeginn und Witterung. Es gibt verschiedene Sorten und Formen, die in Aussehen, Farbe und Wuchshöhe variieren. Am häufigsten ist das großblättrige Basilikum mit grünen eiförmig zugespitzten, etwas gewölbten, glänzenden Blättern. Daneben werden aber auch kleinblättrige Sorten, die nur 15–25 cm hoch werden, sowie rotblättriges Basilikum angeboten. Allen gemeinsam ist ein starker, aromatischer Duft. Die Pflanzen sind sehr wärmebedürftig und entfalten ihr volles Aroma nur bei guter Wasserversorgung und intensiver Sonne.
Standort: sonnig und warm
Boden: Basilikum benötigt als Mittelzehrer nährstoffreichen, humosen Boden, der tiefgründig gelockert und durchlässig sein sollte.
Mischkultur: Basilikum verträgt sich gut mit Tomaten und Salat, nicht dagegen mit der Weinraute. Das Gewürz soll auch Schadinsekten bei Kartoffeln und Tomaten vertreiben.
Sorten: 'Balkonstar' (feinblättrig, kompakt wachsend), 'Bubikopf' (feinblättrig, sehr kompakt wachsend), 'Kleines Feinblättriges' (feinblättrig), 'Genueser Basilikum' (großblättrig), 'Großes Grünes' (großblättrig), 'Dark Opal' und 'Rothaut' (mit violetten bzw. roten Blättern), 'Lemon' (feinblättrig mit Zitronenaroma)
Kultur: Das frostempfindliche und sehr wärmebedürftige Basilikum sollte im Zimmer oder im warmen

Basilikum

Frühbeetkasten bei etwa 15–20 °C vorgezogen werden. Ausgesät wird Ende März/Anfang April in Töpfe oder Saatschalen mit Anzuchterde. Basilikum ist ein Lichtkeimer, deshalb wird die feine Saat nur wenig mit Erde bedeckt. Sobald die Sämlinge groß genug sind, pikiert man sie und kultiviert sie bei mindestens 15 °C, besser bei höherer Temperatur, weiter. Erst Ende Mai kann ins Freie gepflanzt werden. Eine Direktsaat ist nur in günstigen Lagen ab Ende Mai möglich. Man sät dünn in Reihen mit 25 cm Abstand und verzieht später auf etwa 30 cm. In naßkalten Jahren gedeiht Basilikum jedoch im Garten kaum. Eine Kultur in Töpfen auf der Fensterbank oder im Gewächshaus ist auch deshalb vorteilhafter, weil Basilikum Schnecken anlockt.
Pflege: Basilikum muß ausreichend, jedoch nicht zu viel gewässert werden, da sonst die Stengel faulen.
Ernte und Verwertung: Geerntet werden bis zum Blühbeginn die frischen, jungen Blätter zum Würzen von Salaten, Kräutersoßen, Tomaten-, Fleisch- und Fischgerichten. Zum Trocknen schneidet man die Pflanze bei Blühbeginn etwa 10 cm über dem Boden ab und hängt sie luftig und schattig zum Trocknen auf. Leider verliert Basilikum getrocknet stark an Aroma. Deshalb ist es besser, die Pflanzen im Herbst auszugraben und auf dem Fensterbrett weiterzukultivieren, um frische Blätter pflücken zu können.
Schädlinge: Schnecken, Blattläuse
Tip: Erntet man zuerst die Triebspitzen, dann wächst Basilikum buschiger.

Beifuß

Beifuß

Gänsekraut, Wilder Wermut, Weiberkraut, Geißbart, Sonnwendkraut
Artemisia vulgaris

Familie: Korbblütler *(Compositae)*
Herkunft: Asien, Europa
Merkmale: Beifuß wächst häufig wild an sonnigen, trockenen Stellen wie Wegrändern, Zäunen und Schutthalden. Er ist seit Jahrhunderten als Heil- und Würzpflanze bekannt. Die krautige, stark verzweigte Staude wächst buschig und wird bis zu 2 m hoch. Verschiedenartig gefiederte Blätter mit grüner Oberseite und weißlich-grau gefärbter Unterseite bedecken die meist leicht behaarten, rötlich angelaufenen Stengel. Von Juli bis September erscheinen die gelblichen, filzig behaarten Blütenköpfchen in langen Rispen. Beifuß riecht und schmeckt herbwürzig und etwas bitter. Er enthält ätherische Öle sowie Gerb- und Bitterstoffe.
Standort: sonnig und trocken
Boden: Beifuß gedeiht auf jedem Boden.
Mischkultur: Am besten steht der Beifuß allein, da er auf Nachbarpflanzen einen wuchshemmenden Einfluß haben kann.
Kultur: Für den Kräutergarten genügt eine Pflanze, daher ist es am praktischsten, sich eine Jungpflanze beim Gärtner zu kaufen. Man kann Beifuß durch Teilung des Wurzelstockes im Herbst vermehren.
Pflege: Die Pflege beschränkt sich auf das Abschneiden der trockenen Triebe im Herbst.
Ernte und Verwertung: Man schneidet die oberen Triebspitzen, solange die Blütenknospen noch geschlossen sind. Sobald sich die Blüten öffnen, werden die Blätter bitter und eignen sich nicht mehr zum Würzen. Vom Beifuß verwendet man das frische oder getrocknete Kraut als Würze zu fetten Fleischgerichten.

Beinwell

Gewöhnlicher Beinwell, Echter Beinwell, Schwarzwurz
Symphytum officinale

Familie: Boretsch- oder Rauhblattgewächse *(Boraginaceae)*
Herkunft: Westasien, Mitteleuropa
Merkmale: Die mehrjährige, buschige Heil- und Gewürzpflanze wird etwa 1,5 m hoch. An kräftigen, verzweigten Stengeln sitzen länglich-ovale bis breit-lanzettliche Blätter, die frisch wie Boretschblätter schmecken. Stengel und Blätter sind rauh behaart. Die glockenförmigen rötlich-violetten oder weißen

Beinwell

Blüten erscheinen von Mai bis September in lockeren Trauben. Seine kräftige Wurzel enthält Schleim- und Gerbstoffe, vor allem aber Allantoin, einen Wirkstoff, der die Wundheilung beschleunigt. Die oberirdischen Teile des Beinwells frieren im Winter zurück, im Frühjahr treibt die Staude neu aus. Dem Beinwell sehr ähnlich ist der Comfrey (auch Komfrey, *Symphytum asperum*). Diese Staude wird oft sogar 2 m hoch.
Standort: Halbschatten, am besten unter Obstbäumen oder neben Kompostplätzen
Boden: Der Mittelzehrer braucht einen feuchten und nährstoffreichen Boden.
Kultur: Ausgesät wird im Spätsommer direkt an Ort und Stelle. Die Sämlinge werden noch im Herbst oder im zeitigen Frühjahr auf einen Abstand von 40–50 cm vereinzelt. Da Beinwell unter guten Wachstumsbedingungen zum Wuchern neigt, reicht es oft aus, eine Jungpflanze zu kaufen. Die Pflanzen lassen sich leicht durch Wurzelableger vermehren.
Pflege: Mulchen ist beim Beinwell empfehlenswert. Spätestens nach den ersten Frösten entfernt man die oberirdischen Triebe.
Ernte und Verwertung: Die frischen, zarten Blätter kann man vom Frühling bis zum Herbst als Würze für Salat ernten. Sie lassen sich auch als Gemüse dünsten.
Tip: Aus allen Pflanzenteilen des Beinwells oder Comfreys kann eine mineralreiche Pflanzenjauche für Tomaten, Kartoffeln, Sellerie und Kohl hergestellt werden. Die Blätter eignen sich zum Mulchen von Gemüsekulturen, allerdings braucht man dann große Mengen davon.

Bohnen

Die zur Familie der Schmetterlingsblütler *(Leguminosae)* zählenden Hülsenfrüchte gehören wegen ihres hohen Eiweiß- und Stärkegehalts schon seit Jahrtausenden zu den Grundnahrungsmitteln des Menschen. Gegessen werden, je nach Art und Sorte, entweder die ganzen fleischigen Fruchthülsen oder die reifen getrockneten Samen. Bohnen dürfen nicht roh, sondern nur gekocht verzehrt werden, denn sie enthalten Phasin, einen Eiweißbestandteil, der in größeren Mengen giftig wirken kann, beim Kochen jedoch zerstört wird.
Bohnen sind frostempfindlich und wachsen bei uns nur einjährig. Man unterscheidet zwischen kletternden Arten (Stangen-, Feuer-, Spargelbohnen) und buschig wachsenden (Busch- und Puffbohnen). Bohnen sind nicht nur ein schmack- und nahrhaftes Gemüse, die Pflanzen eignen sich auch hervorragend zur Gründüngung, weil an ihren Wurzeln in kleinen Knöllchen Bakterien leben, die den Stickstoff aus der Luft binden können. Dieser kommt zwar in erster Linie der Pflanze selbst zugute, düngt aber auch den Boden, so daß man nach der Ernte die Wurzeln im Boden lassen sollte.

Buschbohne
Phaseolus vulgaris var. *nanus*

Herkunft: tropisches Amerika
Merkmale: Die nur 30–50 cm hoch wachsenden Buschbohnen stellen weniger Ansprüche an die Bodenqualität als Stangenbohnen. An ihren kurzen Stengeln sitzen jeweils 3 herzförmige Blätter. Ab Ende Juni erscheinen je Stengel 3–5 Schmetterlingsblüten in Weiß, Gelb oder Violett, aus denen rasch kleine Böhnchen heranwachsen. Kultiviert wird heute eine sehr große Vielfalt an Sorten mit unterschiedlicher Hülsenfarbe und Entwicklungsdauer, aber auch mit sortenabhängiger Krankheitsresistenz.
Standort: sonnig bis halbschattig
Boden: Die Schwachzehrer gedeihen überall außer auf schweren oder trockenen Böden, bevorzugen jedoch lockere, kalkhaltige und altgedüngte Böden.
Mischkultur: Bohnenkraut und Gartenmelde als Zwischenpflanzung schützen vor Schwarzen Bohnenläusen. Gute Nachbarn sind Kohlgemüse, Sellerie, Salat, Rote Bete, Tomaten und Gurken, schlechte dagegen Erbsen, Fenchel, Knoblauch, Porree und Zwiebeln.
Sorten: Das Angebot an unterschiedlichen Sorten im Handel ist sehr groß. Grünhülsige fadenlose Buschbohnen sind u.a.: 'Admires' (früh), 'Delinel' (mittelfrüh), 'Dubra' (mittelfrüh), 'Dufrix' (sehr früh), 'Duplika' (früh), 'Maja' (früh), 'Marona' (früh), 'Pergousa' (mittelfrüh), 'Pfälzer Juni' (sehr früh), 'Primel' (früh), 'Saxa' (sehr früh). Grünhülsige Gluckentypen, bei denen die Früchte in Büscheln oberhalb der Blätter wachsen, sind u.a. 'Daisy' (mittelfrüh), 'Cropper Teepee' (früh), 'Maxi' (mittelfrüh); grünhülsige Filetbohnen, besonders zarte Bohnen, die in sehr jungem Stadium geerntet werden, sind 'Annabel' (mittelfrüh), 'Masai' (mittelfrüh); gelbhülsige Wachsbohnen sind 'Butterzart' (sehr früh), 'Gabriella' (mittelfrüh), 'Golddukat' (früh), 'Goldimmens' (früh), 'Hildora' (mittelfrüh); blauhülsig (werden beim Kochen grün) sind 'Purple King', 'Purple Teepee' (Gluckentyp).

Buschbohne, Gluckentyp

Kultur: Buschbohnen werden von Anfang Mai, wenn der Boden schon warm ist, bis Mitte Juli direkt ins Freiland gesät. Man kann in Reihen oder Horsten aussäen. Bei der Reihensaat legt man in etwa 3 cm tiefe Saatrillen alle 5 cm einen Samen. Der Reihenabstand beträgt 40–50 cm. Bei der Horst- oder Dibbelsaat legt man 4–6 Samen ungefähr 3 cm tief in etwa 40 cm Abstand aus. Diese Aussaatform erleichtert auf schweren Böden das Keimen, da mehrere Keime gleichzeitig aus dem Boden drücken, und erhöht später die Standfestigkeit der Pflanzen. Bedeckt man die Aussaat mit einem Vlies oder einem Kulturschutznetz, so wird sie sowohl vor Bohnenfliegen wie vor schlechter Witterung

Gelbhülsige Buschbohne

geschützt. Bis zum Keimen sollte der Boden stets feucht gehalten werden.
Man vermeidet den Befall durch Bohnenfliegen und verfrüht die Ernte um mindestens 14 Tage, wenn man die Bohnen Ende April/Anfang Mai in 10-cm-Töpfen vorzieht. Dazu legt man jeweils 4–5 Bohnenkerne ungefähr 2 cm tief in Komposterde, gießt gut an und hält die Töpfe bis zum Keimen bei ungefähr 20 °C. Danach gewöhnt man die Pflanzen langsam an kühlere Temperaturen, bevor man sie nach den Eisheiligen im Abstand von 30–50 cm auspflanzt. Derartig vorgezogene Buschbohnen sind Ende Juni erntereif.
Pflege: Sind die Pflanzen etwa 10 cm hoch, werden die Reihen bzw. Horste angehäufelt. Regelmäßiges Hacken bis zum Blütenansatz und ausreichendes Gießen während der Blüte sichern den Ertrag.
Ernte und Verwertung: Buschbohnen können je nach Aussaattermin und Sorte von Juli bis Ende September geerntet werden. Die Hülsen sollte man regelmäßig und rechtzeitig, solange sie keine dicken Körner ausbilden, pflücken, damit neuer Fruchtansatz gefördert wird. Während der Haupterntezeit muß alle 3 Tage gepflückt werden. Am besten hält man die Pflanze beim Ernten fest, damit sie nicht aus dem Boden gezogen wird. Buschbohnen können gekocht zu Gemüse, Salaten und Suppen verarbeitet werden. Sie eignen sich aber auch gut zum Einkochen und Einfrieren.
Schädlinge und Krankheiten: Bohnenfliege, Schwarze Bohnenlaus; Fettfleckenkrankheit, Grauschimmel, Brennfleckenkrankheit, Viruserkrankungen
Tip: Eine reiche Ernte besonders zarter Bohnen erhält man bei einer Spätkultur im Herbst. Dafür sät man frühe Sorten bis spätestens zum 10. Juli aus.

Stangenbohne
Phaseolus vulgaris var. vulgaris

Herkunft: tropisches Amerika
Merkmale: Die bis 3 m hoch rankenden Pflanzen brauchen Klettergerüste, Netze oder höhere Zäune, an denen sie Halt finden. Ihre Stiele sind nicht kräftig genug, die zahlreichen Früchte ohne Stütze zu halten. Stangenbohnen eignen sich mit ihren hübschen weißen oder lilafarbenen Schmetterlingsblüten, aus denen später grüne, gelbe oder blaue Früchte entstehen, auch ausgezeichnet zur Begrünung von Zäunen, Lauben oder Balkonen sowie als Sichtschutz. Sie bringen auf kleiner Fläche hohen Ertrag.
Standort: warm, sonnig und windgeschützt
Boden: Die Mittelzehrer benötigen einen tiefgründigen, humusreichen Boden.
Mischkultur: Als Randbepflanzung eignen sich Spinat, Gurken, Salat und Kohlrabi. Zwischengepflanztes Bohnenkraut hält die Schwarze Bohnenlaus fern.
Sorten: Im Handel werden zahlreiche, meist fadenlose Sorten von Stangenbohnen angeboten. Grünhülsig sind u.a. 'Hawo' (früh), 'Hilda' (früh bis mittelfrüh), 'Hiltrud' (spät), 'Marga' (früh bis mittelfrüh), 'Markant' (früh bis mittelfrüh), 'Neckarkönigin' (mittelfrüh bis spät), 'Perle von Marbach' (sehr früh bis früh), 'Rapid' (früh), 'Trebona' (früh bis mittelfrüh) und 'Sabrina' (spät); gelbhülsig (Wachsbohnen) sind u.a. 'Goldhilde' (sehr früh bis früh), 'Neckargold' (spät); blauhülsig ist 'Blauhilde' (spät, wird beim Kochen grün).
Kultur: Vor der Aussaat bzw. Auspflanzung ins Freiland werden zunächst Klettergerüste aufgestellt, an denen sich die Pflanzen emporwinden können. Man baut entweder ein zeltartiges Gerüst aus 5–6 etwa 3 m hohen Stangen, die oben miteinander verbunden werden, oder man leitet die kreisförmig ausgebrachten Pflanzen an Schnüren zu einem in der Mitte stehenden Pfahl hoch. Wer viel Platz hat, konstruiert die Stützen dachförmig und bindet sie paarweise an einer Firststange zusammen (siehe Seite 106 f.). Als Standweite zwischen den Stützen sind 100×50 cm oder 100×60 cm ideal.
Ausgesät wird von Mitte Mai bis Ende Juni direkt ins Freiland. Dazu zieht man rund um jede Stange bzw. Schnur eine 2–3 cm tiefe Rille und legt 5–6 Samenkörner hinein. Sobald die Pflanzen 15 cm hoch sind, werden sie angehäufelt und die Triebe zu den Kletterhilfen geleitet.
Für die Frühkultur und als Schutzmaßnahme gegen die Bohnenfliege können Stangenbohnen Ende April/Anfang Mai auch vorkultiviert werden. Man legt 3–4 Samen bei etwa 20 °C in 8–9-cm-Töpfe mit Anzuchterde und hält die Erde gut feucht. Nach dem Keimen gewöhnt man die Pflänzchen langsam an niedrigere Temperaturen, bis sie nach den Eisheiligen ausgepflanzt werden. Durch gutes Angießen verankern sich die zarten Pflanzen schneller in der Erde.
Pflege: Stangenbohnen müssen gleichmäßig gegossen werden, vor allem während der Blütezeit, damit die Blüten nicht abfallen. Staunässe ist jedoch zu vermeiden. Außerdem muß darauf geachtet werden, daß

Gelbhülsige Stangenbohne

die Ranken am Stützgerüst emporklettern. Notfalls sollte man sie vorsichtig anbinden, jedoch stets so, daß sie sich entgegen dem Uhrzeigersinn winden können, da sonst die Triebspitzen abbrechen.
Ernte und Verwertung: Etwa 10 Wochen nach der Aussaat kann bis zum Herbst laufend geerntet werden. Häufiges Pflücken erhöht den Ertrag. Bei der Ernte dürfen die Ranken nicht beschädigt oder gar abgerissen werden.
Die Hülsen der Stangenbohnen werden gekocht als Gemüse oder Salat verwendet. Sie können auch eingefroren oder eingekocht werden.
Schädlinge und Krankheiten: Schwarze Bohnenlaus, Bohnenfliege, Spinnmilben, Thripse; Brennfleckenkrankheit, Viruserkrankungen
Tip: Wer schon früh Stangenbohnen ernten will, kann sie ab Mitte April im Gewächshaus an Schnüren ziehen.

Feuerbohne

Prunkbohne, Wollbohne
Phaseolus coccineus (auch *P. multiflorus*)

Herkunft: vermutlich Mittelamerika
Merkmale: Die attraktiven Kletterpflanzen können an Drähten, Schnüren oder Stangen linkswindend bis 4 m hoch ranken. Aus ihrem dichten Laubwerk leuchten von Juni bis September rote, rot-weiße oder weiße Blüten hervor. Die Hülsen der Feuerbohne sind rauhschalig und anfangs wollig, daher der Name Wollbohne.
Feuerbohnen sind viel unempfindlicher und widerstandsfähiger gegen Schädlinge und Krankheiten als Stangenbohnen und können auch in rauherem Klima angebaut werden. Da sie sehr schnell wachsen und zudem

Feuerbohne

sehr schöne Blüten tragen, werden sie nicht nur als Gemüse-, sondern auch als Zierpflanzen, die einen guten Sichtschutz bieten, kultiviert.
Standort: sonnig, windgeschützt
Boden: Die Mittelzehrer gedeihen am besten auf gutem humosem Gartenboden.
Mischkultur: Als Randbepflanzung eignen sich Kohlrabi und Salat, zwischengepflanztes Bohnenkraut hält die Schwarze Bohnenlaus ab.
Sorten: Rotblühend sind u. a. 'Butler' (fadenlos), 'Hammond's Dwarf Scarlet' (Feuerbohne in Buschbohnenform, Höhe nur 40 cm, nicht kletternd, auch für Balkonkästen), 'Polestar' (fadenlos, frühblühend), 'Preisgewinner' (Hülsen mit Fäden); weißblühend sind 'Désirée' (fadenlos), 'Mergoles' (fadenlos), 'Weiße Riesen' (Hülsen mit Fäden, spät reifend).
Kultur: Feuerbohnen werden wie Stangenbohnen kultiviert, müssen allerdings bis spätestens Anfang Juni ins Freiland gesät werden. Da sie viel Platz brauchen, empfiehlt sich eine Standweite von mindestens 110×60 cm.
Pflege: In Trockenzeiten und an heißen Tagen müssen die Bohnen gut gewässert werden, da sonst leicht Blätter und Blüten abfallen.
Ernte und Verwertung: Die Hülsen der Feuerbohnen werden entweder im Juli/August jung, bevor sie hart werden, als Gemüse gepflückt, oder man läßt sie dicker werden und erntet die Samen in den Herbstmonaten als Trockenbohnen für Salate oder Eintopfgerichte.
Schädlinge: Schwarze Bohnenlaus, Bohnenfliege, Spinnmilben
Tip: Von Feuerbohnen läßt sich gut Saatgut gewinnen, indem man einige der unteren Hülsen ausreifen läßt.

Puffbohne

Dicke Bohne, Saubohne
Vicia faba var. *major* (auch *Faba bona, Faba vulgaris*)

Herkunft: Mittelmeerraum, Nordafrika
Merkmale: Seit alters werden Puffbohnen als Nahrungspflanzen kultiviert, die kleinkernigen Ackerbohnen (var. *minor*) als Viehfutter. Die krautigen Pflanzen mit dicken hohlen Stielen werden bis zu 1,2 m hoch. In den Blattachseln, über den hellgrünen, gefiederten Blättern, erscheinen je nach Sorte reinweiße oder weißschwarz gefleckte Schmetterlingsblüten, aus denen 2 dicke fleischige Hülsen mit 4–6 großen Kernen wachsen. Die Pflanzen vertragen bis zu –7 °C Kälte und können deshalb früh im Jahr ausgesät werden.
Standort: Puffbohnen gedeihen sowohl in der Sonne wie im Schatten.
Boden: Der Mittelzehrer braucht einen nährstoffreichen und feuchten Boden.
Mischkultur: Gute Nachbarn sind Spinat, früher Schnittsalat und Kohlrabi, schlechte Erbsen, Fenchel, Knoblauch und Porree.
Sorten: Bei der Sortenwahl ist zu beachten, daß weißblühende Puffbohnen beim Kochen grün oder weißlich bleiben, geflecktblühende sich dagegen braun färben, eine zartere Schale und einen intensiveren Geschmack aufweisen. Grünkochende Sorten sind u. a. 'Dreifach Weiße' (früh), 'Hangdown' (mittelfrüh); braunkochende sind u. a. 'Con Amore' (früh), 'Hedosa' (früh bis mittelfrüh).

Puffbohne, Blüte und Früchte

Kultur: Puffbohnen können von Anfang März bis Anfang Juni direkt ins Freiland gesät werden, doch je früher die Saat ausgebracht wird, desto geringer ist die Gefahr eines Befalls durch die Schwarze Bohnenlaus. Man legt die Bohnenkerne ungefähr 4–8 cm tief entweder in Horsten mit je 3 Samen im Abstand von 40–50 cm aus oder einzeln in Reihen im Abstand von 10–15 cm und einem Reihenabstand von etwa 60 cm.
Pflege: Die Pflanzen werden zur Verbesserung der Standfestigkeit mehrfach angehäufelt. Sie dürfen nicht austrocknen.
Ernte und Verwertung: Puffbohnen sind von Ende Mai bis Ende September erntereif. Man pflückt die Hülsen, bevor sie zu groß werden. Die noch milchigen Kerne werden frisch oder tiefgekühlt, ausgereifte Kerne getrocknet als Gemüse gekocht.
Schädlinge: Schwarze Bohnenlaus
Tip: Das kleine Stielchen, das den grünen unausgereiften Kernen nach dem Auspalen meist noch anhaftet, gibt dem Gemüse einen leicht bitteren Geschmack. Wer dies nicht mag, sollte es entfernen.

Spargelbohne
Spaghettibohne,
Spargelfisole
Vigna unguiculata ssp. *sesquipedalis* (auch *V. sesquipedalis*)

Herkunft: Thailand
Merkmale: Die 2–3 m hoch kletternde Spargelbohne besitzt zahlreiche handförmig geteilte Blätter. Ihre bleistiftförmigen, rundhülsigen Früchte erreichen eine Länge von 40–50 cm, in seltenen Fällen sogar von 1 m. Die Pflanze braucht viel Wärme und wird daher meist im Gewächshaus angebaut, nur in besonders mildem Klima geschützt auch im Freien.

Spargelbohne

Standort: sehr sonnig und sehr warm
Boden: Der Mittelzehrer benötigt humose, lockere Erde und mindestens 15 °C Bodentemperatur.
Mischkultur: Die Pflanze steht am besten allein.
Kultur: Anfang April werden im Gewächshaus bei 20 bis 22 °C je 3–5 Kerne in 8–10-cm-Töpfe gesät. Ende April verpflanzt man die Sämlinge im Abstand von 120×40 cm. Die Weiterkultur erfolgt bei mindestens 16 °C in der Nacht und 25–30 °C am Tag.
Pflege: Zum Ranken spannt man am besten Schnüre.
Ernte und Verwertung: Etwa 8 Wochen nach der Aussaat kann zwei- bis dreimal wöchentlich geerntet werden. Man schneidet die jungen, dünnen Hülsen sorgfältig ab, damit die Stiele der Pflanze nicht beschädigt werden. Spargelbohnen werden wie andere Bohnen als Gemüse zubereitet oder für Salate und Eintöpfe verwendet. Die Hülsen können auch eingefroren werden.
Schädlinge: Weiße Fliege, Spinnmilben
Tip: Getrocknete Samen können gekeimt und als Keimlinge gegessen werden.

Bohnenkraut
Sommerbohnenkraut,
Pfefferkraut, Kölle,
Sommersaturei
Satureja hortensis

Familie: Lippenblütler *(Lamiaceae, Labiatae)*
Herkunft: Mittelmeerraum
Merkmale: Das einjährige Bohnenkraut ist ein rauh behaartes Würzkraut mit schmalen, ledrigen, dünnen Blättchen. Es wird 30–40 cm hoch und wächst buschig. Von Juli bis Oktober erscheinen in den oberen Blattachseln kleine rosafarbene bis blaßviolette Blüten. Die ganze Pflanze duftet beim Zerreiben stark. Der Geschmack ist sehr aromatisch und etwas pfeffrig.
Im Aroma noch kräftiger und herber ist das mehrjährige Berg- oder Winterbohnenkraut *(Satureja montana)*, das 20–30 cm hoch wird und weiß, rosa oder violett blüht. Bohnenkraut enthält ätherisches Öl sowie Gerbstoffe und macht schwere Speisen leichter verdaulich.
Standort: vollsonnig, warm
Boden: Obwohl die Gewürzpflanze zu den Schwachzehrern zählt, sollte der Boden nahrhaft, locker und gut durchlässig sein. Trockenheit wird besser vertragen als Nässe.
Mischkultur: Bohnenkraut eignet sich vor allem als Begleitpflanze für Bohnen.

Bohnenkraut

Kultur: Ab Mai, wenn die Erde sich erwärmt hat, wird im Freiland dünn in Reihen mit 25 cm Abstand ausgesät. Da Bohnenkraut zu den Lichtkeimern gehört, darf der Samen nur dünn mit Erde bedeckt werden. Die Keimdauer beträgt 2–3 Wochen. Wer besonders kräftige Pflanzen haben möchte, vereinzelt die Sämlinge auf 25 cm. Zu dicht stehende Pflanzen entwickeln statt reichem Blattwerk viele Stengel. Folgesaaten sind bis Anfang Juni möglich.
Pflege: Beide Bohnenkrautarten sind anspruchslos und brauchen keine besondere Pflege. Das Bergbohnenkraut wird im Frühjahr leicht zurückgeschnitten, um den Neuaustrieb zu fördern.

Bergbohnenkraut

Ernte und Verwertung: Die jungen Triebe können laufend frisch geerntet werden. Ihre größte Würzkraft haben sie allerdings kurz vor und während der Blüte. Zum Trocknen schneidet man deshalb die blühenden Triebe. Bohnenkraut verliert auch in getrocknetem Zustand nicht viel von seinem Aroma und seiner Würzkraft. Es würzt vor allem Bohnen-, aber auch Kartoffelgerichte und Eintöpfe.
Tip: Zur Aussaat im nächsten Jahr sollten 1–2 Pflanzen Samen ansetzen können. Bohnenkraut sät sich auch leicht selbst aus.

Boretsch
Gurkenkraut
Borago officinalis

Familie: Boretsch- oder Rauhblattgewächse *(Boraginaceae)*
Herkunft: Mittelmeerraum
Merkmale: Boretsch ist ein einjähriges Würzkraut mit borstig behaarten, weichen und saftigen Blättern und Stielen. Die stark verzweigte Pflanze wird bis zu 60 cm hoch. An den Stengelenden entwickeln sich lockere Blütenstände mit hängenden, leuchtend blauen, sternförmigen Blüten, die den Garten von Mai bis August schmücken. Boretsch riecht intensiv nach Gurken. Die Pflanze ist sehr vitamin- und mineralstoffreich und enthält ätherisches Öl, Schleim- und Gerbstoffe.
Standort: sonnig bis halbschattig
Boden: Der Schwachzehrer braucht einen nahrhaften, leicht feuchten, aber durchlässigen Boden.
Mischkultur: Boretsch wirkt besonders gut als Einzelpflanze und paßt zwischen fast alle Gemüsearten, besonders zu Zucchini. In Nachbarschaft von Kohlrabi und Kohlpflanzen soll das Kraut Schnecken und andere Schädlinge abhalten.
Kultur: Gesät wird von April bis Juni direkt ins Freiland. Boretsch ist ein Dunkelkeimer, daher muß die Saat gut mit Erde abgedeckt werden. Da die Pflanzen recht groß werden, sät man nur ein paar Samen auf die vorgesehene Stelle und läßt von den aufgehenden Pflänzchen nur das kräftigste stehen.
Pflege: Boretsch ist anspruchslos und benötigt keine besondere Pflege. Die Pflanze sollte nur gut feucht gehalten werden.
Ernte und Verwertung: Sobald das Kraut herangewachsen ist, können bis zum Herbst laufend junge Blätter geerntet werden. Frisch gepflückt und fein gehackt würzen sie alle Salate, vor allem Gurkensalat, kalte Fleischsoßen, Eierspeisen und Quark. Auch die Blüten sind eßbar. Haltbar machen läßt sich Boretsch nicht.
Schädlinge und Krankheiten: Bei zu dichtem Stand können Läuse und Mehltau auftreten.
Tip: Die leuchtend blauen Blüten locken Bienen und andere Bestäuber an, so daß der Fruchtansatz in der Umgebung verbessert wird. Außerdem schließt Boretsch mit seiner starken Pfahlwurzel schwere Böden auf. Läßt man die Samen ausreifen, sät sich die Pflanze selbst aus.

Boretsch

Brunnenkresse
Wasserkresse, Bachkresse
Nasturtium officinale (auch *N. nasturtium-aquaticum, Rorippa nasturtium-aquaticum*)

Familie: Kreuzblütler *(Brassicaceae, Cruciferae)*
Herkunft: Europa, Asien, Nordafrika
Merkmale: Brunnenkresse ist eine mehrjährige, wintergrüne Wasserpflanze mit kriechenden, bis 70 cm langen Stengeln, die an den Verzweigungen Wurzeln bilden. Die Blätter sind unpaarig gefiedert und dunkelgrün.
Die weißen Blüten stehen in lockeren Trauben und erblühen von Mai bis September. Die Pflanze ist sehr vitaminreich und enthält antibiotisch wirkende Senfölglykoside.
Standort: schattig bis halbschattig, kühl
Boden: Der Mittelzehrer benötigt humose, nährstoffreiche Erde.
Kultur: In der freien Natur wächst Brunnenkresse in sauerstoffreichem Fließgewässer, sie läßt sich aber auch in feuchten Kästen kultivieren. Im Frühjahr oder Sommer wird am besten in wasserdichte Schalen ausgesät, die jedoch nicht ganz mit Erde gefüllt sein dürfen. Die Erde muß gut feucht gehalten werden. Schon nach einer Woche keimt der Samen aus. Man vereinzelt die Pflänzchen auf etwa 7 cm Abstand und füllt dann die Schalen so weit mit Wasser auf, daß nur die Spitzen der Pflänzchen aus dem Wasser ragen.
Pflege: Bei der Kultur von Brunnenkresse außerhalb ihres natürlichen Vorkommens ist zu beachten: In den Pflanzgefäßen muß immer ungefähr 1 cm Wasser über der Erde stehen. Die Erde muß stets gut aufgelockert sein, damit sich keine Algen bilden, und das Wasser sollte regelmäßig ausgetauscht werden, da Brunnenkresse reines, sauerstoffreiches Wasser benötigt.

Brunnenkresse

Ernte und Verwertung: Brunnenkresse wird geerntet, solange sie noch nicht blüht. Man verwendet die etwas scharf und bitter schmeckenden frischen Triebspitzen, die wie Gartenkresse Salaten und Soßen einen besonderen Geschmack geben.
Tip: Da die Wasserkulturen nicht sehr langlebig sind, sollten mit Hilfe von Stecklingen immer wieder neue Pflanzen angezogen werden, damit man das ganze Jahr über Brunnenkresse zur Verfügung hat.

Buchweizen

Heidekorn, Türkenkorn
Fagopyrum esculentum (auch *F. sagittatum, F. vulgare, Polygonum fagopyrum*)

Familie: Knöterichgewächse *(Polygonaceae)*
Herkunft: Asien, Europa
Merkmale: Buchweizen wurde früher wegen seiner öl- und stärkehaltigen Früchte gern angebaut und wird auch heute wieder besonders in der vegetarischen und in der Vollwertküche sehr geschätzt. Die einjährige, krautige Pflanze ist stark verzweigt. An ihren rotüberlaufenen, 50–70 cm hohen Stengeln sitzen herzförmige, ganzrandige Blätter. Ab Juni erscheinen zahlreiche in lockeren Trauben stehende kleine weiße oder rötliche Blüten, aus denen die braunen, nußähnlichen Früchte heranreifen.
Standort: sonnig bis halbschattig
Boden: Der Schwachzehrer gedeiht auch auf nährstoffarmem oder saurem Boden mit hohem Sandanteil.
Kultur: Buchweizen wird wegen seiner Frostempfindlichkeit erst ab Mitte Mai breitwürfig etwa 3 cm tief ausgesät. Man bringt den Samen möglichst dünn aus, 7–10 g/m^2 reichen aus.
Pflege: Buchweizen ist sehr anspruchslos, schnellwüchsig und benötigt keine besondere Pflege.
Ernte und Verwertung: Ab August können die reifen Früchte geerntet werden. Man reinigt die braunen Nüßchen mit Hilfe eines Siebes von trockenen Pflanzenteilen und lagert sie kühl und trocken in einem Stoffsack. Die Früchte sind lange haltbar und können nach Bedarf geschält und dann geschrotet oder gemahlen werden. Aus dem Mehl bereitet man Pfannkuchen, Grütze oder Fladenbrot.
Tip: Buchweizen ist eine ideale Nützlingspflanze und sollte schon aus diesem Grund nicht im Garten fehlen. Im Frühjahr als Gründüngung ausgesät, tragen die Pflanzen bald Blüten und locken mit ihrem Nektar Bienen, Hummeln, Schwebfliegen und Weichkäfer an.

Buchweizen

C

Cardy

Cardy

Kardone, Spanische Artischocke, Gemüseartischocke
Cynara cardunculus

Familie: Korbblütler *(Compositae)*
Herkunft: Mittelmeerraum
Merkmale: Der Cardy ist nahe verwandt mit der Artischocke. Als Gemüsepflanze wird er einjährig kultiviert, als Zierpflanze wächst er in milden Gebieten zwei- bis mehrjährig. Die stattliche Pflanze bildet bis 1,5 m lange, stark gefiederte, stachelige, silbergrüne Blätter mit hellen, dickfleischigen Blattstielen. Ab dem zweiten Jahr erscheinen die großen, blauvioletten Distelblüten, die allerdings keinen fleischigen Blütenboden wie die Artischocke besitzen.
Standort: sonnig, warm
Boden: Cardy ist ein Starkzehrer und braucht einen nährstoffreichen, tief gelockerten, leicht sandigen Boden, der mit Kompost oder gut verrottetem Mist angereichert sein sollte.
Mischkultur: Salat, Spinat oder Kohlrabi sind gute Nachbarn, die zwischen dem in weiten Abständen gepflanzten Cardy anfänglich noch genügend Platz finden.
Kultur: Zwar ist ab Mitte Mai eine Direktsaat ins Freie möglich, doch es empfiehlt sich die Vorkultur. Ausgesät wird bei 20 °C von Februar bis März in Kisten mit Anzuchterde. Die Sämlinge pikiert man in 10-cm-Töpfe und kultiviert sie bei etwa 15 °C weiter. Ausgepflanzt wird Mitte bis Ende Mai im Abstand von 1×1 m.

Pflege: Die Pflanzen müssen regelmäßig flach gehackt, gedüngt und gut gewässert werden. Durch Mulchen mit Grasschnitt wird der Feuchtigkeitsverlust eingeschränkt.
Ernte und Verwertung: Geerntet werden die dicken, fleischigen, herb-aromatischen ungebleichten oder gebleichten Blattstiele. Gebleicht schmecken sie milder, aber immer noch fein aromatisch. Zum Bleichen werden im September die Blätter vorsichtig zusammengebunden und mit lichtundurchlässigem Material (z.B. Folie, Packpapier oder Wellpappe) umhüllt. Es soll nur noch der Schopf herausschauen. Um die Standfestigkeit zu erhöhen, kann man die Pflanzen anhäufeln. Nach ungefähr 3 Wochen können die ersten gebleichten Blattstiele geerntet werden. Man schneidet sie nicht direkt am Boden, sondern einige Zentimeter höher ab, da der unterste Teil oft zäh ist. Vor dem Zubereiten als Gemüse müssen die Blattansätze entfernt und die Haut abgezogen werden.
Wer Cardy als Wintergemüse nutzen möchte, gräbt die Pflanzen im Spätherbst flach aus, schneidet das obere Blattwerk ab und schlägt sie im kühlen Keller in Sand ein.
Schädlinge und Krankheiten: Läuse; Wurzelfäule
Tip: Soll der Cardy mehrjährig gezogen werden, gräbt man die Pflanzen vor Frostbeginn mit großem Ballen aus und überwintert sie frostfrei in Kisten mit Sand. Der Wurzelballen darf nicht austrocknen, aber auch nicht zu feucht gehalten werden, damit er nicht fault. In Gebieten mit mildem Klima übersteht der Cardy die kalte Jahreszeit mit Winterschutz auch im Freien.

Chicorée

Salatzichorie, Treibzichorie, Witloof
Cichorium intybus
var. *foliosum*

Familie: Korbblütler *(Compositae)*
Herkunft: Chicorée stammt von der Wegwarte ab. Durch Zufall entdeckte man in Belgien, daß während des Winters gelagerte Zichorienwurzeln zapfenförmige gelblich-weiße Austriebe bilden, die pikant bitter schmecken.
Merkmale: Die zweijährige Pflanze bildet im ersten Jahr eine Blattrosette aus hellgrünen, löwenzahnähnlichen Blättern und eine dicke Pfahlwurzel, im zweiten Jahr zunächst einen knospenartigen Sproß, aus dem später der Blütenstand hervorgeht. Aus diesem Neuaustrieb gewinnt der Gärtner durch Vortreiben ohne Licht (siehe Seite 108) den Chicorée. Er enthält neben wichtigen Bitterstoffen (vor allem Intybin), die sich auf Verdauung und Gallentätigkeit positiv auswirken, Minerale und Vitamine.

Chicorée, Treibkultur

Standort: vollsonnig
Boden: Der Mittelzehrer benötigt einen tiefgründig gelockerten, humosen und stickstoffarmen Boden.
Mischkultur: Gute Nachbarn sind Knollenfenchel, Möhren und Tomaten, schlechte dagegen Kartoffeln.
Sorten: Chicorée kann mit oder ohne Deckerde vorgetrieben werden. Unproblematischer ist die Treiberei ohne Deckerde mit geeigneten Sorten. Dies sind u.a. die F_1-Hybriden 'Bea' (früh), 'Faro' (spät), 'Flash' (früh), 'Liber' (mittelfrüh), 'Magnum' (früh), 'Rouge Carla' (mittelfrüh, rot-weiße Triebe) und 'Zoom' (früh).
Kultur: Man sät von Mitte Mai bis spätestens Anfang Juni dünn in Reihen von 30 cm Abstand bei einer Saattiefe von 2 cm direkt ins Freiland. Nach dem Keimen dünnt man die Pflänzchen auf einen Abstand von 8–10 cm aus.
Pflege: Die Pflanzen müssen so lange regelmäßig gehackt und gegossen werden, bis die Blattrosetten den Boden abdecken.
Treibkultur: Im Oktober oder November gräbt man die Wurzeln vorsichtig mit der Grabegabel aus und läßt sie 3–4 Tage auf dem Beet liegen, damit wertvolle Inhaltsstoffe aus den Blättern noch in die Wurzeln wandern können. Dann treibt man sie vor (siehe Seite 108). Bei der Treiberei wird hohe Luftfeuchtigkeit benötigt, damit sich die Sprosse gut entwickeln.

Chicorée im ersten Jahr

Ernte und Verwertung: Chicorée schneidet man, wenn die Sprosse etwa 15 cm lang sind. Danach hat die Pflanze ihren Zweck erfüllt. Sie treibt nicht mehr nach, wenn der Kopf abgeschnitten ist, sondern ist dann reif für den Kompost. Chicorée wird meist roh als Salat zubereitet, man kann ihn aber auch dünsten.
Schädlinge und Krankheiten: Erdraupen; Echter Mehltau
Tip: Damit die weiß-gelbe Färbung des Chicorées auch nach dem Ernten erhalten bleibt, müssen die Sprosse in Papier eingewickelt oder im Kühlschrank aufbewahrt werden.

D

Dill

Dill
Anethum graveolens var. *hortorum*

Familie: Doldenblütler *(Apiaceae, Umbelliferae)*
Herkunft: Vorderasien, Indien, Südeuropa
Merkmale: Dill ist eine einjährige Heil- und Gewürzpflanze, die im Aussehen dem Fenchel ziemlich ähnelt. Die nur wenig verzweigten, hohlen Stengel werden 60–100 cm hoch und tragen fein gefiederte graugrüne Blätter. Ab August erscheinen große, lockere Dolden mit zahlreichen kleinen gelblichen Blüten. Dill enthält viele ätherische wie fette Öle, die dem Kraut einen sehr aromatischen Geschmack verleihen.
Standort: sonnig, warm und windgeschützt
Boden: Dill ist ein Schwachzehrer und begnügt sich mit magerem, jedoch durchlässigem Boden.
Mischkultur: Die Gewürzpflanze ist ein schlechter Nachbar von Fenchel und Kümmel, wächst aber gut zwischen Gurken, Salat und Kohlarten.
Sorten: 'Elefant' (späte Blüte), 'Sari' (besonders aromatisch), 'Tetra Dill' (ertragreich)
Kultur: Dill kann von April bis August im Freien und das ganze Jahr über im Gewächshaus in Reihen von 25 cm Abstand 2 cm tief oder breitwürfig direkt ins Beet gesät werden. Möchte man vor allem das feine Laub ernten, darf in der Reihe dicht gesät werden, legt man aber Wert auf reife Samen, sollten die Pflanzen auf einen Abstand von 10–20 cm vereinzelt werden. Um laufend frisches Kraut für die Küche zu haben, wird mehrmals in 2–3wöchigem Abstand ausgesät.
Pflege: Dill braucht fast keine Pflege. Nur der Boden sollte immer gut gelockert sein, da die Pflanze keine Staunässe verträgt.
Ernte und Verwertung: Die Blätter können den ganzen Sommer über frisch gepflückt werden, die Dolden mit den Samenkörnern werden geschnitten, wenn sich die Samen bräunlich färben. Frisches Dillkraut würzt Essig, Salate, Soßen und Fisch. Samenkörner und Kraut werden auch zum Einlegen von Gurken verwendet.
Tip: Erntet man Dill nach mehreren Sonnentagen, erhöht sich das Aroma in den Blättern, die auch eingefroren werden können; zum Trocknen eignen sie sich weniger gut, da sie dabei an Aroma verlieren.

E

Eberraute
Zitronenkraut, Eberwurzel, Stabwurzel
Artemisia abrotanum (auch *A. procera*)

Familie: Korbblütler *(Compositae)*
Herkunft: Kleinasien, Südeuropa
Merkmale: Während die Eberraute früher überall in Kloster- und Bauerngärten zu finden war, wird sie heute nur noch selten in Gärten angebaut. Die herrlich duftende, ausdauernde Gewürzpflanze besitzt einen kräftigen Wurzelstock und aufrechte, am Grund verholzende Stengel, die sich nach oben verzweigen. Der 60–100 cm hohe Halbstrauch trägt graugrüne fein gefiederte Blätter. Die kleinen blaßgelben kugeligen Blütenköpfchen erscheinen von Juli bis Oktober. Die Pflanze riecht intensiv nach Zitronen, besitzt jedoch einen etwas bitteren Geschmack. Sie enthält ätherische Öle, Gerb- und Bitterstoffe und wirkt appetitanregend.
Standort: sonnig, warm und geschützt
Boden: Der Schwachzehrer benötigt einen kalkhaltigen, sandigen bis steinigen, durchlässigen Boden und verträgt keine Staunässe.
Mischkultur: Die Eberraute benötigt viel Platz, sie ist daher für Mischkultur nicht geeignet.
Kultur: Samen werden kaum angeboten. Am besten kauft man die erste Pflanze in Gartencentern mit einem großen Kräuterangebot oder in Spezialgärtnereien für Kräuter. Weitere Pflanzen werden dann durch Teilen gewonnen. Im Sommer kann man aus den Triebspitzen auch Stecklinge schneiden, die im Freien in einer Schale mit Sand, etwas feucht gehalten, leicht bewurzeln. Meist reicht aber ein Busch für den Bedarf einer Familie aus.
Pflege: Im Frühjahr werden die holzigen Stengel etwas zurückgeschnitten. Sie schlagen dann ohne Schwierigkeiten wieder aus.
Ernte und Verwertung: Die zarten Triebspitzen können während des ganzen Sommers gepflückt werden. Zum Trocknen schneidet man die Zweige im Juli/August. Wenn die Blätter getrocknet sind, reibt man sie ab und bewahrt sie luftdicht in einem Glas auf.
Eberraute verleiht Soßen, Braten und Salaten eine aparte Note, man sollte aber stets sparsam damit würzen.

Eberraute

Tip: Eberraute wird häufig in Duft- und Kräutersträußen verwendet. Das feine Laub verschönert Blumensträuße. Der starke Zitronengeruch soll Schädlinge aus Kleiderschränken fernhalten.

Eiskraut

Kristallkraut
Mesembryanthemum crystallinum (auch *Cryophytum crystallinum, Gasoul crystallinum*)

Eiskraut

Familie: Eiskraut- oder Mittagsblumengewächse *(Aizoaceae)*
Herkunft: Südafrika
Merkmale: Die einjährige Gemüsepflanze wird in Holland und Ostfriesland als Spezialität kultiviert. Die blaßgrünen fleischigen, etwa 10–15 cm langen Blätter sind mit winzigen Drüsen bedeckt, die bei Sonnenschein wie Eiskristalle glänzen, daher auch der Name Eiskraut.
Standort: vollsonnig und warm
Boden: Eiskraut zählt zu den Schwachzehrern und braucht einen sandigen, gut durchlässigen Boden. Staunässe verträgt es nicht.
Mischkultur: Gute Nachbarn sind Zwiebeln und Porree, schlechte dagegen Kohlgemüse und Mais.
Kultur: Von Ende April bis August kann direkt ins Freiland gesät werden. Der feine Samen wird möglichst dünn in Reihen mit 25–30 cm Abstand und in einer Tiefe von 0,5 cm ausgebracht. Um früh ernten zu können, empfiehlt es sich, Eiskraut im März in Töpfen vorzukultivieren. Dazu legt man bei 10–15 °C jeweils 4 Samenkörner in einen Topf mit Anzuchterde und pflanzt Mitte Mai im Abstand von 30×30 cm aus.
Pflege: Die Pflanzen vertragen keine große Nässe. Bei Frostgefahr sollte man die Jungpflanzen durch Vlies oder Folie schützen.
Ernte und Verwertung: Bereits 5 Wochen nach der Aussaat ins Freiland können die einzelnstehenden Blättchen gepflückt und als Salat oder wie Blattspinat als Gemüse zubereitet werden.

Endivie

Winterendivie, Escariol, Friséesalat
Cichorium endivia

Familie: Korbblütler *(Compositae)*
Herkunft: Mittelmeerraum
Merkmale: Die schon bei den Griechen und Römern bekannte Salatpflanze, eine enge Verwandte unserer heimischen Wegwarte, wird bei uns einjährig kultiviert. Sie bildet eine lange Pfahlwurzel und breit ausladende Blattrosetten. Von Bedeutung sind zwei Formen: die Breitblättrige Endivie oder Escariol (*Cichorium endivia* var. *latifolium*) mit breiten,

Breitblättrige Endivie

ganzrandigen, leicht gewellten Blättern und die Krause Winterendivie oder Frisée-Endivie (*Cichorium endivia* var. *crispum*) mit krausen, geschlitzten Blättern. Endivien enthalten viele Vitamine und Bitterstoffe. Die grünen Blätter sind bitterer und härter als der helle Kern der Rosette, weshalb Endivien gerne vor dem Ernten gebleicht werden.
Standort: sonnig, warm und geschützt
Boden: Endivien sind Mittelzehrer. Sie brauchen einen tiefgründigen, mittelschweren, humusreichen Boden, der Wasser gut hält, aber keine Staunässe verursacht.
Mischkultur: Gut geeignet sind Porree, Kohlgemüse, Fenchel, schlecht dagegen Sellerie.
Sorten: Von der Breitblättrigen Endivie sind u. a. im Handel: 'Bubikopf' (selbstbleichend, nicht zur Lagerung geeignet), 'Diva' (selbstbleichend, dicht gefüllt, großköpfig), 'Escariol Gelber' (hellgrün), 'Escariol Grüner' (dunkelgrün), 'Golda' (selbstbleichend, großköpfig), 'Jeti' (selbstbleichend, großköpfig); von der Krausen Winterendivie 'Elodie' (mittelgroß, Frisée-Endivie), 'Große grüne Krause' (großköpfig), 'Melie' (großköpfig, Frisée-Endivie), 'Sally' (stark gefüllt, Frisée-Endivie) und 'Wallone' (selbstbleichend, großköpfig).
Kultur: Endivien sind Langtagpflanzen, die bei zu früher Aussaat und zu kalter Anzucht keine Rosetten, sondern Schosser bilden. Für die Herbsternte wird Mitte Juni bis Anfang Juli bei mindestens 20 °C im Anzuchtbeet im Freiland ausgesät. Nach etwa 4–5 Wochen, bis spätestens Mitte August, werden die Setzlinge im Abstand von 30×30 cm verpflanzt. Sie dürfen nicht zu tief in die Erde, da sie sonst faulen und die Rosette sich nicht entwickeln kann. Wird im Juni direkt ins Freiland gesät – und zwar in Reihen mit 35 cm Abstand – und später in der Reihe auf einen Abstand von 35 cm vereinzelt, dann können die Pflanzen ungestört an Ort und Stelle anwachsen. Sie wurzeln besser und sind weniger anfällig gegen Staunässe und Wurzelläuse.
Bei einer Pflanzung im Abstand von 30×30 cm stehen die Salatköpfe zur Erntezeit so dicht, daß die Blattrosetten innen gelb

Krause Winterendivie

bleiben und nicht mehr gebleicht werden müssen.
Pflege: Endivien müssen regelmäßig gegossen und gehackt werden. Zu trocken gehaltene Pflanzen schießen schneller und enthalten mehr Bitterstoffe. Durch ihr dichtes Blattwerk entsteht jedoch leicht Fäulnis, deshalb darf man bei Trockenheit, vor allem im Herbst, nur vorsichtig zwischen den Pflanzen gießen. Ein Beregnen muß unbedingt vermieden werden.
Zum Bleichen der inneren Blätter bindet man bei trokkenem Wetter, etwa 14 Tage vor dem gewünschten Erntetermin, die Blattrosetten vorsichtig zusammen (siehe auch Seite 109). Man kann auch die gewünschte Menge Endivien mit dunkler Folie abdecken oder auf den inneren Teil des Salatkopfes eine Bleichhaube oder einen großen Teller legen.
Ernte und Verwertung: Die Endivie kann im Oktober und November, in milden Gegenden sogar noch im Dezember geerntet werden. Sie kann so lange auf dem Beet bleiben, bis die Temperaturen unter –5 °C fallen. Dann aber muß man sie abernten und kühl, aber frostfrei lagern. Man schlägt dazu die Salatköpfe mit den Wurzelballen in feuchten Sand oder Erde ein und lagert sie entweder im kühlen Keller oder in einem frostfreien Mistbeet. Damit der Salat nicht fault, muß für eine gute Belüftung gesorgt sein.
Schädlinge und Krankheiten: Schnecken, Erdraupen; Echter und Falscher Mehltau und bakteriell bedingte Blattfäule
Tip: Es sollten immer nur so viele Endivien gebleicht werden, wie man in einer Woche verbraucht.

Engelwurz

Angelika, Erzengelwurz
Angelica archangelica var. *archangelica* (auch *Archangelica officinalis*)

Familie: Doldenblütler *(Apiaceae, Umbelliferae)*
Herkunft: Nordeuropa, Nordasien
Merkmale: Die in unseren Gärten selten anzutreffende ausdauernde Heil- und Gewürzpflanze wurde früher in Klostergärten sehr geschätzt. Wild findet man sie auf feuchten Wiesen der Mittelgebirge. Die stattliche Pflanze besitzt eine lange, fleischige Hauptwurzel, ihre dicken hohlen Stengel können bis 2 m hoch wachsen. Die großen fiederteiligen Blätter sind mit bauchigen Blattscheiden versehen, die grünlich-weißen Doldenblüten erscheinen im Juli/August. Im Garten stirbt die Pflanze nach 3–4 Jahren in der Regel ab.
Standort: sonnig bis halbschattig
Boden: Engelwurz bevorzugt einen humosen, nährstoffreichen Boden oder sandige Lehmböden. In tiefgründig gelockerter Erde wächst der Mittelzehrer besonders üppig.
Kultur: Da Engelwurz ein Kaltkeimer ist, sät man am besten im frühen Herbst ins Freiland und verpflanzt im Frühjahr im Abstand von 80–100 cm. Im Hausgarten genügt meist eine Pflanze, die man auch in Spezialgärtnereien für Kräuter bekommt.
Pflege: Um einen kräftigen Wurzelstock zu erzielen, werden die Blütentriebe im ersten Jahr ausgeschnitten.
Ernte und Verwertung: Zerkleinerte Blätter und Blattstiele geben Salaten, Soßen und Suppen einen würzigen Geschmack. In einigen Gegenden dünstet man die Blätter als Gemüse. Die jungen Stengel kann man geschält auch roh essen, sie schmecken angenehm fruchtig. Wie die Samen, so können auch die getrockneten Wurzeln zur Likörherstellung genutzt werden. Hierzu gräbt man die Wurzeln im Herbst aus, trocknet sie, bis sie brüchig werden, und bewahrt sie in luftdichten Gefäßen auf.

Engelwurz

Erbsen

Pisum sativum

Familie: Schmetterlingsblütler *(Leguminosae)*
Herkunft: Vorderasien, Mittelmeergebiet
Merkmale: Die einjährigen krautigen Pflanzen werden wegen ihrer nährstoffreichen Samen bereits seit der Steinzeit kultiviert. Sie entwickeln an einem dünnen Haupttrieb mehrere Seitentriebe mit runden Blättern. Die Gipfelblättchen sind zu Ranken umgebildet, wodurch die Pflanzen bis zu 2 m hoch klettern können. An einem Blütentrieb sitzen bis zu

Blaue Kapuzinererbse

4 weiße oder violette Schmetterlingsblüten, aus denen später die Erbsenhülsen wachsen. In jeder Hülse bilden sich 7–9 Samenkörner aus, die unreif (grün) als Pflück- oder Gemüseerbsen geerntet werden. Nach wie vor finden die ausgereiften trockenen Samenkörner, von Schalerbsen in der Küche Verwendung. Die Hülsenfrüchte gehören zu den nährstoffreichsten Gemüsearten. Sie enthalten hochwertiges Eiweiß, wichtige Mineralstoffe, vor allem Kalium und Phosphor und Vitamine.
Erbsen wurzeln tief, sind gute Vorfrüchte, aber mit sich selbst nicht verträglich. Daher sollte beim Anbau ein mindestens vierjähriger Fruchtwechsel eingehalten werden.
Wie alle Schmetterlingsblütler besitzen Erbsen an ihren Wurzeln Knöllchenbakterien, die Stickstoff aus der Luft binden. Man unterscheidet drei verschiedene Erbsenarten:
Markerbsen (*Pisum sativum* convar. *medullare*) haben in reifem Zustand eingeschrumpfte oder runzelige Samenkörner. Sie sind sehr

zuckerhaltig und bleiben relativ lange zart. Man verwendet sie frisch, zum Einkochen und Einfrieren. Schal-, Pal- oder Brockelerbsen (*Pisum sativum* convar. *sativum*) besitzen glatte runde Samenkörner, die schnell ihren anfänglich süßen Geschmack verlieren und mehlig werden. Neben der sehr frühen Reife ist ihr Hauptvorteil, daß man die Samen trocknen, lagern und nach dem Aufquellen für Suppen verwenden kann. Zu dieser Art gehört auch die Graue oder Kapuzinererbse, eine traditionelle Spezialität im ostfriesischen Raum. Zuckererbsen (*Pisum sativum* convar. *axiphium*) haben im Gegensatz zu Mark- oder Schalerbsen keine Pergamentschicht in den Hülsen und werden daher nie zäh. Wie bei Bohnen ist die ganze Hülse mit den kleinen Samenkörnern eßbar.

Zuckererbsen

Standort: sonnig und luftig
Boden: Als Schwachzehrer gedeihen Erbsen auf allen humusreichen, lockeren und gleichmäßig feuchten Böden; schwere und nasse Böden sind ungeeignet.
Mischkultur: Gute Nachbarn sind Möhren, Kohlgemüse, Fenchel, Kopfsalat, Gurken, Anis, Radieschen und Rettiche sowie Zucchini, schlechte Nachbarn dagegen alle Bohnen, Kartoffeln, Knoblauch, Porree, Tomaten und Zwiebeln.
Sorten: Von allen drei Erbsenarten werden im Handel zahlreiche Sorten angeboten; bewährt haben sich u.a.: von Markerbsen 'Exzellenz' (60 cm hoch, früh), 'Grando' (70 cm hoch, spät), 'Kelvex' (70 cm hoch, früh), 'Lancet' (60 cm hoch, früh), 'Markana' (70 cm hoch, spät, starkrankend, selbststützend), 'Maxigolt' (85 cm hoch, mittelspät), 'Progress Nr. 9' (50 cm hoch, mittelfrüh), 'Salout' (60–70 cm hoch, früh), 'Sprinter' (80 cm hoch, mittelfrüh) und 'Wunder von Kelvedon' (80 cm hoch, früh); von Schalerbsen 'Allerfrüheste Mai' (70–80 cm hoch, früh), 'Blauwschokker Désirée' (blaue Kapuzinererbse, 80 cm hoch), 'Feltham First' (30–35 cm hoch, sehr früh, auch zur Herbstaussaat geeignet), 'Kleine Rheinländerin' (30–35 cm hoch, sehr früh), 'Rheinperle' (30–50 cm hoch, früh) und 'Schnabel' (120–140 cm hoch, spät); von Zuckererbsen 'Denise' (70 cm hoch, sehr früh), 'Frühe Heinrich' (70 cm hoch, früh), 'Nofila' (80 cm hoch, mittelfrüh), 'Norli' (50 cm hoch, früh), 'Oregon Sugar Pod' (80 cm hoch, früh), 'Rheinische Zucker' (70 cm hoch, mittelfrüh), 'Snowflake' (90 cm hoch, mittelfrüh), 'Sugar Bon' (60 cm hoch, sehr früh) und 'Sugar Gem' (70 cm hoch, mittelfrüh). Kreuzungen zwischen Mark- und Zuckererbsen, die man sowohl mit Hülse als auch ausgepalt genießen kann, sind 'Edula' (70 cm hoch, mittelfrüh) und 'Delikett' (65 cm hoch, mittelfrüh).
Kultur: Erbsen sind Langtagpflanzen und müssen daher zeitig im Frühjahr angebaut werden, damit sich noch vor der Blüten- und Hülsenentwicklung genügend Blätter zu ihrer Ernährung bilden können. Mark- und Zuckererbsen allerdings sind kälteempfindlich und faulen bei zu niedrigen Aussaattemperaturen im Boden, daher sät man sie nicht vor Mitte April ins Freiland. Bewährt haben sich Beete mit zwei Reihen im Abstand von 30–50 cm und einem Weg auf beiden Seiten. Das erfordert zwar etwas Platz, erleichtert aber das Aufstellen von Rankhilfen zwischen den Reihen und die Ernte. Innerhalb der Reihen werden die Samenkörner im Abstand von 4–5 cm etwa 3–4 cm tief in die Erde gelegt und gut angedrückt. Nach dem Abdecken mit Erde klopft man die Reihen noch einmal fest. Vom Aussaattermin bis zur Reife dauert die Kultur etwa 3 Monate. In Folgen kann bis Anfang Juni gesät werden. Spätere Aussaaten sind aber anfällig für Mehltau. Schalerbsen sind weniger kälteempfindlich, sie können schon ab Ende März ins Freiland gesät werden. In milden Klimagebieten kann mit geeigneten Sorten wie z.B. 'Feltham First' auch eine Herbstaussaat probiert werden, was die Ernte um etwa 2–3 Wochen verfrüht. Allerdings schützt man die Saat während des Winters dann besser mit Hauben oder einem Folientunnel.
Pflege: Bis zum Keimen muß der Boden gut feucht gehalten werden, danach wird weniger, aber gleichmäßig gegossen. Die Pflanzen bekommen mehr Halt, wenn sie nach dem Erscheinen des dritten Folgeblattes angehäufelt werden. Erbsen sind allein nicht standfest. Niedrige und starkrankende Sorten halten sich mit ihren Ranken aneinander fest, mittelhohe und hochwachsende Sorten müssen jedoch entweder mit Maschendraht oder Reisig (siehe Seite 106f.) gestützt werden, sobald die Pflanzen 7–10 cm hoch gewachsen sind.

Markerbsen

Ernte und Verwertung: Die Erntezeit ist je nach Art und Sorte verschieden, meist im Juni. Geerntet werden die Früchte, von denen bei Mark- und Schalerbsen nur die Samenkörner, bei Zuckererbsen auch die Hülsen gegessen werden. Markerbsen schmecken, solange sie jung und grün sind, sehr süß und zart, werden jedoch mit zunehmender Reife hart und sind dann auch gekocht nicht mehr genießbar. Schalerbsen munden frisch nur, wenn sie sofort nach der Reife gepflückt und gegessen werden. Die Süße schwindet schnell, und schon nach wenigen Tagen werden die Körner mehlig. Deshalb läßt man zu dick gewordene Hülsen ganz ausreifen. In

trockenem Zustand, gepflückt und ausgepalt, lassen sich Schalerbsen in einem Behälter lange aufbewahren und sind so stets für Suppen und Eintopfgerichte zur Hand. Zuckererbsen gelten gekocht und in Butter geschwenkt als Delikatesse. Sie werden auch für viele chinesische Gerichte verwendet.
Schädlinge und Krankheiten: Thripse, Raupen des Erbsenwicklers; Echter Mehltau, Umfallkrankheiten
Tip: Abgeerntete Erbsenpflanzen können mit ihren Wurzeln als Dünger untergegraben oder als Mulchmaterial verwendet werden.

Erdbeerspinat
Blitum capitatum (auch *Chenopodium capitatum*)

Familie: Gänsefußgewächse *(Chenopodiaceae)*
Herkunft: Nordamerika
Merkmale: Die kleinen, saftigen roten Früchte des einjährigen Erdbeerspinats erinnern an Walderdbeeren, haben aber keinen ausgeprägten Geschmack. Angebaut wurde diese alte, 25–30 cm hohe Kulturpflanze früher wegen ihrer Blätter, die vor der Blüte wie Spinat gegessen werden können. Später verdrängte der aromatischere und ertragreichere Spinat den Erdbeerspinat, der heute jedoch wieder Liebhaber findet.
Standort: sonnig bis halbschattig
Boden: Der Mittelzehrer braucht einen sandigen humosen Boden mit geringem Lehmanteil.
Mischkultur: Erdbeerspinat eignet sich gut als Zwischenkultur bei Tomaten, Sellerie und Kohlgemüse.
Kultur: Ausgesät wird von Mitte März bis Mitte April ins Freiland in Reihen von 25 cm Abstand. Bei späterer Aussaat bilden sich schnell Schosser, und die Blätter bleiben klein. Nach dem Keimen werden die Sämlinge auf 30 cm Abstand verzogen.
Pflege: Regelmäßiges Wässern hält Blätter und Sprosse besonders zart. Gelegentliches Hacken, vor allem nach Regen, fördert das Wachstum.
Ernte und Verwertung: Von Ende Mai bis zur Blüte werden die Blätter gepflückt und wie Spinat zubereitet.
Krankheiten: Mehltau

Erdbeerspinat

Estragon
Schlangenkraut, Dragon
Artemisia dracunculus
(auch *A. glauca*)

Familie: Korbblütler *(Compositae)*
Herkunft: Süd- und Mittelasien, Nordamerika, im Mittelmeergebiet eingebürgert
Merkmale: Estragon ist eine mehrjährige, stark buschig verzweigte Gewürzpflanze, die bis 150 cm hoch wird. An den dünnen Stengeln sitzen, locker verteilt, lanzettliche Blätter. Von Juli bis September erscheinen an den Triebspitzen in Rispen unscheinbare, gelbgrüne Blütenköpfchen. Estragon enthält ätherische Öle, Gerb- und Bitterstoffe. Man unterscheidet zwei Formen: den im Geschmack weniger kräftigen, aber widerstandsfähigeren Russischen oder Sibirischen Estragon mit behaarten Blättchen und den glattblättrigen Aromatischen Estragon, auch Französischer Estragon genannt, der etwas empfindlicher ist, dafür aber sehr würzig schmeckt.
Standort: sonnig bis halbschattig, warm und geschützt
Boden: Der Mittelzehrer braucht humusreiche, feuchte Gartenerde, verträgt jedoch keine Staunässe.
Mischkultur: Estragon gedeiht gut neben Liebstöckel; beide Pflanzen benötigen jedoch viel Platz. Die Nachbarschaft mit Petersilie sollte man auf jeden Fall vermeiden.
Kultur: Der Aromatische Estragon läßt sich in unserem Klima nur durch Wurzelausläufer oder durch Bewurzelung 5 cm langer Kopfstecklinge vermehren. Samen dieser Form sind nicht erhältlich. Für den Hausgarten reichen 1–2 Pflanzen aus, die man im April kauft und im Abstand von 30×40 cm pflanzt. Der Russische Estragon wird im April ins Freiland ausgesät und später im Abstand von 30×40 cm verpflanzt.

Estragon

Pflege: In Trockenzeiten müssen die Pflanzen gut gegossen werden. Der Wurzelballen sollte immer feucht, jedoch ohne Staunässe sein. Im Herbst schneidet man die Pflanze ab und schützt sie in rauhen Lagen mit einer Abdeckung aus Reisig oder Stroh. Da Estragon von unten her verkahlt, pflanzt man alle 3–4 Jahre neu an anderer Stelle.
Ernte und Verwertung: Den Sommer über können laufend frische Blätter und Triebspitzen geerntet werden. Estragon paßt gut zu Fisch, Geflügel und Soßen und wird zur Aromatisierung von Essig und Senf und zum Einlegen von Gurken verwendet. Beim Trocknen verliert Estragon viel von seiner Würzkraft.
Tip: Estragon kann durch Teilung des Wurzelstocks im Spätherbst oder Frühjahr vermehrt oder verjüngt werden.

F

Feldsalat

Feldsalat

Rapunzel, Nissel, Ackersalat, Nüßlisalat, Vogerlsalat
Valerianella locusta
(auch *V. olitoria*)

Familie: Baldriangewächse *(Valerianaceae)*
Herkunft: Europa, Mittelmeerraum
Merkmale: Feldsalat ist eine einjährige, in Mitteleuropa wild wachsende, winterharte Pflanze mit dunkelgrünen, flachen oder aufrechten Rosetten aus runden oder ovalen Blättchen, die bis zu 10 cm lang werden. Er enthält sehr viele Vitamine und Mineralstoffe und hat einen feinen nußartigen Geschmack.
Standort: Die anspruchslose Pflanze gedeiht im Freien auf abgeräumten Gemüsebeeten als Nachkultur – außer nach Kopfsalat und sich selbst –, im Frühbeet und im kühlen Gewächshaus, sogar im Balkonkasten.
Boden: Der Schwachzehrer gedeiht gut auf humosem, kalkhaltigem, sandigem Lehmboden.
Mischkultur: Gute Nachbarn sind Frühlings- oder Winterzwiebeln, schlechte dagegen Kohlgemüse.
Sorten: Für die Herbst-, Winter- und Frühjahrsernte sind die winterharten Sorten mit kleinen dunkelgrünen Blättern und gedrungenem Wuchs geeignet, u. a. 'Dunkelgrüner Vollherziger', 'Elan' (mehltautolerant, besonders für Gewächshaus), 'Jade' (mehltautolerant, besonders für Gewächshaus), 'Louviers', 'Valentin', 'Verella' (mehltautolerant, besonders für Gewächshaus), 'Verte de Cambrai' und 'Vit' (mehltautolerant, besonders für Gewächshaus); nicht winterhart sind die Sorten mit längeren, hellgrünen Blättern wie z. B. 'Holländischer Breitblättriger'. Unter Glas können alle winterharten Sorten angebaut werden.
Kultur: Feldsalat ist eine Langtagpflanze, die nur im Herbst und Winter kultiviert wird, weil sie im Sommer schießt. Ausgesät wird ins Freiland von Mitte August (Herbsternte) bis Mitte September (Frühjahrsernte). Zu lockerer Boden muß vor der Aussaat festgedrückt werden. Man sät breitwürfig oder 1–2 cm tief dünn in Reihen von 10–15 cm Abstand. Die Samen werden leicht angedrückt und nur mit wenig Erde bedeckt. Im Frühbeet kann noch bis Ende September, im Gewächshaus bis Ende Oktober gesät werden. Nur muß die Aussaat dann kühl (5–12 °C) und luftig kultiviert werden. Feldsalat muß bis zum Auskeimen stets feucht gehalten werden. Zu dichte Aussaaten werden auf mindestens 2 cm verzogen.
Pflege: Die Beete müssen möglichst unkrautfrei sein. Im Winter sollte man Feldsalat bei Kahlfrösten mit einem Vlies oder mit Reisig abdecken.
Ernte und Verwertung: Von September bis ins späte Frühjahr schneidet man die Blattrosette direkt über der Erdoberfläche und bereitet daraus Salat.
Krankheiten: Echter und Falscher Mehltau

Fenchel

Die aus Vorderasien und dem Mittelmeerraum stammende Heil- und Gewürzpflanze aus der Familie der Doldenblütler *(Apiaceae, Umbelliferae)* war schon im alten Ägypten bekannt. Aus der Wildpflanze hat sich der Gewürzfenchel entwickelt, aber auch der Knollenfenchel, der durch Kreuzungen des Gewürzfenchels mit dem wilden Fenchel entstand. Fenchel hat einen sehr würzigen, leicht süßen, anisartigen Geschmack und ist reich an ätherischen Ölen, Mineralstoffen und Vitaminen.

Knollenfenchel

Gemüsefenchel, Finocchio
Foeniculum vulgare var. *azoricum*

Merkmale: Die einjährige Gemüsepflanze wird 50–60 cm hoch. Ihre Blattstiele sind nach unten hin verbreitert und fleischig verdickt und bilden über der Erde eine weißlich-grün gefärbte Zwiebelknolle. Fein gefiedertes, zartgrünes Laub bedeckt die Stiele oberhalb der Knolle. Knollenfenchel ist eine Langtagpflanze, die bei hohen Temperaturen und ausgedehnter Tageslänge keine Knollen bildet, sondern schießt. Es gibt jedoch einige Sorten, die tagneutral und schoßfest sind. Knollenfenchel ist besonders reich an Vitamin C, E und K sowie Karotin.
Standort: sonnig und warm
Boden: Der Mittelzehrer benötigt einen humosen, kalkhaltigen, feuchten, aber durchlässigen Boden.

Fenchelblüte

Mischkultur: Endivien, Erbsen, Chicorée oder später Kopfsalat sind gute, Tomaten und Stangenbohnen schlechte Nachbarn.
Sorten: 'Argo' (schoßfest, Aussaat ab März im Gewächshaus), 'Cantino' (Aussaat April bis Ende Juli), 'Latina', 'Perfektion' und 'Sirio' (alle Aussaat ab Anfang Juli), 'Zefa Fino' (schoßfest, Aussaat ab März im Gewächshaus, im Freiland ab Mitte April), 'Zefa Tardo' (Aussaat ab Juni)
Kultur: Heute ist der Anbau mit neuen, schoßfesten Sorten schon sehr früh im Gewächshaus möglich. Ausgesät wird bereits ab März bei Temperaturen von 16–20 °C in Kisten oder Töpfen. 3 Wochen nach dem Auflaufen pikiert man in 5–6-cm-Töpfe. Die Sämlinge müssen feucht und luftig gehalten werden. Nach weiteren 3 Wochen können die Pflanzen im Abstand von 20×40 cm unter Folientunnel oder Vlies ausgepflanzt werden. Ohne Folienschutz ist das Auspflanzen erst im Mai möglich.
Gemüsefenchel kann aber auch, je nach Sorte von Mitte April bis Mitte Juli, direkt ins Freiland gesät werden, 2 cm tief und in Reihen mit einem Abstand von 30–40 cm. Bis zum Keimen muß der Boden gut feucht gehalten werden. Nach dem Auflaufen vereinzelt man die Pflanzen auf 25–30 cm Abstand.
Pflege: Knollenfenchel sollte regelmäßig gegossen, angehäufelt und gehackt werden.
Ernte und Verwertung: Geerntet wird je nach Witterung 3–4 Monate nach der Aussaat, spätestens jedoch Ende Oktober/Anfang November, wenn die ersten Nachtfröste auftreten. Man schneidet die Knollen am Wurzelhals ab und kürzt die Blattstiele auf etwa 4–8 cm ein. Im November abgeerntete Knollen können, in Sand eingeschlagen, einige Wochen im Keller oder frostfrei im Frühbeet lagern. Knollenfenchel schmeckt roh als Salat oder als Salatbeigabe, meist wird er jedoch als Gemüse gedünstet. Die zarten Blätter können ständig frisch als Würze verwendet werden.
Schädlinge und Krankheiten: Schnecken, Blattläuse, Möhrenfliege; Falscher Mehltau

Gewürzfenchel, Samenstand

Gewürzfenchel

Teefenchel, Samenfenchel
Foeniculum vulgare var. *dulce*

Merkmale: Gewürzfenchel ist eine zwei- bis mehrjährige Würz- und Heilpflanze, die bis 2 m hoch werden kann. Der kräftige Stengel ist kahl, gerillt und bläulich-grün. Er trägt feine, mehrfach gefiederte Blätter. Ab Juli erscheinen am Stengelende große Blütendolden mit zahlreichen gelben Einzelblüten, die dann halbmondförmige, gerippte Samen bilden. Gewürzfenchel enthält wichtige ätherische Öle, vor allem Anethol, die beruhigend und krampflösend wirken. Die Langtagpflanze wird bei uns meist zweijährig kultiviert und blüht und fruchtet erst im zweiten Jahr. Neben dem grünblättrigen Fenchel gibt es auch eine Züchtung mit bronzefarbenem Laub.
Standort: sonnig
Boden: Gewürzfenchel ist ein Mittelzehrer, der tiefgründigen, nährstoffreichen, kalkhaltigen Boden benötigt.
Mischkultur: Fenchel wächst gut mit allen Frühgemüsen und Salat, verträgt sich aber nicht mit anderen Doldenblütlern.
Kultur: Man sät von April bis Ende Mai auf ein Anzuchtbeet im Freiland in Reihen von 25 cm Abstand fein aus. Die Samen werden dünn mit Erde bedeckt und bis zum Auflaufen feucht gehalten. Die Pflanzen bleiben bis zum nächsten Frühjahr im Anzuchtbeet und werden dann in Reihen mit 50×50 cm Abstand gepflanzt. Sind sie erst einmal heimisch geworden, vermehren sie sich jedes Jahr durch Selbstaussaat. In sehr günstigem Klima wächst der Gewürzfenchel als Staude, deren Wurzeln den Winter überdauern und jedes Frühjahr wieder austreiben.
Pflege: Im Herbst schneidet man das Kraut handhoch über dem Boden ab und schützt den Wurzelballen im Winter durch Stroh oder Reisig. In rauheren und kälteren Gegenden müssen die Pflanzen frostfrei überwintert werden.

Knollenfenchel

Ernte und Verwertung: Die grünen Blätter können laufend als Salatwürze gepflückt werden. Der richtige Zeitpunkt für die Samenernte ist gekommen, wenn die fast trockenen Samenkörner graue Streifen zeigen. Dann schneidet man die Dolden und läßt sie auf einem Tuch nachtrocknen. Die Samen werden als Tee zubereitet oder zum Würzen von Fisch, Salaten und Soßen verwendet.
Schädlinge: Schnecken
Tip: Die unreifen Dolden geben eingelegten Gurken eine delikate Note.

Flaschenkürbis

Flaschenfrucht, Kalebasse
Lagenaria siceraria (auch *L. leucantha, L. vulgaris, Cucurbita lagenaria, Cucurbita siceraria*)

Familie: Kürbisgewächse *(Cucurbitaceae)*
Herkunft: vermutlich tropisches Afrika
Merkmale: Der Flaschenkürbis ist eine einjährige, üppig wachsende Kletterpflanze mit großen herzförmigen, gelappten und etwas rauhen Blättern. Von Juni bis September erscheinen weiße, trichterförmige Blüten, aus denen sich riesige, bis über 1 m lange gurkenähnliche, hellgrüne bis weißliche Früchte entwickeln.
Standort: sonnig und geschützt
Boden: Der Flaschenkürbis ist ein Starkzehrer und benötigt einen nährstoff- und humusreichen, feuchten, gut gelockerten Boden.
Mischkultur: Empfehlenswerte Nachbarn sind zu Kulturbeginn niedrige Gemüse, die bald geerntet werden, wie Radieschen und Schnittsalat.
Sorten: 'Clavata' (hellgrüne, 60–80 cm lange Früchte), 'Clavata longissima' (auch Herkuleskeule genannt, hellgrüne, über 1 m lange Früchte), 'Großfrüchtige Marankas' (dunkelgrüne, etwa 45 cm lange Früchte), 'Gourda Maxima' (30 cm lange, unten abgeflachte Früchte), 'Gourda Minima' (15 cm lange, unten abgeflachte Früchte), 'Pulverhorn' (30–40 cm lange, keulenförmige Früchte)
Kultur: Von März bis April sät man bei 16–18 °C je einen Samen in einen 8-cm-Topf mit Anzuchterde. Die Pflänzchen brauchen frühzeitig einen Halt durch Stäbe und sollten ab Anfang Mai abgehärtet werden. Nach den Eisheiligen können sie im Abstand von mindestens 1 m ausgepflanzt werden.
Auch eine Direktsaat ins Freiland ist ab Mitte Mai möglich, allerdings gedeihen die Pflanzen dann nur in warmen Sommern gut.
Pflege: Flaschenkürbisse müssen ausreichend gegossen und von Anfang an regelmäßig hochgebunden werden. Als Rankhilfe eignen sich Gitter, gespannte Drähte oder Schnüre.

Flaschenkürbis, Herkuleskeule

Ernte und Verwertung: Geerntet werden junge, noch unreife Früchte, die man wie Zucchini zubereitet. Das weiße, weiche Fruchtfleisch schmeckt leicht süßlich. Ausgereifte Früchte werden hart und ungenießbar. Man kann sie trocknen und als Zimmerschmuck verwenden.

G

Gartenkresse

Kresse, Pfefferkraut
Lepidium sativum

Familie: Kreuzblütler *(Brassicaceae, Cruciferae)*
Herkunft: Mittelmeerraum, Südwestasien
Merkmale: Die Gartenkresse, allgemein auch nur als Kresse bezeichnet, ist eine anspruchslose 30–50 cm hohe, einjährige Pflanze, die aus einer spindelförmigen Wurzel herauswächst. Sie besitzt zarte Triebe mit kleinen runden Blättchen. Ihre zierlichen weißen bis rötlichen Blüten erscheinen im Juli/August. Kresse ist reich an Vitamin C, Karotin und Senfölglykosiden. Sie schmeckt scharf und würzig. Wegen ihrer kurzen Kulturzeit eignet sie sich besonders gut als Vor-, Zwischen- oder Nachkultur.
Standort: sonnig, halbschattig, bei Wärme auch schattig
Boden: Gartenkresse ist ein Schwachzehrer; sie gedeiht besonders gut auf humusreichem, lockerem, feuchtem, jedoch nicht staunassem Boden.
Mischkultur: Gute Nachbarn sind Radieschen.
Sorten: Im Handel gibt es zahlreiche verschiedene Sorten mit einfachen, krausen oder großen Blättern.
Kultur: Kresse keimt innerhalb von 2 Tagen und wächst sehr schnell. Sie kann im Gewächshaus, im Frühbeet oder auf der Fensterbank kultiviert werden und gedeiht von März bis September auch im Freiland.
Gesät wird ziemlich dicht, entweder breitwürfig oder in Reihen mit 10 cm Abstand. Die Samen werden leicht angedrückt und dünn mit Erde bedeckt. Wenn alle 7–10 Tage neu ausgesät wird, steht bis zum Herbst stets frische Kresse zur Verfügung.
Pflege: Die Pflege beschränkt sich auf regelmäßiges Gießen.
Ernte und Verwertung: Schon 10 Tage nach der Aussaat, wenn die Pflänzchen etwa 7 cm hoch sind, kann geerntet werden. Mit einer Schere oder dem Messer werden sie kurz über dem Boden abgeschnitten. Kresse wird frisch als Würze zu Salaten und Soßen verwendet.
Schädlinge und Krankheiten: Erdflöhe; Keimlingskrankheiten
Tip: In den Wintermonaten läßt sich Kresse problemlos sogar auf feuchtem Zellstoff oder auf einem Sieb in Hydrokultur auf der Fensterbank kultivieren.

Einfache (links) und großblättrige Gartenkresse

Gartenmelde

Spanischer Salat, Maiflitsch
Atriplex hortensis

Familie: Gänsefußgewächse *(Chenopodiaceae)*
Herkunft: Südosteuropa, Asien
Merkmale: Die einjährige, bis zu 2 m hohe Gartenmelde ist eine alte Kulturpflanze, die durch den ertragreicheren Spinat fast in Vergessenheit geriet. An einem wenig verzweigten Stengel sitzen breite, lanzettförmige Blätter. Im Juli/August bilden sich an den Triebspitzen unscheinbare, grüne Blütenkerzen. Es gibt gelb-, grün- und rotblättrige Gartenmelden.
Standort: sonnig bis halbschattig
Boden: Der Mittelzehrer wächst auf jedem Boden, ausgenommen schwerem, trockenem.
Mischkultur: Als ausgesprochen gute Zwischenfrucht paßt die Gartenmelde zu allen Kulturen, nur nicht zu anderen Gänsefußgewächsen.
Sorten: Je nach Blattfärbung unterscheidet man 'Gelbe', 'Grüne' ('Rheinischer Kopf') und 'Rubra' (karminrote Blätter). Gedroschene Saat (Körnersaat) läßt sich besonders gut säen.
Kultur: Man sät ab März direkt ins Freiland, breitwürfig und dicht für eine schnelle Ernte oder dünn in Reihen, die einen Abstand von 25–30 cm haben, und vereinzelt die Keimlinge auf etwa 5 cm Abstand. Sollen die Pflanzen hoch wachsen, ist jedoch ein Zwischenraum von 30 cm notwendig. Mit Folgesaaten alle 2–3 Wochen kann laufend geerntet werden.
Pflege: Die Pflege beschränkt sich auf das Gießen bei Trockenheit.
Ernte und Verwertung: Geerntet wird die Melde entweder wie Spinat, indem man sie bei einer Wuchshöhe von 15–20 cm schneidet; oder man läßt die Pflanze hoch wachsen und erntet bis zu Beginn der Blütenbildung nur die Blätter und Triebspitzen. Später schmecken die Blätter bitter. Zubereitet wird das Gemüse wie Spinat.
Schädlinge: Blattläuse
Tip: Die Gartenmelde sät sich sehr leicht selbst aus und wird dann schnell zum Unkraut, daher sollten die Blüten vor der Samenbildung abgeschnitten werden.

Gartenmelde

Gurken

Die zur Familie der Kürbisgewächse *(Cucurbitaceae)* gehörenden altbekannten und weit verbreiteten Kulturpflanzen stammen aus feuchtwarmen Gebieten Indiens oder Afrikas. Die einjährigen krautigen Pflanzen bilden lange, mit Ranken versehene Triebe aus, an denen große handförmige und rauh behaarte Blätter sitzen. Aus den Blattachseln wachsen gelbe fünfblättrige Blüten – bei den alten gemischtblühenden Sorten zunächst eine große Zahl männlicher Blüten, die der Bestäubung dienen, und etwas später die an ihrem kleinen Fruchtknoten erkennbaren weiblichen Blüten, aus denen sich die grünen länglichen, glatten oder warzigen Früchte entwickeln. Durch Züchtung sind inzwischen aber auch ertragreichere Sorten entstanden, die überwiegend oder rein weibliche Blüten hervorbringen. Damit sie Früchte ansetzen, müssen diese Sorten allerdings zusammen mit einer gemischtblühenden Befruchtersorte angebaut werden. Auch ohne Bestäubung kommen dagegen neuere jungfernfrüchtige (parthenokarpe) Sorten mit ausschließlich weiblichen Blüten aus, was besonders von Vorteil ist, wenn bei feuchter Witterung keine Bienen fliegen (siehe auch Seite 106). Ein weiterer Vorzug ist, daß ihre Früchte zwar Fruchtanlagen, aber keine vollwertigen, sondern nur wenige zarte Samen enthalten. Damit diese Eigenschaft nicht verlorengeht, dürfen jungfernfrüchtige Sorten nicht zusammen mit Befruchtersorten angebaut werden. Gurken sind sehr wärmeliebende, frostempfindliche Pflanzen, die schnell wachsen. Sie enthalten viel Wasser, Kalium und andere Minerale sowie Vitamine, sind aber sehr kalorienarm. Gurkensaft wird auch zur Hautpflege verwendet.

Verschiedene Gurken

Je nach Anbaumöglichkeit unterscheidet man zwischen Freilandgurken (Einlege- und Schälgurken sowie robuste Sorten der Salatgurken) und Gewächshausgurken (Salat- oder Schlangengurken).

Einlegegurke und Schälgurke

Cucumis sativus

Merkmale: Einlege- oder Traubengurken sind Freilandgurken mit kriechenden Trieben und bis zu 15 cm langen gelb-grünen Früchten. Ebenfalls zu den Freilandgurken zählen die Schäl- oder Senfgurken, deren Früchte je nach Sorte 40–60 cm lang und 10–20 cm dick werden und grün- oder gelbschalig sind. Die gelbschaligen Sorten sind als Aziagurken bekannt und bringen sehr große Früchte hervor. Das Fruchtfleisch dieser Sorten ist weiß und das Kerngehäuse nur klein.
Standort: sonnig und windgeschützt
Boden: Gurken sind Starkzehrer, die einen lockeren,

warmen, sehr humus- und nährstoffreichen Boden benötigen, der immer ausreichend feucht sein muß.

Mischkultur: Dill, Buschbohnen, Knoblauch, Kohlgemüse, Erbsen, Salat und Zwiebeln sind gute, Kartoffeln, Radieschen und Tomaten schlechte Nachbarn.

Sorten: Von Einlegegurken: Rein weibliche, parthenokarpe (jungfernfrüchtige) F_1-Hybrid-Sorten sind u. a. 'Accordia', 'Bimbostar', 'Colet', 'Melani', 'Parent', 'Parmel' und 'Passion'. Vorwiegend oder rein weibliche Sorten, bei denen Befruchtersorten mit ausgesät werden müssen, sind u. a. 'Bidretta', 'Elena', 'Ilonka', 'Levina', 'Mantos', 'Osiris', 'Othello' und 'Tomara'. Ältere Sorten zum Einlegen und Schmoren sind 'Delikateß', 'Mainstolz' und 'Mervita'. Bitterfreie Sorten von Schälgurken sind u. a. 'Carnimus', 'Carnito', 'Fatum', 'Gisela' und 'Wusena'; nicht bitterfrei ist die Aziagurke 'Dickfleischige Gelbe'. Alle Sorten sind gemischtblühend.

Einlegegurken

Kultur: Einlege- und Schälgurken können im April auf dem Fensterbrett einzeln in 6–8-cm-Töpfen mit Anzuchterde vorgezogen werden. Dazu legt man pro Topf 2–3 Samenkörner etwa 1,5 cm tief. Wenn die Pflänzchen 3–4 Blätter entwickelt haben, dünnt man aus und läßt nur den kräftigsten Sämling stehen. Die vorgezogenen Pflanzen werden langsam abgehärtet und Ende Mai/Anfang Juni im Abstand von 30×120–150 cm ausgepflanzt.
Von Mitte Mai bis Anfang Juni kann direkt ins Freiland gesät werden. Man legt alle 50 cm jeweils 2–3 Korn pro Saatstelle in einer Reihe aus, der Reihenabstand sollte 150 cm betragen. Später wird dann vereinzelt. Die Aussaat gelingt im Freien meist besser als das Auspflanzen vorgezogener Gurken, da die Wurzeln sehr empfindlich gegen Verletzungen sind. Auf keinen Fall darf man die Ballen auseinanderreißen.
Es hat sich gut bewährt, schwarze Mulchfolie auszulegen. Sie hält den Boden feucht, erhöht seine Wärme und verfrüht die Ernte um 2–3 Wochen. Man sät oder pflanzt in kreuzförmige Einschnitte.
Gurken fühlen sich auf Hügelbeeten oder 20–30 cm hoch aufgehäufelten Dämmen besonders wohl, weil das Wasser nach allen Seiten ablaufen kann und die Wurzeln sich in der warmen Krume ausbreiten können. Oben wird eine Rille angelegt, mit abgelagertem Mist gefüllt und darin gesät oder gepflanzt.

Pflege: Gurken müssen stets mit leicht warmem Wasser gut feucht gehalten werden, da sie empfindlich auf kaltes Leitungswasser reagieren. Beim Gießen sollte man die Blätter nicht benetzen.
Eine Bodenverkrustung schadet den Pflanzen, daher sollten Gurkenbeete gemulcht oder regelmäßig flach gehackt werden. Triebe, die keine Früchte tragen, werden bis auf das siebte Blatt eingekürzt.

Schäl- oder Senfgurken

Ernte und Verwertung: Die Ernte der Einlegegurken beginnt Mitte Juli, sobald die Früchte 6–9 cm lang sind. Je öfter geerntet wird (zwei- bis dreimal pro Woche), desto höher ist der Ertrag. Läßt man die Gurken größer werden, setzen die Pflanzen keine neuen Früchte mehr an. Einlegegurken werden entweder als Essig- oder Gewürzgurken in Essig oder als Salz- oder Dillgurken in Salzlake eingelegt.
Schälgurken können ab Ende August für den Frischverzehr geerntet werden, sind aber auch geschmort eine schmackhafte Beilage. Für die Konservierung als Senf- oder süßsaure Gurken werden Schälgurken im September gepflückt. Schon beim Schälen sollte bei älteren Sorten getestet werden, ob sie wohl bitter schmecken. Der bitter gewordene Teil muß abgeschnitten werden.

Schädlinge und Krankheiten: Schnecken, Spinnmilben; Bakterienwelke, Viruserkrankungen, Grauschimmel, Echter und Falscher Mehltau, Sklerotinia-Fäule

Tip: Hat man nicht viel Platz im Garten, so kann man die Einlegegurken auch an Klettergerüsten emporranken lassen.

Salatgurke
Cucumis sativus

Merkmale: Bei den Salatgurken unterscheidet man zwischen zwei verschiedenen Formen. Es gibt robuste, weniger kälteempfindliche Sorten mit meist kurzen Früchten (20–40 cm), die außer im Gewächshaus auch im Frühbeet oder Freiland angebaut werden können. Gurken mit besonders schlanken und langen Früchten (40–50 cm), die auch als Schlangen- oder Schnurgurken bezeichnet werden, haben dagegen hohe Wärme- und Lichtansprüche und können nur im Gewächs-

Salatgurke

haus kultiviert werden. Bestimmte Sorten gedeihen in den ersten Kulturwochen sogar ausschließlich in geheizten Häusern. Ein Veredeln auf Kürbisunterlagen (siehe Seite 105f.) macht diese Sorten gegen niedrigere Bodentemperaturen unempfindlicher. Außerdem sind gepfropfte Pflanzen widerstandsfähiger gegen Krankheitserreger der Welkekrankheit.

Standort: sonnig, windgeschützt und warm

Boden: Salatgurken benötigen als Starkzehrer einen nährstoffreichen, lockeren und leicht erwärmbaren Boden.

Freiland-Salatgurken

Mischkultur: Gute Nachbarn sind Knoblauch, Dill, Salat, Zwiebeln, schlechte Rettich, Radieschen, Tomaten, wenn Gurken am Spalier gezogen werden.

Sorten: Für das (geheizte) Gewächshaus eignen sich u.a. 'Amazone', 'Bella', 'Cordoba', 'Corona', 'Flamingo', 'Paska' und 'Sandra' (alle jungfernfrüchtig und weitgehend gegen Krankheiten resistent; die beiden letztgenannten Sorten auch für Balkonkultur). Für das Frühbeet oder Freiland eignen sich u.a. die gemischtblühenden Sorten 'Burpless Tasty Green', 'Highmark II', 'Klaro', 'Pixi', 'Slice King', 'Sprint', 'Tanja' und 'White Wonder' (weißschalige Früchte), für den Anbau auf dem Balkon ist 'Bush Champion' geeignet.

Kultur: Ausgesät werden alle Sorten von Anfang April bis Anfang Mai im Gewächshaus oder auf der Fensterbank. Man legt 1–2 Samen in 4–6-cm-Töpfe mit Anzuchterde und läßt sie bei mindestens 20 °C, besser 22–25 °C keimen. Kräftigere Pflänzchen mit einem ausgeprägten Wurzelwerk erhält man, wenn man Gurkensamen in 8-cm-Töpfe sät, die nur halb mit Erde gefüllt sind, und sie leicht mit Erde abdeckt. Haben sich die Keimblätter gut entwickelt, füllt man den Topf mit Anzuchterde auf. Wichtig ist, daß die Temperatur während der Anzucht nicht unter 18 °C sinkt. Bereits 4–5 Wochen nach der Aussaat wird – je nach Sorte – im Freiland, Frühbeet oder Gewächshaus möglichst auf 20–30 cm hohe Dämme oder in Stroh- oder Mistmulch gepflanzt. Eine Freilandpflanzung ist jedoch erst nach den Eisheiligen möglich. Im Gewächshaus beträgt der Abstand 50×100 cm, wenn Gurken an Schnüren oder Gittern aufgeleitet werden sollen. Bei Freiland- oder Frühbeetkultur ist ein Abstand von 100×100 cm einzuhalten.
Von Mitte Mai bis Anfang Juni können die robusten Salatgurkensorten wie die Einlegegurken (siehe Seite 154f.) direkt ins Freiland gesät werden. Schlangengurken sollten im Gewächshaus immer an Schnüren oder Gittern (siehe Seite 106f.) hochgeleitet werden, ihre Ranken suchen sich dann selbst Halt. Auch die Freilandgurken wachsen gern in die Höhe, gedeihen aber im Früh- oder Gartenbeet auch ohne Kletterhilfe.

Pflege: Salatgurken brauchen viel Feuchtigkeit, dürfen aber nie mit kaltem Leitungswasser gegossen werden. Im Gewächshaus muß man durch regelmäßige Bewässerung für ein feuchtwarmes Kleinklima sorgen, an heißen Tagen besprüht man am besten die Wege mehrmals täglich. Das Frühbeet muß bei hohen Temperaturen ausreichend gelüftet werden. Da Gurken ausgesprochene Starkzehrer sind, müssen außerdem regelmäßig Nährstoffe ergänzt werden, sonst stoßen die Pflanzen schon angesetzte Früchte wieder ab. Bei der Düngung ist jedoch darauf zu achten, daß Gurken sehr salzempfindlich sind.
Wurde in eine Mulchdecke aus gut verrottetem Stallmist gepflanzt, ist eine zusätzliche Düngung nicht nötig. Wichtig ist bei den wärmebedürftigen Gewächshaussorten ein sachgemäßer Schnitt (siehe Seite 104f.), um den Fruchtansatz zu regulieren. Bei den Freilandgurken ist ein Schnitt nicht notwendig.

Schlangengurke

Ernte und Verwertung: Die Kultur im Gewächshaus ermöglicht eine Gurkenernte bereits Ende Juni. Freilandgurken, die besonders aromatisch schmecken, werden von Juli bis September bei einer Länge von etwa 30 cm gepflückt. Salatgurken werden fast ausschließlich frisch verzehrt. Zu groß gewordene Früchte legt man jedoch besser als Senf- oder Jägergurken in Essig ein. Gurken kann man einige Tage bei 10–13 °C lagern. Bei zu niedrigen Lagertemperaturen werden die kälteempfindlichen Früchte vorzeitig gelb und fleckig und faulen dann. Auch zusammen mit Obst darf man Gurken nicht lagern, sonst werden sie schnell weich.

Schädlinge und Krankheiten: im Gewächshaus Weiße Fliege, Spinnmilben und Gurkenwelke, im Freien Schnecken; Echter und Falscher Mehltau, Bakterienwelke und Viruserkrankungen

Tip: Salatgurken kann man auch im Wintergarten oder auf der Terrasse ziehen. Man kultiviert die Pflanzen an einem hellen, sonnigen Platz in einem größeren Kübel oder Blumentopf mit guter, nährstoffreicher und humoser Blumenerde und läßt sie an einem Rankgitter oder Stab klettern. Auf regelmäßige Wasserzufuhr ist bei der Gefäßkultur besonders zu achten, denn bei Trockenheit bilden sich krumme Gurken. Man verwendet nur jungfernfrüchtige Sorten, bei denen die Bestäubung entfällt.

Guter Heinrich
Chenopodium bonus-henricus

Familie: Gänsefußgewächse *(Chenopodiaceae)*
Herkunft: Europa
Merkmale: Der Gute Heinrich ist eine ausdauernde, krautige Pflanze, die schon sehr früh im Jahr austreibt und eine Höhe von 70–80 cm erreicht. Sie besitzt fleischige, langgestielte, pfeilförmige, dunkelgrüne, mehlig bestäubte Blätter. Die endständigen unscheinbaren Blüten stehen in fast blattlosen, dichten Ähren.
Standort: sonnig oder halbschattig
Boden: Der Mittelzehrer bevorzugt sandigen Lehmboden. Er ist ein ausgesprochener Stickstoffanzeiger, der bei reichlicher Stickstoffversorgung üppig wächst.
Mischkultur: Der Gute Heinrich verträgt sich gut mit anderen mehrjährigen Stauden. In Gemüsebeeten sollte er aufgrund seines Wachstums am Rand stehen.
Kultur: Von Ende März bis Mai oder im September/Oktober kann direkt breitwürfig ins Freiland gesät werden. Zu dicht stehende Pflanzen müssen auf einen Abstand von 50×50 cm vereinzelt werden.
Pflege: Der Boden sollte regelmäßig gelockert werden.
Ernte und Verwertung: Geerntet werden die jungen Triebe oder Blätter vor der Blüte. Die Triebe können wie Spinat geschnitten und zubereitet werden. Junge Blätter mischt man Gemüse bei, oder man dünstet sie wie Blattspinat. In England sind die jungen Sprossen als Spargelersatz beliebt.
Tip: Der Gute Heinrich sät sich leicht selbst aus. Damit er im Garten nicht überhandnimmt, müssen die Blütenähren vor dem Aussamen abgeschnitten werden.

K

Kapuzinerkresse
Große Kapuzinerkresse, Salatblume
Tropaeolum majus

Familie: Kapuzinerkressengewächse *(Tropaeolaceae)*
Herkunft: Kolumbien, Peru
Merkmale: Diese hübsche Gewürz- und Blütenpflanze mit kresseartigem Geruch wächst in ihrer Heimat als ausdauernde Staude, wird aber bei uns nur einjährig gezogen, da ihre wasserhaltigen Stengel die Pflanze sehr frostempfindlich machen. Kultiviert werden heute sowohl kriechende, buschig wachsende als auch kletternde Sorten. Charakteristisch sind die großen schildförmigen, hell- bis blaugrünen Blätter, die auf dünnen, fleischigen Stielen sitzen, und die einfachen, halbgefüllten oder gefüllten Trichterblüten. Sie leuchten von Juli bis zum ersten Frost in allen Sonnenfarben vom zarten Gelb bis zum intensiven Rot aus dem dichten Blattwerk hervor.
Standort: sonnig bis halbschattig
Boden: Kapuzinerkresse gedeiht zwar auf jedem Boden, bevorzugt als Mittelzehrer jedoch mäßig nährstoffreiches Substrat. Bei zu hohem Stickstoffgehalt im Boden entwickelt die Pflanze zwar ein üppiges Blattwerk, aber nur wenige Blüten.
Mischkultur: Gute Nachbarn sind Kartoffeln, Tomaten, Zucchini und Stangenbohnen. Kapuzinerkresse zieht Blatt- und Blutläuse auf sich und hält sie so von anderen Nutzpflanzen fern.
Sorten: Im Handel sind zahlreiche niedrige und rankende Sorten erhältlich.
Kultur: Wegen der hohen Frostempfindlichkeit empfiehlt sich eine Vorkultur. Von Anfang April bis Anfang Mai werden bei 18 °C jeweils 3–4 Samenkörner in 7–8-cm-Töpfe mit Anzuchterde, der ein Drittel Lehm beigemischt wurde, gelegt. Nach 2–3 Wochen senkt man die Temperatur auf 10–15 °C und kultiviert die Sämlinge bei sehr viel Licht relativ

Guter Heinrich

Kapuzinerkresse

trocken weiter. Ausgepflanzt wird nach den Eisheiligen im Abstand von 20–25 cm.
Ab Mitte Mai ist auch eine Direktsaat ins Freie möglich. Man legt im Abstand von 20–25 cm jeweils 2–3 Samenkörner aus. Der Boden darf jedoch nicht zu kühl oder zu naß sein, da die Samen sonst leicht faulen.
Pflege: Außer regelmäßigem Gießen ist keine besondere Pflege erforderlich.
Ernte und Verwertung: Als Gewürzpflanze ist die Große Kapuzinerkresse bisher nur wenig bekannt. Eßbar sind viele Pflanzenteile: Blätter, Knospen, Blüten und Samen. Sie schmecken leicht süßlich-scharf. Frisch gepflückte junge Blätter und Blüten verwendet man zu Salaten, für Quarkspeisen ausschließlich die Blätter. Die noch ganz grünen, unreifen Früchte werden als Kapernersatz in Essig oder Salzlake eingelegt.
Schädlinge: Blattläuse, Blutläuse
Tip: Kapuzinerkresse eignet sich gut zur Begrünung von Baumscheiben, da sie gleichzeitig Obstbäume vor Blutläusen schützt.

Kartoffel

Erdapfel, Erdbirne, Grundbirne
Solanum tuberosum

Familie: Nachtschattengewächse *(Solanaceae)*
Herkunft: Die Kartoffel, die aus Südamerika stammt, wurde im 16. Jh. von den spanischen Eroberern nach Europa gebracht. Während des Dreißigjährigen Kriegs wurde sie zunächst nur in Teilen Deutschlands angebaut; erst unter Friedrich dem Großen fand sie Mitte des 18. Jh. allgemeine Verbreitung.

Kartoffelblüte

Merkmale: Die mehrjährige, frostempfindliche Pflanze wird im Nutzgarten nur einjährig kultiviert. Sie entwickelt einen bis zu 50 cm hohen krautigen Busch mit weichen, unpaarig gefiederten, spitzovalen Blättern. Von Juni bis August erscheinen die weißen oder blaßvioletten Blüten, aus denen sich grüne Beerenfrüchte entwickeln. Die eßbaren Knollen bilden sich am Wurzelsproß als Speicherorgane für die vegetative Vermehrung. Alle grünen Teile der Kartoffel, auch am Licht ergrünte Knollen, bilden das Glykosid Solanin und sind daher giftig. Wegen ihres Gehalts an wichtigen Vitaminen und Mineralstoffen, an hochwertigem Eiweiß und Stärke gehört die Kartoffel zu den Grundnahrungsmitteln. Sie hinterläßt einen garen, lockeren Boden und ist daher als Vorfrucht besonders gut geeignet.
Standort: sonnig und warm
Boden: Kartoffeln stellen keine besonderen Ansprüche an den Boden, am besten eignet sich für den Mittelzehrer ein leicht saurer, lockerer und humusreicher Boden.
Mischkultur: Als gute Nachbarn erweisen sich Kohlgemüse, Meerrettich, Knoblauch, Kümmel, Spinat und die buschig wachsende Kapuzinerkresse. Schlechte Nachbarn sind Erbsen Tomaten, Sellerie und Kürbis.
Sorten: Im Handel sind zahlreiche Sorten mit langen, nierenförmigen, ovalen oder runden Knollen erhältlich, die eine gelbe, weiße, rote oder blaue Schale und weißes oder gelbes Fleisch besitzen. Bei uns haben sich vor allem die ovalen und runden Sorten mit gelbem Fleisch durchgesetzt. Bewährt haben sich u.a. als frühe Sorten (langoval und festkochend) 'Erstling', 'Saskia' und 'Sieglinde', als mittelfrühe Sorten (rund- bis langoval, überwiegend festkochend) 'Cilena', 'Clivia', 'Désirée', 'Grandifolia', 'Granola', 'Grata', 'Hansa' und 'Quarta', als mittelspäte bis späte Sorten (stärkehaltig und mehlig, zum Einlagern geeignet) 'Astrid', 'Datura' und 'Monza N'.
Kultur: Obwohl Kartoffeln in ihren grünen Beeren Samen ausbilden, werden sie vegetativ durch Saatknollen vermehrt. Im Garten gibt man oft Frühkartoffeln den Vorzug, die 3 Monate nach der Pflanzung geerntet werden können, späte Sorten brauchen einen Monat länger. Man kann den Erntetermin um 2 Wochen verfrühen, wenn man die Saatknollen 4–5 Wochen vor dem Legen vorkeimt (siehe Seite 77). Dazu werden Ende Februar in einem luftigen und hellen Raum bei 12–15 °C kleine Saatkartoffeln, die Seite mit den meisten Augen nach oben weisend, nebeneinander in mit etwas Erde gefüllte Holzkisten gesetzt. Nach 5–6 Wochen, meist ab der zweiten Aprilwoche, wenn sich etwa 2 cm lange, kräftige Lichtkeime gebildet haben, werden die Knollen ausgepflanzt. Man legt sie vorsichtig, damit keine Keime abbrechen, mit den Trieben nach oben in einer Reihe im Abstand von 30–40 cm etwa 8–10 cm tief in die Erde. Der Abstand zwischen den Reihen sollte 40–50 cm (bei Mischkultur 75 cm) betragen. Dann werden die Saatknollen mit Erde bedeckt und bis Mitte Mai durch ein Vlies oder eine Folie vor kalten Witterungseinflüssen geschützt.

Kartoffelbeet

Kartoffeln benötigen zum Keimen eine Bodentemperatur von mindestens 7 °C. Deshalb richtet sich der Termin für das Legen von nicht vorgekeimten und nicht durch Vlies oder Folie geschützten Knollen nach der Witterung. In der Regel können Kartoffeln ab Mitte April ausgelegt werden. In Gegenden mit rauhem Klima werden mittelfrühe und späte Sorten auch noch bis Ende Mai gepflanzt.

Lagerkartoffeln

Pflege: Sind die Pflanzen etwa 15 cm hoch, werden sie angehäufelt (siehe Seite 103 f.). Bewährt hat sich auch das Mulchen von Kartoffelbeeten. Wurde nicht gemulcht, muß die Kultur durch Hacken unkrautfrei gehalten werden, bis das Kraut die Reihen schließt. Wässern ist bei längeren Trockenzeiten erforderlich.

Ernte und Verwertung: Frühkartoffeln werden geerntet, wenn das Laub noch grün ist, meist von Mitte Juni bis Mitte Juli. Ob sie erntereif sind, kann man testen, indem man mit einer Grabegabel das Erdreich ein wenig lockert und die Größe der Knollen sowie die Festigkeit der Schale prüft; sie darf sich nicht mehr stark ablösen. Mittelfrühe Sorten werden im

Frühkartoffeln

August, mittelspäte bis späte Sorten von August bis September aus dem Beet genommen, wenn das Kartoffellaub sich gelb färbt. Frühkartoffeln eignen sich nicht zum Lagern, auch mittelfrühe Sorten werden besser erntefrisch verzehrt. Mittelspäte bis späte Sorten bewahrt man in einer Vorratskiste in einem dunklen und etwas feuchten Keller bei 5–7 °C auf. Wenn es kälter ist, wandelt sich die Stärke in der Knolle in Zucker um, und der Geschmack wird süß. Bei zuviel Wärme schrumpeln die Kartoffeln und fangen an zu keimen, bei Licht werden sie grün. Die giftigen grünen Stellen müssen vor dem Verzehr gründlich entfernt werden.

Schädlinge und Krankheiten: Kartoffelkäfer, Nematoden; Kraut- und Braunfäule, Viruserkrankungen

Tip: Kartoffeln kann man auch sehr einfach in einem großen Gefäß an einem sonnigen, warmen Platz auf dem Balkon ziehen. Man füllt einen 10-l-Plastikeimer mit Abzugslöchern zu drei Viertel mit nährstoffreicher Erde und legt eine Kartoffel mit den Augen nach oben 10 cm tief hinein. Ist das Laub etwa 15 cm hoch, wird das Gefäß bis auf einen schmalen Gießrand ganz mit Erde gefüllt, was dem Anhäufeln entspricht.

Kerbel

Gartenkerbel, Küchenkerbel, Suppenkraut
Anthriscus cerefolium ssp. *cerefolium* (auch *A. cerefolium* var. *sativus*)

Familie: Doldenblütler *(Apiaceae, Umbelliferae)*

Herkunft: Südosteuropa

Merkmale: Kerbel wird wegen seiner Blätter als Würzkraut kultiviert. Die einjährige Pflanze wird 30–60 cm hoch und wächst breit buschig. Ihre hellgrünen, mehrfach gefiederten weichen Blätter erinnern an glattes Petersilienlaub. Kerbel wächst sehr schnell und bildet von Mai bis August kleine weißliche Blütendolden, die später für Selbstaussaat sorgen. Alle Pflanzenteile enthalten ein stark aromatisches ätherisches Öl, das Isoanethol, daher riecht Kerbel anisähnlich und schmeckt würzig-süß.

Standort: halbschattig

Boden: Der Schwachzehrer benötigt einen lockeren, etwas feuchten Gartenboden.

Mischkultur: Zwischen Salatpflanzen gesät, schützt Kerbel vor Läusen, Ameisen und Schnecken.

Sorten: Im Handel gibt es glatt- und krausblättrige Sorten, z. B. 'Glattblättriger' und 'Mooskrauser Kerbel'. Vorsicht ist bei den glattblättrigen geboten, da sie mit dem giftigen Schierling verwechselt werden könnten.

Kultur: Kerbel ist nicht kälteempfindlich und kann schon von Ende März an bis zum Herbst laufend in 14täglichen Folgesaaten ins Freiland gesät werden. Der Reihenabstand beträgt 10–15 cm, zu dicht stehende Pflänzchen verzieht man auf 8–10 cm. Die Samen keimen bei kalten Temperaturen besser als bei Wärme. Da Kerbel eine Langtagpflanze ist, blüht er im Sommer sehr rasch und ist dann als Gewürzkraut nicht mehr geeignet. Um die Blüte hinauszuzögern, sät man ihn daher auf halbschattige Plätze und hält den Boden feucht.

Pflege: Die anspruchslose Pflanze benötigt außer regelmäßigem Gießen keine besondere Pflege.

Ernte und Verwertung: Im allgemeinen wird Kerbel bereits 6–8 Wochen nach der Aussaat, auf jeden Fall vor der Blüte geerntet. Nur die frischen jungen Blätter schmecken gut. Sie werden – mit Ausnahme der Herzblätter – mehrmals über dem Boden abgeschnitten und bilden die Grundlage für die bekannte Kerbelsuppe. Außerdem paßt das frische Kraut, das zum Trocknen weniger geeignet ist, weil es dabei zuviel Aroma verliert, gut zu Soßen und Salaten.

Tip: Kerbel läßt sich auch in nur leicht geheizten Gewächshäusern oder in Schalen auf der Fensterbank kultivieren.

Kerbel

Kerbelrübe

Knollenkerbel, Rübenkerbel, Kälberkopf
Chaerophyllum bulbosum

Familie: Doldenblütler *(Apiaceae, Umbelliferae)*
Herkunft: Mittel- und Osteuropa
Merkmale: Die zwei- bis mehrjährige Kerbelrübe wächst wild an Flußufern, Waldrändern sowie in feuchten Wäldern und wird bis 2 m hoch. Die kantigen Stiele zieren nur wenige fiedrige Blättchen und weiße Doldenblüten. Als vitaminreiches Wintergemüse erntet man die aromatischen, rüben- bis knollenförmigen Wurzeln, die 10 cm lang und 3–6 cm dick wachsen. Sie enthalten viele Mineralstoffe.
Standort: lichter Schatten
Boden: Die als Schwachzehrer geltende Pflanze bevorzugt einen sandigen, nicht zum Austrocknen neigenden Lehmboden.
Mischkultur: Gute Nachbarn sind Knoblauch und Kohl.

Kerbelrübe

Kultur: Da die Samen schon nach einem Jahr ihre Keimkraft verlieren, ist besonders auf frisches Saatgut zu achten. Die Kerbelrübe ist ein Kaltkeimer, daher wird sie im Herbst, am besten von September bis Dezember, in Reihen ausgesät, und zwar möglichst dicht, weil die Keimfähigkeit meist sehr schlecht ist. Der Reihenabstand beträgt 20–25 cm. Im Frühjahr werden die Sämlinge dann auf 5 cm vereinzelt.
Auch eine Aussaat im Februar oder März ist möglich, wenn man den Samen vorquellen läßt (siehe Seite 66) und ihn etwa 3 Wochen den niedrigen Temperaturen im Freien aussetzt.
Ende Juni werden die Blätter der Kerbelrübe gelb. Im Juli wird dann geerntet. Meistens, vor allem bei der Frühjahrssaat, sind die Rüben jedoch zunächst nur erbsen- oder haselnußgroß und erreichen eine lohnende Größe erst nach einem zweiten Kulturjahr. Daher bewahrt man die kleinen Rüben in Sand geschichtet auf und legt sie im August/September erneut aus, im Abstand von 5–10 cm in 20 cm voneinander entfernte Reihen. Dann bedeckt man sie 10 cm hoch mit Erde und drückt sie fest. Große Rüben können Ende Juni des nächsten Jahrs geerntet werden. Die kleinen Rüben werden wieder weiterkultiviert.
Pflege: Die Pflege beschränkt sich auf Hacken und ausreichendes Gießen.
Ernte und Verwertung: Da die Rüben erst durch Liegen den vollen Geschmack entwickeln, lagert man sie nach der Ernte einige Wochen, am besten bis Oktober, im Keller in feuchten Sand gebettet ein. Dann röstet oder kocht man die aromatischen Kerbelrüben wie Kartoffeln.
Tip: Kerbelrübensamen oder Knollen sind im Handel nur selten zu bekommen. Es lohnt sich, darauf zu achten, ob sie in Gartenzeitschriften zum Tausch angeboten werden.

Knoblauch

Allium sativum

Familie: Liliengewächse *(Liliaceae)*
Herkunft: vermutlich Zentralasien
Merkmale: Der zu den ältesten Heil- und Gewürzpflanzen gehörende Knoblauch wird auch heute noch wegen seines sehr würzigen Geschmacks und seiner gesundheitsfördernden Wirkstoffe sehr geschätzt. Ätherische Öle und schwefelhaltige Kohlenwasserstoffe bedingen seinen typischen durchdringenden, von manchem als unangenehm empfundenen Geruch. Vor allem das in den Knoblauchzehen enthaltene Allicin wirkt als pflanzliches Antibiotikum desinfizierend, besonders im Darm, senkt den Blutdruck und verbessert die Durchblutung. Darüber hinaus enthalten die Zehen wichtige Vitamine und Mineralstoffe.
Knoblauch besitzt eine Hauptzwiebel, die sich aus vielen Einzelzehen zusammensetzt. In warmen Regionen ist die Zwiebel mehrjährig. Bei uns müssen die Zehen jedes Jahr neu gesteckt werden, aus ihnen wachsen bald lange, schmale Blätter. Der bis zu 90 cm hoch wachsende, runde Blütenschaft trägt im Juli/August eine kugelige Dolde mit weißen, sterilen Blüten. Statt

Knoblauch

Samen entwickeln sich um den Blütenboden zahlreiche kleine Brutzwiebelchen, die wie die Zehen der Hauptzwiebel zur Vermehrung im nächsten Jahr gesteckt werden können.
Standort: sonnig und warm
Boden: Der Mittelzehrer braucht einen lockeren und humusreichen Boden.
Mischkultur: Knoblauch verträgt sich gut mit Tomaten, Gurken, Rote Bete und Möhren, nicht dagegen mit Kohlgemüse, Erbsen und Stangenbohnen.
Kultur: Man zerlegt die Knoblauchzwiebel in einzelne Zehen und steckt diese – oder die kleinen Brutzwiebeln – meist im April, in wärmeren Gegenden auch im September/Oktober im Abstand von 15 cm 4–5 cm tief in die Erde. Der Reihenabstand beträgt 20 cm. Die Frühlingspflanzung wird im August/September reif, bei Herbstpflanzung kann im folgenden Jahr im Mai/Juni geerntet werden.
Pflege: Die Erde um den Knoblauch sollte öfter gehackt werden.

Ernte und Verwertung: Wenn der Blütenstengel trocken wird, pflückt man die kleinen Brutzwiebeln an einem sonnigen Tag ab und lagert sie trocken, dunkel und kühl bis zum nächsten Pflanztermin. Ist das Blattwerk eingetrocknet, werden die zum Verzehr bestimmten Knoblauchzwiebeln bei trokkenem Wetter ausgegraben. Man läßt sie zum Abtrocknen entweder auf dem Beet liegen oder hängt sie gebündelt an einem überdachten Platz im Freien auf. So gebündelt oder zu Zöpfen geflochten, kann Knoblauch dann an einem luftigen Ort aufbewahrt werden. Roh oder gedünstet läßt er sich in der Küche vielfach verwenden.

Knoblauchzwiebel

Schädlinge und Krankheiten: Zwiebelfliege; Bakterienfäule, Falscher Mehltau, Grauschimmel

Knoblauch, Brutzwiebeln

Tip: Südländischer Knoblauch, den man aus dem Urlaub mitgebracht hat, hält meistens unseren Klimabedingungen nicht stand. Besser ist es, Zwiebeln aus heimischem Anbau zu stecken.

Knoblauchschnittlauch

Schnittlauchknoblauch, Schnittknoblauch, Chinalauch, Knolau
Allium tuberosum (auch *A. angulosum, A. senescens*)

Familie: Liliengewächse *(Liliaceae)*
Herkunft: Ostasien
Merkmale: Die mehrjährige Gewürzpflanze schmeckt wie Knoblauch, bildet jedoch keine größere eßbare Zwiebel. Sie wächst in 30–40 cm hohen grasartigen Blattbüscheln mit flachen, sehr aromatischen Blättern, die wie Schnittlauch verwendet werden. Knoblauchschnittlauch enthält ätherische Öle und Vitamin C.
Standort: sonnig bis halbschattig
Boden: Der Mittelzehrer benötigt einen humus- und nährstoffreichen, kalkhaltigen Boden und viel Feuchtigkeit.
Mischkultur: Knoblauchschnittlauch kann, außer zu Erbsen, Bohnen und Kohl, zwischen alle Kräuter und Gemüse gepflanzt werden.
Kultur: Ab Ende März sät man entweder in Reihen von 20 cm Abstand oder in Horsten mit je 10–15 Korn direkt ins Freiland. Die Saat wird nur leicht mit Erde bedeckt und dann über längere Zeit feucht gehalten. Die Samen keimen bei kühlen Temperaturen mitunter verzögert, die Sämlinge entwickeln sich zunächst nur sehr langsam. Die Ernte läßt sich verfrühen, wenn man je 10–15 Korn in 8–10-cm-Töpfen auf der Fensterbank vorkultiviert und die Jungpflanzenbüschel dann im Juni im Abstand von etwa 20×20 cm ins Freie pflanzt.
Pflege: Die Pflanzen müssen regelmäßig gegossen und der Boden gehackt und gelockert werden. Nach 2–3 Jahren sollte Knoblauchschnittlauch geteilt und an einen anderen Ort verpflanzt oder neu angezogen werden.
Ernte und Verwertung: Geerntet werden laufend vom Frühjahr bis zum Herbst die frischen grünen Blätter. Man verwendet sie wie Schnittlauch oder Knoblauch zum Würzen von Salaten, Soßen oder vielen anderen Speisen.

Knoblauchschnittlauch

Schädlinge: Zwiebelfliege
Tip: Knoblauchschnittlauch kann man wie Schnittlauch im Herbst ausgraben, eintopfen und mäßig warm auf der Fensterbank halten.

Knollenziest

Japanische Kartoffel, Chinesische Artischocke, Crosne
Stachys affinis (auch *S. sieboldii, S. tuberifera*)

Familie: Lippenblütler *(Lamiaceae, Labiatae)*
Herkunft: China, Japan
Merkmale: Die mehrjährige, buschig wachsende Staude wird 30–40 cm hoch und ist winterhart. Zwar friert sie im Winter ab, treibt jedoch im Frühjahr wieder aus. An den kantigen, rauh behaarten Stielen sitzen spitz lanzettliche, nesselartige Blätter. Die Pflanze bringt im Juli/August rötliche Blüten hervor, die dichtquirlig am Stengel angeordnet sind und eine Scheinähre bilden. Knollenziest verbreitet sich rasch über Wurzelausläufer, deren Spitzen sich zu länglichen, knollenartigen Gebilden verdicken. Diese Knollen können 7 cm lang und 1–2 cm breit werden, sind weißlich und enthalten Zucker und Eiweiß.
Standort: sonnig bis halbschattig
Boden: Knollenziest zählt zu den Mittelzehrern und liebt einen leichten, lockeren und nährstoffreichen Boden.
Mischkultur: Die Pflanzen eignen sich nicht für die Mischkultur.
Kultur: Knollen sind im Handel erhältlich. Man steckt im Frühjahr je 2 Knollen im Abstand von 40×40 cm etwa 10 cm tief in den Boden. Knollenziest kann auf dem Beet überdauern, sollte aber alle 3–4 Jahre umgesetzt werden.
Pflege: Damit die Knollen nicht beschädigt werden, sollte man Beete mit Knollenziest nicht hacken, sondern Unkraut mit der Hand

herausziehen. Eine im Spätwinter oder kurz vor dem Austreiben der überwinternden Pflanzen aufgestreute Schicht aus Kompost oder gut verrottetem Stallmist fördert Wachstum und Knollenbildung.

Knollenziest

Ernte und Verwertung: Nach Bedarf erntet man von Ende Oktober bis zum Frühjahr stets frische Knollen, indem man mit einer Grabegabel die Pflanze hochhebt und die Knollen abschneidet. Sie trocknen relativ schnell aus und müssen daher rasch verarbeitet werden. Man wäscht sie und bereitet sie ungeschält als Gemüse, ähnlich wie Spargel, zu. Ihr Geschmack erinnert entfernt an Artischocken. Die Knollen können auch, vor allem für eine geplante Neupflanzung, in feuchtem Sand eingelagert werden.

Schädlinge und Krankheiten: Blattläuse, Spinnmilben; Viruserkrankungen

Kohlgemüse

Die Kohlgemüse aus der Familie der Kreuzblütler *(Brassicaceae, Cruciferae)* stammen trotz ihres unterschiedlichen Aussehens fast alle von einer Wildform (*Brassica oleracea* ssp. *oleracea*) ab, die in freier Natur in feuchten Küstengebieten West- und Nordeuropas, aber auch im Mittelmeerraum vorkommt. Aus dieser Wildform sind durch Züchtung zahlreiche verschiedene Spielarten entstanden. Daneben wird die Auswahl an Kohlgemüsen noch durch Schnitt- und Stengelkohl, Varianten einer anderen europäischen Kohlart (*Brassica napus* ssp. *napus*), und zwei Arten aus dem Fernen Osten, Chinakohl und Pak Choi, bereichert sowie durch den aus Europa stammenden Meerkohl, ebenfalls ein Kreuzblütler, der jedoch zur Gattung *Crambe* gehört.

Kohlgemüse wird seit der Antike angebaut. Wegen seines hohen Gehalts an Mineralstoffen und Vitaminen, vor allem an Vitamin C, wird der – mit Ausnahme des Meerkohls – bei uns einjährig kultivierte Kohl sehr geschätzt. Den typischen Kohlgeschmack verursachen Senföle und Zucker. Man ißt entweder die Blätter (Rot- und Weißkohl, Wirsing), die Blütenstände (Blumenkohl, Brokkoli) oder die verdickte Sproßachse (Kohlrabi).

Blumenkohl

Karfiol

Brassica oleracea var. *botrytis*

Merkmale: Blumenkohl ist ein Kohlgemüse, bei dem aus einem festen, bis nur kurz über den Boden ragenden Strunk langovale, an den Rändern leicht gewellte Blätter wachsen, die rosettenförmig den Blütenstand umgeben. Dieser besteht aus endständigen Blütenknospen, die zu einem festen, meist gelblichweißen Kopf verwachsen; inzwischen gibt es aber auch Sorten mit violetten oder grünen Köpfen.

Standort: Frühe Sorten benötigen einen feuchten, warmen Platz, Sommer- und Herbstsorten einen kühleren Standort mit hoher Luftfeuchtigkeit.

Boden: Der Starkzehrer gedeiht auf einem sehr nährstoff- und humusreichen, tiefgründigen, sandigen Lehmboden am besten.

Mischkultur: Blumenkohl verträgt sich gut mit Kartoffeln, Dill, Rote Bete, Sellerie und Salat, nicht dagegen mit anderen Kreuzblütlern, Knoblauch, Porree, Zwiebeln und Erdbeeren.

Sorten: Zahlreiche Sorten sind im Handel. Für den Frühanbau eignen sich u. a. 'Alpha', 'Danova', 'Erfurter Zwerg', 'Frühe Mechelner', 'Montano' und 'Opaal'; für den Sommeranbau u. a. 'Andes', 'Celesta', 'Exponent', 'Neckarperle', 'Siria' F_1-Hybride und 'White Ball'; für den Herbstanbau u. a. 'Alverda' (grüner Kopf), 'Delira', 'Flora Blanca', 'Violetta di Sicilia' (violetter Kopf) und 'White Rock'.

Kultur: Da die eigene Anzucht von frühen Sorten nicht ganz einfach ist und je nach Aussaattermin bis zu 8 Wochen dauern kann, empfiehlt es sich, fertige Pflanzen in Gärtnereien zu erwerben. Wer es trotzdem versuchen will, sät für die Gewächshauskultur ab Januar, für die Freilandkultur ab Mitte Februar auf der

Blumenkohl

Fensterbank oder im Gewächshaus in Schalen mit Anzuchterde aus. Die Anzuchttemperatur liegt in den ersten beiden Wochen bei 18 °C, danach reichen anfangs 16 °C, später 12–14 °C aus. Nach dem Auflaufen werden die Sämlinge in 4–5-cm-Töpfe pikiert und weiterhin gut feucht gehalten. Bevor man sie ab Mitte April im Abstand von 50×50 cm ins Freiland auspflanzt, müssen sie abgehärtet werden. Sommersorten werden Mitte Mai, Herbstsorten bis Ende Juni auf ein Anzuchtbeet im Freiland ausgesät. Wenn sich nach etwa 3–4 Wochen starke Jungpflanzen entwickelt haben, werden sie auf das vorgesehene Beet gepflanzt, Sommersorten im Abstand von 50×50 cm, Herbstsorten von 60×60 cm. Wichtig ist, daß die Jungpflanzen bis zum Ansatz der Herzblätter in gut gelockerten Boden gesetzt und feucht gehalten werden.

Pflege: Blumenkohl braucht viel Pflege. Regelmäßiges Gießen ist ebenso erforderlich wie öfteres Hacken des Bodens, damit er locker und aufnahmebereit für mehrmalige Düngergaben bleibt. Zum Schutz vor der Kohlfliege und zur Ernteverfrühung kann man Blumenkohl mit

Vlies abdecken. Damit die Blume schön weiß bleibt, knickt man bei der Bildung des Kopfes die äußeren Blätter darüber.
Ernte und Verwertung: Etwa 3 Monate nach dem Pflanzen kann Blumenkohl geerntet werden. Man schneidet zum Sofortverzehr nur die Köpfe ab und läßt die Blattmasse zum Mulchen auf dem Beet. Blumenkohl wird als Gemüse gekocht oder gedünstet. Er läßt sich auch gut einfrieren oder in Essig konservieren. Die Köpfe sollten nie zusammen mit Obst gelagert werden.
Schädlinge und Krankheiten: Blattläuse, Kohlfliege, Erdflöhe, Kohlweißlingsraupen; Kohlhernie. Bei Molybdänmangel reagiert Blumenkohl empfindlich, was sich in verkrüppelten Herzblättern und fehlender Kopfbildung zeigt. Bei zu hohen Temperaturen werden viele Blätter und nur kleine Köpfe ausgebildet.
Tip: Blumenkohl hat eine kurze Vegetationszeit und eignet sich deshalb gut als Vor- und Nachfrucht (siehe Seite 91).

Blumenkohl, violetter Kopf

Brokkoli

Spargelkohl, Sprossenkohl
Brassica oleracea var. *italica*

Merkmale: Brokkoli ist dem Blumenkohl sehr ähnlich. Während jedoch der Blumenkohl einen geschlossenen Blütenstand bildet, entwickelt Brokkoli auf langen, fleischigen Stielen große Blätter und endständige grüne oder violette Blütenknospen in lockeren Köpfen. Schneidet man den Haupttrieb, die Sproßachse, heraus, treiben Seitentriebe nach, an deren Ende wieder neue Blütenköpfe sitzen. Man kann das Gemüse, das besonders reich an Vitamin C ist, also mehrmals ernten.
Standort: sonnig bis halbschattig
Boden: Brokkoli ist ein Starkzehrer, der einen lockeren, humusreichen, feuchten Boden verlangt.
Mischkultur: Gute Nachbarn sind Sellerie, Spinat, Salat, Erbsen und Rote Bete, aber auch Tomaten und Gurken, schlechte dagegen andere Kreuzblütler, Zwiebeln, Porree und Knoblauch.
Sorten: Für den Frühanbau geeignet sind u.a. 'Atlantic', 'Dandy Early', 'Emperor' und 'Green Duke'; späte Sorten sind u.a. 'Calabrais', 'Corvet', 'Rosalind' (violetter Kopf, wird beim Kochen grün), 'Septal', 'Shogun', 'Skiff' und 'Violet Queen' (violetter Kopf, wird beim Kochen grün). Eine Sonderform sind die Spätsorten 'Romanesco' und 'Minaret' mit türmchenartigen Höckern (Minarettkohl).
Kultur: Frühe Sorten werden von Januar bis März unter Glas wie Blumenkohl in einer Aussaatkiste mit Anzuchterde vorgezogen. Nach dem Keimen werden die Sämlinge in 4–5-cm-Töpfe pikiert und ab April unter einem Vlies oder Folientunnel, ab Ende Mai ohne Schutz im Abstand von 40×50 cm ausgepflanzt. Späte Sorten kann man von Mitte April bis Mitte Juni auch direkt ins Freiland säen, am besten in Reihen von 40–50 cm Abstand. Innerhalb der Reihe wird auf 50 cm vereinzelt, und in entstandene Lücken wird nachgepflanzt.
Da im Sommer die Knospen bei hohen Temperaturen schnell aufblühen, ist eine Spätkultur ab Juni besonders lohnend.

Brokkoli

Pflege: Brokkoli muß regelmäßig gegossen, der Boden immer wieder gelockert oder besser noch gemulcht werden. Nachdüngungen mit Pflanzenjauchen oder organischen Düngern bei Beginn des Blütenansatzes und nach Entfernen des Haupttriebs fördern den Ertrag.
Ernte und Verwertung: Frühe Sorten werden von Juni bis Juli, späte von Ende Juli bis November geerntet. Man schneidet die noch geschlossenen Blütenstände mit 10–15 cm langem Stiel und Blättern. Brokkoli wird erntefrisch als Gemüse gekocht oder gedünstet. Er läßt sich nicht lange lagern, sondern wird schnell welk und gelb. Man kann ihn allerdings gut einfrieren.
Schädlinge und Krankheiten: wie bei Blumenkohl
Tip: Wenn stets rechtzeitig geerntet wird, bildet die Pflanze immer neue Seitentriebe, die Blütenstände werden allerdings im Lauf der Zeit zunehmend kleiner.

Butterkohl

Brassica oleracea var. *sabauda* convar. *fimbriata*

Merkmale: Butterkohl ist ein Kopfkohl, der einen lockeren, nicht ganz geschlossenen Kopf mit hochrunden, gekräuselten gelbgrünen Blättern formt. Die schmackhaften, zarten Blätter lassen sich portionsweise abschälen, ohne daß die Pflanze im Wachstum nachläßt.
Standort: sonnig bis halbschattig
Boden: Der Mittelzehrer benötigt einen lockeren, humus- und nährstoffreichen Boden.
Mischkultur: Gute Nachbarn sind Erbsen, Salat, Spinat, Rote Bete und Sellerie, schlechte dagegen andere Kreuzblütler, Zwiebeln, Porree und Erdbeeren.
Sorten: 'Goldberg', 'Goldgelber'
Kultur: Butterkohl wird im März/April unter Glas dünn in Kisten oder Schalen mit Anzuchterde ausgesät. Nach 3–4 Wochen werden die Pflanzen ohne Pikieren direkt im Abstand von 40×40 cm ausgepflanzt.
Pflege: Während der Wachstumszeit muß reichlich gewäs-

Butterkohl

sert werden, damit die Blätter zart bleiben. Wenn der Boden mit einer Mulchschicht bedeckt ist, bleibt er länger feucht. Etwa 4 Wochen nach der Pflanzung sollte nachgedüngt werden.
Ernte und Verwertung: Etwa 8 Wochen nach dem Auspflanzen kann Butterkohl entweder als ganzer Kopf oder blattweise von außen nach innen geerntet werden. Läßt man das Herz stehen, wächst laufend Blattmasse nach.
Butterkohl wird gedünstet als Gemüse oder frisch als Salat gegessen.
Schädlinge und Krankheiten: wie bei Blumenkohl (siehe Seite 163)

Chinakohl
Pekingkohl
Brassica rapa ssp. *pekinensis* (auch *B. pekinensis*)

Merkmale: Chinakohl ist ein einjähriges, krautiges Kohlgemüse, das große, lockere, ovalrunde bis langovale Köpfe aus stark gekrausten, hellgrünen bis weißlichen Blättern mit einer fleischigen Mittelrippe bildet. Weil Chinakohl bei uns im Frühjahr und Sommer blüht und für die Kopfbildung im Herbst den Kurztag braucht, wird er im Garten erst im Spätsommer angebaut. Chinakohl enthält weniger Senföl als andere Kohlgemüse und schmeckt milder. Sein hoher Gehalt an Aminosäuren, Vitaminen und Mineralstoffen macht ihn zu einem wertvollen Herbstgemüse. Er eignet sich als Folgekultur nach Spinat, Erbsen, Möhren und Salat.
Standort: warm, sonnig bis halbschattig
Boden: Als Mittelzehrer braucht Chinakohl humosen, tiefgründig gelockerten, nährstoffreichen Boden. Besonders gut wächst er auf sandigem Lehmboden mit hohem Kalkgehalt und guter Wasserversorgung.
Mischkultur: Gute Nachbarn sind Salat, Mangold, Rote Bete und Sellerie, schlechte dagegen andere Kreuzblütler, Knoblauch, Porree und Zwiebeln.
Sorten: Die im Handel angebotenen Sorten, meist F_1-Hybriden, unterscheiden sich in Kopfform und Entwicklungszeit. Da Chinakohl besonders anfällig für Kohlhernie ist, sollte man auf resistente Sorten wie 'Chorus' und 'Parkin' achten. Sorten mit kurzen, gedrungenen Köpfen sind u.a. 'Asten', 'Chorus', 'Early Market', 'Hongkong' sowie 'Parkin', 'Treasure Island' und 'WR 60'; Sorten mit hohen, schlanken Köpfen sind u.a. 'Early Jade Pagoda', 'Granat' und 'Monument'.
Kultur: Da die Anzucht von Chinakohl nur bei hohen Temperaturen (18–20 °C) gelingt, wird er von Mitte Juni bis spätestens Anfang August in Reihen mit 40 cm Abstand direkt ins Freiland gesät. Man legt jeweils 2–3 Samen im Abstand von 30 cm aus und läßt nach dem Keimen nur den stärksten der Sämlinge stehen.
Bei rauhem Klima oder schwerem Boden kann Chinakohl auch in 4–5-cm-Töpfen vorgezogen werden. Er wird von Anfang Juli bis Ende August ausgepflanzt, wenn die Pflanzen 3–4 Blätter angesetzt haben.
Pflege: Vor allem zu Beginn der Kulturzeit muß man für ausreichende Feuchtigkeit und lockeren Boden sorgen.
Ernte und Verwertung: Je nach Sorte ist Chinakohl 2–3 Monate nach der Aussaat erntereif. Geerntet werden die ganzen Köpfe, die man roh als Salat oder gedünstet als Gemüse zubereiten kann. Erntet man Chinakohl im Spätherbst bei Temperaturen unter 5 °C mit Wurzelballen ab, so kann er, in Zeitungspapier gewickelt, bei 1–5 °C in gut gelüfteten Räumen einige Zeit gelagert werden. Vor dem Einschlagen müssen beschädigte und angefaulte Pflanzenteile unbedingt entfernt werden.
Schädlinge und Krankheiten: Erdflöhe, Kohlweißlingsraupen, Kohlfliege, Kohlmottenschildlaus; Kohlhernie, Bakterienfäule, Keimlingskrankheiten
Tip: Zum Aufbewahren kann man die Köpfe auch an den Strünken im gut gelüfteten Keller aufhängen.

Chinakohl

Grünkohl
Braunkohl, Krauskohl, Federkohl, Geschlitzter Kohl, Krausblättriger Kohl
Brassica oleracea convar. *acephala* var. *sabellica*

Merkmale: Die Blätter des Grünkohls sind stark gekraust, haben eine kräftige Mittelrippe und sitzen locker an einem stämmigen, 50–100 cm hohen Strunk. Grünkohl ist zweijährig, und würde man ihn nicht ernten, so würde er im zweiten Jahr blühen. Man bezeichnet die frostharten Pflanzen auch scherzhaft als „Gärtnerpalme". Grünkohl ist ein ausgesprochenes Wintergemüse und reich an Vitamin C, Karotin und Mineralstoffen. Nach Einwirkung niedriger Temperaturen schmeckt Grünkohl erst richtig gut, denn dann ist der Zuckergehalt angestiegen, und das Aroma entfaltet sich voll. Je nach Sorte wächst Grünkohl verschieden hoch

und hat mehr oder weniger stark gekräuselte oder unterschiedlich grün gefärbte Blätter.
Standort: sonnig bis halbschattig
Boden: Der Starkzehrer bevorzugt einen humus- und nährstoffreichen, kalkhaltigen Boden. Er gilt jedoch als anspruchsloseste Kohlart.
Mischkultur: Gute Nachbarn sind Zuckerhut, Rote Bete, Radicchio und Salat, schlechte Nachbarn andere Kreuzblütler und Zwiebeln.
Nach dem Pflanzen müssen die Setzlinge gut angegossen werden.
Pflege: Bei Trockenheit muß man reichlich gießen. Der Boden sollte regelmäßig gehackt und die Pflanzen im Herbst etwas angehäufelt werden.
Ernte und Verwertung: 3–5 Monate nach der Pflanzung, nach den ersten kühlen Nächten, kann geerntet werden. Entweder schneidet man die ganze Pflanze dicht über dem Boden ab oder erntet nach und nach die jungen und zarten Blätter von unten nach oben.
In mildem Klima kann den ganzen Winter über geerntet werden, in kälteren Gegenden sollte Grünkohl im Dezember abgeerntet und eingefroren werden. Aus Grünkohl kocht man schmackhafte Gerichte.
Schädlinge und Krankheiten: Erdflöhe, Weiße Fliege, Erdraupen; Kohlhernie
Tip: Während des Wachstums sollte man Grünkohl nicht mit allzuviel Stickstoffdünger düngen, da dadurch die Blätter weich werden und ihre Winterhärte verlieren.

Grünkohl

Sorten: Von niedrigem, rosettenartigem Wuchs sind u. a. 'Fribor', 'Frosty', 'Niedriger grüner krauser' und 'Winterbor', etwas höher (60–70 cm) wachsen 'Halbhoher grüner krauser', 'Lerchenzungen' und 'Westländer'.
Kultur: Grünkohl kann – je nach Sorte – ab Mitte Mai auf ein Saatbeet im Freien in etwa 2 cm tiefe Saatrillen im Abstand von 15 cm ausgesät werden. Wenn die Jungpflanzen 4–5 Blätter gebildet haben, setzt man sie im Abstand von 50×50 cm auf ihren endgültigen Platz.

Kohlrabi
Oberkohlrabi
Brassica oleracea var. *gongylodes*

Merkmale: Kohlrabi wurde aus einer Urform des Markstammkohls (*Brassica oleracea* var. *medullosa*) entwickelt, der wie die meisten unserer Kohlgemüse vom Wildkohl abstammt. Kohlrabi bildet durch die Verdickung des Stengels eine oberirdische Knolle, aus der zur Mitte hin immer dichter langstengelige Blätter mit leicht gewelltem und gezacktem Rand wachsen.
Es gibt weiße Kohlrabi, bei denen Knolle, Blätter und Blattstiele hellgrün sind, und blaue Kohlrabi mit blauvioletter Knolle und rotblauen Blattstielen und Blattadern. Je nach Sorte sind die Knollen rund bis oval und mehr oder weniger groß. Kohlrabi hat einen hohen Gehalt an Mineralstoffen und Vitamin C.
Standort: sonnig bis halbschattig
Boden: Kohlrabi ist ein Mittelzehrer, der einen warmen, humusreichen und gleichmäßig feuchten Boden benötigt.
Mischkultur: Gute Nachbarn sind Salat, Tomaten, Gurken, Rote Bete, Puffbohnen, Spinat, Sellerie, Porree, schlechte andere Kreuzblütler und Zwiebeln.

Weißer Kohlrabi

Blauer Kohlrabi

Sorten: Weiße frühe Sorten sind u. a. 'Express Forcer', 'Flott', 'Frühweiß', 'Fulda', 'Lanro', 'Logo', 'Quickstar' und 'Trero'; blaue frühe Sorten 'Azur Star', 'Blaro', 'Blusta', 'Ideal' und 'Roblau'; weiße Sommersorten 'Genta', 'Lanro', 'Noriko', 'Prila' und 'Velko'; blaue Sommersorten 'Azur Star', 'Blaro', 'Blauer Delikateß' und 'Optimus'; eine weiße Herbstsorte mit besonders großen zarten Knollen ist 'Superschmelz'.
Kultur: Frühe Sorten werden in Folgesätzen auf dem Fensterbrett in Anzuchtkisten von Februar bis Anfang April ausgesät. Ab April kann man auch in ein Anzuchtbeet im Freiland säen. Folgesaaten sind bis Mitte Juli möglich. Zu eng stehende Sämlinge pikiert man, damit sich die

Einzelpflanzen kräftig entwickeln können. Ab April ist das Auspflanzen ins Freie möglich. Die Setzlinge dürfen nicht zu tief gepflanzt werden, damit die sich bildende Knolle nicht direkt auf dem Boden aufliegt, was leicht zum Faulen führen kann (siehe Seite 77). Der Pflanzabstand sollte für frühe Sorten, die weniger große Knollen ausbilden, 25×25 cm betragen, für spätere, großknolligere Sorten etwa 30×30 cm. Kohlrabi eignen sich aber auch gut als Randbepflanzung oder Lückenfüller zwischen anderem Gemüse.

Pflege: Damit Kohlrabi zarte Knollen entwickeln können, müssen sie vor allem gleichmäßig gegossen werden. Unregelmäßige Wassergaben führen zum Platzen der Knollen.

Ernte und Verwertung: Kohlrabi haben eine kurze Kulturzeit. Die Knollen können etwa 2–3 Monate nach dem Pflanzen geerntet werden, solange sie noch zart sind und einen Durchmesser von etwa 6–8 cm haben. Sie werden entweder roh als Salat oder gedünstet (zusammen mit jungen Blättern) als Gemüse zubereitet. Kohlrabi läßt sich auch gut einfrieren.

Schädlinge und Krankheiten: Erdflöhe, Kohlfliege, Blattläuse; Kohlhernie

Meerkohl

Seekohl
Crambe maritima

Merkmale: Der Meerkohl wächst wild an den Küsten West- und Nordeuropas. Früher wurden die jungen Triebe und Blätter wild wachsender Pflanzen im Frühjahr gesammelt, heute steht der Meerkohl bei uns jedoch unter Naturschutz. Die mehrjährige Staude bildet verzweigte, fleischige, bis 60 cm hohe Stiele, an denen langovale, dunkelgrüne bis blaugrau bereifte, gewellte Blätter sitzen. Im Frühsommer erscheinen an den Triebspitzen kleine weiße Blüten in großen Dolden. Meerkohl ist sehr reich an Vitamin C. Die jungen Triebe werden gebleicht wie Spargel verwendet.

Meerkohl

Standort: sonnig und luftig

Boden: Der Mittelzehrer gedeiht sowohl auf sandigem als auch auf lehmigem Boden und verträgt sogar salzigen Untergrund.

Mischkultur: Meerkohl eignet sich nicht für die Mischkultur.

Kultur: Meerkohl gehört zu den Kaltkeimern. Der erbsengroße Samen kann in den Herbst- und Wintermonaten in Töpfen ausgesät und im Freien kühlen oder Frosttemperaturen ausgesetzt werden. Ab März wird er dann nach dem Keimen auf dem Fensterbrett oder im Gewächshaus weiterkultiviert. Die Jungpflanzen mit 3 bis 4 Blättern werden dann im Abstand von 60×60 cm ausgepflanzt bzw. entsprechend vereinzelt.
Da Samen nur sehr schwer und allenfalls in Spezialsamenhandlungen erhältlich sind, empfiehlt sich eine Stecklingsvermehrung. Die Stauden werden in Spezialstaudengärtnereien angeboten. Von einer solchen Pflanze kann man von Mai bis August Kopfstecklinge schneiden, die sich in Vermehrungserde (Torf-Sand-Gemisch) in ungefähr 6 Wochen bewurzeln und anschließend ausgepflanzt werden können.

Pflege: Meerkohl muß regelmäßig gewässert werden. Sich bildende Blütentriebe werden ausgebrochen. Im ersten Jahr läßt man die Pflanze wachsen, erst ab dem Frühjahr des zweiten Jahres werden die Triebe zum Verzehr gebleicht. Dazu häufelt man die Pflanzen entweder an (siehe Seite 103 f.) oder stülpt größere Gefäße über die ganze Pflanze (siehe Seite 108). Für die Treiberei im Winter wird der Meerkohl im Herbst ausgegraben, in ein Gefäß mit Erde gepflanzt und im Dunkeln angetrieben. Überwinternde Pflanzen im Freien deckt man mit Reisig, Stroh oder Laub ab.

Ernte und Verwertung: Im Frühjahr werden die gebleichten, jungen Triebe geerntet und wie Spargel zubereitet. Blätter und Stiele dünstet man als Gemüse.

Pak Choi

Senfkohl, Chinesischer Senfkohl, Chinakohl
Brassica rapa ssp. *chinensis*
(auch *B. chinensis*)

Merkmale: Pak Choi erinnert im Aussehen an Mangold. Er bildet keinen Kopf, sondern 40–60 cm hohe Rosetten aus dunkelgrünen, glatten, nach außen ausladenden Blättern mit breiter, weißer Mittelrippe. Er schmeckt noch milder als der Chinakohl (siehe Seite 164), mit dem er eng verwandt ist und oft verwechselt wird.

Standort: sonnig bis halbschattig

Boden: Der Mittelzehrer benötigt einen nährstoffreichen und kalkhaltigen Boden.

Pak Choi

Mischkultur: Salat, Porree und Möhren sind gute Nachbarn, andere Kreuzblütler, Kartoffeln und Knoblauch dagegen schlechte.
Sorten: 'Hypro' (schoßfest), 'Japro', 'Joi Choi' (schoßfest) und 'Maol' (alle F_1-Hybriden).
Kultur: Die Aussaat erfolgt von Anfang Juli bis Anfang August (am besten unter Folie) im Freien direkt in Reihen oder auf einem Anzuchtbeet. Nach dem Auflaufen verzieht man die Sämlinge auf 30 cm Abstand. 4 Wochen nach der Aussaat werden die Setzlinge vom Anzuchtbeet im Abstand von 30×30 cm an den Endstandort verpflanzt.
Pflege: Außer Gießen und Mulchen ist keine besondere Pflege erforderlich.
Ernte und Verwertung: Geerntet werden kann, je nach Sorte, ab Ende September. Locker in Kisten gelegt und mit feuchtem Zeitungspapier abgedeckt, halten geputzte Köpfe im kühlen, luftigen Keller etwa 4 Wochen. Man schneidet den Kopf und bereitet die Blätter und dickfleischigen Stiele als Salat oder gedünstet wie Spinat zu.
Schädlinge und Krankheiten: Erdflöhe, Läuse, Schnecken; Kohlhernie
Tip: Pak Choi ist zwar frostempfindlich, kann aber unter Folie die ersten Fröste im Freien gut überstehen.

Rosenkohl

Sprossenkohl, Brüsseler Kohl, Rosenwirsing
Brassica oleracea var. *gemmifera*

Merkmale: Rosenkohl, ein wertvolles Herbst- und Wintergemüse, bildet 60–100 cm hohe Strünke mit großen gestielten, dunkelgrünen Blättern. In den Blattachseln entwickeln sich runde, feste Knospen („Röschen"), die wie kleine Kohlköpfe aussehen. Rosenkohl enthält viele Mineral- und Ballaststoffe sowie Vitamin A, C und B_2.
Standort: sonnig

Rosenkohl

Boden: Der zu den Starkzehrern gehörende Rosenkohl bevorzugt einen sehr nährstoffreichen und sandigen Lehmboden.
Mischkultur: Gute Nachbarn sind Kartoffeln, Spinat, Salat, Erbsen, Sellerie und Rote Bete, schlechte dagegen andere Kreuzblütler.
Sorten: Als frühe Sorten bewährt haben sich u.a. 'Hossa', 'Predora' und 'Wilhelmsburger'; als späte Sorten 'Boxer', 'Citadel', 'Fortress', 'Harald', 'Ideal' und 'Igor'.
Kultur: Je nach Sorte wird Rosenkohl von April bis Mai direkt in ein Saatbeet ins Freiland oder ins Frühbeet dünn verteilt ausgesät. Von Mitte Mai bis Ende Juni wird dann verpflanzt. Pflanzt man zu früh, bilden sich keine festen Röschen aus, bei zu später Pflanzung bleiben die Röschen recht klein. Rosenkohl braucht je nach Sorte mehr oder weniger Platz, die Pflanzabstände liegen zwischen 60×40 und 70×60 cm. Die Jungpflanzen müssen tief eingepflanzt und gut angegossen werden.
Pflege: Häufiges Hacken fördert die Wurzelbildung und die Standfestigkeit der Pflanze. Im Herbst, während der Röschenbildung, muß besonders gut gewässert werden. Mitte September, wenn schon die ersten Röschen herangewachsen sind, kappt man die Triebspitze, damit die Röschen gleichmäßiger und stärker ausfallen. Faulende Knospen müssen regelmäßig entfernt werden. Gelbe Blätter werden ausgebrochen, die grünen Blätter läßt man jedoch am Strunk. Sie schützen die Röschen vor Frost.
Ernte und Verwertung: Frühsorten können ab September geerntet werden, die Haupterntezeit liegt jedoch im November und Dezember. Man pflückt die Röschen von unten nach oben vorsichtig vom Strunk ab. In sehr kalten Gegenden überwintert man die ganzen Pflanzen in einem geschützten, schattigen Einschlag im Freien. Rosenkohl schmeckt als Salat und gekocht als Gemüse, er läßt sich auch hervorragend einfrieren.
Schädlinge und Krankheiten: Erdflöhe, Kohlfliege, Blattläuse, Kohlweißlingsraupen, Kohldrehherzmücke; Kohlhernie

Rotkohl und Weißkohl

Rot- oder Blaukraut und Weißkraut
Brassica oleracea var. *capitata* f. *rubra* und f. *alba*

Merkmale: Rot- und Weißkohl stammen vom Wildkohl ab. Sie gehören mit dem Wirsing (siehe Seite 169f.) zum Kopfkohl, d.h. der Hauptsproß ist stark gestaucht, die glatten, leicht wachsartig bereiften Blätter bilden feste, je nach Sorte spitzkegelige, runde oder abgeflachte Köpfe. Die spitzkegeligen Sorten werden als Spitzkohl bezeichnet. Rotkohl besitzt rotgrüne Außen- und rote Innenblätter, Weißkohl mittelgrüne Außen- und hellgrüne Innenblätter. Neben Vitamin C weisen Rot- und Weißkohl einen hohen Gehalt an Mineral- und Ballaststoffen, Zucker und Senfölen auf.
Standort: sonnig bis halbschattig
Boden: Kopfkohle sind Starkzehrer und benötigen einen schweren, gut wasserhaltenden, lehmig-humosen, kalkhaltigen Boden, der reich an Nährstoffen ist.
Mischkultur: Bohnen, Erbsen, Sellerie, Salat, Spinat, Tomaten und Gurken sind gute, andere Kreuzblütler schlechte Nachbarn.

Rotkohl

Weißkohl

Sorten: Frühe Rotkohlsorten sind u. a. 'Frührot', 'Langendijker Allerfrühester' und 'Marner Frührotkohl'; mittelfrühe Rotkohlsorten: 'Allrot', 'Autoro', 'Ruby Perfection' und 'Vitessa'; späte Rotkohlsorten: 'Marner Lagerrot' und 'Mohrenkopf'; frühe Weißkohlsorten: 'Cape Horn' (Spitzkohl), 'Chessma', 'Dithmarscher Frühstamm', 'Erma', 'Erstling' (Spitzkohl), 'Hispi' (Spitzkohl), 'Marner Allfrüh' und 'Quickstep'; mittelfrühe Weißkohlsorten: 'Castello', 'Freshma', 'Marner Frühseptember' und 'Minicole'; späte Weißkohlsorten: 'Braunschweiger', 'Erdeno', 'Filderkraut' (Spitzkohl, für Sauerkraut geeignet), 'Hidena', 'Krautmann', 'Marner Lagerweiß', 'Pedrillo' und 'Winterstar'.

Spitzkohl

Kultur: Frühe Sorten sät man von Februar bis März unter Glas in Saatkisten mit Anzuchterde, pikiert die Sämlinge einmal in 6-cm-Töpfe und pflanzt ab Ende März (6–7 Wochen nach der Aussaat) im Abstand von 40×40 cm ins Freiland aus. Eine Abdeckung mit Folie oder Vlies verfrüht die Ernte. Mittelfrühe und späte Sorten sät man dünn verteilt entweder im März/April ins Frühbeet oder ab Mai in ein Saatbeet im Freien. Wenn die Pflanzen 10–15 cm hoch sind, setzt man sie im Abstand von 50×50 cm an ihren endgültigen Platz.
Pflege: Rot- und Weißkohl brauchen viel Wasser. Der Boden sollte regelmäßig durch Hacken gelockert werden. Während der Kulturzeit muß 2–3mal nachgedüngt werden, am besten 4 Wochen nach dem Auspflanzen und zu Beginn der Kopfbildung. Mulchen hält den Boden feucht und unterdrückt Unkraut.

Ernte und Verwertung: Frühe Sorten sind schon im Juni erntereif, mittelfrühe von Juli bis September und späte Sorten Ende Oktober bis Anfang November. Geerntet werden die festen Köpfe, die abstehenden Hüllblätter schneidet man ab. Beide Kohlarten können roh als Salat oder gekocht als Gemüse verwendet werden. Später Weißkohl, insbesondere auch der Spitzkohl 'Filderkraut', wird als Sauerkraut eingesäuert oder kann, von den Hüllblättern und dem Wurzelstock befreit, im feuchten, luftigen Keller kühl gelagert werden. Gesunde Köpfe kann man dort auch mitsamt den Hüllblättern an den Strünken aufhängen.
Schädlinge und Krankheiten: Erdflöhe, Kohlfliege, Blattläuse, Kohlweißlingsraupen; Keimlingskrankheiten, Kohlhernie
Tip: Zur Vermeidung der Kohlhernie darf nie Kohl nach Kohl oder anderen Kreuzblütlern angebaut werden.

Schnittkohl und Stengelkohl

Bremer Scherkohl und Cima di Rapa
Brassica napus ssp. *napus* var. *pabularia*

Merkmale: In allen Ländern Westeuropas waren in den vergangenen Jahrhunderten schnellwüchsige Kohlspezialitäten verbreitet, die – ohne Köpfe zu bilden – schon innerhalb von wenigen Wochen wohlschmeckendes frisches Grün lieferten. Diese Schnitt- und Stengelkohlvarianten werden botanisch als Spielarten der Rapspflanze betrachtet. Obwohl die rasch erntereifen Gemüse zeitweise viel von ihrer Bedeutung eingebüßt hatten und nur noch in einzelnen Gegenden als lokale Spezialitäten kultiviert wurden, finden sie heute wieder zunehmend Liebhaber, die ihren Wohlgeschmack schätzen.

Stengelkohl

Äußerlich ähneln sich Schnitt- und Stengelkohl. Sie wachsen aufrecht und bilden lappige, weiche Blätter, die sich aus einer Pfahlwurzel heraus entwickeln. Bevor die Pflanzen richtig blühen, werden sie schon abgeerntet. Der Schnittkohl hat dicke Stengel und hellgrüne, leicht gekrauste Blätter mit gebuchteten bis gezackten Rändern. Noch im letzten Jahrhundert gab es auch rotlaubige Sorten.
Ganz ähnlich ist der Bremer Scherkohl, eine Schnittkohlspezialität aus Ostfriesland und dem Küstenraum, nur sind seine mittel- bis dunkelgrünen Blätter mit einer wachsartigen Schicht überzogen und in der Regel glatt oder nur geringfügig gewellt.

Den Stengelkohl, der oft als Cima di Rapa oder botanisch auch als *Brassica rapa* var. *cymosa* bezeichnet wird, findet man vor allem in italienischen Gemüsegärten noch recht häufig. An seinen zarten, fleischigen Stengeln entwickeln sich hellgrüne, steil angewinkelte, gebuchtete bis gezackte Blätter. Ausgewachsen kann der Stengelkohl seine Verwandtschaft mit dem Raps nicht leugnen. Er wird 80–100 cm hoch und blüht goldgelb.

Bremer Scherkohl

Standort: sonnig bis halbschattig
Boden: Schnitt- und Stengelkohl sind Schwachzehrer und stellen keine Ansprüche an den Boden.
Mischkultur: Gute Nachbarn sind Salat, Spinat, Erbsen, Busch- und Stangenbohnen, schlechte dagegen andere Kreuzblütler.
Sorten: Vom Stengelkohl gibt es spezielle Sorten, die in ihrer Entwicklungszeit den Jahreszeiten angepaßt wurden, z.B. 'Trentina' für Frühjahrsanbau und 'Sessantina' für Herbstanbau.
Kultur: Der Anbau ist nicht schwierig und sowohl im Frühjahr wie im Herbst möglich. Schnittkohl wird im Freien zwischen Ende Februar und Mai sowie von August bis Oktober ausgesät. Stengelkohl kann man von Ende Februar bis Oktober, also auch während des Sommers, satzweise aussäen. Im Frühbeet oder im ungeheizten Gewächshaus lassen sich diese Kohlspezialitäten sogar in den Wintermonaten sehr gut kultivieren. Man sät dünn, entweder breitwürfig oder in Reihen mit einem Abstand von 20 cm. Vor allem der Stengelkohl sollte nach dem Keimen auf 4–6 cm Abstand verzogen werden. Beim Schnittkohl ist dies kaum nötig.
Pflege: Sie beschränkt sich wegen der kurzen Kulturzeit auf das Lockern des Bodens und gelegentliches Gießen.
Ernte und Verwertung: Bereits 5–7 Wochen nach der Aussaat, wenn die Pflanzen etwa 20 cm hoch sind, können Schnitt- und Scherkohl geerntet werden. Stengelkohl ist bei einer Höhe von etwa 25–30 cm erntereif. Dann beginnt er bereits zu schießen, und es zeigen sich Knospen und erste kleine Blüten, die mitgegessen werden. Die Kohlspezialitäten werden samt Stengel wie Spinat dicht über dem Boden abgeschnitten und gedünstet.
Schädlinge und Krankheiten: Blattläuse und Erdflöhe; Kohlhernie

Wirsing

Welschkohl
Brassica oleracea var. *sabauda*

Merkmale: Wirsing ist wie Rot- und Weißkohl ein Kopfkohl. Er besitzt einen kurzen Sproß, an dem dunkel- bis hellgrüne, stark gekrauste Blätter einen festen, runden Kopf bilden. Wirsing ist sehr reich an Vitamin B_2.
Standort: sonnig bis halbschattig
Boden: Wirsing ist ein Starkzehrer und benötigt einen lockeren, nährstoffreichen, nicht zu trockenen Boden.
Mischkultur: Gute Nachbarn sind Sellerie, Rote Bete, Gurken und Tomaten, schlechte hingegen andere Kreuzblütler.
Sorten: Frühe Sorten sind u.a. 'Advent', 'Eisenkopf', 'Julius', 'Promasa' und 'Vorbote'; mittelfrühe Sorten 'Marner Frühkopf', 'Marner Grünkopf' und 'Novusa'; späte Sorten 'Eisenkopf', 'Hamasa', 'Icebridge', 'Ice Queen', 'Marner Dauerwirsing', 'Novum', 'Vertus' und 'Wirosa'.
Kultur: Je nach Sorte wird im Januar/Februar bei 12–18 °C unter Glas (frühe Sorten), im März/April ins Frühbeet (Sommersorten) oder im Mai/Juni direkt ins Freiland (späte Sorten) gesät. Frühe Sorten werden ab Ende März ins Freiland gepflanzt, mittelfrühe und späte von Juni bis Juli. Die Setzlinge müssen im Abstand von 40×50 cm tief in den Boden gepflanzt werden.
Pflege: Wirsing braucht reichlich Feuchtigkeit und muß regelmäßig gehackt und etwas angehäufelt werden. Während der Kulturzeit erhalten die Pflanzen 2–3 Düngergaben.
Ernte und Verwertung: Etwa 3 Monate nach dem Auspflanzen ist vorkulti-

Wirsing

vierter Wirsing erntereif. Frühe Sorten sollten sehr bald nach der Ernte verwertet werden. Direkt gesäte Sorten kann man von September bis zum ersten starken Frost abernten, sie sind auch einige Zeit lagerfähig. Wirsing wird als Gemüse gedünstet oder geschmort.
Schädlinge und Krankheiten: Erdflöhe, Kohlweißlingsraupen, Kohlfliege; Kohlhernie

Kohlrübe

Steckrübe, Wruke, Krautrübe, Unterkohlrabi
Brassica napus ssp. *rapifera* (auch *B. napus* var. *napobrassica, B. napobrassica*)

Familie: Kreuzblütler *(Brassicaceae, Cruciferae)*
Herkunft: Mittelmeergebiet
Merkmale: Die Kohlrübe ist aus einer Kreuzung von *Brassica rapa* und *Brassica oleracea* entstanden. Sie wird nach wie vor als Gemüse im Garten, heute jedoch hauptsächlich als Tierfutter auf dem Feld angebaut. Die schnellwachsende, zweijährige, jedoch nur einjährig kultivierte Pflanze besitzt große, je nach Sorte grün- oder rotköpfige Rüben mit weißem oder gelbem Fleisch. Als Gemüse sind aber nur die gelbfleischigen Sorten geeignet. Die Blätter mit leicht gewellten Rändern wachsen auf kräftigen Stielen. Erst im zweiten Jahr entwickelt sich die Blüte. Kohlrüben enthalten Kohlenhydrate, vor allem in Form von Zucker, sowie Vitamine, Mineralstoffe (Calcium, Kalium, Phosphor), Senföle und Ballaststoffe.
Standort: sonnig bis halbschattig, eher kühl
Boden: Der Mittelzehrer bevorzugt einen tiefgründigen, feuchten Boden.
Sorten: Grünköpfig mit gelbem Fleisch sind 'Ostgöta', 'Seefelder' und 'Wilhelmsburger', rotköpfig mit gelbem Fleisch 'Marian' (resistent gegen Kohlhernie) und 'Mella'.
Kultur: Kohlrüben werden von Ende Mai bis Juni auf ein Saatbeet in Reihen mit einem Abstand von 20 cm ausgesät. Mitte bis Ende Juli werden die Pflanzen im Abstand von 40×40 cm an ihren endgültigen Standort gesetzt. Hat man viel Platz im Garten, können Kohlrüben auch gleich an Ort und Stelle ausgesät und dann vereinzelt werden. Die Jungpflanzen sollten nicht ganz flach, aber auch nicht zu tief gesetzt werden.
Pflege: Die Pflanzen müssen regelmäßig gehackt und ausreichend gegossen werden. Die Rüben werden nicht grünköpfig, wenn man sie anhäufelt.
Ernte und Verwertung: Wer mit kleinen Rüben vorliebnimmt, kann die ersten schon ab Mitte September ernten. Die Haupterntezeit ist allerdings Ende Oktober/Anfang November. Zum Einlagern entfernt man die Blätter und legt die Rüben in einer Miete im Freien oder in Sand im kühlen Keller ein. Aus Kohlrüben lassen sich schmackhafte Eintöpfe und Gemüsegerichte zubereiten. Feingeschnitten schmecken sie roh auch als Salat.
Schädlinge und Krankheiten: Kohlfliege, Kohlweißlingsraupen, Blattläuse; Kohlhernie, Falscher Mehltau

Kohlrübe

Koriander

Coriandrum sativum

Familie: Doldenblütler *(Apiaceae, Umbelliferae)*
Herkunft: Mittlerer Osten, Mittelmeergebiet
Merkmale: Die einjährige Gewürzpflanze besitzt einen 30–70 cm hohen, gerillten, verzweigten Stengel, an dem sich zweierlei Blattformen entwickeln: Die grundständigen Blätter sind ein- bis zweifach gefiedert und rundlich im Umriß, die oberen Blätter dagegen mehrfach gefiedert, mit zipfelförmigen Fiederabschnitten. An den Stengelenden erscheinen im Juni/Juli flache weiße bis rosafarbene Blütendolden, im August/September entwickeln sich dann die kugeligen Korianderfrüchte, die ätherisches Öl enthalten. Die ganze Pflanze riecht in frischem Zustand recht unangenehm. Sie hat daher im Volksmund auch den Namen Wanzendill erhalten.

Korianderblüten

Standort: sonnig, warm und geschützt
Boden: Koriander ist ein Schwachzehrer und braucht einen lockeren, leicht kalkhaltigen Boden.
Mischkultur: Gute Nachbarn sind Salat und Kohlarten.
Kultur: Koriander wird im April direkt ins Freiland 1 cm tief in Reihen von etwa 30 cm Abstand gesät. Nach dem Keimen werden die Pflanzen auf 10–15 cm vereinzelt.
Pflege: Sie beschränkt sich auf das Auflockern des Bodens.

Koriandersamen

Ernte und Verwertung: Geerntet werden die stark aromatischen Samenkörner. Man schneidet dazu die gesamten Samenstände ab, sobald die Körner braun werden und der unangenehme Geruch verschwunden ist. Koriandersamen wird zur Weihnachtsbäckerei, als Bratgewürz, Einmachwürze für Rote Bete oder für Kräuterliköre verwendet. Das Gewürz ist im Orient sehr beliebt und Bestandteil von manchen Currypulvern. In der indischen und asiatischen Küche werden häufig auch die frischen Blätter verwendet.

Kümmel
Kümmich
Carum carvi

Familie: Doldenblütler *(Apiaceae, Umbelliferae)*
Herkunft: Europa, Ägypten, Sudan, Mittelmeerraum
Merkmale: Kümmel ist eine zwei- bis mehrjährige Gewürzpflanze mit zarten, gefiederten Blättern. Aus der rübenähnlichen Wurzel wächst im Aussaatjahr nur eine Blattrosette. Erst im zweiten Jahr treiben die aufrechten, längsstreifigen, bis 100 cm hohen Blütenstengel, an deren Ende im Mai/Juni große Dolden mit weißen Einzelblüten erscheinen. Von Juni bis August reifen die Früchte, die in zwei sichelförmige, gerippte Samen auseinanderfallen. Sie enthalten ätherisches Öl mit Carvon und Limonen, außerdem fette Öle und Gerbstoffe.
Standort: sonnig
Boden: Kümmel ist ein Mittelzehrer. Er liebt feuchten, aber nicht staunassen, tiefgründigen und nahrhaften Boden.
Mischkultur: Gute Nachbarn sind Spinat, Radieschen, Rettiche und Kohlrabi, schlechte Fenchel und Dill.
Kultur: Kümmel wird im April dünn in Reihen mit 30 cm Abstand gesät. Man bedeckt die Samen nur leicht mit Erde (Lichtkeimer). Wenn die Samen auflaufen, vereinzelt man auf 15 cm.
Pflege: Gelegentliches Hacken und Wässern bekommt den Pflanzen gut.
Ernte und Verwertung: Im ersten Jahr kann man die jungen Blättchen frisch pflücken und zum Würzen von Suppen und Salaten verwenden. Im zweiten Jahr schneidet man die Samenstände, sobald sich die Früchte bräunlich färben, bündelt sie und läßt sie an einem schattigen, luftigen Platz nachreifen. Da Kümmel ungleichmäßig reift, muß öfter geerntet werden. Mit Kümmelsamen lassen sich Fleisch- und Gemüsegerichte, Brot und Käse würzen.

Kümmel

Kürbisse

Seit Jahrtausenden gehören die aus Mittel- und Südamerika stammenden, schnell und üppig wachsenden Kürbisse aus der Familie der Kürbisgewächse *(Cucurbitaceae)* zu den Grundnahrungsmitteln der Indianer. Ausgehöhlt dienten die hartschaligen Früchte schon in der Frühzeit als Vorratsbehälter und Trinkgefäße. Aber auch ihr Fruchtfleisch schätzte man schon früh, aus den Samen wird bis heute Öl gewonnen.

Junger Riesenkürbis

Kürbisse sind einjährige, meist am Boden rankende oder auch kletternde Pflanzen mit langen Trieben, an denen große gelappte, rauhhaarige Blätter sitzen. In den Blattachseln erscheinen auffallende gelbe, trichterförmige Blüten. Männliche und weibliche Blüten sitzen an derselben Pflanze. Aus den weiblichen Blüten, die meist von Insekten bestäubt werden, entwickeln sich große fleischige, ausgereift lang haltbare Früchte. Kürbisse enthalten Karotin, wichtige Mineralstoffe und Vitamine, sie sind reich an Ballaststoffen und kalorienarm. Die Zahl der Kürbisarten ist groß, ihre Früchte weisen ganz unterschiedliche Größen, Formen und Farben auf.

In Samenkatalogen werden Kürbisse, unabhängig von ihrer botanischen Einteilung, nach der Verwendung ihrer Früchte in Sommer- und Winterkürbisse gegliedert. Als Sommerkürbisse werden diejenigen bezeichnet, deren Früchte man unreif ißt. Hier handelt es sich vorwiegend um die Varietäten des Gartenkürbisses *(Cucurbita pepo)*. Zu den Winterkürbissen zählen die Arten, deren Früchte in reifem Zustand verwendet werden, wie z.B. der Riesenkürbis *(C. maxima)* oder der Moschuskürbis *(C. moschata)*.

Gartenkürbis

Gemüsekürbis,
Sommerkürbis,
Schmuckkürbis
Cucurbita pepo

Merkmale: Der Gartenkürbis ist eine sehr formenreiche Art mit entweder meterlangen, sich verzweigenden Trieben, die am Boden entlangkriechen oder mit Hilfe der Blattranken an Klettermöglichkeiten emporklimmen; es gibt auch buschig wachsende Formen. Zu dieser Kürbisart gehören Ölkürbis, Patisson, Spaghettikürbis, Rondini, aber auch Zucchini (siehe Seite 218 f.). Der Ölkürbis (*C. pepo* var. *styriaca*, auch *C. pepo* var. *oleifera*) ist eine rankende Pflanze mit zahlreichen runden, etwa 25 cm dicken, unterschiedlich gefärbten Früchten, deren Außenschale etwas pockig ist. Die wohlschmeckenden schalenlosen, ölhaltigen Samen können frisch oder getrocknet gegessen werden.

Patisson

Patisson

Beim Patisson (*C. pepo* convar. *patissonia*), auch Fliegende Untertasse, Ufo, Kaisermütze, Scallopini oder Kürbchen genannt, sind die weißen, grünen oder gelben Früchte tellerförmig, so daß sie tatsächlich wie fliegende Untertassen aussehen. Diese Kürbisvarietät wächst buschig und bildet keine Ranken aus.
Der Spaghettikürbis, eine Spezialität aus Japan, trägt an langen Trieben viele zartgelbe ovale, 20–30 cm lange Früchte. Sie entwickeln mit zunehmender Reife ein spaghettiartig strukturiertes Fruchtfleisch.
Vom Rondini oder Rondinikürbis gibt es sowohl eine rankende wie eine buschig wachsende Sorte. Die zarten, runden, dunkelgrünen und hellpunktierten Früchte sind so groß wie Melonen.
Standort: Alle Kürbisvarietäten brauchen einen sonnigen bis halbschattigen und warmen Platz.
Boden: Kürbisse sind Starkzehrer und benötigen einen nährstoff- und humusreichen, mittelschweren Boden.
Mischkultur: Kürbisse beanspruchen viel Platz, sie brauchen daher ein eigenes Beet.
Sorten: vom Ölkürbis u.a. 'Comet', vom Patisson 'Custard White' (weiße Früchte) und 'Scallopini' F_1-Hybride (grüne Früchte), vom Spaghettikürbis 'Vegetable Spaghetti', vom Rondini 'Tondo chiaro di Nizza' (buschig wachsend) sowie eine rankende Sorte ohne Namen

Ölkürbis

Kultur: Für Gartenkürbisse empfiehlt sich eine Vorkultur ab Anfang April. Dazu legt man je 2 Samen in einen 8–10-cm-Topf mit Anzuchterde und läßt sie bei 18–20 °C auf der Fensterbank oder im Gewächshaus keimen. Nach dem Auflaufen beläßt man nur die kräftigste Pflanze und düngt diese im

Spaghettikürbis

Mai. Ausgepflanzt wird erst nach den Eisheiligen in ein gut mit Nährstoffen versorgtes Beet.
Auch eine Direktsaat ist von Mitte bis Ende Mai möglich. Da nichtrankende Arten einen Platz von 120×75 cm, rankende Arten sogar von 180×75 cm benötigen, legt man im entsprechenden Abstand jeweils 2–3 Samen aus und läßt nach dem Auflaufen nur die stärkste Pflanze stehen.

Pflege: Die Pflanzen müssen reichlich gegossen und nach dem Ansetzen der Früchte ein- bis zweimal nachgedüngt werden. Verzweigen sich rankende Kürbisse nicht von selbst, knipst man die Triebe nach 4–5 Blättern ab. Wenn die Pflanzen ein zu üppiges Laubwerk entwickeln, wird es ausgedünnt, damit die Blüten und Früchte genügend Luft bekommen. Bei schlechtem Wetter und geringem Insektenflug sollten die weiblichen Blüten von Hand bestäubt werden, um einen guten Fruchtansatz zu erzielen (siehe Seite 106).
Ernte und Verwertung: Gartenkürbisse erntet man laufend ab, die ersten etwa 4 Wochen nach dem Auspflanzen. Sie sollten nicht größer als 15–20 cm sein, und ihre Schale sollte einem leichten Fingerdruck nachgeben. Erntereife Ölkürbisse färben sich gelb.
Aus dem Fruchtfleisch kann man Gemüse oder Kompott zubereiten oder Marmelade kochen. Die getrockneten Kerne bereichern die Vollwertküche.
Schädlinge und Krankheiten: Schnecken; Echter und Falscher Mehltau

Riesenkürbis

Speisekürbis, Winterkürbis, Zentnerkürbis
Cucurbita maxima

Merkmale: Riesenkürbisse bringen sehr große weiße, gelbe oder grüne Früchte in verschiedenen Formen hervor, die in Einzelfällen ein Gewicht von 40–50 kg erreichen können.
Standort: sonnig und warm, jedoch nicht – wie immer wieder empfohlen wird – auf dem Kompost, denn die Pflanzen entziehen ihm sehr viel Nährstoffe. Gut stehen sie hingegen am Fuß des Komposthaufens.
Boden: Die Starkzehrer brauchen einen nährstoffreichen, mit Stallmist und Kompost angereicherten Boden.
Sorten: 'Gelber Zentner' (gelb-rötliches Fruchtfleisch) und 'Riesenmelonen' (mit genetzten Früchten)
Kultur: Man kann entweder ab Anfang April auf der Fensterbank vorkultivieren (siehe Gartenkürbis) oder ab Mitte Mai direkt ins Freiland aussäen. Dabei werden 2–3 Korn etwa 2 cm tief im Abstand von 2×2 m in die Erde gelegt. Nach der Keimung läßt man nur die kräftigste Pflanze stehen. Vorkultivierte Kürbisse setzt man erst nach den Eisheiligen ins Freie. Einen guten Start bekommen die Jungpflanzen, wenn man Kompost mit ins Pflanzloch gibt.
Pflege: Kürbisgewächse benötigen viel Wasser, besonders in der Zeit der Fruchtbildung. Nach dem Fruchtansatz empfehlen sich regelmäßige Düngergaben. An jeder Pflanze sollte man nur 4–5 Fruchtansätze belassen, denn je weniger Früchte die Pflanze entwickeln muß, desto ergiebiger werden sie. Knipst man die Triebspitzen nach dem fünften Fruchtansatz ab, dann breitet sich die Pflanze auch nicht so stark aus. Damit die reifenden Kürbisse auf der feuchten Erde keine Faulstellen bekommen, legt man ein Brettchen darunter.
Ernte und Verwertung: Riesenkürbisse sind im Oktober reif. Sie müssen unbedingt vor Frostbeginn abgeerntet sein, da sie sehr kälteempfindlich sind. In einem kühlen, aber frostfreien Raum kann man die großen Früchte dann noch einige Wochen lagern. Das feste, schmackhafte Fruchtfleisch kann süß-sauer z.B. mit Ingwer und anderen Gewürzen eingekocht werden und läßt sich auch dünsten, braten oder grillen und auf vielfältige Art zu Eintöpfen, Aufläufen, Suppen und Marmeladen verwenden.
Schädlinge: Schnecken
Tip: Die getrockneten Kürbiskerne sind ein ausgezeichnetes Winterfutter für Vögel.

Moschuskürbis, Melonensquash

Riesenkürbis

Riesenkürbis

Moschuskürbis
Bisamkürbis,
Schlangenkürbis
Keulenzucchetti
Cucurbita moschata

Merkmale: Diese Kürbisart hat lange, berankte Triebe und eignet sich an einem geschützten Platz auch zum Begrünen von Zäunen, Mauern oder Pergolen. Die keulenartig verdickten Früchte werden 80–100 cm lang und bilden mitunter groteske Formen.
Eine Sonderform des Moschuskürbisses ist der buschig wachsende Melonensquash (oft auch als Sorte 'Melon Squash' F_1-Hybride bezeichnet) mit kurzen Ranken. Seine Früchte haben die Form einer Glocke. Das schmackhafte Fruchtfleisch ist durch den hohen Karotingehalt leuchtend orange gefärbt.
Standort: sonnig, warm und windgeschützt
Boden: Der Moschuskürbis ist ein Starkzehrer, der einen nährstoff- und humusreichen Boden benötigt.
Sorte: 'Hokkaido' (flachrunde Früchte in bunten Farben von Gelb über Orange bis Dunkelgrün oder gescheckt)
Kultur: wie Gartenkürbis (siehe Seite 172)
Pflege: wie Gartenkürbis (siehe Seite 173)
Ernte und Verwertung: Die spät reifenden Früchte müssen vor den ersten Nachtfrösten abgeerntet werden. Man kann sie in einem kühlen Kellerraum längere Zeit lagern. Das gelbe Fruchtfleisch ist in Brot oder Kuchen verbacken, püriert oder süß-sauer eingelegt eine Delikatesse.
Schädlinge und Krankheiten: wie Gartenkürbis (siehe Seite 173)
Tip: Überreife Früchte, die hart geworden sind, finden für Dekorationen und zum Basteln Verwendung.

Moschuskürbis

L

Lavendel

Lavendel
Echter Speik
Lavandula angustifolia ssp. *angustifolia* (auch *L. officinalis, L. vera*)

Familie: Lippenblütler *(Lamiaceae, Labiatae)*
Herkunft: Mittelmeergebiet
Merkmale: Lavendel ist ein immergrüner, verzweigter mehrjähriger Halbstrauch, dessen 30–60 cm lange Triebe mit lanzettlichen, ganzrandigen, graufilzig behaarten Blättern besetzt sind. Ältere Triebe verholzen am Grund. Von Juli bis September erscheinen langgestielte Blütenähren mit duftenden blauen oder lila Lippenblüten. Die Pflanze enthält ätherisches Öl sowie Harz, Saponin und Gerb- und Bitterstoffe.
Standort: sonnig
Boden: Der Schwachzehrer bevorzugt einen trockenen, leicht kalkhaltigen Boden.
Mischkultur: Zwischen Rosen gepflanzt, soll Lavendel Ameisen und Blattläuse vertreiben.
Kultur: Die feinen Samen des Lavendels werden im März auf der Fensterbank oder im warmen Frühbeet in Schalen mit Anzuchterde ausgesät. Bis zum Keimen brauchen sie etwa 3–4 Wochen. Ab Mai kann man die Setzlinge dann im Abstand von 30×30 cm in den Garten pflanzen. Einfacher ist es, im Handel bereits vorkultivierte Pflanzen in Töpfen zu kaufen. Kräftige Lavendelpflanzen lassen sich auch durch Kopfstecklinge oder durch Teilung vermehren.
Pflege: Nach der Blüte sollte Lavendel stark zurückgeschnitten werden, um ein buschiges Wachstum anzuregen. In sehr kalten Wintern empfiehlt es sich, die Pflanzen mit Reisig oder Stroh abzudecken.
Ernte und Verwertung: Junge Triebe können bis zur Blüte als Würze für Fisch-, Fleisch- und Eintopfgerichte geerntet werden. Hauptsächlich trocknet man jedoch die duftenden Blüten. Sie vertreiben Motten, dienen als Füllung für Duftkissen und als Aufguß für entspannend wirkende Badezusätze.

Liebstöckel

Maggikraut
Levisticum officinale (auch *Ligusticum paludapifolium*)

Familie: Doldenblütler *(Apiaceae, Umbelliferae)*
Herkunft: Südeuropa
Merkmale: Die mehrjährige, krautige Pflanze besitzt einen kräftigen, verzweigten Wurzelstock. Ihre hohlen und kantigen Stengel werden 100–200 cm hoch. Sie verzweigen sich erst im oberen Teil und sind mit sehr großen, glänzend dunkelgrünen gefiederten Blättern besetzt. Im Juli/August erscheinen zahlreiche gelbgrüne Blüten in zusammengesetzten Dolden. Die Pflanze enthält ätherisches Öl und riecht intensiv nach Maggi.
Standort: sonnig bis halbschattig
Boden: Der Mittelzehrer bevorzugt einen tiefgründigen, gut mit Nährstoffen versorgten Boden.
Mischkultur: Liebstöckel paßt zu anderen Kräutern in ein Kräuterbeet.
Kultur: Vom Liebstöckel gibt es Setzlinge zu kaufen. Da eine Pflanze für den Bedarf einer Familie ausreicht, lohnt die Anzucht aus Samen kaum. Wer es trotzdem versuchen möchte, sät im März oder April in einen Anzuchtkasten im Freien aus. Die kräftigsten Pflanzen bekommen einen mit Kompost angereicherten Platz im Kräuterbeet, wobei ein Abstand von mindestens 50 cm eingehalten werden sollte.
Pflege: Bei gleichmäßiger Feuchtigkeit gedeiht Liebstöckel besonders gut. Einmal eingewachsene Pflanzen sind anspruchslos. Breitet sich das Kraut zu stark aus, sticht man vom Wurzelstock etwas ab. Teilen kann man nur jüngere, nicht zu tief verwurzelte Pflanzen.
Ernte und Verwertung: Die frischen grünen Blätter kann man den ganzen Sommer über ernten. Wegen ihres intensiven Geschmacks werden sie nur sparsam zum Würzen von Salaten und Gemüsegerichten verwendet. Man kann sie aber auch in Suppen und Eintöpfen mitkochen.
Schädlinge: Blattläuse

Liebstöckel

Löffelkraut

Skorbutkraut, Löffelkresse
Cochlearia officinalis

Familie: Kreuzblütler *(Brassicaceae, Cruciferae)*
Herkunft: Nordeuropa
Merkmale: Löffelkraut ist eine niedrige, etwa 10 cm hohe, mehrjährige Pflanze, die aber in der Regel nur zweijährig gezogen wird. Die langgestielten, löffelartigen, dunkelgrünen Blätter wachsen rosettenartig. Im Mai/Juni bilden sich straußartige Blütenstände mit weißen, angenehm riechenden Blüten. Die kresseähnlich schmeckenden Blätter enthalten sehr viel Vitamin C, Senfölglykosid, Mineral-, Gerb- und Bitterstoffe.
Standort: sonnig bis halbschattig
Boden: Löffelkraut ist ein Schwachzehrer, der auf jedem Boden gedeiht, wenn er ausreichend feucht ist.
Kultur: Ausgesät wird direkt ins Freiland, entweder im März/April oder von August bis Oktober, dünn in Reihen und etwa 1 cm tief. Der Reihenabstand sollte ungefähr 20–30 cm betragen. Nach dem Keimen, etwa 2–3 Wochen später, wird in der Reihe auf 10 cm vereinzelt.
Pflege: Löffelkraut sollte regelmäßig gegossen, gehackt und von Unkraut befreit werden.
Ernte und Verwertung: Die Pflanze ist wintergrün und kann ganzjährig geerntet werden. Die Blätter werden frisch als Würze zu Salaten oder Quarkspeisen verwendet, oder man bereitet daraus eine wohlschmekkende Gemüsesuppe.
Schädlinge: Erdflöhe
Tip: Saatgut von Löffelkraut ist in großen Samenhandlungen oder über den Versandhandel erhältlich.

Löffelkraut

Löwenzahn

Pusteblume, Butterblume, Kuhblume
Taraxacum officinale
(auch *Leontodon taraxacum*)

Familie: Korbblütler *(Compositae)*
Herkunft: Als Wildpflanze ist Löwenzahn in den gemäßigten Zonen weltweit verbreitet.
Merkmale: Die mehrjährige Pflanze besitzt eine lange Pfahlwurzel und rosettenartig angeordnete, stark gezähnte dunkelgrüne Blätter. Ab März erscheinen auf langen, blattlosen, hohlen Stengeln leuchtend gelbe Korbblüten. Löwenzahn enthält einen weißen Milchsaft, reichlich

Löwenzahn, Treibkultur

Vitamin C sowie Gerb- und Bitterstoffe. Für die Kultur im Garten gibt es spezielle Züchtungen mit weniger stark gezähnten Blättern, die einen geringeren Anteil an Bitterstoffen enthalten und mehr Blattmasse ausbilden.
Standort: sonnig bis halbschattig
Boden: Löwenzahn ist ein Mittelzehrer und bevorzugt einen nährstoffreichen Boden.
Sorten: für die Frühjahrsaussaat 'Vollherziger', für die Treib- und auch Freilandkultur 'Lyonel' (breitblättrig)
Kultur: Ausgesät wird von Mitte bis Ende Mai ins Freiland, 2 cm tief in Reihen mit 30 cm Abstand. Nach dem Keimen vereinzelt man die Sämlinge auf 20–25 cm Abstand.
Pflege: Kultursorten müssen regelmäßig gegossen und gehackt werden.
Treibkultur: Wer Löwenzahn wie Chicorée im Haus antreiben möchte (siehe auch Seite 108), gräbt im Oktober oder November die Pflanzen aus und schneidet das Laub bis 3 cm über der Wurzel ab. Die Wurzeln stellt man nebeneinander in schwarze Plastikeimer und füllt die Zwischenräume mit Erde aus. Dann stülpt man einen zweiten dunklen Eimer darüber und stellt das Ganze bei 14–18 °C auf. Nach 3–4 Wochen kann der getriebene und gebleichte Löwenzahn geerntet werden.
Ernte und Verwertung: Schon im Frühjahr, solange die Rosette noch klein ist, schneidet man die ersten zarten Blätter dicht über dem Boden ab. Die Pflanze treibt wieder neu aus, wenn man die inneren Herzblätter stehenläßt. Im Winter erntet man den im Haus angetriebenen, gebleichten Löwenzahn. Grüne Blätter schmecken etwas bitter, gebleichte sind um einiges zarter und milder. Löwenzahn wird frisch als Salat oder Gemüse verwendet.
Krankheiten: Echter Mehltau
Tip: Damit sich Löwenzahn nicht selbst aussät und zum lästigen Unkraut wird, sollte man die Blütenknospen auskneifen.

Löwenzahn

M

Mais

Kukuruz, Türkischer Weizen
Zea mays

Familie: Süßgräser *(Poaceae)*
Herkunft: Mexiko, Mittelamerika
Merkmale: Die einjährige Pflanze wird bis 2,5 m hoch. Den kräftigen runden Stengel umhüllen lange grasähnliche Blätter. Am Stengelende erscheinen im Juli/August große gelblich-violette Blütenrispen, die männlichen Blüten. Die weiblichen Blüten sitzen in einem von Hüllblättern (Lieschen) umgebenen Kolben in den Blattachseln. Zur Blütezeit wachsen aus diesem Kolben lange, helle Narbenfäden, auf die durch Windbestäubung der Blütenstaub von den über ihnen stehenden männlichen Blüten gelangt. Pro Pflanze entwickeln sich meist 1–3 Kolben. Die Maiskörner haben einen hohen Eiweiß- und Kohlenhydratgehalt. Vom Mais, der im Garten reichlich Platz braucht, gibt es zahlreiche Varietäten, sowohl Nutz- als auch Zierformen. Der Zucker- oder Gemüsemais (*Zea mays* convar. *saccharata*), auch Süßmais oder Goldmais genannt, bildet etwa 20 cm lange Kolben mit goldgelben, gelbweißen und weißen, je nach Sorte mehr oder weniger süßen Körnern aus. Der Puff- oder Perlmais (*Zea mays* convar. *microsperma*) hat kleinere, schlankere Kolben mit weißen Körnern, die nicht so groß werden wie die des Zuckermais.
Standort: sonnig
Boden: Mais ist ein Starkzehrer, der einen tiefgründigen, humosen und nährstoffreichen Boden benötigt. Staunässe verträgt er nicht.
Mischkultur: Gute Nachbarn sind Möhren, Buschbohnen, Kürbisse und Tomaten, die an den Rand der Maiskultur gepflanzt werden können, schlechte Erbsen, Rettich, Spargel.

Männliche Maisblüte

Sorten: Besonders süße schmackhafte Züchtungen, bei denen die Umwandlung von Traubenzucker in Stärke verlangsamt vonstatten geht, sind u. a. 'Early Extra Sweet', 'Florida Stay Sweet', 'Honeycomb' und 'Tasty Sweet'. 'Aztek' und 'Goldprinz' sind gute ältere Sorten.
Kultur: Ausgesät wird im Mai ins Freiland in kurzen Reihen mit 50 cm Abstand. Man legt alle 30 cm jeweils 2–3 Körner etwa 4 cm tief. Wenn die Saat aufgeht, läßt man pro Horst jeweils nur

Weibliche Maisblüte

die stärkste Pflanze stehen. Unter Folie oder im Frühbeet kann man etwa 2 Wochen früher aussäen. Die Vorkultur auf dem Fensterbrett in 8–10-cm-Töpfen mit Anzuchterde ist schon ab April bei 18–22 °C möglich. Man steckt 4 Körner in einen Topf; nach dem Keimen werden nur die beiden stärksten Pflanzen weiterkultiviert und nach den Eisheiligen im Abstand von 30×50 cm möglichst tief ausgepflanzt.
Pflege: Mais muß regelmäßig gegossen, gehackt und von Unkraut befreit werden. Im Juni und zu Blühbeginn sollte man ihn nachdüngen. Damit die Wurzeln kräftiger werden und die Pflanzen besseren Halt bekommen, häufelt man sie rund um den Stengel an. Seitentriebe, die sich an der Stengelbasis bilden, werden abgekniffen.
Ernte und Verwertung: Zuckermais ist erntereif, wenn sich die Haarbüschel an den Kolben braun verfärben, die Körner glänzend gelb sind, sich mit dem Fingernagel eindrücken lassen und milchigweißer Saft austritt. Die entblätterten Kolben können im Ganzen gekocht, gedünstet oder gegrillt werden, man kann die Körner aber auch roh essen. Zuckermais schmeckt frisch geerntet am besten, kann aber auch eingefroren werden. Viele Sorten des Zuckermais können als unreife Kolben mit einer Länge von 8–10 cm geerntet und in Essig eingelegt werden (Maiskölbchen).
Puffmais ist erntereif, wenn die Haarbüschel ganz eingetrocknet sind, das Blattwerk gelb wird und zu trocknen beginnt. Man bricht die Kolben aus und legt sie zum Nachtrocknen aus oder hängt sie an einem geschützten, luftigen Platz auf. Danach werden die trockenen Blätter abgezogen, die Körner abgelöst, gereinigt und trocken aufbewahrt. Da das gesamte Nährgewebe des Korns hornig ist, entleert sich beim Erhitzen (Popcorn) der Korninhalt explosionsartig nach außen.
Tip: Mais sollte möglichst immer in Gruppen, nicht in einer langen Reihe stehen, damit die Pflanzen einheitlich bestäubt werden und viele Kolben ausbilden.

Majoran

Wurstkraut, Bratenkräutel
Origanum majorana (auch *Majorana hortensis*)

Familie: Lippenblütler *(Lamiaceae, Labiatae)*
Herkunft: Mittelmeergebiet
Merkmale: Der aromatisch duftende Majoran verträgt keine Kälte und übersteht in unseren Breiten häufig den Winter nicht. Er wird daher bei uns meist einjährig kultiviert. Seine 30–50 cm hohen dünnen Stengel sind vierkantig und rötlich überhaucht. An ihnen sitzen kleine, kurzgestielte, eiförmige Blätter, die beidseitig graufilzig behaart sind. Von Juni bis September erscheinen an den Stengelspitzen in quirligen Blütenständen kleine weiße, rosa oder lila Blüten. Majoran enthält ätherisches Öl, fette Öle sowie Gerb- und Bitterstoffe.
Standort: sonnig und warm
Boden: Der Schwachzehrer braucht einen gut durchlässigen Boden.
Mischkultur: Zwiebeln und Porree vertragen sich gut mit der Gewürzpflanze.
Kultur: Majoran kann ab März auf dem Fensterbrett oder im Frühbeet in Schalen mit Anzuchterde bei 10 bis 15 °C vorkultiviert werden. Die feinen Samen werden nur dünn mit Erde bedeckt (Lichtkeimer). Ende Mai/Anfang Juni pflanzt man die Sämlinge zu zweit oder dritt im Abstand von 25×25 cm aus. Ab Mai kann aber auch direkt ins Freiland in Reihen mit 20–25 cm Abstand dünn gesät werden. Nach dem Auflaufen, nach etwa 2 bis 3 Wochen, vereinzelt man auf jeweils 2–3 Sämlinge im Abstand von 25 cm.
Pflege: Regelmäßiges Hacken und Jäten sorgen für gutes Wachstum.
Ernte und Verwertung: Den ganzen Sommer über kann man frische Triebe zum Würzen von deftigen Eintöpfen, Kartoffel- und Wurstgerichten pflücken. Am intensivsten ist das Aroma am frühen Morgen und am Abend. Zum Trocknen erntet man Majoran am besten kurz vor oder während der Blüte.

Majoran

Wenn man dabei die Triebe nicht zu tief abschneidet, wachsen wieder neue nach.
Schädlinge: Schnecken

Malabarspinat

Indischer Spinat, Rankenspinat
Basella alba

Familie: Basellgewächse *(Basellaceae)*
Herkunft: Ostindien, Südostasien
Merkmale: Der Malabarspinat entwickelt etwa 1,2–1,8 m lange, am Boden kriechende Triebe, die aber

Malabarspinat

auch an einem Gerüst emporklettern können. Die zahlreichen hellgrünen, fleischigen Blätter der einjährigen Pflanze sind herzförmig mit glattem Rand. Ab Juli erscheinen in den Blattachseln zahlreiche kleine weißlich-rosa Blüten. Bei der Form *B. rubra* sind Stengel und Blätter rötlich gefärbt. Malabarspinat ist reich an Vitaminen und Mineralstoffen, die gekochten Blätter sind jedoch etwas schleimig.
Standort: sonnig, warm und windgeschützt
Boden: Der Mittelzehrer bevorzugt einen humosen, durchlässigen Boden.
Mischkultur: Als gute Nachbarn haben sich Zwiebelgewächse, Radieschen, Petersilie und Schnittsalat erwiesen, schlechte Nachbarn sind dagegen Amarant, Portulak und Winterportulak.
Kultur: Ab Ende März wird Malabarspinat in 7-cm-Töpfen mit Anzuchterde auf der Fensterbank vorgezogen. Man legt 3 Samen in jeden Topf, kultiviert aber nur den kräftigsten Keimling weiter. Mitte Mai werden die Setzlinge im Abstand von 20×30 cm ins Gewächshaus oder an einen geschützten Platz im Freiland ausgepflanzt. Unter Folie oder Vlies wachsen die wärmeliebenden Pflanzen leichter ein.
Pflege: Malabarspinat muß häufig gegossen, der Boden gelegentlich gehackt werden.
Ernte und Verwertung: Von Juli bis zum Frost können nach Bedarf die jungen äußeren Blätter gepflückt werden. Man ißt sie gedünstet wie Spinat oder erkaltet als Salat.
Schädlinge und Krankheiten: Schnecken; Grauschimmel

Mangold
Beta vulgaris ssp. *vulgaris*

Familie: Gänsefußgewächse *(Chenopodiaceae)*
Herkunft: Vorderasien, Mittelmeergebiet
Merkmale: Die alte Kulturpflanze war früher weit verbreitet und wurde vor allem wegen des hohen Gehalts an Mineralstoffen, Vitaminen und Ballaststoffen angebaut. Mangold ist ein zweijähriges Blattgemüse, das in unserem Klima allerdings in der Regel nur einjährig kultiviert wird. Im Aussaatjahr wächst aus der dünnen, verholzten Wurzel eine Blattrosette aus fleischigen Blättern, erst im zweiten Jahr erscheinen kleine, grünliche Blüten in knäuelartigen 60–80 cm hohen Blütenständen.
Es gibt 2 Varietäten von Mangold. Der Blattmangold (*Beta vulgaris* ssp. *vulgaris* var. *cicla*), auch Schnittmangold oder Beißkohl genannt, besitzt große, 20–30 cm lange, spinatähnliche Blätter und wird in verschiedenen hell- bis dunkelgrünen Sorten angebaut. Beim Stielmangold (*Beta vulgaris* ssp. *vulgaris* var. *flavescens*), auch als Rippenmangold, Römischer Kohl oder Römische Bete bezeichnet, sind die bis 50 cm langen Blätter blasenartig gewellt und haben breite, fleischige grüne, gelbe oder rote Blattstiele. Mangold enthält – wie Spinat – Eiweiß, die Vitamine A, B und C, Mineralstoffe und Oxalsäure.
Standort: sonnig bis halbschattig, warm
Boden: Der Mittelzehrer benötigt einen tiefgründigen, humosen, nährstoffreichen Boden.
Mischkultur: Gute Nachbarn sind Kohl, Möhren, Radieschen und Rettich.
Sorten: Vom Blattmangold sind u.a. erhältlich: 'Gelber Schnitt' (gelbgrünes Blatt), 'Grüner Schnitt' (dunkelgrünes Blatt) und 'Lukullus' (dunkelgrünes Blatt mit etwas dickeren Rippen, auch als Stielmangold geeignet); vom Stielmangold: 'Feurio' (rotstielig), 'Genfer Spezial' (weißstielig), 'Glatter Silber' (weißstielig), 'Paros' (weißstielig, dunkles Blatt), 'Rhubarb Chard' (rotstielig), 'Vulkan' (rotstielig) und 'Walliser' (breite weiße Stiele).
Kultur: Mangold wird von Mitte April bis Anfang Juni direkt ins Freie gesät, in etwa 2 cm tiefe Saatrillen mit einem Abstand von 20 cm bei Blattmangold und von 30–40 cm bei Stielmangold. In der Reihe wird im Abstand von 5–10 cm ein Samenknäuel, d.h. mehrere Samen, ausgelegt. Nach dem Aufgehen werden die Sämlinge vom Stielmangold auf einen Abstand von 30 cm in der Reihe ausgedünnt. Die überzähligen Sämlinge lassen sich gut verpflanzen. Blattmangold muß nicht vereinzelt werden.
Pflege: Mangold muß regelmäßig gehackt und von Unkraut befreit werden. Etwa

Stielmangold

Einladung

ROBERT BOSCH STIFTUNG

Stiftungsvorträge

Umbrüche und Aufbrüche – Europa vor neuen Aufgaben

Im Blick auf die politischen Veränderungen in Europa begann die Robert Bosch Stiftung im Jahr 1991 mit einer Reihe von Stiftungsvorträgen.

Persönlichkeiten aus Kultur, Politik und Wissenschaft nehmen zur politischen und gesellschaftlichen Entwicklung in den Ländern Europas und zum europäischen Einigungsprozeß Stellung.

Vorträge in dieser neuen Reihe hielten bisher der Historiker und Parlamentarier Bronisław Geremek, der Historiker Fritz Stern, der ehemalige Premierminister der Republik Frankreich, Michel Rocard, die frühere Beraterin des russischen Präsidenten Boris Jelzin, Galina Starowojtowa, der Präsident der Republik Estland, Lennart Meri, der Historiker und Publizist Timothy Garton Ash und zuletzt der Politikwissenschaftler und Historiker Bassam Tibi, Autor zahlreicher Veröffentlichungen über den Islam.

Shlomo Avineri – Politikwissenschaftler, Politiker und Diplomat – hat den Friedensprozeß im Nahen Osten aktiv begleitet. Er ist ein genauer Beobachter der weltweiten politischen und gesellschaftlichen Veränderungen. In seinem Vortrag analysiert er die Entwicklungen in Mittel- und Osteuropa und beantwortet von da aus die Chancen einer Friedensordnung im Nahen Osten.

Zur Einführung wird Dr. Marcus Bierich, Aufsichtsratsvorsitzender der Robert Bosch GmbH, sprechen.

Die Robert Bosch Stiftung
lädt ein
zum Stiftungsvortrag von

Herrn
Shlomo Avineri
Professor für Politische Wissenschaften
an der Hebrew University of Jerusalem

»Israels Rückkehr nach Europa – Der Wandel in Ost- und Mitteleuropa und die neue Friedensordnung im Nahen Osten«

am Donnerstag, dem 20. Oktober 1994,
18.00 Uhr
Kultur- und Kongreßzentrum
Liederhalle, Schillersaal
Eingang Holzgartenstraße
Stuttgart

U.A.w.g. auf beiliegender Karte
bis **spätestens** 20. September 1994

Robert Bosch Stiftung GmbH
Heidehofstraße 31 · 70184 Stuttgart
Telefon (07 11) 46 08 40

Diese Einladung gilt zugleich als **Einlaßkarte** für zwei Personen

AVINERI, Shlomo

1933 geboren in Bielsko, Polen
seit 1939 Wohnsitz in Israel

Studium an der Hebrew University of Jerusalem
und der London School of Economics

seit 1971 Professor der Politischen Wissenschaft,
Hebrew University

Gastprofessuren:

Yale, Cornell University, University of California,
der Australian National University und Oxford

Vorsitzender des Instituts für Politikwissenschaft,
Hebrew University

1974–1975 Dekan der Fakultät für Sozialwissenschaft, Hebrew University

1975–1977 Staatssekretär im israelischen Ministerium des Auswärtigen

1976 Leiter der israelischen Delegation bei der Generalversammlung der UNESCO in Nairobi

1979 Mitglied der bilateralen Kommission für Verhandlungen über das ägyptisch-israelische Wissenschafts- und Kulturabkommen

1990, 1992 Wahlbeobachter des National Democratic Institute, Washington, DC, bei den ersten freien Wahlen in Ungarn, der Tschechoslowakei und in Estland

Wichtigste Veröffentlichungen:

Hebräische Übersetzung der Jugendschriften
von Karl Marx

The Social and Political Thought of Karl Marx, 1968

Israel and the Palestinians, 1971

Hegel's Theory of the Modern State, 1973

The making of modern Zionism, 1981

Moses Hess: Prophet of Communism and Zionism, 1985

Communitarianism and Individualism, 1992

Blattmangold

alle 4 Wochen sollte man nach der Ernte der meisten Blätter nachdüngen. In milden Gebieten kann Mangold überwintert werden, jedoch sollten die Pflanzen einen Winterschutz aus Reisig oder Folien erhalten.
Ernte und Verwertung: Beim Blattmangold kann man schon etwa 8 Wochen nach der Aussaat bei einer Wuchshöhe von 10–15 cm, beim Stielmangold etwa 3 Monate nach der Aussaat mit der Ernte der äußeren Blätter beginnen. Geerntet werden kann den ganzen Sommer über bis in den Spätherbst hinein, in milden Gebieten sogar noch im darauffolgenden Frühjahr von überwinterten Pflanzen. Blattmangold wird wie Spinat verwendet und zubereitet, die Stiele von Stielmangold werden wie Spargel zubereitet, die Blattflächen wie Spinat. Mangold sollte sofort nach der Ernte verwendet werden, da die Blätter schnell zusammenfallen und welken oder bei Feuchtigkeit zu faulen beginnen.
Schädlinge und Krankheiten: Schnecken, Rübenfliegen, Blattläuse; Falscher Mehltau, Keimlingskrankheiten
Tip: Ein weiter, luftiger Stand macht die Pflanzen unempfindlicher gegenüber einem Befall mit Mehltau.

Meerrettich

Kren
Armoracia rusticana
(auch *A. sativa, Cochlearia armoracia, Raphanis magna*)

Familie: Kreuzblütler *(Brassicaceae, Cruciferae)*
Herkunft: Südosteuropa, Westasien
Merkmale: Die mehrjährige, krautige Pflanze bildet im ersten Jahr eine kräftige vielköpfige Wurzel, die sog. Stange, aus, die zum Verzehr genutzt wird. Aus dieser Wurzel wächst eine Blattrosette mit langgestielten, ungeteilten, leicht gewellten und

Meerrettich

gekerbten Blättern, die bis zu 100 cm lang werden. An der Wurzel entwickeln sich dünne Seitenwurzeln, die ebenfalls Blattrosetten austreiben. Erst im zweiten Jahr erscheint ein 150 cm langer Blütentrieb, der zahlreiche in lockeren, blattachselständigen Trauben sitzende weiße Blüten trägt. Die außen braune und innen weiße Meerrettichwurzel enthält viel Vitamin C und schwefelhaltige, ätherische Öle. Der scharfe Geschmack stammt vorwiegend von dem Senfölglykosid Sinigrin, das auch den Tränenfluß auslösen kann.
Standort: sonnig bis halbschattig; die Pflanze braucht einen gesonderten Platz im Garten, an dem sie mehrere Jahre stehenbleiben und sich ausbreiten kann.
Boden: Meerrettich gehört zu den Mittelzehrern und benötigt einen nährstoffreichen, tiefgründig gelockerten, sandigen Boden. Auf schwerem Boden werden die Wurzeln holzig.
Kultur: Meerrettich wird über Wurzelstecklinge, die man als Fechser bezeichnet, vermehrt und kultiviert (siehe auch Seite 71). Im März/April oder im Oktober/November legt man die etwa fingerdicken, 20–30 cm langen Fechser schräg in die Erde, und zwar so tief, daß das obere Ende etwa 1 cm mit Erde bedeckt ist. Fechser erhält man in Gärtnereien und bei Gartenversandfirmen und kann sie später selbst bei der Ernte gewinnen. Damit man die beiden Enden des Fechsers nicht verwechselt, schneidet man das obere Ende gerade, das untere schräg ab. Um möglichst dicke Wurzeln ernten zu können, entfernt man vor dem Eingraben der Fechser im Bereich zwischen den oberen und unteren 3 cm sämtliche Seitenwurzeln und Knospen.
Pflege: Bis zum Einwurzeln der Fechser muß der Boden gut gelockert und gegossen werden. Haben Meerrettichpflanzen erst einmal Fuß gefaßt, so bereitet eher die Eindämmung als das Wohlergehen der Pflanzen Probleme. Setzt man Meerrettich in einen Kasten oder in ein anderes etwa 100 cm tiefes Gefäß von 60–80 cm

Meerrettichwurzel

Durchmesser, kann man das enorme Wachstum eingrenzen.
Ernte und Verwertung: Meerrettichwurzeln kann man das ganze Jahr über ernten, solange der Boden nicht gefroren ist. Wer sich einen Wintervorrat anlegen möchte, gräbt im Spätherbst, wenn die Blätter abgestorben sind, die Wurzeln aus, bricht die Seitenwurzeln zur Vermehrung ab und bewahrt die Stangen im kühlen Keller in feuchten Sand eingeschlagen auf. Meerrettich würzt, frisch gerieben, Soßen und Fleisch oder, in Scheiben geschnitten, eingelegte Gurken und Rote Bete.
Schädlinge und Krankheiten: Erdflöhe, Blattkäfer; Weißer Rost
Tip: Besonders dicke Meerrettichstangen kann man ernten, wenn alle Seitenwurzeln von der Hauptwurzel abgeschnitten werden. Dazu legt man im Juni/Juli vorsichtig die Wurzel frei und entfernt die Seitenwurzeln.

Melonen

Die zur Familie der Kürbisgewächse *(Cucurbitaceae)* zählenden Pflanzen gedeihen dank neuester Züchtungen in fast jedem sonnigen Garten und sind ideal zur Nutzung von Frühbeet und Gewächshaus im Sommer. Melonen sind einjährig und gemäß ihrer Herkunft aus dem tropischen und subtropischen Afrika und Asien sehr licht- und wärmebedürftig. Sie bilden meterlange, rankende Triebe, an denen große dunkelgrüne, rauh behaarte Blätter sitzen. Im Juli/August erscheinen die auffallenden gelben männlichen und weiblichen Blüten. Aus den befruchteten weiblichen Blüten entwickeln sich bis zum Herbst kopfgroße oder sogar noch größere, mehr oder weniger runde Früchte mit harter Schale und, je nach Art und Sorte, gelbem, grünlichem oder rötlichem saftigem Fleisch. Melonen enthalten in ihrem Fruchtfleisch Vitamin C, Karotin, Zucker und wichtige Mineralstoffe.

Zuckermelonen

Zuckermelone

Gartenmelone
Cucumis melo

Merkmale: Zuckermelonen gibt es in verschiedenen Varietäten und Sorten. In unserem Klima lassen sich vor allem zwei Spielarten anbauen: Die Cantalupmelone oder Kantalupe (*C. melo* convar. *melo*, auch *C. melo* convar. *cantalupa*) besitzt weißgrüne kugelige, teils abgeplattete, stark gerippte Fruchtschalen und orangefarbenes, vorzüglich schmeckendes Fruchtfleisch. Die Netzmelone (*C. melo* convar. *reticulatus*), oft auch Muskatmelone genannt, hat eine korkartig überzogene Schale, die schwach oder gar nicht gerippt ist. Ihre Früchte sind etwas kleiner als die der Cantalupmelone und haben meist grünes, saftiges und aromatisches Fruchtfleisch. Die Zuckermelonen gleichen vom Pflanzentyp her Gurken oder Kürbissen, und ihre ebenfalls langen Ranken können an Stützen oder Schnüren hochgeleitet werden.

Standort: Zuckermelonen brauchen im Freiland einen sonnigen, warmen und windgeschützten Platz. Besonders gut gedeihen sie vor Südwänden, im Frühbeet oder im Gewächshaus.

Boden: Die Starkzehrer benötigen einen humus- und nährstoffreichen Boden, der locker und gut durchlüftet sein muß.

Sorten: Es lohnt sich immer, frühreifende Qualitätssorten zu erwerben, denn gekauften Melonen entnommene Kerne bilden in unserem Klima oft keine reifen Früchte aus. Sorten der Cantalupmelone sind u. a. 'Alpha' F_1-Hybride, 'Delta' F_1-Hybride, 'Honigtopf' F_1-Hybride (kein Schnitt erforderlich), 'Resistant Joy' F_1-Hybride (früh, welkeresistent); der Netzmelone u. a. 'Galia' (süß, grünfleischig) und 'Ha'on' (groß, ertragreich).

Kultur: Melonen werden ab Mitte März auf dem Fensterbrett oder im warmen Gewächshaus bei 20–22 °C etwa 1 cm tief in Anzuchtschalen ausgesät. Wenn nach den beiden Keimblättern das erste Laubblatt erscheint, topft man die Sämlinge in 10-cm-Töpfe mit humusreicher Erde um. Man setzt die Pflanzen so tief, daß die Keimblätter mit Erde bedeckt sind. Flüssigdüngergaben alle 14 Tage fördern das Wachstum. Die Pflanzen müssen an einem hellen, warmen Platz stehen und regelmäßig gegossen werden. Ausgepflanzt wird mit Ballen – Anfang Mai unter Glas und von Mitte Mai bis Anfang Juni ins Freie – in warme, mit Stalldung vermischte, hügelartig aufgeworfene Erde. Die Pflanzen benötigen einen Abstand von 50×100 cm.

Pflege: Melonen brauchen viel Wasser, vertragen jedoch keine Staunässe am Wurzelhals. Man gießt immer mit angewärmtem Wasser und nur auf den Wurzelballen. Die Pflanzen benötigen, besonders von Juni bis August, einen warmen Boden und sollten daher mit Stroh oder schwarzer Folie gemulcht werden. Gewächshausmelonen leitet man an Schnüren auf. Im Freiland lohnt sich die Mühe, ein Gitter aufzustellen, damit die Früchte nicht am Boden liegen, wo sie leicht faulen. Sind die Früchte besonders schwer, verhindert ein Netz, das man über das Gitter zieht und festbindet, daß die Melonen herunterfallen. Wichtig für den Ertrag ist der Schnitt, das Entspitzen: Damit sich möglichst viele weibliche Blüten bilden, entspitzt man den Haupttrieb nach dem 5. Blatt. Die sich daraufhin entwickelnden Seitentriebe werden nach dem 3. Blatt gekürzt, damit auch sie sich verzweigen, denn erst an diesen Seitentrieben erscheinen dann die weiblichen Blüten, die im Gewächshaus am späten Vormittag mit einem Pinsel bestäubt werden müssen (siehe Seite 106). Im Freien besorgen dies Insekten. Eine Pflanze bringt 4–5 Früchte.

Ernte und Verwertung: Je nach Sorte und Klima werden die Früchte von August bis Oktober reif. Sie werden geerntet, wenn sie aromatisch-süß duften und sich am Stielansatz Risse zeigen, und frisch verzehrt.

Schädlinge und Krankheiten: Rote Spinne, Weiße Fliege; Echter und Falscher Mehltau, Viruserkrankungen

Wassermelone

Citrullus lanatus var. *vulgaris* (auch *C. lanatus* var. *caffer*)

Merkmale: Wassermelonen, die zu einer anderen Pflanzengattung gehören, sind, was die Wärme anbelangt, noch anspruchsvoller als Zuckermelonen. Sie ähneln vom Wuchs und Aussehen her nur wenig den Zuckermelonen, ihre Blätter sind tief gelappt. Die meist dunkelgrünen runden, mehr als kopfgroßen Früchte, von denen bei guter Nährstoffversorgung und Wässerung drei bis fünf zur Reife gelangen, hängen an langen Ausläufern der Pflanze. Das rote Fruchtfleisch besteht zum größten Teil aus Wasser, hat sehr wenig Kalorien und unterscheidet sich im Geschmack deutlich von Zuckermelonen. Es ist sehr saftig und erfrischend, aber von zahlreichen schwarzen Samen durchsetzt.
Standort: In heißen Sommern gedeihen Wassermelonen recht gut an einem sonnigen, besonders geschützten Platz im Freien, sicherer ist jedoch eine Kultur im Frühbeet oder am besten im Gewächshaus. Jede einzelne Pflanze beansprucht etwa 1 m^2 Platz.
Boden: wie bei Zuckermelone
Sorten: 'Sugar Baby', 'Sugar Belle' F_1-Hybride und 'Sweety' F_1-Hybride
Kultur und Pflege: Die Anbau- und Pflegebedingungen gleichen denen der Zuckermelone. Ein Entspitzen zur Förderung von Fruchttrieben ist bei Wassermelonen nicht erforderlich.
Ernte und Verwertung: Wassermelonen schmecken nur bei Vollreife richtig süß. Den besten Erntezeitpunkt erkennt man, indem man mit der flachen Hand auf die Frucht schlägt. Erklingt ein dumpfer Ton, ist sie reif.
Schädlinge und Krankheiten: wie bei Zuckermelone
Tip: Der Pollen von Melonen ist nur kurze Zeit befruchtungsfähig. Darüber hinaus verklebt er bei zu hoher Luftfeuchtigkeit leicht, bei zu großer Hitze trocknet er ein, so daß die Bestäubung ausbleibt. Deshalb hilft man bei Melonen am besten immer durch Handbestäubung nach (siehe Seite 106).

Wassermelonen

Möhre

Gartenmöhre, Gelbe Rübe, Mohrrübe, Karotte, Wurzel
Daucus carota ssp. *sativus* (auch *D. sativus, D. sativus* var. *sativus*)

Familie: Doldenblütler *(Apiaceae, Umbelliferae)*
Herkunft: Nordafrika, Kleinasien
Merkmale: Die Kulturform der Möhre wurde aus mehreren in Asien und Afrika heimischen Wildformen sowie aus der bei uns an Wegrändern wachsenden Wilden Möhre gezüchtet. Aus den ursprünglich weißen und gelben Rüben entstand im Lauf von Jahrhunderten das wohlschmeckende Wurzelgemüse. Die eigentlich zweijährige Pflanze wird nur einjährig kultiviert. Im ersten Jahr entwickelt sich aus der Wurzel eine Rübe; wird sie nicht geerntet, erscheint im zweiten Jahr der bis 100 cm hohe Blütenstand mit Dolden aus zahlreichen gelblichweißen Einzelblüten. Die Blätter wachsen auf dünnen, je nach Sorte bis 40 cm hohen Stielen, sind hellgrün und fein gefiedert und duften aromatisch. Die Rüben sind je nach Sorte verschieden lang und dick oder auch rundlich. Bei den neueren Züchtungen haben die Möhren ein möglichst durchgefärbtes Herz, d.h. keinen gelben harten Mittelteil, und eine abgestumpfte Spitze. Bei ihnen verfärbt sich der obere Teil der Rübe nicht grün und hat keinen eingedellten Ring am Blattansatz. Möhren enthalten viel Karotin (Provitamin A), ätherische Öle, Vitamine und Mineralstoffe.
Standort: sonnig bis halbschattig
Boden: Als Mittel- bis Starkzehrer brauchen Möhren einen tiefgründig gelockerten, humosen bis sandigen, nährstoffreichen Boden.
Mischkultur: Gute Nachbarn sind Zwiebeln, Salat, Porree, Knoblauch, Mangold, Dill, Kohlrabi und Erbsen, schlechte dagegen Kartoffeln.
Sorten: Die zahlreichen Sorten unterscheiden sich in der Form der Rübe und der Erntezeit. Als Sorten mit gutem Geschmack und durchgefärbtem Herz sind u.a. empfehlenswert: Frühe Sorten mit schlanken Rüben (Entwicklungsdauer 12 bis 14 Wochen) für Gewächshaus, Frühbeet und Freiland sind 'Frühbund', 'Mokum' F_1-Hybride, 'Parano' F_1-Hybride und 'Suko', frühe Sorten mit runden, kurzen Rüben (sog. Pariser Karotten, Entwicklungsdauer 10–14 Wochen) für das Freiland 'Kundulus' und 'Pariser Markt'; mittelfrühe Sorten mit mittleren bis langen Rüben (Kulturdauer 15–20 Wochen) für das Freiland sind 'Nantaise' (mit zahlreichen Selektionen wie 'Decora', 'Fanal' und 'Tip Top'), 'Ingot' F_1-Hybride (tolerant gegen Möhrenfliege), 'Nanco' F_1-Hybride, 'Napoli' F_1-Hybride (tolerant

Möhren

Pariser Karotten

gegen die Möhrenfliege), 'Parano' F_1-Hybride, 'Rotin' und 'Sytan' (tolerant gegen Möhrenfliege); späte Sorten mit großen Rüben (Kulturdauer 22–26 Wochen) für das Freiland sind 'Cubic', 'Juwarot', 'Karotan', 'Lange rote stumpfe ohne Herz', 'Luwal', 'Rote Riesen' und 'Rothild'.

Kultur: Abgesehen von den frühen Möhren, die sich auch für Gewächshaus und Frühbeet eignen, sät man je nach Sorte von Februar bis Anfang Juli direkt ins Freiland aus. Das Beet sollte nicht mit frischem Mist gedüngt sein. Frühe Sorten mit schlanken Rüben werden von Februar bis Anfang April ausgesät, die frühen Sorten mit runden, kurzen Rüben von März bis Anfang Juli, die mittelfrühen Sorten von Anfang März bis Mitte Juni und die späten Sorten von Mitte April bis Anfang Mai. Der Samen wird etwa 2–3 cm tief in Reihen mit einem Abstand von 20–25 cm in die Erde gebracht. Da die Samen recht klein sind und dünn ausgesät werden müssen, sollte man das Saatgut mit Sand vermischen. Nach dem Aufgehen müssen die Pflänzchen, je nach Sorte, auf 3–4 cm ausgedünnt werden. Diese Arbeit erspart man sich, wenn man Saatbänder oder Samenpillen verwendet (siehe Seite 65f.).

Pflege: Regelmäßiges Gießen, Unkrautjäten und Hacken läßt die Wurzeln gut wachsen. Mit Folie oder Vlies kann man die Kultur um etwa 3 Wochen verfrühen. Insektenschutznetze halten die Möhrenfliege ab. Wenn die Möhren zu weit aus dem Boden herauswachsen, sollte man sie, um Grünverfärbungen zu vermeiden, mit Erde anhäufeln.

Ernte und Verwertung: Je jünger die Möhren bei der Ernte sind, desto süßer und schmackhafter sind sie. Möhren werden je nach Aussaat und Sorte von Juni bis Oktober stets frisch geerntet. Sie werden roh, gedünstet oder gekocht gegessen. Damit der hohe Karotingehalt von Möhren für den Körper nutzbar wird, sollten sie immer mit etwas Fett oder Öl zubereitet werden. Die späten Sorten, die besonders reich an Karotin sind, können, in Sand eingelagert und an einem kühlen Ort aufbewahrt, bis ins Frühjahr hinein frisch gehalten werden, sie eignen sich aber auch zum Einfrieren. Sorten mit kurzen runden Rüben lassen sich besonders gut konservieren und zu Mischgemüse verarbeiten.

Schädlinge und Krankheiten: Möhrenfliege, Blattläuse, Erdraupen, Nematoden; Alternaria-Blattflecken (Möhrenschwärze), Keimlingskrankheiten, Echter Mehltau

Tip: Da Möhren eine relativ lange Keimdauer haben (etwa 2–4 Wochen), empfiehlt es sich, Radieschensamen als Markiersaat (siehe Seite 69) mit auszusäen.

N

Neuseeländer Spinat

Tetragonia tetragonioides (auch *T. expansa*)

Familie: Eiskrautgewächse *(Aizoaceae)*

Herkunft: Küsten Japans, Australiens und Neuseelands

Merkmale: Die buschig wachsende, stark verzweigte einjährige Pflanze wird 50–100 cm hoch. An ihren Stengeln sitzen hellgrüne pfeilförmige, fleischige Blätter. In den Blattachseln erscheinen im August/September kleine, unscheinbare gelblichweiße Blüten. Anders als Spinat (siehe Seite 209f.) schießt die Pflanze bei Hitze nicht und kann diesen deshalb im Sommer ersetzen.

Standort: sonnig und warm

Boden: Der Starkzehrer benötigt einen nährstoffreichen, feuchten Boden.

Mischkultur: Gute Nachbarn sind Tomaten.

Neuseeländer Spinat

Kultur: Neuseeländer Spinat wird von Mitte Februar bis Anfang April unter Glas vorkultiviert. Zur besseren Keimung läßt man die Samen in warmem Wasser 1 Tag vorquellen. Dann sät man 2–3 Korn in 7-cm-Töpfe mit Anzuchterde. Die Samen müssen warm und feucht gehalten werden. Sie keimen nach etwa 6 Wochen. Haben sich kleine buschige Pflänzchen entwickelt, kneift man den Haupttrieb ab, damit sie sich noch besser verzweigen. Nach den Eisheiligen wird im Abstand von 50×80 cm ausgepflanzt. Im Garten entwickelt sich Neuseeländer Spinat zunächst langsam, bis sich seine rankenden Triebe ausbilden und den Boden bedecken.

Pflege: Das Gemüse braucht zum üppigen Wachstum Wärme, regelmäßig reichliche Wassergaben und stets ein ausreichendes Nährstoffangebot. Bis sich ein geschlossener Bestand gebildet hat, muß das Beet unkrautfrei gehalten werden.

Ernte und Verwertung: Von Mitte Juli bis zum Frosteinbruch kann man die jungen äußeren Blätter laufend pflücken. Neuseeländer Spinat wird wieSpinat zubereitet und eignet sich auch gut zum Einfrieren.

O

Okra

Okra

Eßbarer Eibisch,
Gombofrucht
Abelmoschus esculentus
(auch *Hibiscus esculentus*)

Familie: Malvengewächse *(Malvaceae)*
Herkunft: tropisches Afrika und Asien
Merkmale: Das einjährige Fruchtgemüse stammt aus tropischen Regionen und wird bei uns nur sehr selten kultiviert, weil es viel Wärme braucht. Die Pflanze erreicht in ihrer Heimat eine Höhe bis zu 2,50 m. An den Knotenpunkten der runden Stengel sitzen auf langen Stielen große, drei- bis fünffach gefingerte Blätter. Ab Juli erscheinen in den Blattachseln kurzgestielte, große gelbe Blüten mit dunkelroter Mitte. Die bis 20 cm langen spitzkegeligen, meist längsgefurchten Früchte sind mit einem feinen Flaum bedeckt. Es gibt Sorten mit dunkelgrünen, neuerdings auch mit dunkelroten Früchten.
Standort: Okra gedeiht im geheizten Gewächshaus oder im Frühbeetkasten mit Folienschutz, in warmen Klimaregionen auch als Kübelpflanze an sonnigen, warmen, windgeschützten Stellen.
Boden: Der Mittelzehrer braucht mäßig nährstoffreiche Kultursubstrate oder humose Komposterden.
Sorten: 'Sonnenliebe' (grüne Frucht), 'Feuerteufel' (rote Frucht, wird beim Kochen grün)
Kultur: Ab Anfang April wird bei 22 °C in Anzuchtschalen ausgesät. Die Keimdauer, die etwa 10 Tage beträgt, kann verkürzt werden, wenn man die Samen 24 Stunden in Wasser vorquellen läßt. Eine Woche nach dem Auflaufen werden die Keimlinge in 10-cm-Töpfe pikiert und weiterhin bei 22 °C gehalten. Da die Sämlinge leicht faulen, darf die Anzucht nicht zu naß kultiviert werden. Ab Ende Mai pflanzt man die Jungpflanzen ins Gewächshaus, unter einen Folientunnel oder in einen großen Pflanzkübel aus und gibt ihnen dabei gleich eine Kletterhilfe in Form von Stäben oder Schnüren. Eine Pflanze hat einen Platzbedarf von etwa 30×60 cm.
Pflege: Die Okra ist sehr kälteempfindlich. In kalten Nächten müssen vor allem Pflanzen in Kübeln gut mit Vlies oder Folie geschützt werden. Immer wieder müssen die Triebe vorsichtig an den Kletterhilfen aufgeleitet werden.
Ernte und Verwertung: Ab Ende Juli erntet man – etwa 2 Wochen nach dem Abblühen – die noch

Okrafrüchte

unreifen, nicht ausgewachsenen Kapselfrüchte bei einer Größe von 5–10 cm. Okras können gekocht oder gedünstet als Gemüse zubereitet werden.
Schädlinge: Blattläuse, Weiße Fliege

Oregano

Dost, Origano, Wilder Majoran, Staudenmajoran
Origanum vulgare

Familie: Lippenblütler *(Lamiaceae, Labiatae)*
Herkunft: Südeuropa
Merkmale: Das mehrjährige Gewürz- und Heilkraut treibt aus einem reich verzweigten Wurzelstock jedes Frühjahr neu aus. Die 40–60 cm hohen, vierkantigen Stengel verholzen nach unten hin leicht. Die eiförmigen, ganzrandigen Blättchen sind leicht behaart. Von Juli bis September trägt Oregano an den Zweigspitzen lockere Trugdolden mit rosa- bis purpurfarbenen Blüten. Die ganze Pflanze riecht beim Zerreiben würzig aromatisch. Sie enthält ätherisches Öl mit Thymol sowie Gerb- und Bitterstoffe.
Standort: In einem Kräuterbeet sollte Oregano den sonnigsten, wärmsten und trockensten Platz haben, auf einer Kräuterspirale (siehe

Oregano

Seite 87 f.) gedeiht er am besten im oberen Bereich.
Boden: Oregano gehört zu den Schwachzehrern und benötigt einen leichten, durchlässigen und eher mageren Boden.
Kultur: Ab April wird der feine Samen bei 20 °C in Schalen mit Anzuchterde oder direkt ins Freie ausgesät. Die Keimung dauert je nach Temperatur 2–4 Wochen. Da Oregano sich schnell ausbreitet und im allgemeinen 1–2 Pflanzen für den Hausgebrauch ausreichen, kann man auch vorkultivierte Jungpflanzen kaufen, die Ende April im Abstand von 20×25 cm ausgepflanzt werden.
Pflege: In rauhen Lagen brauchen die Pflanzen leichten Winterschutz durch eine Reisigabdeckung. Im Frühjahr schneidet man die Triebe dicht über dem Boden zurück, damit die Pflanze frisch austreibt.
Ernte und Verwertung: Die Blätter und jungen Triebspitzen können vom späten Frühjahr bis in den Herbst hinein frisch gepflückt werden, die Würzkraft ist aber während der Blüte am intensivsten. In dieser Zeit schneidet man auch Sträuße zum Trocknen. Die getrockneten, zerriebenen Blättchen behalten ihr Aroma ausgezeichnet. Oregano wird zum Aromatisieren von Fleisch- und Nudelgerichten verwendet. Er ist das klassische Gewürz für Pizza und Bestandteil der Mischung „Kräuter der Provence“.
Tip: Oregano läßt sich über Wurzelausläufer leicht selbst vermehren. Er paßt auch gut in den Steingarten und ist zur Blütezeit eine Zierde für den Garten und Nahrungsquelle für Schmetterlinge, Käfer und andere Insekten.

P

Gemüsepaprika

Paprika
Capsicum annuum

Familie: Nachtschattengewächse *(Solanaceae)*
Herkunft: tropisches und subtropisches Amerika
Merkmale: Die einjährige, buschig wachsende Pflanze wird bis zu 80 cm hoch. Ihre dunkelgrünen, länglich-ovalen Blätter sitzen auf kurzen Blattstielen. Von Juni bis September erscheinen in den Blattachseln kleine weiße Sternblüten. Die hohlen, zunächst grünen, später bei Vollreife meist gelben oder roten Früchte, auch Schoten genannt (botanisch sind es Beeren), sind verschieden groß und unterschiedlich geformt. Sie enthalten viel Vitamin C und Karotin (Provitamin A) sowie Capsaicin, das in den einzelnen Sorten unterschiedlich stark angereichert ist und der Frucht ihre Schärfe verleiht.
Von Paprika gibt es zwei verschiedene Arten. Gemüsepaprika bildet dickfleischige, meist länglich-runde Früchte mit etwas kantigen Ecken, aber auch keilförmige, tomatenfrüchtige und runde Formen, die in der Regel mild, bei hohem Reifegrad sogar süßlich schmecken. Neben Sorten mit zunächst grünen, dann gelben, roten und orangefarbenen Früchten gibt es auch solche mit schwarzen, weißen, violetten und gestreiften Früchten. Beim Gewürzpaprika, auch Spanischer Pfeffer oder Peperoni genannt, sind die Früchte meistens länglich oder speerförmig, aber zuweilen auch rund und schmecken, wenn sie reif sind, sehr scharf. Die Schoten sind zunächst grün und verfärben sich mit zunehmender Reife über Gelb, Orange bis hin zu einem leuchtenden Rot.
Standort: Paprika gedeiht an einem warmen, sonnigen Platz im Freien, im Frühbeetkasten und im Gewächshaus.
Boden: Der Starkzehrer benötigt einen sehr nährstoff- und humusreichen, mittelschweren Boden und verträgt keine Staunässe.
Mischkultur: Gemüsepaprika gedeiht gut neben Tomaten und Gurken, niedrige Sorten des Gewürzpaprikas auch neben schnellwachsenden Sommersalaten, Radieschen und Petersilie.
Sorten: Alle Paprikasorten bilden zunächst grüne Früchte, die sich mit zunehmender Reife unterschiedlich färben. Gemüsepaprikasorten mit roten Früchten sind u. a. 'Bell Boy' F_1-Hybride, 'California Wonder', 'Merit' (auch für Freiland), 'Neusiedler Ideal' und 'Sweet Banana' (lange kegelförmige Schoten), mit gelben Früchten 'Giallo di Asti', 'Golden Bell' und 'Pußta Gold', mit orangefarbenen Früchten 'Ariane' F_1-Hybride, 'Liebesapfel' (tomatenähnliche Fruchtform) und 'Topepo Rosso', mit violetten Früchten 'Mavras' F_1-Hybride; Sorten von Gewürzpaprika

Gewürzpaprika

Paprika mit violetten Früchten

sind u. a. 'De Cayenne' (lange rote Früchte) und 'Westlandia' (lange rote Früchte).
Kultur: Ausgesät wird von Mitte Februar bis Anfang März bei 22–24 °C in Saatkisten. Die Samen dürfen nur wenig oder gar nicht mit Erde bedeckt werden (Lichtkeimer). Eine Folie schützt vor dem Austrocknen, bis die Keimlinge nach etwa 10 bis 14 Tagen auflaufen. Nach weiteren 14 Tagen pikiert man die Sämlinge in 8–10-cm-Töpfe und kultiviert sie bei 16–18 °C weiter. Mitte Mai wird ins Gewächshaus oder unter ein Folienzelt und Anfang Juni auch an einen geschützten, sonnigen Platz ins Freiland im Abstand von 50×50 cm ausgepflanzt. Damit sich die Wurzeln der Jungpflanzen gut im Boden verankern, häufelt man sie mit Erde an.
Pflege: Paprika benötigt eine gleichmäßige Pflege. Im Gewächshaus ist für eine gute Lüftung und gleichmäßige Temperaturen zu sorgen. Die Pflanzen müssen regelmäßig feucht gehalten und bei Fruchtansatz nachgedüngt werden. Um mehr Früchte zu erhalten, läßt man nur 3–4 Triebe pro Pflanze stehen und knipst die anderen ab. Bei starkem Fruchtansatz sollte man die Pflanze mit Stäben abstützen. Mulchen mit Stroh schützt den Boden vor zu raschem Austrocknen. Wird Paprika zu trocken und kühl gehalten, fallen die Blüten ab.
Ernte und Verwertung: Gemüsepaprika hat ab der Aussaat eine Kulturdauer von etwa 5 Monaten. Ab Ende Juli können die ersten grünen Schoten (Grünreife) geerntet werden. Pflückt man laufend weiter, entwickeln sich mehr Seitentriebe. Besser schmecken jedoch die Früchte, wenn sie sich von Grün in Gelb oder Rot verfärbt haben (Vollreife). Gemüsepaprika wird roh oder gedünstet gegessen. Die bitteren und scharf schmeckenden Kerne und Scheidewände sollten vorher entfernt werden.
Gewürzpaprika kann man ebenfalls schon im Juli ernten, wenn die Früchte noch klein und grün sind. Sie werden frisch oder eingelegt zu Fleischspeisen oder in Salaten gegessen. Reife Früchte können getrocknet oder in Essig eingelegt werden.
Schädlinge und Krankheiten: Blattläuse, Weiße Fliege, Schnecken; Grauschimmel

Pastinake

Hammelmöhre,
Hirschmöhre
Pastinaca sativa

Familie: Doldenblütler *(Apiaceae, Umbelliferae)*
Herkunft: Europa
Merkmale: Die Wildform der Pastinake findet man heute noch an Wegrändern und Straßengräben. Die alte Kulturpflanze wurde früher sehr häufig angebaut, inzwischen aber von Möhren und Kartoffeln verdrängt. Das zweijährige möhrenähnliche Gemüse, das aber nur einjährig kultiviert wird, entwickelt eine große, außen gelbe, innen weiße Pfahlwurzel, aus der sellerieähnliche, 70–80 cm hohe Blätter wachsen. Erst im zweiten Jahr erscheinen gelbe Doldenblüten. Die Wurzel enthält viele Mineralstoffe, Vitamine und ätherische Öle und schmeckt sehr würzig.
Standort: sonnig bis halbschattig
Boden: Die Pastinake zählt zu den Mittelzehrern und gedeiht am besten auf leichtem bis mittelschwerem, nährstoffreichem Boden.
Mischkultur: Gute Nachbarn sind Schnittsalate und Radieschen.
Sorten: 'Halblange Weiße', 'Lange große Weiße', 'Runde Pastinake', 'Suttons Student', 'White Diamond'
Kultur: Schon ab März kann bei 5–20 °C mit der Aussaat im Freien begonnen werden. Man sät dünn 2 cm tief in Reihen mit 40 cm Abstand. Nach dem Auflaufen werden die Sämlinge auf 10–15 cm Abstand verzogen. Zur Markierung der Reihen sollte man Radieschensamen, der schneller keimt, mit aussäen.
Pflege: Pastinaken müssen regelmäßig gehackt werden. Gegossen werden sie nur bei Trockenheit, und man sollte sie bis zum Schließen der Reihen unkrautfrei halten.
Ernte und Verwertung: Von Oktober an bis zum Frühjahr können die aromatischen, frostharten Wurzeln geerntet werden. Zum Einlagern werden sie ausgegraben und, nachdem das Laub eingekürzt wurde, im Einschlag oder in einer Sandmiete im Keller oder im Freien, z. B. im Frühbeet, überwintert. Die Wurzeln verwendet man geschält als Gemüse oder zu Eintöpfen.

Pastinaken

Die jungen Triebe und die Blätter werden als Würze für Suppen, Soßen und Salate jeweils frisch geerntet.
Krankheiten: Blattfleckenkrankheit
Tip: Älteres Saatgut keimt sehr schlecht, daher sollte man nur frischen, einjährigen Samen verwenden.

Petersilie

Petroselinum crispum (auch *P. hortense, P. sativum*)

Familie: Doldenblütler *(Apiaceae, Umbelliferae)*
Herkunft: Mittelmeerraum
Merkmale: Die zweijährige Pflanze treibt im ersten Jahr aus einer kräftigen Wurzel eine 20–30 cm hohe Rosette aus langgestielten, mehrfach gefiederten Blättern. Im zweiten Jahr sprießt im Juni/Juli ein 60 cm hoher Blütenstengel mit unscheinbaren gelblichgrünen Doldenblüten empor, aus denen sich im August/September braune Samen entwickeln. Dann stellt die Pflanze das Blattwachstum ein und ist für die Ernte nicht mehr zu gebrauchen. Deshalb sollte schon im zeitigen Frühjahr mit einer neuen Aussaat für Nachschub gesorgt werden.
Blätter und Wurzeln der Petersilie enthalten wichtige Mineralstoffe, vor allem Eisen und Calcium, einen sehr hohen Anteil an Vitamin C sowie ätherische Öle mit Apiol, dem Petersilienkampfer. Dieser Stoff, der in den Samen in hoher Konzentration vorhanden ist, wirkt in großen Mengen giftig.
Beim Anbau hat man die Wahl zwischen zwei Formen. Blattpetersilie (*P. crispum* convar. *crispum*) besitzt nur eine dünne, für die Küche unbrauchbare Wurzel. Von ihr gibt es Sorten mit gekrausten, weniger aromatischen und glatten, sehr aromatischen Blättern. Von der Wurzelpetersilie (*P. crispum* convar. *radicosum* oder *P. crispum* ssp. *tuberosum*), auch Knollenpetersilie oder Petersilienwurzel genannt, werden vor allem die fleischigen Wurzeln genutzt, aber auch die Blätter können sehr gut zum Würzen verwendet werden.

Wurzelpetersilie

Krausblättrige Blattpetersilie

Standort: sonnig bis halbschattig
Boden: Petersilie ist ein Mittelzehrer und bevorzugt einen feuchten, tiefgründigen, lockeren und nährstoffreichen Boden.
Mischkultur: Spinat, Tomaten, Radieschen, Rettiche, Zwiebeln, Rote Bete und Porree sind gute Nachbarn, Kopfsalat dagegen ist ein schlechter.
Sorten: Blattpetersilie mit krausen Blättern sind u.a. die Sorten 'Clivi', 'Grüne Perle', 'Mooskrause', 'Smaragd', 'Verta', Blattpetersilie mit glatten Blättern 'Einfache Schnitt', 'Gigante d'Italia' (sellerieblättrig, sehr wüchsig); Sorten von Wurzelpetersilie sind 'Halblange Glatte', 'Lange Glatte'.
Kultur: Petersilie kann ab Mitte März bis Ende Juli direkt ins Freiland gesät werden. Man sät 2 cm tief in Reihen mit einem Abstand von 15–20 cm. Petersilie hat eine sehr lange Keimdauer (3–5 Wochen), deshalb sollte zur Markierung Radieschensamen mit ausgesät werden (siehe auch Seite 69). Die Petersiliensamen müssen bis zum Aufgehen gut feucht gehalten werden. Wurzelpetersilie wird nach dem Auflaufen auf 10 cm vereinzelt, damit die Wurzeln sich gut entwickeln können.
Pflege: Die Pflanze benötigt viel Feuchtigkeit, verträgt aber keine Staunässe. Regelmäßiges Hacken und Gießen ist daher erforderlich.
Um auch im Winter frische Petersilie zu haben, sät man entweder im Juli nochmals Blattpetersilie aus und deckt sie im Winter mit Reisig oder Folie ab, oder man gräbt gut entwickelte Petersilienpflanzen im Spätherbst aus, schneidet das Grün auf etwa 3–4 cm herunter und setzt jeweils mehrere Pflanzen zusammen in große Töpfe, die man hell und warm aufstellt, so daß aus den Wurzeln neue Blätter treiben können.
Ernte und Verwertung: Sobald die Pflanzen kräftig genug sind, können ab dem späten Frühjahr von Blatt- und Wurzelpetersilie laufend frische Blätter zum Würzen von Suppen, Soßen, Gemüse und Salaten geerntet werden. Sie sollten nicht mitgekocht werden, da sie dadurch an Vitamingehalt verlieren. Blattpetersilie eignet sich gut zum Einfrieren, beim Trocknen dagegen verlieren die Blätter viel Aroma.
Die Wurzeln der Wurzelpetersilie werden im Spätherbst ausgegraben und, nachdem die Blätter um das Herz ausgebrochen wurden, in Sand eingeschlagen im kühlen Keller aufbewahrt. Mitgekocht, würzt Wurzelpetersilie Suppen und Eintöpfe.
Schädlinge und Krankheiten: Möhrenfliege, Blattläuse, Nematoden; Krautfäule, Blattfleckenkrankheit
Tip: Petersilie ist mit sich selbst nicht verträglich und sollte daher jedes Jahr an einer anderen Stelle ausgesät werden. Frühestens nach 3 Jahren darf sie wieder am gleichen Standort wachsen. Auch nach anderen Doldenblütlern sollte Petersilie erst nach 3 Jahren erneut angebaut werden.

Pfefferminze
Grüne Minze, Edelminze
Mentha x *piperita*
var. *piperita*

Familie: Lippenblütler *(Lamiaceae, Labiatae)*
Herkunft: Die Pfefferminze ist eine Kreuzung aus verschiedenen wildwachsenden europäischen Minzearten.
Merkmale: Die mehrjährige Gewürz- und Heilpflanze hat einen kräftigen Wurzelstock, der lange, unterirdische Ausläufer bildet. Der kantige, aufrechte Stengel wird 50–80 cm hoch und trägt länglich-ovale, gezähnte, hell- bis dunkelgrüne, manchmal auch rötlich getönte Blätter. An den Triebspitzen bilden im Juli/August die rosa bis violetten Blüten dichte Scheinähren. Pfefferminze enthält ätherisches Öl mit Menthol und Gerbstoffe.
Standort: sonnig bis halbschattig, warm und nicht zu trocken
Boden: Leichte humusreiche Lehmböden sind für den Schwachzehrer ideal.
Sorte: 'Mitcham'

Kultur: Echte Pfefferminze kann nur durch Wurzelausläufer vermehrt werden, da die Pflanzen keine Früchte ansetzen. Jungpflanzen gibt es im Gartenfachhandel. Man setzt sie im Frühling flach in die Erde und gießt sie gut an. Von nahe verwandten Minzearten, z.B. Bachminze *(Mentha aquatica)*, Krauseminze *(Mentha spicata)* und Gewürzminze *(Mentha rotundifolia)*, gibt es dagegen Saatgut. Ausgesät wird zwischen Februar und Mai bei 15–20 °C in Saatschalen, die feucht gehalten werden.
Pflege: Ist Pfefferminze eingewachsen, bereitet das Eindämmen ihres üppigen Wachstums oft einige Mühe. Im Winter frieren die Triebe zurück und treiben im Frühjahr neu aus. In strengen Wintern braucht die Pfefferminze leichten Frostschutz.
Ernte und Verwertung: Frische Minzeblätter können laufend gepflückt werden. Man würzt damit Lammgerichte, Soßen und Tees. Zum Trocknen schneidet man die Triebe vor der Blüte im Juni sowie im Spätsommer noch ein zweites Mal dicht über

Pfefferminze

Bachminze

dem Boden ab. Aus den getrockneten Blättern wird der bekannte und beliebte Pfefferminztee aufgebrüht.
Krankheiten: Bei zu eng stehenden Kulturen kann sich kurz vor der Blüte Pfefferminzrost mit rostartigen Flecken auf den Blättern einstellen. Schneidet man die Pflanzen radikal bis auf den Boden ab, wächst ein neuer, gesunder Austrieb.
Tip: Um zu verhindern, daß Pfefferminze sich zu üppig durch Wurzelausläufer vermehrt und andere Pflanzen im Garten bedrängt, sollte man sie in einem Gefäß ohne Boden in die Erde setzen.

Pimpinelle
Pimpernell, Bibernell, Kleiner Wiesenknopf, Braunelle, Blutskraut
Sanguisorba minor (auch *Poterium sanguisorba, Pimpinella minor*)

Familie: Rosengewächse *(Rosaceae)*
Herkunft: Mittelmeergebiet
Merkmale: Die mehrjährige Gewürzpflanze entwickelt einen kräftigen, verholzten Wurzelstock, aus dem eine dichte Blattrosette herauswächst. Die zierlichen Blätter der 30–50 cm hohen Staude sind unpaarig gefiedert und am Rand gezähnt. Ab Mai erscheinen auf den kantigen Stengeln grünlich-rote kugelige bis längliche Blütenköpfe, die jedoch meist ausgebrochen werden, da man nur die vitamin- und mineralstoffreichen Blätter zum Würzen verwendet.
Standort: sonnig bis halbschattig
Boden: Pimpinelle ist ein Schwachzehrer, der einen trockenen, durchlässigen, eher kalkhaltigen Boden bevorzugt.

Pimpinelle

Kultur: Ausgesät wird von März/April bei 10–20 °C bis August direkt ins Freiland in Reihen mit 20 cm Abstand. Nach dem Auflaufen werden die Sämlinge auf 20 cm vereinzelt.
Pflege: Die Pflege von Pimpinelle beschränkt sich auf das Hacken und das Abschneiden der Blütenstände, damit sich verstärkt Blätter bilden.
Ernte und Verwertung: Man pflückt laufend frische, zarte Blätter und würzt damit Salate und Soßen. Pimpinelle

Porree

ist eines der sieben klassischen Gewürzkräuter für die „Frankfurter grüne Soße".
Tip: Obwohl die Pimpinelle eine ausdauernde Staude ist, kümmert sie mit den Jahren. Deshalb sollte man alle 2 Jahre neu aussäen und die alten Pflanzen entfernen. Für einen Haushalt reichen in der Regel 1–2 Pflanzen aus.

Porree

Lauch, Breitlauch
Allium porrum var. *porrum*

Familie: Liliengewächse *(Liliaceae)*
Herkunft: Mittelmeergebiet
Merkmale: Die schon seit dem Altertum angebaute zweijährige Pflanze, die aber nur einjährig kultiviert wird, bildet im Unterschied zur verwandten Zwiebel einen langen Schaft und keine Zwiebel aus. Sie entwickelt ein dichtes Wurzelsystem und wächst 30–80 cm hoch. Die Blätter sind etwa 3 cm breit und flach und bilden im unteren Teil einen weißen bis hellgrünen Schaft, während sie im oberen Teil dunkelgrün sind und sich nach außen abwinkeln. Erst im zweiten Jahr entwickelt Porree eine kugelige weiße Zwiebelblüte, die für den Gemüseanbau wertlos ist. Die Pflanze enthält ätherische Öle, vor allem das antibiotisch wirkende Allylsenföl, sowie wertvolle Mineralstoffe und Vitamine.
Standort: sonnig bis halbschattig, feucht; Porree verträgt Hitze wie Kälte recht gut. Winterharte Sorten können draußen überwintern, sie erleiden nur bei allzu starken Kahlfrösten Schaden.
Boden: Der Starkzehrer braucht einen humus- und nährstoffreichen, tiefgründigen Boden; Stallmist wird nicht vertragen.
Mischkultur: Als Nachbar von Gurken, Möhren, Rettich, Sellerie, Kohlrabi, Majoran und Salatarten hat sich Porree gut bewährt, nicht dagegen von Busch- und Stangenbohnen, Erbsen und Roter Bete.
Sorten: Durch das vielfältige Sortenangebot kann Porree im Sommer, Herbst und Winter geerntet werden. Als Sommerporree eignen sich für den Anbau im Gewächshaus, im Frühbeet und im Freien u.a. 'Albana', 'Alma', 'Bavaria', 'Hilari' (lange, feste Schäfte) und 'Tropita' (sehr lange Schäfte); als Herbstporree mit bedingter Winterhärte 'Ducal', 'Elefant', 'Gino' (besonders dicke Schäfte) und 'Herbstriesen'; als Winterporree mit Winterhärte 'Blaugrüner Winter Alaska', 'Blaugrüner Winter Natan' (beide sehr ertragreich und extrem winterhart), 'Genita' sowie 'Siegfried'.
Kultur: Sommerporree sät man je nach Sorte ab Mitte Januar bei 16–20 °C in Saatkistchen mit Anzuchterde aus. Nach dem Aufgang werden die Sämlinge in Töpfe oder Kisten mit einem Abstand von 5–6 cm nach allen Seiten vereinzelt und bei 15–20 °C weiterkultiviert. Ab März werden die Jungpflanzen abgehärtet und dann von Anfang bis Mitte April im Abstand von 15–20 cm in Reihen von 40–60 cm Abstand ins Freiland gesetzt.
Ab April kann man auch direkt ins Freiland oder ins Frühbeet säen und später die Pflanzen vereinzeln oder versetzen.
Herbstporree wird ab Mitte März bis April wie Sommerporree ausgesät und Ende Mai bis Mitte Juni ins Freiland gepflanzt.
Winterporree sät man Ende Mai ins Freie und pflanzt ihn von Juli bis spätestens Mitte August. Wer sich die Anzucht ersparen möchte, erhält rechtzeitig zur Pflanzzeit auch Jungpflanzen beim Gärtner oder auf dem Markt. Sie werden im Abstand von 15–20 cm in Reihen von 40–60 cm Abstand gesetzt. Vor dem Einpflanzen kürzt man die Wurzeln und Blätter etwas ein. Man setzt die Pflanzen in etwa 15 cm tiefe Rillen oder Pflanzlöcher, wobei darauf zu achten ist, daß die Pflanzen senkrecht im Boden stehen und keine Erde in die Blattachseln fällt.

Porreestangen

Danach wird die Pflanze vorsichtig angegossen, so daß sie mit Erde eingeschwämmt wird und festen Halt bekommt. Die Abdeckung mit einem Insektenschutznetz oder Vlies fördert das Anwachsen und gibt Zwiebelfliegen keine Gelegenheit zur Eiablage. Lästiger Madenbefall wird so ausgeschlossen.
Pflege: Porree benötigt gleichmäßige Feuchtigkeit. Zwischen den Reihen sollte man öfter hacken und dabei die Pflanzen anhäufeln, damit der Porree einen möglichst langen, hellen Schaft erhält (siehe auch Seite 103 f.). Dabei muß aber darauf

geachtet werden, daß keine Erde zwischen die Blattachseln der Pflanzen fällt. Eine andere Bleichmethode ist die Lochpflanzung (siehe Seite 77). Man sticht mit einem Pflanzholz 20 cm tiefe Löcher in den Boden und setzt die Pflanzen hinein. Durch das Angießen erhalten die Wurzeln engen Bodenkontakt, und der Porree wächst weiter. Dann wird in Abständen zweimal angehäufelt. Das Ergebnis sind etwa 40–50 cm lange, zarte Schäfte mit weißer Färbung. Winterporree, der auf dem Beet bleibt, kann mit Reisig oder Vlies gegen allzu starke Fröste abgedeckt werden.
Ernte und Verwertung: Sommerporree kann je nach Sorte von Anfang Juli bis Ende August, Herbstporree von Anfang September bis Dezember und Winterporree von Dezember bis Ende Mai geerntet werden. Soll Winterporree nicht auf dem Beet bleiben, kann man ihn auch ausgraben und im Frühbeetkasten, an einer geschützten Stelle im Garten oder im kühlen Kellerraum in Erde oder Sand einschlagen. Porree kann roh für Salate, gekocht als Gemüse für Eintöpfe, als Würze zu Fisch- und Fleischgerichten und zu Aufläufen verwendet werden. Als Zutat zum Suppengrün darf er nicht fehlen.
Schädlinge und Krankheiten: Zwiebelfliegen, Lauchmotten, Nematoden; Blattfleckenkrankheit, Viruserkrankungen
Tip: Da Porree eine große Anzahl feiner Wurzeln entwickelt, hinterläßt er nach dem Abernten einen gut durchlüfteten, lockeren Boden. Er gilt deshalb als sog. Bodengesundungspflanze, die einen hohen Wert als Vorfrucht besitzt.

Portulak

Sommerportulak
Portulaca oleracea ssp. *sativa* (auch *P. oleracea* var. *sativa*)

Familie: Portulakgewächse *(Portulacaceae)*
Herkunft: Vorderasien
Merkmale: Bei der einjährigen Gemüse- und Gewürzpflanze sitzen an 20–30 cm langen, aufrechten, fleischigen rötlich-grünen Stengeln verkehrt-eiförmige, ebenfalls fleischige grüne oder gelbe Blätter. In den Blattachseln oder an den Triebspitzen erscheinen von Mai bis Oktober kleine gelbliche oder weiße Blüten. Portulak enthält ätherisches Öl und ist sehr vitaminreich.
Standort: sonnig bis halbschattig, warm
Boden: Der Schwachzehrer bevorzugt sandigen, durchlässigen und feuchten Boden.
Mischkultur: Neben Kräutern, Radieschen und Salat gedeiht Portulak gut.
Sorten: 'Grüner', 'Gelber breitblättriger'
Kultur: Ausgesät wird von Mai bis Anfang September direkt ins Freiland, entweder breitwürfig oder dünn in Reihen mit 20 cm Abstand. Der Samen wird etwas angedrückt und nur leicht mit Erde bedeckt. Wer ständig Portulak ernten möchte, sollte bis in den Herbst alle 3 Wochen neu aussäen. Bei Temperaturen unter 10 °C sterben die Keimlinge jedoch ab.
Pflege: Portulak muß während der gesamten Wachstumszeit gut feucht und unkrautfrei gehalten werden.
Ernte und Verwertung: 3–4 Wochen nach der Aussaat können die ersten jungen Triebe und Blätter geerntet werden. Portulak wird frisch als Würze für Suppen, Salate und Kräutersoßen verwendet, kann aber auch gedünstet wie Spinat gegessen werden. Da die Blätter schnell welken, eignen sie sich nicht zur Lagerung.

Portulak

R

Radicchio

Radicchio

Salatzichorie
Cichorium intybus var. *foliosum*

Familie: Korbblütler *(Compositae)*
Herkunft: Italien
Merkmale: Der Radicchio stammt wie der nahe verwandte Chicorée (siehe Seite 145) von der Wegwarte ab. Die zweijährige, im Gemüsegarten jedoch meistens einjährig kultivierte Pflanze bildet im ersten Jahr eine kräftige Pfahlwurzel und je nach Sorte eine mehr oder weniger dicke Blattrosette. Aus ihr entwickelt sich zunächst ein lockerer, zur Erntezeit hin fester werdender Kopf mit länglichen bis runden Blättern. Sie färben sich je nach Sorte weinrot, grünrot oder weißrot gestreift. Im zweiten Jahr wächst aus einem Sproß der

Radicchio

Blütenstand. Radicchio enthält viel Vitamine, vor allem Vitamin A, Mineralstoffe sowie appetitanregende Bitterstoffe und hat einen leicht bitteren, kräftigen, nußartigen Geschmack mit knackigem Biß.
Standort: sonnig bis halbschattig
Boden: Der Mittelzehrer gedeiht auf einem lockeren, humus- und nährstoffreichen Boden.
Mischkultur: Gute Nachbarn sind Zwiebeln, Fenchel, Stangenbohnen, Tomaten, Porree, Möhren, Kohlgemüse und Rote Bete.
Sorten: Man unterscheidet frühe Sorten für die Sommer- und Herbsternte und späte Sorten für die Überwinterung und Frühjahrsernte. Frühe Sorten sind u.a. 'Burgundy', 'Medusa' F_1-Hybride, 'Palla Rossa', 'Palla Rossa Spezial' und 'Roter Ballon', eine späte Sorte zum Überwintern und zur Ernte im Februar/März ist 'Roter Veroneser' (auch als 'Roter von Verona' oder 'Verona' im Handel).
Kultur: Die Aussaattermine richten sich nach den Sorten. Frühe Sorten sät man von Ende Mai bis Mitte Juli, späte Sorten Anfang Juli in Reihen mit 30 cm Abstand direkt ins Freiland aus. Der Samen braucht zum Keimen Tagestemperaturen von 15–25 °C. Bei kühler Witterung dauert es 3–5 Wochen, bis die Saat aufgeht. Die Sämlinge müssen auf 25 cm Abstand ausgedünnt werden, damit sich schöne Blattrosetten entwickeln können. Überwinternde Sorten werden auf nur etwa 12 cm ausgedünnt, da im Winter immer wieder Ausfälle durch Mäusefraß oder Abfrieren auftreten können.
Die Vorkultur von Radicchio auf dem Fensterbrett bei 20 °C ist zwar möglich, das Verpflanzen aber nicht immer erfolgreich, da Radicchio lange Pfahlwurzeln ausbildet, die nur schwer einwurzeln.
Pflege: Radicchio sollte regelmäßig gehackt und gegossen werden. Staunässe verträgt er nicht. Bei Sorten, die überwintern, wird das Blattwerk im September bis auf einen 3–4 cm langen Strunk weggeschnitten. Die Pflanze treibt im Frühjahr dann neu aus.
Je nach Witterung erhalten diese Pflanzen im Winter einen Schutz durch eine dünne Strohdecke oder Reisig. Deckt man sie den Winter über mit Folie oder Vlies ab, kann man den Salat einige Wochen früher ernten.
Ernte und Verwertung: Frühe Sorten können von September bis November geerntet werden, späte Sorten im Frühjahr. Man verwendet die Köpfe frisch zur Salatzubereitung.
Schädlinge: Erdraupen, Blattläuse
Tip: Radicchio braucht wenig Bodenwärme zum Austrieb und zählt daher in wintermilden und schneereichen Gegenden im Frühjahr zu den ersten frischen Freilandsalaten. In schneearmen Gebieten empfehlen sich ausschließlich die frühen Sorten, die vor Frostbeginn geerntet werden.

Radieschen

Raphanus sativus var. *sativus*
(auch *R. sativus* var. *radicula*)

Familie: Kreuzblütler *(Brassicaceae, Cruciferae)*
Herkunft: Vorderasien, China, Japan
Merkmale: Die einjährig kultivierten Radieschen gehören zum Knollengemüse und haben eine sehr kurze Entwicklungszeit. Sie bilden unter der Erde runde, ovale, zylindrische oder halblange Knollen mit roter, weißer oder halb roter, halb weißer Färbung. Die dunkelgrünen, rauh behaarten und an den Rändern leicht gezackten Blätter wachsen auf dünnen 10–15 cm hohen Stielen. Radieschen enthalten Senföle, die den pikanten und scharfen Geschmack der Knollen erzeugen, sowie Mineralstoffe und Vitamine.
Standort: sonnig; im Gewächshaus hell und luftig
Boden: Der Schwachzehrer wächst auf jedem lockeren, humosen, nicht zu trockenen Boden.
Mischkultur: Gute Nachbarn sind Tomaten, alle Bohnen, Mangold, Portulak, Pastinake und Salat, schlechte dagegen Gurken und andere Kreuzblütler.
Sorten: Frühe Sorten für Gewächshaus und Frühbeet sind u.a. 'Boy', 'Cyros' F_1-Hybride, 'Fanal', 'French Breakfast' (rot-weiße längliche Knolle), 'Karissima', 'Knacker' und 'Saxa'; frühe Freilandsorten 'Cyros' F_1-Hybride, 'Eiszapfen' (weiße, rettichartige Knolle), 'Juwasprint', 'Knacker' und 'Rota'; Sommersorten 'Carnita', 'Champion', 'Cherry Belle', 'Parat', 'Prinz Rotin', 'Sora' und 'Raxe'. Im Herbst sät man wieder die schnellwüchsigen Frühjahrssorten aus. Wenn nicht anders erwähnt, haben alle Sorten rote runde Knollen.

Radieschen mit rettichartiger Knolle

Radieschen mit roter runder Knolle

Kultur: Je nach Sorte können Radieschen ab Februar in Frühbeetkästen und bei gutem Wetter unter Folie ins Freie ausgesät werden. Ohne Schutz sät man von Anfang/Mitte März bis Mitte September direkt ins Freiland. Der Samen wird dünn verteilt in Reihen von 15–20 cm Abstand 1 cm tief ausgebracht. Nach dem Auflaufen vereinzelt man die Sämlinge auf 6–8 cm Abstand, damit die Pflanzen genügend Licht bekommen und sich die Knollen gut entwickeln können.
Da Radieschen problemlos bis in den Herbst im Freien wachsen, lohnt sich ein Anbau im Gewächshaus nur im späten Herbst oder zeitigen Frühjahr. Für eine Ernte im Dezember wird Mitte Oktober ausgesät, weitere Aussaaten können im Abstand von 3 Wochen folgen. Die Temperatur im Gewächshaus sollte tagsüber nicht über 12 °C liegen und nachts 8 °C betragen.
Pflege: Radieschen müssen gleichmäßig feucht gehalten und regelmäßig gehackt werden, damit der Boden locker bleibt und die Knollen sich gut entwicklen.
Durch das Auflegen von Schlitzfolie oder Vlies im Frühjahr kann man die Ernte verfrühen.
Ernte und Verwertung: Radieschen haben eine kurze Wachstumszeit und können im Sommer schon etwa 4 Wochen nach der Aussaat geerntet werden. Im Frühjahr und Herbst beträgt die Kulturdauer etwa 7–8 Wochen. Zu spät geerntete Radieschen werden „pelzig“, die Knollen sind dann schwammig und schmecken ziemlich fad.
Radieschen werden frisch in rohem Zustand verzehrt und halten sich im Kühlschrank nur wenige Tage. Frische junge Radieschenblätter können auch als Suppeneinlage verwendet werden.
Schädlinge und Krankheiten: Erdflöhe, Schnecken, Blattläuse, Kohlfliege; Falscher Mehltau
Tip: Radieschensamen keimen innerhalb weniger Tage, deshalb streut man gern ein paar Korn als Markiersaat zwischen langsamkeimende Saat wie Möhren oder Petersilie.

Rapontikawurzel

Gewöhnliche Nachtkerze, Schinkenkraut
Oenothera biennis
(auch *Onagra biennis*)

Familie: Nachtkerzengewächse *(Onagraceae)*
Herkunft: Nordamerika bis Mexiko
Merkmale: Die zweijährige Rapontikawurzel findet man bei uns häufig wild wachsend an Wegrändern, Bahndämmen und auf sandigen Plätzen. Sie bildet im ersten Jahr eine fleischig verästelte Wurzel und eine Blattrosette. Hieraus treibt im zweiten Jahr der nach oben hin verzweigte, mit schmalen, lanzettlichen Blättern besetzte Blütentrieb, an dessen Ende leuchtend gelbe, becherförmige Blüten sitzen. Sie öffnen sich vom Abend bis zum Vormittag und verbreiten dann einen süßlichen Duft, der vor allem Schmetterlinge anlockt. Eßbar sind die Wurzeln.
Standort: sonnig bis halbschattig
Boden: Der Schwachzehrer gedeiht auf jedem, am besten jedoch auf sandigem Boden.
Kultur: Die Rapontikawurzel wird gern auf abgeräumten Frühkohl-, Salat- oder Kohlrabibeeten als Nachkultur angebaut. Meist sät man von Juni bis Anfang August dünn in Reihen mit einem Abstand von 15–20 cm 1–2 cm tief direkt ins Freie. Nach dem Auflaufen wird auf 20–25 cm Pflanzenabstand verzogen. Besonders starke Wurzeln entwickeln sich aber bei einer früheren Aussaat von April bis Ende Mai. Die Samen keimen dann bei 15–20 °C in 10–20 Tagen. Danach werden die Sämlinge, deren Seitenwurzeln man abschneidet, im Abstand von 20×25 cm auf das vorgesehene Beet verpflanzt.
Pflege: Die anspruchslose Pflanze erfordert keine besondere Pflege.
Ernte und Verwertung: Die winterharten, 15–18 cm langen Wurzeln können vom Herbst bis Mai geerntet werden. Mit der Blütenbildung verholzen sie jedoch und werden ungenießbar.
In einem kühlen Keller oder im Einschlag lassen sich die Wurzeln über den Winter lagern. Geschält und gedünstet, schmecken sie wie Schwarzwurzeln. Man kann sie auch fein geraspelt als Salat zubereiten.

Rapontikawurzeln

Rettich
Radi
Raphanus sativus var. *niger*

Familie: Kreuzblütler *(Brassicaceae, Cruciferae)*
Herkunft: Vorderasien und China
Merkmale: Die einjährigen Rettiche gehören zum Knollengemüse. Sie bilden unterirdisch eine Rübe mit feinen Seitenwurzeln und oberirdisch kräftige, gezahnte und behaarte Blätter. Rettiche enthalten Senföle, Vitamine und Mineralstoffe. Es gibt vielerlei Sorten für den Frühjahrs-, Sommer-, Herbst- und Winteranbau. Ihre Rüben unterscheiden sich in der Form von rund bis lang und in der Farbe, die weiß, rosa, rot, violett, braun oder auch schwarz sein kann. Aus Japan kommen neue Züchtungen von Rettichen mit langen, weißen Rüben, die mild, zuweilen sogar süßlich schmecken.

Weißer Rettich

Standort: sonnig, aber nicht zu trocken; im Gewächshaus hell und luftig
Boden: Rettich zählt zu den Mittelzehrern und benötigt einen humosen, tiefgründig gelockerten Boden.
Mischkultur: Rettich verträgt sich gut mit Salat, Tomaten, Porree, Spinat und allen Bohnen, nicht dagegen mit Gurken und mit anderen Kreuzblütlern.
Sorten: Halblange, frühe Sorten für Gewächshaus, Frühbeet und Folientunnel sind u. a. 'Aspro' (weiß), 'Neckarruhm' (weiß und rosa) und 'Rex' (weiß); Frühjahrs- und Herbstsorten für das Freiland (nicht geeignet für die Kultur im Sommer) 'Belrosa' (rot, halblang), 'April Cross' (Japanische Hybride, weiß, mild, lang, schoßfest), 'Ostergruß rosa' (rot, halblang); Sommersorten für das Freiland 'Halblanger weißer Sommer' (weiß, halblang), 'Mainkrone' (braun, halblang), 'Minowase Summer Cross' (Japanische Hybride, weiß, mild, lang, schoßfest, widerstandsfähig gegen Rettichschwärze). Winterrettichsorten für das Freiland und Gewächshaus mit guten Lagereigenschaften sind u. a. 'Hilds blauer Herbst und Winter' (violettblau), 'Langer schwarzer Winter' (schwarz), 'Münchner Bier' (weiß, kegelförmig), 'Runder schwarzer Winter' (schwarz).
Kultur: Rettich wird in Reihen von 20–25 cm Abstand 1–3 cm tief gesät und keimt bei 12–20 °C innerhalb von 8–10 Tagen. Nach dem Auflaufen vereinzelt man die Sämlinge bei frühen Sorten auf 10–20 cm, bei späten Sorten und den japanischen Riesenrettichen auf 30–40 cm.
Im Gewächshaus kann von Januar bis März und von

Schwarzer Rettich

August bis Mitte September ausgesät werden. Hier ist auch eine dichtere Saat in Schalen möglich, wobei die Sämlinge dann nach 10 Tagen auf den richtigen Abstand verpflanzt werden müssen. Wichtig ist, daß sie sorgfältig und vollkommen senkrecht gepflanzt werden, damit die Knollen nicht gekrümmt wachsen. Die Kulturzeit beträgt im Gewächshaus 6–8 Wochen. Im Frühbeetkasten beginnt die Aussaat mit frühen Sorten ab Ende Februar und unter Folienschutz im Freiland ab Anfang März. Auf Freilandbeeten werden Sommersorten von April bis Anfang Juni in Folgesätzen von 3 Wochen Abstand, Herbst- und Wintersorten von Mitte Juni bis August ausgesät. Die Kulturzeit im Freiland beträgt bei Sommerrettich 8–9 Wochen, bei späten Sorten dauert sie 14–16 Wochen.
Pflege: Der Boden sollte häufig gelockert und gut feucht gehalten werden.
Ernte und Verwertung: Rettiche schmecken am besten, wenn die Rübe noch nicht voll ausgewachsen ist. Bleiben sie zu lange im Boden, werden sie hart und holzig. Ende Oktober geernteter Winterrettich ist in einem feuchten Keller oder im Einschlag des Frühbeets lagerfähig. Alle übrigen Sorten werden frisch verzehrt: als Rohkost, Salat oder als Brotbelag.
Schädlinge und Krankheiten: Erdflöhe, Kohl- und Rettichfliege; Rettichschwärze

Rhabarber
Rhapontik
Rheum rhaponticum

Familie: Knöterichgewächse *(Polygonaceae)*
Herkunft: Ostasien
Merkmale: Die mehrjährige Staude hat nicht nur dicke, fleischige Wurzeln, auch ihre großen grünen, am Rand gewellten Blätter sitzen an ebenso fleischigen, 40–90 cm langen grünen oder roten Stielen. Im Mai erscheinen verzweigte, gelblichweiße, hohe Blütenstengel. Die Pflanze zieht im Oktober ein, d.h. ihre Blätter sterben ab, und treibt im zeitigen Frühjahr aus den überwinternden unterirdischen Knospen wieder aus. Die Blätter des Rhabarbers sind durch ihren hohen Gehalt

an giftigen Stoffen, vor allem Oxalsäure, ungenießbar. Auch die Stiele weisen einen erhöhten Oxalsäuregehalt auf, der mit zunehmender Tageslänge ansteigt und im Hochsommer seinen Höchstwert erreicht. Dann sollten sie nicht mehr geerntet werden. Rhabarber ist aber auch reich an Apfelsäure, die ihm seinen erfrischenden Geschmack verleiht, sowie an Mineralstoffen und Vitaminen, vor allem Vitamin C.
Standort: sonnig bis halbschattig; im Schatten bilden sich nur dünne Stiele aus.
Boden: Der Starkzehrer braucht einen tiefgründigen, nährstoffreichen, humosen Boden.

Rhabarber

Sorten: Rotfleischige Sorten sind aromareicher, grünfleischige Sorten ertragreicher. Rotstielig und rotfleischig sind 'Holsteiner Blut' und 'Vierländer'; rotstielig und grünfleischig 'The Sutton'.
Kultur: Die Vermehrung durch Samen ist sehr langwierig und bringt nur kümmerliche Pflanzen hervor, von denen man erst im dritten Jahr Stiele ernten kann. Zudem benötigt man im Hausgarten höchstens 2–4 Pflanzen. Deshalb empfiehlt sich die Anzucht oder die Vermehrung aus einem Wurzelstock, den man beim Gärtner erhält. Der Wurzelteil sollte mehrere Knospen besitzen und etwa 1 kg wiegen. Gepflanzt wird im Herbst oder im Frühjahr. Die Knospen müssen dicht unter die Erdoberfläche kommen, junge Triebe gerade aus dem Boden schauen. Je nach Sorte benötigt die Pflanze 1×1 bis 1,5×1 m Platz. Zum Teilen einer alten Pflanze gräbt man den Wurzelstock aus, wenn die Blätter im Herbst absterben, und teilt ihn mit dem Spaten oder einem scharfen Messer, so daß möglichst glatte Schnittstellen entstehen. Damit der Wurzelstock nicht zu faulen beginnt, müssen die Schnittstellen vor dem Einsetzen in Erde gut antrocknen.
Pflege: Um den Erntezeitpunkt zu verfrühen, stülpt man im Februar Eimer, Kisten oder spezielle Treibglocken, die noch mit Mist oder Laub eingepackt werden, über die Pflanzen, oder man legt Folie oder Vlies tunnelförmig auf (siehe Seite 108 f.). Der Wasserbedarf von Rhabarber ist hoch, vor

Blühender Rhabarber

allem während der Hauptwachstumsphase im Mai/Juni muß ausreichend gewässert werden. Staunässe ist jedoch zu vermeiden. Blütenstände sollten sofort bei Erscheinen dicht am Boden ausgebrochen werden, da sie der Pflanze zuviel Kraft wegnehmen. Nach der letzten Ernte wird gut gedüngt und gewässert.
Ernte und Verwertung: Geerntet werden bis Ende Juni/Anfang Juli dicke Blattstiele, am besten erst im zweiten Jahr. Sie werden herausgedreht, nicht abgeschnitten. An der Staude müssen immer genügend Stiele stehenbleiben, damit die Pflanze sich wieder regenerieren kann. Die Stiele werden abgehäutet und können roh oder gekocht als Obstsalat oder Kompott, für Marmelade, Saft und Kuchen verwendet werden. Auf keinen Fall dürfen die giftigen Rhabarberblätter verzehrt werden, weder roh noch gekocht.
Tip: Rhabarber kann etwa 8–10 Jahre am selben Platz wachsen. Die großen Blätter lassen sich hervorragend zum Mulchen auslegen.

Rosmarin
Rosmarinus officinalis

Familie: Lippenblütler *(Lamiaceae, Labiatae)*
Herkunft: Mittelmeer
Merkmale: Die immergrüne, strauchig wachsende Gewürzpflanze ist bei uns nur bedingt winterhart. Der Strauch wird je nach Klima 30–150 cm hoch, und mit der Zeit verholzen seine aufrechten, kantigen, verzweigten Stengel. Die nadelförmigen Blätter sind lederartig, dunkelgrün und auf der Unterseite graufilzig behaart. Von März bis Juni erscheinen in den Blattachseln quirlig angeordnete blaßviolette, rosafarbene oder weiße Blüten. Die Blätter enthalten ätherisches Öl, Gerbstoffe und Saponine. Die ganze Pflanze riecht stark würzig.
Standort: sonnig, warm, trocken
Boden: Der Schwachzehrer gedeiht auf jedem humosen, durchlässigen Boden.
Kultur: Rosmarin läßt sich hervorragend in Töpfen kultivieren. Ab Mitte Mai im Freien und im Winter bei etwa 10 °C an einem hellen Platz im Haus gehalten, ist Rosmarin auch bei uns ein ausdauerndes Kraut. Junge Pflanzen kauft man am besten beim Gärtner; zwar gelingt eine Vorkultur auf dem Fensterbrett bei Zimmertemperatur, sie ist jedoch sehr langwierig. Eine Vermehrung durch Kopfstecklinge, die im August geschnitten und in ein sandighumoses Substrat gesteckt werden, ist ebenfalls möglich.
Pflege: Im Winter stellt man die Pflanze hell und kühl auf und gießt nur wenig, wobei der Wurzelballen nie ganz austrocknen darf. Ab Mai

Rosmarin

erhält sie einen sonnigen Platz im Freien und wird regelmäßig gegossen.

Ernte und Verwertung: Blätter und Triebspitzen können das ganze Jahr über als frisches Gewürz, im Sommer auch zum Trocknen gepflückt werden. Rosmarin behält auch getrocknet seinen intensiven Duft. Die aromatische Pflanze sollte nur sparsam verwendet werden. Man würzt damit vor allem italienische Speisen, Fleisch, insbesondere Lammgerichte, Geflügel, Fisch und Kartoffelgerichte.

Tip: Je älter eine Rosmarinpflanze ist, desto seltener sollte sie umgetopft werden. In einem entsprechend großen Kübel mit humoser, durchlässiger Erde kann die Pflanze mehrere Jahre gut wachsen.

Rote Bete

Rote Bete

Rote Rübe, Salatrübe, Rande, Rahne

Beta vulgaris ssp. *vulgaris* var. *vulgaris* (auch *B. vulgaris* ssp. *vulgaris* var. *conditiva*)

Familie: Gänsefußgewächse (*Chenopodiaceae*)

Herkunft: Mittelmeergebiet

Merkmale: Die zweijährige Pflanze wird bei uns einjährig kultiviert, da sie ihre runden oder zylinderförmigen roten, gelben oder weißen Wurzelknollen und ihre Blätter schon während der ersten Wachstumsperiode hervorbringt. Blütenstengel werden meist erst im zweiten Jahr ausgebildet. Die ovalen, an den Rändern leicht gewellten Blätter sind mit roten Adern durchzogen und sitzen auf roten, dünnen, saftigen Stielen. Die Rote Bete enthält reichlich Mineralstoffe, vor allem Calcium, Kalium und Phosphor, Vitamine, organische Säuren und Saponin.

Standort: sonnig bis halbschattig

Boden: Der Mittelzehrer benötigt einen tiefgründigen, humusreichen Lehmboden.

Mischkultur: Dill, Kohlrabi, Gurken und Bohnen sind gute Nachbarn, Porree, Kartoffeln und Mais schlechte.

Sorten: Runde Rüben bilden u.a. 'Boltardy', 'Chioggia' (weiß-rot, für Rohkost geeignet), 'Golden Beet' (gelb), 'Monotop' (monogerm, muß nicht vereinzelt werden) und 'Rote Kugel'; zylinderförmige Rüben 'Forono', 'Halanga' und 'Loma'.

Kultur: Da Rote Bete leicht schießt und vorzeitig Blütenstengel bildet, sät man nicht vor Mitte April bis Mai ins Freiland aus. Zur Einlagerung für den Winter wird Mitte, spätestens Ende Juni ausgesät. Die Samenknäuel mit je 4–5 Samen kommen dünn verteilt etwa 2–3 cm tief in Reihen mit einem Abstand von 25–30 cm in die Erde. Die Samen müssen unbedingt gut angedrückt werden. Falls nötig, wird nach dem Auflaufen auf 6–8 cm vereinzelt. Es gibt zunehmend monogerme (einkeimige) Sorten, bei denen sich das Verziehen erübrigt.

Pflege: Rote Bete sollte regelmäßig gehackt und – vor allem während der Rübenbildung – gegossen werden.

Ernte und Verwertung: Geerntet werden kann etwa 12–15 Wochen nach der Aussaat laufend bis zum Herbst. Besonders zart schmecken junge Rüben, auch Baby-Beets genannt, die man im Sommer bei einem Durchmesser von 4–5 cm erntet. Vergilben die ersten Blätter, müssen die Rüben auf jeden Fall vom Beet genommen werden. Was nicht sofort verbraucht werden kann, lagert man an einem kühlen Ort. Dazu schneidet man die Blätter kurz oberhalb der Herzblätter ab. Die Herzblätter müssen auf jeden Fall erhalten bleiben, damit die Rüben nicht ausbluten. Rote Bete lagert man am besten in einer Kiste mit feuchtem Sand. Man kann sie roh für Gemüsesaft verwenden, gekocht oder gedünstet als Gemüse oder süß-sauer eingelegt als pikante Beilage.

Schädlinge und Krankheiten: Blattläuse, Rübenfliege, Erdraupen; Blattfleckenkrankheit, Viruserkrankungen

Tip: Rote Bete hat eine sehr derbe Haut. Diese läßt sich leichter entfernen, wenn man die sauber gewaschenen Rüben mit Schale kocht und erst dann die Haut abzieht.

Rübstiel

Stielmus, Mairübstiel
Brassica rapa var. *rapa* subvar. *majalis*

Familie: Kreuzblütler *(Brassicaceae, Cruciferae)*
Herkunft: Holland
Merkmale: Rübstiel ist nichts anderes als eine spezielle Nutzungsform der Mai- und Herbstrübe (siehe Speiserübe Seite 208 f.), die vor allem im Gewächshaus gezogen wird. Die einjährigen Blattstielgemüse wachsen besonders schnell und entwickeln zarte, frischgrüne Blattstiele und Blätter, die denen von jungen Kohlpflanzen ähneln. Die Bildung von Rüben wird bei dieser Kulturform gar nicht erst abgewartet.
Eine Züchtung mit noch höherem Ertrag ist Namenia (*B. rapa* var. *nipposinica*, auch *B. cernua*). Ihre hellgrünen geschlitzten Blätter mit leicht gewellten Rändern wachsen in einer üppigen Blattrosette.
Standort: sonnig bis halbschattig
Boden: Stielmus und Namenia sind Schwachzehrer, die einen lockeren, humosen Boden brauchen.
Mischkultur: Die Blattgemüse eignen sich als Lückenfüller zwischen allen Kulturen, nur nicht zwischen anderen Kreuzblütlern.
Sorten: 'Holländische Weiße' (Mairübe), 'Runde Weiße Rotköpfige' (Herbstrübe)
Kultur: Ausgesät wird ab Februar im frostfreien Gewächshaus, von Anfang März bis April ins Frühbeet und von September bis Oktober ins Frühbeet oder Gewächshaus. Man bringt den Samen in Reihen von 12–15 cm Abstand oder breitwürfig etwa 1 cm tief aus. Je dichter gesät wird, desto länger und zarter werden die Blätter. Die Blattgemüse entwickeln sich je nach Jahreszeit innerhalb von 5–7 Wochen zur Schnittreife.
Pflege: Die Pflege beschränkt sich auf das notwendige Gießen und Lockern des Bodens.
Ernte und Verwertung: Geerntet wird nur einmal: Sobald die Blätter etwa 15 cm lang sind, schneidet man die ganze Pflanze mit einem scharfen Küchenmesser dicht über dem Boden ab. Die frisch geernteten Blätter werden mit den Stielen als Gemüsebeilage gedünstet oder gehackt bzw. feingeschnitten als Salat zubereitet.
Krankheiten: Kohlhernie

Rübstiel

S

Kopfsalat (vorn) und Eichblattsalat

Salat

Gartensalat, Lattich

Die zur Familie der Korbblütler *(Compositae)* zählende alte Kulturpflanze geht wahrscheinlich auf den wilden Lattich *(Lactuca serriola)* zurück, der im Mittelmeerraum, in Nordostafrika, Vorder- und Mittelasien bis hin zum Himalajagebiet wild wächst. Der einjährige Salat *(Lactuca sativa)* entwickelt eine mehr oder weniger kräftige Pfahlwurzel, aus der große, meist zarte Blätter wachsen, die entweder eine lockere Blattrosette oder einen festen Kopf bilden. Die Blattfarbe variiert je nach Art und Sorte von Grün bis Rotbraun, die Blätter sind entweder ganzrandig, gewellt, geschlitzt, gezackt oder gekräuselt. Bei keinem anderen Gemüse gibt es durch Kreuzungen so viele Varietäten, die oft ineinander übergehen und somit die Sorteneinteilung verwischen.
Salat enthält wertvolle Mineralstoffe und Vitamine.
Auch im Winter muß heute niemand mehr auf dieses frische, ballaststoffreiche Gemüse verzichten. Im Handel gibt es spezielle Sorten für den Anbau im Gewächshaus, die sog. Treibsalate (siehe Seite 199 f.).

Salate für den Anbau im Freiland

Kopfsalat

Buttersalat, Häuptelsalat
Lactuca sativa var. *capitata*

Merkmale: Der Kopfsalat bildet einen geschlossenen Kopf und besitzt zarte, weiche, je nach Sorte grüne bis rote glatte bis gekrauste Blätter. Kopfsalat ist eine Langtagpflanze, die im Sommer schnell schießt, d.h. Blütentriebe bildet, und dann

ungenießbar wird. Doch das große Sortenangebot enthält heute auch schoßfeste Sommersorten. Die Frühjahrs- und Herbstsorten haben hellgrüne Blätter, sind schnellwüchsig und treiben bei Hitze sofort einen Blütentrieb. Sommersorten dagegen besitzen dunklere Blätter, bilden größere, schwere Köpfe und schießen bedeutend langsamer.
Standort: sonnig bis halbschattig
Boden: Der Schwach- bis Mittelzehrer bevorzugt einen tiefgründigen, humosen Boden. Die Sommersorten haben einen etwas höheren Nährstoffbedarf.
Mischkultur: Gute Nachbarn sind Radieschen, Rettich, Spinat, Zwiebeln, Möhren, Tomaten, Porree sowie alle Kohlgemüse und Rübenarten, schlechte dagegen Petersilie und Sellerie.

Kopfsalat

Rotblättriger Kopfsalat

Sorten: Von den zahlreichen im Handel angebotenen Sorten haben sich u.a. bewährt: für den Anbau im Frühjahr und Herbst (Pflanzung bis Mitte Mai und von Ende Juli bis Ende August) 'Attraktion' (alte widerstandsfähige Sorte), 'Charan', 'Elvira', 'Mirena' und 'Reskia' (außer erstgenannter alle resistent gegen Falschen Mehltau und Viruserkrankungen); für den Anbau im Sommer (Pflanzung von Ende Mai bis Mitte Juli) 'Dolly', 'Mirena' und 'Prosper' (alle resistent gegen Falschen Mehltau und Viruserkrankungen), 'Brauner Trotzkopf' (braune Blätter), 'Kagraner Sommer' (altbewährte Standardsorte) und 'Savio'.
Kultur: Kopfsalat wird je nach Sorte ab Ende Februar in Saatschalen mit Anzuchterde auf der Fensterbank oder ins warme Frühbeet in Reihen von etwa 25 cm Abstand 1,5 cm tief ausgesät. Nach der Entwicklung der Keimblätter pikiert man die Sämlinge in 4–5-cm-Töpfe. Ausgepflanzt wird, je nach Klima, zwischen Anfang März und Anfang April im Abstand von 30×30 cm ins Frühbeet oder unter Folie direkt ins Freiland. Damit Kopfsalat nicht fault, wird er hoch gepflanzt, d.h. der Wurzelhals der Pflänzchen sollte nicht mit Erde bedeckt sein (siehe Seite 77). Von April bis Ende Juli kann auch direkt ins Freiland gesät und auf ebenfalls 30×30 cm Abstand vereinzelt werden. Sät man etwa alle 14 Tage nach, kann man von Juli bis Oktober stets frischen Salat ernten. Im Sommer hemmen die hohen Bodentemperaturen oft die Keimung. Man sät daher in dieser Zeit am besten abends und überbraust die Saat mit kaltem Wasser.
Pflege: Mulchen hält den Boden unkrautfrei und feucht. Wenn nicht gemulcht wird, sollte man den Boden regelmäßig durch Hacken lockern. Bei Kopfsalat besteht die Gefahr des Faulens durch zu häufiges Gießen. Daher sollte besser nicht so oft, aber dafür durchdringend direkt auf die Erdoberfläche gegossen werden.
Ernte und Verwertung: Kopfsalat kann je nach Sorte 8–10 Wochen nach der Aussaat geerntet werden. Man schneidet den Kopf kurz über der Erde ab und entfernt die etwas harten äußeren Hüllblätter. Kopfsalat wird stets nach Bedarf frisch geerntet, da er kaum lagerfähig ist. Einmal angerichtet, muß er bald verzehrt werden, weil die Blätter sehr rasch welken.
Schädlinge und Krankheiten: Erdraupen, Schnecken, Blattläuse; Falscher Mehltau, Viruskrankheiten
Tip: Nicht aufgebrauchte Samenvorräte von Kopfsalat können wie Schnittsalat kultiviert werden.

Pflück- und Schnittsalat

Blattsalat
Lactuca sativa var. *crispa* (auch *L. sativa* convar. *secalina*)

Merkmale: Pflück- und Schnittsalate bilden keinen Kopf aus, sondern mehr oder weniger lockere, 20–30 cm hohe Blattrosetten. Je nach Sorte haben sie hellgrüne bis rotbraune, glattrandige, gezackte, gekrauste, gewellte oder eichenlaubähnliche Blätter. Pflücksalat kann man Blatt für Blatt über eine lange Zeit hinweg ernten. Manche Sorten wie z.B. 'Grand Rapids' erlauben sogar eine ununterbrochene Erntezeit von Mai bis August, selbst wenn sich der Blütentrieb schon entwickelt hat. Zum Pflücksalat gehören viele neuere Salatzüchtungen wie z.B. die kräftig schmeckenden Sorten 'Lollo rossa' und 'Lollo bionda', auch Blattbatavia genannt, mit lockeren Köpfen aus gekrausten Blättern. Ihre feingezähnten Blattränder halten Schnecken ab und sehen sehr dekorativ aus. Gelbgrüner und roter Eichblattsalat bilden außerordentlich große, sehr lockere Köpfe mit eichenlaubartig gebuchteten Blättern. Ähnlich ist der Fingersalat, von dem es ebenfalls braune und rote Sorten gibt. Auch einen Eissalat ('Red Sails') mit braunroten knackigen Blättern, die nur

einen lockeren Kopf bilden, gibt es als Pflücksalat. Schnittsalat wächst sehr rasch und ist sehr ergiebig, doch im Gegensatz zum Pflücksalat wird er im Ganzen geerntet und wächst dann nicht mehr nach. Beide Salatformen eignen sich ausgezeichnet für eine Kultur in Gefäßen auf dem Balkon.
Standort: sonnig bis halbschattig
Boden: Pflück- und Schnittsalate zählen zu den Schwach- bis Mittelzehrern. Sie gedeihen auf jedem humosen, lockeren Boden.
Mischkultur: Gute Nachbarn sind Radieschen, Dill, Rettiche, Spinat, Möhren, Rote Bete, Zwiebeln, alle Kohlgemüse und Tomaten, schlechte dagegen Petersilie und Schwarzwurzeln.
Sorten: Im Handel gibt es zahlreiche Sorten, vom Pflücksalat u.a. 'Amerikanischer brauner' (rotbraune Blätter), 'Australischer gelber' (gelbgrüne Blätter), 'Brunia' (braunroter Fingersalat), 'Grand Rapids' (sehr ertragreich, lange Erntezeit, für Gefäßkultur besonders geeignet), 'Lollo bionda' (grüne gekrauste Blätter), 'Lollo rossa' (rote gekrauste Blätter), 'Oakleaf' (grüner Fingersalat), 'Red Sails' (roter Eissalat), 'Red Salad Bowl' (roter Eichblattsalat), 'Salad Bowl' (gelbgrüner Eichblattsalat) und 'Till' (gelbgrüner Fingersalat); vom Schnittsalat 'Gelber runder', 'Hohlblättriger Butter' (besonders zart) und 'Krauser gelber'.
Kultur: Pflück- und Schnittsalat können ab Januar unter Glas vorgezogen werden. Ab März sät man ins Frühbeet oder unter Folie und ab April direkt ins Freiland, entweder in Reihen (Pflücksalat im Reihenabstand von 25–30 cm, Schnittsalat von 10–15 cm) oder breitwürfig. Pflücksalat wird nach dem Auflaufen auf etwa 10 cm Abstand vereinzelt, Schnittsalat braucht nicht ausgedünnt zu werden, da er relativ schnell geerntet wird. Durch die langanhaltende Erntezeit von etwa 2 Monaten sind bei Pflücksalat nur wenige gestaffelte Aussaaten nötig, um bis in den späten Herbst hinein (im Frühbeet oder unter Folie) mit frischem Salat versorgt zu sein.

Blattbatavia 'Lollo rossa'

Schnittsalat sät man dagegen in 14tägigem Abstand, um fortlaufend ernten zu können.
Pflege: Das Auflegen von Folien und Vlies ermöglicht eine frühe Kultur und eine rasche Entwicklung in kalten Monaten und verlängert die Erntezeit im Herbst. Mulchen hält die Bodenfeuchtigkeit und erspart das Hacken. Ansonsten beschränkt sich die Pflege auf das notwendige Gießen.
Ernte und Verwertung: Geerntet werden kann zum ersten Mal etwa 6–7 Wochen nach der Aussaat. Beim Pflücksalat werden die Blätter von außen nach innen gepflückt. Die jüngsten Blattansätze, das innere „Herz", müssen stehenbleiben, damit neue Blätter nachwachsen können. Beim Schnittsalat dagegen wird die ganze Pflanze mit einem scharfen Messer abgeschnitten, sobald die Blätter etwa 15 cm lang sind. Pflück- und Schnittsalat müssen stets frisch verzehrt werden, denn sie sind nicht lagerfähig.
Schädlinge und Krankheiten: Blattläuse, Schnecken; Falscher Mehltau, Viruskrankheiten

Tip: Pflück- und Schnittsalat neigen im Sommer zur Ausbildung von Blütenständen, sie schießen. Sie eignen sich besser zur Frühjahrs- und Sommerkultur.

Gelbgrüner und roter Eichblattsalat in Reihenkultur

Schnittsalat-Mischung
Fingersalat (unten)

Eissalat

Eisbergsalat, Krachsalat
Lactuca sativa var. *capitata*

Merkmale: Eissalat bildet große, feste Köpfe. Vom Kopfsalat unterscheidet er sich durch die spröderen, knackigen Blätter und Blattrippen. Seine Außenblätter sind gewellt und leicht gezähnt. Je nach Sorte ist der Salatkopf hell- bis dunkelgrün, rotgerandet oder rotbraun gefärbt. Eissalat verträgt sommerliche Hitze besser und schießt weniger schnell als andere Salate, deshalb kann man ihn im Sommer länger ernten.
Eine Neuzüchtung ist der Bataviasalat, der weichere, grüne oder rotgerandete Blätter besitzt und lockere, leicht zerfranste Köpfe bildet.
Standort: sonnig bis halbschattig
Boden: Der Mittelzehrer benötigt einen lockeren, humosen Boden.
Mischkultur: Gute Nachbarn sind Radieschen, Sellerie, Spinat, Porree, Buschbohnen, Tomaten, Zwiebeln, Möhren, Dill, alle Kohlgemüse, schlechte Petersilie und Sellerie.
Sorten: Handelsübliche Sorten vom Eissalat mit grünen Köpfen sind u.a. 'Great Lakes' (großer Kopf, für Frühsommer bis September), 'Kelvin' (großer Kopf, für Sommer), 'Laibacher Eis' (rötlich gefärbte Blattränder, für Frühjahr und Sommer), 'Saladin' (Standardsorte, für Frühjahr und Sommer) und 'Timo' (für Frühjahr und Sommer), mit roten Köpfen u.a. 'Sioux' (großer Kopf, für Sommer); vom Bataviasalat 'Dorée de Printemps' oder 'Frühlingsgold' (grüngelb) und 'Rouge Grenobloise' (färbt sich bei kühlen Temperaturen und ausreichend Licht braunrot), alle für Frühjahr und Sommer.
Kultur: Eissalat und Bataviasalat können je nach Sorte vom Frühjahr bis zum Spätsommer gesät und gepflanzt werden. Ausgesät wird ab März auf dem Fensterbrett, im Gewächshaus, Frühbeet oder unter Folie direkt ins Freiland. Je früher ausgesät wird, desto länger ist die Anzuchtdauer, bei Märzaussaat beträgt sie 6, bei Aprilaussaat 5, bei Maiaussaat nur noch 4 Wochen. Man sät sehr dünn in Schalen mit Anzuchterde bei 10–18 °C bzw. in 1,5 cm tiefe Reihen im Abstand von 15 cm aus. Nach der Entwicklung der Keimblätter werden die vorkultivierten Sämlinge in 4–5-cm-Töpfe pikiert und, wenn sie etwa 5 Blätter ausgebildet haben, im Abstand von 30×35 cm ausgepflanzt. Die Pflänzchen müssen bis zum Wurzelhals mit Erde bedeckt sein, dürfen aber auch nicht tiefer gesetzt werden, damit die Blätter über der Erdoberfläche bleiben (siehe Seite 77).
Selten praktiziert, aber möglich ist von Mai bis Ende Juni auch die Direktsaat ins Freie im Reihenabstand von 30 cm. Bis zum Aufgehen der Saat muß der Boden gleichmäßig feucht gehalten werden. Später vereinzelt man die Sämlinge dann auf 35 cm Abstand in der Reihe.
Sät man etwa alle 14 Tage neu aus, kann man den ganzen Sommer über frischen Salat ernten.
Pflege: Mulchen erleichtert die Bodenpflege. Bei beginnender Kopfbildung müssen die Pflanzen nicht zu häufig, jedoch durchdringend gewässert werden. Dabei gießt man nur den Wurzelbereich, ohne die Köpfe zu benetzen. Beim Hacken muß darauf geachtet werden, daß die feinen Wurzeln und die Blätter nicht beschädigt werden.
Ernte und Verwertung: Eissalat kann, je nach Sorte und Klima, 11–12 Wochen nach der Aussaat geerntet werden, Bataviasalat schon nach etwa 8 Wochen. Der Kopf wird dicht über der Erdoberfläche abgeschnitten. Entfernt man die großen äußeren Hüllblätter, dann lassen sich die festen Köpfe im Kühlschrank bis zu 2 Wochen lagern. Eissalat ist sehr schmackhaft und verliert auch nach der Zubereitung seine knackige Frische nicht.
Schädlinge und Krankheiten: Schnecken, Blattläuse; Falscher Mehltau, Viruskrankheiten, Sklerotinia-Fäule
Tip: Eissalat schneidet man am besten frühmorgens, wenn die Blätter taufrisch und besonders knackig sind.

Bataviasalat

Eissalat

Römischer Salat

Bindesalat, Romanasalat, Sommerendivie, Kochsalat
Lactuca sativa var. *longifolia*

Merkmale: Der Römische Salat hat ovale, steil aufrecht stehende Blätter mit einer starken Mittelrippe. Je nach Sorte sind sie grün oder braunrot gefärbt und schließen sich meist von selbst zu einem 35 cm hohen, lockeren Kopf. Römischer Salat ist auch im Sommer noch recht schoßfest.
Standort: sonnig bis halbschattig

Römischer Salat

Boden: Der Mittelzehrer benötigt einen humosen, nährstoffreichen und wasserhaltenden Boden.
Mischkultur: Porree, Gurken, Sellerie und Tomaten sind gute Nachbarn, Petersilie und Sellerie schlechte.
Sorten: 'Kasseler Strünkchen', 'Parris Island Cos', 'Valmaine' (alle grün) und 'Little Leprechaun' (braunrot)
Kultur: Von Februar bis März kann Römischer Salat unter Glas in Kisten mit Anzuchterde vorkultiviert werden. Im April/Mai pflanzt man die Sämlinge dann im Abstand von 30×35 cm ins Freie aus.
Von April bis Juli ist die Direktsaat ins Freiland möglich. Man sät in Reihen im Abstand von 30 cm und vereinzelt später auf 35 cm Abstand in der Reihe.
Pflege: Römischer Salat muß gut gewässert und der Boden gelegentlich gehackt werden. Mulchen hält den Boden feucht und unkrautfrei. Wenn die Pflanzen nur einen lockeren Kopf bilden, bindet man die Blätter mit einem Stück Schnur nicht zu fest zusammen, daher der Name Bindesalat. So können sich länglich-ovale Köpfe mit hellen und zarten inneren Blättern entwickeln. Bei vielen neuen Sorten ist das Binden jedoch heute nicht mehr erforderlich.
Ernte und Verwertung: Römischer Salat kann 6 bis 8 Wochen nach dem Pflanzen bzw. 8–10 Wochen nach der Direktsaat geerntet werden. Man schneidet die lockeren Köpfe und bereitet sie als Salat zu. Die fleischigen Strünke einiger Sorten wie 'Kasseler Strünkchen' werden wie Spargel gekocht. Geerntete Köpfe halten sich einige Zeit im Kühlschrank.
Schädlinge und Krankheiten: Blattläuse, Schnecken; Echter und Falscher Mehltau
Tip: Vereinzelt man die Sämlinge nicht, kann Römischer Salat auch wie Schnittsalat geerntet werden.

Treibsalate für den Anbau im Gewächshaus

Bataviasalat (links) und Eissalat

Unter Treibsalaten versteht man Sorten, die sich besonders gut für die frühe oder späte Herbst-Winter-Kultur im Gewächshaus eignen. Dazu stehen neben frühem Kopfsalat (siehe Seite 195 f.) noch verschiedene andere Salate zur Verfügung wie Pflück- und Schnittsalate, frühe Eissalatsorten (siehe Seiten 196 f. und 198) und der Kraussalat, eine neue Kreuzung zwischen Pflücksalat und Eichblattsalat.
Standort: sonnig bis halbschattig
Boden: Treibsalate benötigen als Schwachzehrer im Winter besonders wenig Nährstoffe. Der Boden wird daher kaum gedüngt, damit der Nitratgehalt der Salate nicht ansteigt.
Mischkultur: Eine Kombination mit anderen Gemüsen wie Radieschen, Rettichen, Feldsalat, Spinat, Mairüben, Kohlrabi und Mangold ist in beschränktem Maße möglich.
Sorten: Nitratarme, mehltauresistente Sorten für den Gewächshausanbau von Kopfsalat sind u. a. 'Imka', 'Larissa' (auch für das kalte Gewächshaus) und 'Vicky' (für Aussaat August bis Januar); von Eissalat 'Bastion' (für Ernte Mitte November bis Januar), 'Capitol' (speziell für Frühjahrsernte März bis Mai) und 'Kellys' (speziell für Frühjahrsernte März bis Mai); von

Kraussalat

Kraussalat 'Azura' (für Aussaat bis März), 'Krizet' (für Aussaat im Frühjahr) und 'Novita' (für Aussaat im Herbst); von Pflück- und Schnittsalat werden im Gewächshaus dieselben Sorten wie auch im Freiland angebaut (siehe Seite 197).
Kultur: Treibhaussalate werden im frostfrei gehaltenen Gewächshaus in Aussaatkisten vorgezogen. Die Keimdauer beträgt bei 5–16 °C etwa 5–12 Tage. Kopf- und Eissalate gedeihen im Gewächshaus nur bei ausreichendem Licht; deshalb sind Aussaaten im Winter wenig sinnvoll. Bei einem Saattermin Anfang Oktober benötigt der Salat etwa 100 Tage bis zur Ernte, bei Aussaat Anfang März nur 60 Tage. Auch eine höhere Temperatur ändert daran nichts, sie führt nur zu schwächlichen, für einen Befall mit Grauschimmel anfälligen Pflanzen. Deshalb sollten in der lichtarmen Zeit Temperaturen zwischen 12–14 °C eingehalten werden. Empfehlenswert sind eine Aussaat ab Ende Februar (mit der Ernte Ende April/Anfang Mai) und eine Spätaussaat Mitte September (mit erntefähigen Pflanzen ab Anfang Dezember).
Die Sämlinge von Kopf- und Eissalat werden in eine Saatkiste oder in 7-cm-Töpfe pikiert, um kräftigere Pflanzen zu erzielen. Nach weiteren 2–3 Wochen wird ausgepflanzt. Man kann aber auch gleich aus der Aussaatkiste heraus an Ort und Stelle im Abstand von 25×25 cm pflanzen. Die optimale Kulturtemperatur liegt zwischen 15 und 18 °C, bei Temperaturen unter 10 °C verlangsamt sich das Wachstum der Pflanzen deutlich.
Der schnellwüchsige Schnittsalat, der bereits nach 6–7 Wochen die erste Ernte liefert, eignet sich dagegen für die Wintermonate besonders gut. Er wird noch im Spätherbst oder ab Ende Februar fortlaufend gesät und wie auf Seite 197 beschrieben kultiviert.
Auch der ertragreiche Pflücksalat ist ziemlich winterhart (sogar im ungeheizten Gewächshaus), und von ihm kann ebenfalls erstmals nach 6–7 Wochen und dann über einen langen Zeitraum immer wieder geerntet werden. Man sät Pflücksalat von Anfang September bis Anfang Oktober aus und kultiviert ihn wie auf Seite 197 beschrieben.
Kraussalat wird im Winter oder Frühjahr ausgesät und wie Kopfsalat im Gewächshaus kultiviert.
Pflege: Die angegebenen Kulturtemperaturen müssen unbedingt eingehalten werden. Treibsalate brauchen gleichmäßige Bodenfeuchtigkeit. Reichliches Lüften fördert ihr Wachstum und reguliert zu hohe Luftfeuchtigkeit, die sehr leicht zu Fäulnis führt.
Ernte und Verwertung: Salate aus dem Gewächshaus werden stets frisch geschnitten (Schnitt-, Kopf- und Eissalat) oder gepflückt (Pflück- und Kraussalat) und, abgesehen von Eissalat, sofort angerichtet.
Schädlinge und Krankheiten: Schnecken, Erdraupen, Blattläuse, Weiße Fliege; Keimlingskrankheiten, Grauschimmel, Falscher Mehltau, Sklerotinia-Fäule
Tip: In den lichtarmen Monaten kann der Einsatz von künstlichem Licht die Entwicklungszeit von Treibsalaten verkürzen und einen früheren Aussaattermin ermöglichen.

Salatchrysantheme
Chrysanthemum coronarium

Familie: Korbblütler *(Compositae)*
Herkunft: Mittelmeerraum, Portugal
Merkmale: Die einjährige Salatchrysantheme wird bis zu 80 cm hoch und besitzt tiefgezähnte, etwas fleischige Blätter. Von Juni bis September erscheinen die großen gelben bis dunkelgelben Korbblüten.
Standort: sonnig bis halbschattig
Boden: Der Schwachzehrer braucht leichte bis mittlere, humose und wasserhaltende Böden.
Mischkultur: Gute Nachbarn sind Kohlgemüse, Fenchel, Grünspargel, Tomaten, Gurken und Radieschen.
Sorte: Im Fachhandel ist die Sorte 'Chop Suey' erhältlich.
Kultur: Von Anfang März bis Anfang September kann man direkt ins Freiland in Reihen mit 25 cm Abstand säen. Möchte man mehrfach ernten, sollten die Pflänzchen auf 10–15 cm Abstand vereinzelt werden. Die beste Aussaatzeit ist von März bis Mai und dann wieder von August bis September, da die Pflanzen bei Wärme sehr leicht schießen, also Blüten bilden. Im Gewächshaus läßt sich dieses Gemüse schnell und einfach auch ganzjährig kultivieren.
Pflege: Da die Pflanzen bei Trockenheit schnell schießen, müssen sie ausreichend gegossen werden.
Ernte und Verwertung: Bei einmaliger Ernte wird die ganze Pflanze in einer Höhe von 10–20 cm über dem Boden abgeschnitten, während für mehrmalige Ernten nur die Triebe oder Blätter herausgeschnitten werden. Das regt zum Neuaustrieb aus den Blattachseln an, wodurch 2 bis 4 Ernten möglich sind. Triebe und Blätter von blühenden Pflanzen sind von schlechter Qualität. Als Salat zubereitet oder als Gemüse gedünstet, entfalten Salatchrysan-

Salatchrysantheme

themen ihren besonderen, delikaten Geschmack. Kleine Blütenköpfe können auch in Fett oder Teig ausgebacken werden.
Krankheiten: Echter und Falscher Mehltau

Salatrauke
Ruka, Rauke, Ölrauke, Rucola, Roquette
Eruca sativa ssp. *sativa* (auch *E. vesicaria, Brassica eruca*)

Familie: Kreuzblütler *(Brassicaceae, Cruciferae)*
Herkunft: Mittelmeerraum
Merkmale: Die Salatrauke ist ein einjähriges, 10–50 cm hohes Kohlgewächs mit radieschenähnlichen, behaarten Blättern. Im Juli erscheinen in lockeren Trauben zierliche gelblichweiße Blüten. Die zarten Blätter haben einen pikant nußartigen Geschmack. Da die Pflanze schnell wächst, eignet sie sich gut für die Kultur in Gefäßen auf dem Balkon und auch für den ganzjährigen Anbau im Gewächshaus.
Standort: sonnig bis halbschattig
Boden: Der Schwachzehrer gedeiht auf humosem, nicht zu nassem Boden sehr gut.
Mischkultur: Gute Nachbarn sind alle Gemüsearten außer Kohlgemüsen und anderen Kreuzblütlern.
Kultur: Die Salatrauke kann von April bis Anfang September fortlaufend direkt ins Freiland oder ganzjährig im Gewächshaus ausgesät werden. Die Samen werden entweder dünn in Reihen oder breitwürfig ausgebracht und nur schwach (etwa 0,5 cm) mit Erde bedeckt.
Pflege: Die Pflanzen dürfen nicht naß stehen und müssen daher vorsichtig gewässert werden.
Ernte und Verwertung: Je nach Jahreszeit kann bereits 3–5 Wochen nach der Aussaat, wenn die Blätter etwa 5–10 cm hoch sind, geerntet werden. Man schneidet entweder die ganze Pflanze ab, oder man pflückt, bis sich Blüten bilden, immer nur einzelne Blätter und kann so von den Pflanzen mehrmals ernten. Aus den jungen Blättern bereitet man Salat oder verwendet sie zum Würzen von Salaten und Kräutersoßen.
Schädlinge: Erdflöhe
Tip: Zur Gewinnung von Samen, die man auch wie Senfkörner in der Küche nutzen kann, läßt man einige Pflanzen bis zum Abblühen stehen.

Salatrauke

Salbei
Gartensalbei, Edelsalbei
Salvia officinalis

Salbei

Familie: Lippenblütler *(Lamiaceae, Labiatae)*
Herkunft: Südeuropa
Merkmale: Blühender Salbei ist ein Schmuck für jeden Gemüse- und Kräutergarten. Seine hübschen weißen oder violetten Blüten erscheinen im Juni/Juli auf langen Stielen, zu Scheinquirlen angeordnet. Die leicht verholzenden Triebe der mehrjährigen Pflanze werden 30–60 cm hoch, an ihnen sitzen längliche, graugrüne, netznervige Blätter, die sie auch im Winter behält. Sie enthalten ätherisches Öl, Gerb- und Bitterstoffe sowie Saponine. Salbei verströmt einen sehr würzigen, etwas strengen Geruch.
Ein seltener Verwandter des Gartensalbeis ist der zweijährige Muskatellersalbei *(Salvia sclarea)*. Er wird 80–120 cm hoch und besitzt große, gestielte, breit-ovale grüne Blätter, die drüsig behaart sind. Die zahlreichen rosaweißlichen Blüten in hohen, rispigen Blütenständen erscheinen im Juli/August. Die ganze Pflanze duftet beim Zerreiben aromatisch nach Muskateller und eignet sich für Duftsträuße, Kräutersäckchen und zum Aromatisieren von Wein, Marmeladen und Fruchtdesserts.
Standort: sonnig
Boden: Der Salbei ist ein Schwachzehrer; er bevorzugt einen gut durchlässigen, kalk- und mineralreichen, trockenen Boden.
Mischkultur: Geeignete Nachbarn sind andere sonnenhungrige Kräuter.
Kultur: Gartensalbei wird im April ins Frühbeet oder im Mai ins Freiland ausgesät. Später vereinzelt man die Jungpflanzen auf 30–40 cm Abstand. Man kann auch im Frühjahr eine Pflanze beim Gärtner kaufen, die zur

Muskatellersalbei

Vermehrung geteilt werden kann, wenn sie kräftig herangewachsen ist. Muskatellersalbei sät man im Juli ins Freie.
Pflege: In Gegenden mit rauhem Klima braucht Salbei einen Winterschutz. Im Frühjahr muß der Gartensalbei weit zurückgeschnitten werden, damit er aus dem alten Holz wieder gut neu austreibt und nicht verkahlt. Muskatellersalbei treibt im Frühjahr kräftig aus, er muß nicht zurückgeschnitten werden.
Ernte und Verwertung: Junge zarte Blätter können von Mai bis November ständig frisch geerntet werden. Zum Trocknen schneidet man Blätter und Triebspitzen kurz vor der Blüte, weil sie dann am würzigsten sind. Salbei paßt zu Fleisch, Suppen, Käse und Fisch. Er ist sehr würzig und wird daher nur in kleinen Mengen verwendet. Die frischen oder getrockneten Blätter können auch als Tee aufgebrüht werden.
Tip: Salbei läßt sich auch sehr gut im Blumentopf und in Balkonkästen ziehen.

Sauerampfer
Gartensauerampfer
Rumex acetosa var. *hortensis*

Familie: Knöterichgewächse *(Polygonaceae)*
Herkunft: Europa
Merkmale: Der aus der Wildpflanze *(Rumex acetosa)* für den Garten gezüchtete mehrjährige Sauerampfer besitzt eine stark verästelte Pfahlwurzel. Seine pfeilförmigen, glatten grünen, auf dünnen Stengeln sitzenden Blätter werden 20–30 cm lang und bilden dichte Büschel über dem Boden. Sie enthalten Oxalsäure, Vitamin C und Eisen und schmecken säuerlich und etwas bitter. Auf hohen, rötlichen Stielen erscheinen im Mai bis Juli recht unscheinbare weißrosafarbene Blütenrispen.

Sauerampfer

Standort: schattig bis sonnig; die Pflanzen wachsen gut im Schatten von Obstbäumen.
Boden: Sauerampfer gehört zu den Schwachzehrern; er gedeiht auf einem humosen, feuchten Boden besonders üppig.
Sorte: 'Belleville'
Kultur: Sauerampfer wird entweder im März/April oder im August in knapp 1 cm tiefen Rillen mit einem Abstand von etwa 25 cm direkt ins Freiland gesät. Wenn die Sämlinge aufgegangen sind, werden sie auf 10–15 cm vereinzelt. Viele Gärtnereien bieten vorgezogene Pflanzen an, die später durch Wurzelteilung (Abstechen) vermehrt werden können. Nach 3–5 Jahren sollte man den Standort der Pflanzen wechseln.
Pflege: Sauerampfer muß immer gut feucht gehalten werden. Wenn man die Blütentriebe ausbricht, können sich die Blätter besser entwickeln.
Ernte und Verwertung: Läßt man beim Ernten die inneren Blätter, das Herz der Pflanze, stehen, dann können vom Frühjahr bis zum Herbst laufend junge zarte Blätter frisch gepflückt werden. Alte Blätter schmecken bitter. Sauerampfer wird zu Frühlingssuppen und Salaten verwendet und ist Bestandteil der „Frankfurter grünen Soße".
Schädlinge: Schnecken

Sauerklee
Sauerkleerübe, Glücksklee
Oxalis deppei
(auch *O. esculenta*)

Familie: Sauerkleegewächse *(Oxalidaceae)*
Herkunft: Mexiko
Merkmale: Sauerklee wird von Gärtnereien zu Neujahr als Glücksklee angeboten. Man zieht ihn aus kleinen braunen Zwiebelchen an, die sich kranzförmig um die weiße 4–5 cm lange Rübe bilden. Diese Brutzwiebeln sind im Handel erhältlich, aus ihnen treiben auf dünnen Stielen die vierblättrigen Kleeblätter. Vom Juni bis August schmücken rosa Sternblüten das grüne Blattwerk der ausdauernden Staude, die aber bei uns meist nur einjährig kultiviert wird, weil sie den Winter nur in mildem Klima übersteht.
Standort: sonnig bis halbschattig
Boden: Der Mittelzehrer benötigt einen feuchten, humosen Boden.
Kultur: Die Zwiebeln werden von April bis spätestens Mitte Juli etwa 2 cm tief im Abstand von 20 cm in die Erde gesetzt. Kräftigere Wurzeln entwickeln sich, wenn die Kultur nicht zu spät beginnt. Erntet man die Rüben nicht im Herbst, dann überwintern die Zwiebeln in milden Jahren im Boden und treiben im Frühjahr wieder neu aus.
Pflege: Die anspruchslosen Pflanzen bedürfen außer reichlichem Gießen keiner besonderen Pflege.
Ernte und Verwertung: Kurz vor Frostbeginn, im Oktober, werden die Rüben mit Hilfe einer Grabegabel geerntet. Die Brutzwiebeln bewahrt man im trockenen Keller in einer Kiste für das nächste Jahr auf oder beläßt sie in klimatisch milden Gegenden gleich im Boden. Die zarten, saftigen, etwas durchscheinenden Rüben können gekocht und gedünstet als Gemüse oder Eintopfgericht zubereitet werden. Sie schmecken leicht säuerlich. Auch das Blatt ergibt, während des Sommers gepflückt, eine vorzügliche Würze für Salate und für Suppen.

Sauerklee

Schädlinge: Drahtwürmer
Tip: Sauerklee blüht lange Zeit hübsch und ist eine ideale Einfassung für Beete.

Schnittlauch
Allium schoenoprasum

Familie: Liliengewächse *(Liliaceae)*
Herkunft: Mitteleuropa
Merkmale: Bei der mehrjährigen Zwiebelpflanze treiben schon sehr früh im Jahr 20–30 cm lange, grüne röhrenförmige Blätter, die sog. Schlotten, aus dem Wurzelstock. Von Mai bis August erscheinen auf einem bis 40 cm hohen Blütenstengel kugelige Dolden aus rosa- bis lilafarbenen Blüten. Schnittlauch wächst auch wild in Flußauen und auf Feuchtwiesen. Er enthält ätherisches Öl, Vitamine und Mineralstoffe und eignet sich hervorragend für die Kultur in Töpfen und Schalen.
Standort: sonnig bis halbschattig
Boden: Der Mittelzehrer wächst besonders gut auf nährstoffreichem, kalkhaltigem Boden.
Mischkultur: Schnittlauch paßt gut zu anderen Kräutern, nicht dagegen zu Kohlgemüsen und Hülsenfrüchten.
Sorte: 'Grolau'
Kultur: Im Gewächshaus oder Frühbeet wird ab Februar bei 18–20 °C, im Freien ab März/April relativ dicht in Reihen von 10 cm Abstand oder in Horsten mit 15–20 Samen etwa 1,5 cm tief ausgesät. Die gut entwikkelten Sämlinge pflanzt man in Büscheln von 15–20 Einzelpflanzen im Abstand von 20×20 cm aus. Ältere Bestände können im Frühjahr oder Herbst durch Teilung vermehrt werden.
Pflege: Schnittlauch sollte regelmäßig kräftig gegossen werden. Damit sich die Blätter besser entwickeln, empfiehlt es sich, die Blütenstände auszubrechen.
Ernte und Verwertung: Schnittlauch kann etwa 6 Wochen nach der Aussaat vom Frühjahr bis zum Herbst laufend frisch geerntet werden. Man schneidet mit dem Messer etwa 2 cm über dem Boden nur soviel ab, wie gerade benötigt wird. Danach treibt die Pflanze sofort wieder aus. 5–6 Schnitte sind den Sommer über möglich.

Schnittlauch

Schnittlauch, der im Winter auf dem Fensterbrett gezogen wird, kann man aber nur 2–3mal abernten. Konservieren läßt sich Schnittlauch nur durch Gefrieren, getrocknet büßt er Farbe und Geschmack ein. Vielen Gerichten wie Salaten, Quark, Soßen, Suppen, Eier- und Kartoffelspeisen gibt das Würzkraut eine pikante Note. Es sollte nur frisch verwendet werden, denn beim Kochen gehen Geschmack und dazu viele Vitamine verloren.

Schwarzwurzeln

Schädlinge und Krankheiten: Zwiebelfliege, Nematoden; Falscher Mehltau, Rost
Tip: Schnittlauch sollte alle 3 Jahre geteilt werden. Sonst werden die Schlotten immer feiner, und die Pflanze wächst nur noch zögernd.

Schwarzwurzel
Winterspargel
Scorzonera hispanica

Familie: Korbblütler *(Compositae)*
Herkunft: Südeuropa
Merkmale: Schwarzwurzeln schätzt man als Feingemüse wegen ihres guten Geschmacks. Die in Südeuropa wild wachsenden, ausdauernden Pflanzen, bis zum Mittelalter auch als Heilpflanzen angebaut, werden bei uns heute einjährig gezogen, haben jedoch eine lange Kulturdauer. Verzehrt werden die bis zu 40 cm langen, schwarzrindigen Pfahlwurzeln, die einen gelblich-weißen Milchsaft enthalten und ebenso wie das lange schmale Blattwerk winterhart sind. Im Juni/Juli erscheinen auf langen Stengeln dekorative gelbe Blüten. Schwarzwurzeln enthalten wichtige Vitamine und Mineralstoffe, sind sehr ballaststoffreich und gut verdaulich. Früher wurde noch öfter die eng verwandte Hafer- oder Weißwurzel (*Tragopogon porrifolius* ssp. *porrifolius*) angebaut, die jedoch wegen ihrer im Kern oft holzigen Wurzel mehr und mehr von der Schwarzwurzel verdrängt wurde. Ihre Wurzeln sind weiß, dicker und zylindrisch und besitzen einen etwas weniger ausgeprägten Geschmack als Schwarzwurzeln. Die Pflanze treibt im zweiten Jahr dünne Blütenstengel mit lila Blüten. Kultiviert, geerntet und verwertet werden Haferwurzeln weitgehend wie Schwarzwurzeln.
Standort: sonnig bis halbschattig
Boden: Die Mittelzehrer benötigen einen humosen, tief gelockerten, nährstoffreichen Boden, in schwere Böden sollte Sand eingearbeitet werden.
Mischkultur: Gute Nachbarn sind Salat, Porree und Kohlrabi.
Kultur: Ausgesät wird im März/April dünn in 2–3 cm tiefe Rillen ins Freiland. Der Reihenabstand beträgt 25–30 cm. Oft verzögert sich die Keimung, und es kann 3–4 Wochen dauern, bis die Samen auflaufen. Dann

werden die Pflänzchen auf 5–7 cm Abstand vereinzelt.
Pflege: Saat und Sämlinge müssen gut feucht gehalten werden. Zu lange gelagertes Saatgut ist nicht mehr voll keimfähig. Wegen der sehr langen Kulturdauer muß regelmäßig gehackt, gewässert und Unkraut entfernt werden. Blütentriebe bricht man rechtzeitig aus.
Ernte und Verwertung: Im Spätherbst, wenn die Blätter zu welken beginnen, wird der Boden vorsichtig mit einer Grabegabel gelockert, und die daumendicken Wurzeln werden behutsam herausgezogen, da sie leicht brechen. Im feuchten Keller oder in einer Miete in feuchten Sand eingeschlagen, hält sich das Gemüse bis zum Frühjahr frisch. Die winterharten Schwarzwurzeln können auch bis zum Frühjahr im Beet bleiben und die Wurzeln bei offenem Boden direkt vom Beet geerntet werden. Haferwurzeln sind dafür nicht genügend winterhart. Das Gemüse wird gedünstet und schmeckt ähnlich wie Spargel.
Schädlinge und Krankheiten: Wühlmäuse; Echter Mehltau
Tip: Nach dem Schälen legt man Schwarzwurzeln sofort in Essig-Mehl-Wasser, damit sie für die Gerichte weiß bleiben und sich nicht braun verfärben.

Sellerie

Der Gartensellerie *(Apium graveolens)* aus der Familie der Doldenblütler *(Apiaceae, Umbelliferae)* hat sich aus der ursprünglich im Mittelmeerraum beheimateten Wildform entwickelt, die heute in den Küstengebieten ganz Europas auf feuchten und salzhaltigen Böden zu finden ist. Sellerie wurde schon im alten Ägypten sowie bei Griechen und Römern für kultische und medizinische Zwecke genutzt. Die zweijährige Gemüsepflanze entwickelt aus einer Sproßachse kräftige kantige, 50–100 cm hohe aufrechte Stiele, an denen dreifach gefiederte, glänzend hell- bis dunkelgrüne Blätter sitzen. Im zweiten Jahr erscheinen kleine gelblich-weiße Doldenblüten. Sellerie enthält verschiedene ätherische Öle, die ihm die Würzkraft verleihen, und einen hohen Anteil an Vitaminen – insbesondere Vitamin E – sowie Mineralstoffen. Bei uns wird die frostempfindliche Pflanze als Knollen-, Schnitt- und Bleichsellerie einjährig angebaut.

Knollensellerie

Knollensellerie

Wurzelsellerie
Apium graveolens
var. rapaceum

Merkmale: Knollensellerie bildet als einzige Sellerievarietät dicke, fleischige grünlichbraune Knollen, die halb aus der Erde herauswachsen. An breiten grünen Stengeln wachsen kurzgestielte, stark gezähnte Blätter, die bereits während der Kulturzeit als Suppenwürze gepflückt werden können.
Standort: sonnig; lichter Schatten wird gerade noch vertragen.
Boden: Der Starkzehrer benötigt einen humus- und nährstoffreichen, sehr gut mit Kali angereicherten, wasserhaltenden Boden.
Mischkultur: Porree, Bohnen und auch Kohlgemüse gedeihen gut neben Knollen- und Schnittsellerie, Kartoffeln und Kopfsalat dagegen schlecht.
Sorten: 'Bergers weiße Kugel', 'Dolvi', 'Mars', 'Regent' und 'Topa' (alle haben weißkochende Knollen und sind widerstandsfähig gegen Blattfleckenkrankheit)
Kultur: Da Sellerie zum Keimen eine Mindesttemperatur von 16 °C benötigt, werden die Jungpflanzen vorkultiviert. Ausgesät wird Mitte bis Ende März in Schalen mit Anzuchterde auf der Fensterbank oder im Frühbeet. Die Sämlinge müssen wenigstens einmal in 6–8-cm-Töpfe, besser noch ein zweites Mal in etwas größere Töpfe pikiert werden. Niedrige Temperaturen während der Anzucht fördern die Blütenbildung, wodurch die Knolle im Wachstum gehemmt wird, deshalb dürfen die Pflanzen erst nach den Eisheiligen im Abstand

Knollensellerie

von 40×40 cm ins Freie gepflanzt werden. Damit sich schöne Knollen entwickeln, sollte man die Setzlinge nicht zu tief pflanzen. Wer sich die Vorkultur ersparen möchte, kann zur Pflanzzeit beim Gärtner Jungpflanzen bekommen.
Pflege: Die Beete müssen während der Kultur kräftig mit Nährstoffen versorgt werden. Regelmäßiges Hacken oder Mulchen des Bodens bekommt den Pflanzen gut. Besonders im Herbst darf der Boden nicht austrocknen.
Ernte und Verwertung: Die Ernte beginnt im Oktober, wenn die äußeren Blätter welken. Man schneidet Blätter und Wurzeln bis kurz vor der Knolle zurück.
In feuchtem Sand eingeschlagen und an einem kühlen Ort aufbewahrt, können die Knollen bis zum Frühjahr gelagert werden. Sie dürfen sich allerdings nicht berühren.
Sellerieknollen sind eine gute Würze für Salate, Suppen und Soßen, können aber auch als Rohkostsalat zubereitet oder als Gemüse gedämpft, gekocht oder gebraten werden. Sellerieblätter geben Suppen und Soßen einen kräftigen Geschmack und dürfen im Suppengrün nicht fehlen. Sie können auch getrocknet werden, weil sie dabei nur wenig Würze verlieren.
Schädlinge und Krankheiten: Blattläuse, Nematoden, Möhrenfliege; Blattfleckenkrankheit
Tip: Wer das ganze Jahr über Suppengrün zur Verfügung haben möchte, erntet im Herbst Sellerie, Porree, Möhren und Wurzelpetersilie und friert alle Zutaten, geputzt und in Stücke geschnitten, portionsweise ein.

Stangensellerie

Bleichsellerie, Staudensellerie, Stielsellerie
Apium graveolens var. *dulce*

Stangensellerie

Merkmale: Stangensellerie ähnelt dem Knollensellerie, bildet aber keine Knollen. Bei dieser Varietät werden die hellen, 50 cm hohen, breiten Blattstiele verzehrt. An ihnen sitzen je nach Sorte grüngelbe oder weiß-grüne Blätter.
Standort: sonnig; lichter Schatten wird gerade noch vertragen.
Boden: wie bei Knollensellerie (siehe Seite 204)
Mischkultur: Gute Nachbarn sind Gurken, schlechte Kartoffeln, Kopfsalat, Mais.
Sorten: Selbstbleichende Sorten sind u.a. 'Golden Spartan', 'Goldgelber', 'Selfira' und 'White Pascal'. 'Tall Utah' ist eine schmackhafte grünbleibende Sorte.
Kultur: Aussaat und Vorkultur erfolgen wie beim Knollensellerie. Ausgepflanzt wird von Mitte Mai bis Juni im Abstand von 35×40 cm, selbstbleichende Sorten setzt man jedoch etwas enger zusammen.
Pflege: Heute sind die meisten im Handel erhältlichen gelbstieligen Sorten selbstbleichend. Dadurch entfällt das bei älteren Sorten nötige, recht aufwendige Bleichen (siehe Seite 109). Grüner Stangensellerie wird nicht gebleicht.
Während der Kultur muß Stangensellerie kräftig mit Nährstoffen und Wasser versorgt werden. Beim Hacken zieht man die Erde so an die Pflanzen heran, daß sie gleich angehäufelt werden. Vor den ersten Nachtfrösten muß man Stangensellerie mit Vlies oder durch Folientunnel schützen.
Ernte und Verwertung: Wenn die Blattstiele kräftig entwickelt sind, kann man ab August einzelne Stiele abbrechen oder die ganze Pflanze herausziehen. Im Winter hält sich das Gemüse eine Zeitlang im feuchten Sandeinschlag im Keller. Stangensellerie wird roh als Salatzutat oder gedünstet als Gemüse gegessen.
Schädlinge und Krankheiten: Blattläuse, Nematoden, Möhrenfliege; Blattfleckenkrankheit

Schnittsellerie

Blattsellerie
Apium graveolens var. *secalinum*

Merkmale: An den kantigen, stark gerillten Stengeln der Gewürzpflanze sitzen etwas feinere und aromatischere Blätter als beim Knollensellerie. Auch der Schnittsellerie bildet wie der Bleichsellerie keine Knolle.
Standort: sonnig bis halbschattig
Boden: wie bei Knollensellerie (siehe Seite 204)
Mischkultur: Schnittsellerie hält, zwischen Kohl gepflanzt, Raupen ab und ist ein guter Nachbar für Busch- und Stangenbohnen sowie Porree.
Sorten: 'Aromatischer' (kräftiges Aroma), 'Gewöhnlicher Schnitt' (sehr wüchsig) und 'Wiener Markt'
Kultur: Im März/April sät man die feinen Samen dünn in Kisten mit Anzuchterde auf der Fensterbank aus. Nach einmaligem Pikieren

Schnittsellerie

der Sämlinge in 4–6-cm-Töpfe werden die Setzlinge Anfang Mai im Abstand von 30–40 cm ins Freie ausgepflanzt. Eine Direktsaat ins Freie von April bis Mai ist die üblichere Form der Anzucht und Kultur.
Pflege: Während des Sommers sollte gelegentlich gehackt und für genügend Wasser gesorgt werden. Zwischen den Reihen empfiehlt sich eine Mulchdecke.
Ernte und Verwertung: Die Blätter des Schnittselleries können laufend nach Bedarf frisch geerntet werden. Sie eignen sich sowohl zum

Trocknen wie auch zerkleinert zum Einfrieren. Als kräftige Würze für Eintöpfe, Suppen, Salate und Soßen sind die Blätter sehr geeignet.
Schädlinge und Krankheiten: Möhrenfliege, Blattläuse; Blattfleckenkrankheit

Senf
Weißer Senf, Gelber Senf
Sinapis alba ssp. *alba*
(auch *Brassica hirta*)

Familie: Kreuzblütler *(Brassicaceae, Cruciferae)*
Herkunft: Mittelmeergebiet
Merkmale: Die uralte einjährige Gewürzpflanze kann bis 120 cm hoch werden. An ihren kantigen, verzweigten Stengeln sitzen gezähnte, länglich-eiförmige, rauh behaarte Blätter. Im Juni/Juli erscheinen zahlreiche schwefelgelbe Blüten in lockeren Doldentrauben. Die Samen reifen in waagrecht vom Stengel abstehenden Schoten heran. Senf enthält Eiweiß, fette Öle und das Glykosid Sinalbin, er schmeckt brennend scharf. Die schnellwachsende Pflanze wird auch oft als Gründünger angebaut. Ihre weitverzweigten Wurzeln hinterlassen einen feinkrümeligen Boden.
Standort: sonnig bis halbschattig
Boden: Der Schwachzehrer gedeiht am besten auf humosem, kalkhaltigem Boden.
Mischkultur: Gute Nachbarn sind alle Gemüsearten, nur andere Kreuzblütler wie Kohl und Rettich nicht.
Kultur: Senf kann von März bis September in Reihen von 15–20 cm Abstand oder breitwürfig direkt ins Freiland gesät werden. Bis zum Aufgehen der Samen sollte der Boden feucht, jedoch nicht naß gehalten werden. Im Herbst und Winter gedeiht Senf auch hervorragend in Töpfen auf der Fensterbank oder im Gewächshaus.
Pflege: Die Pflege beschränkt sich auf das notwendige Gießen.
Ernte und Verwertung: Junge Pflanzen schneidet man mit dem Messer knapp über dem Boden ab. Die frischen, scharf schmeckenden Blätter werden in kleinen Mengen Salaten oder Eintopfgerichten beigemengt, würzen Wurst-, Quark- und Eiergerichte und eignen sich auch als Brotbelag.
Schädlinge und Krankheiten: Erdflöhe; Schwarzbeinigkeit
Tip: Sät man Senf zwischen März und Mai aus, kann man im Juli/August Samen gewinnen. Die reifen Schoten werden getrocknet, sobald sie sich verfärben, und die Samen dann herausgenommen. Gereinigt würzen die runden Körner pikante Speisen wie Senfgurken, Essigfrüchte, Rote Bete und Marinaden.

Senf

Spargel
Asparagus officinalis

Familie: Liliengewächse *(Liliaceae)*
Herkunft: Mittelmeergebiet, Vorderasien
Merkmale: Die mehrjährige Gemüsepflanze wurde schon bei den alten Ägyptern, den Griechen und Römern als Heilpflanze und als Delikatesse angebaut. Sie besitzt einen kräftigen Wurzelstock, der aus fleischigen Speicher- und feinen Saugwurzeln besteht und normalerweise in einer Richtung vorwärtswächst (beim Auspflanzen muß diese Richtung berücksichtigt werden). Aus diesem Wurzelstock treiben, je nach Witterung, ab April fingerdicke, fleischige Sprosse, die unter der Erde weiß, über der Erde zunächst blaurot, dann grün gefärbt sind. Schneidet man sie nicht, dann entwikkeln sich stattliche, etwa 120 cm hohe, dünne, verzweigte Stengel mit winzig kleinen, schuppenförmigen Blättern. Aus den Blattachseln wachsen nadelförmige, grüne Kurztriebe, die oft fälschlich als Blätter angesehen werden.
Spargel ist zweihäusig, d.h. es gibt weibliche und männliche Pflanzen. Die Blüten sind unscheinbar gelblichweiß. Aus ihnen entwickeln sich bei den weiblichen Pflanzen runde, leuchtend rote, giftige Beeren. Das Spargelgrün, das häufig als Auflockerung in bunten Blumensträußen verwendet wird, führt während des Sommers durch Photosynthese (siehe Seite 44) dem Wurzelstock Nährstoffe zu.

Spargelpflanzen

Spargel kann bis zu 15 Jahren auf demselben Beet stehenbleiben, er wird jedoch in den ersten beiden Jahren nach dem Pflanzen nicht geerntet, damit sich kräftige Spargelstangen entwickeln. Als Gemüse verwendet man die ersten im Frühsommer erscheinenden Jungtriebe. Sie enthalten ätherische Öle, Asparaginsäure, Vitamine und Mineralstoffe, sind kalorienarm und ballaststoffreich. Man unterscheidet zwischen dem beinahe reinweißen Bleichspargel, der in etwa 50 cm hohen Dämmen angebaut und unter der Erde gestochen wird, und dem Grünspargel, der in flachen Beeten angebaut und über der Erde abgeschnitten wird. Er enthält mehr Vitamin C, Karotin und Mineralstoffe und ist im Geschmack würziger als Bleichspargel.

Standort: sonnig und warm

Boden: Spargel ist ein Starkzehrer, der einen tiefgründigen, sandig-humosen, gut durchlässigen Boden benötigt, der sich rasch erwärmt.

Mischkultur: Bei Bleichspargel ist durch das jährliche Aufschaufeln der Dämme keine Mischkultur möglich. Nur in den ersten zwei Jahren, wenn man den Spargel wachsen läßt und noch nicht erntet, lohnt sich der Anbau von Kartoffeln, Bohnen oder Salat zwischen den Reihen. Bei Grünspargel eignen sich diese Gemüse immer als Mischkultur.

Sorten: Da Spargel eine sehr lange Kulturzeit von 10–15 Jahren hat, sollte man bei der Sortenauswahl besonders auf ertragreiche und gesunde Züchtungen achten. Als Bleichspargel sind u. a. empfehlenswert 'Franklim' F_1-Hybride, 'Geijnlim' F_1-Hybride, 'Helios' (dicke Stangen, hoher Anfangsertrag), 'Lukullus' und 'Schwetzinger Meisterschuß'; als Grünspargel 'Martha Washington', 'Schneewittchen' und 'Spaganiva' (gute Qualität, aber etwas dünne Stangen).

Grünspargel

Kultur: Der Anbau von Spargel erfordert einige Mühe. Ab März/April wird in Kistchen mit Anzuchterde im Frühbeet oder Gewächshaus, im April in ein Saatbeet im Freiland ausgesät. Man bringt die Samen im Abstand von 8–10 cm in 1 cm tiefe Rillen im Reihenabstand von 20–25 cm aus. Im folgenden Frühjahr werden die Jungpflanzen dann an ihren endgültigen Standort verpflanzt. Einfacher ist es, Jungpflanzen im Handel zu erwerben. Diese Setzlinge sollten etwa 60 g schwer sein, 5–6 kräftige Knospen und 10–12 unbeschädigte Wurzeln besitzen. Die Fläche, auf der Spargel angebaut werden soll, muß im vorangegangenen Herbst tiefgründig umgegraben und mit Stallmist oder Kompost angereichert worden sein. Gepflanzt wird im März/April.

Zur Pflanzung (siehe auch Seite 77) von Bleichspargel hebt man im Frühjahr 30–35 cm tiefe und 45–50 cm breite Gräben aus, die Entfernung zwischen den Gräben sollte 1,20–1,50 m betragen. In der Grabensohle wird die Erde nun reichlich mit Kompost oder verrottetem Stallmist vermischt, und im Abstand von 40 cm werden kleine Hügel geformt, auf deren Spitzen man die Spargelpflanzen setzt (12 bis

Bleichspargel

13 Pflanzen decken etwa den Bedarf einer Person). Dabei muß man darauf achten, daß die Wurzeln nach allen Seiten ausgebreitet werden. Die Knospenanlagen müssen in Längsrichtung des angelegten Grabens liegen, da die Pflanzen in dieser Richtung weiterwachsen. Danach deckt man die Setzlinge mit etwa 5 cm Erde zu und schlämmt sie gut mit Wasser ein. Im ersten Jahr bleiben die Gräben offen, im zweiten Jahr werden sie aufgefüllt, erst im dritten Jahr wird dann ein etwa 40–50 cm hoher und ebensobreiter Damm über dem Graben aufgehäuft, der oben und an den Seiten festgeklopft wird.

Grünspargel wird wie Bleichspargel gesät und gepflanzt; bei ihm entfällt nur das Anhäufeln durch das Anlegen von Wällen.

Pflege: Spargelbeete müssen unkrautfrei gehalten, gegossen und gedüngt werden. Beim Bleichspargel werden nach der Ernte die Dämme wieder eingeebnet und mit Stallmist vermengt. Sobald im Frühjahr die ersten Knospen aus dem Boden kommen, müssen wieder neue Dämme aufgeworfen werden, die man an den Seiten und oben festklopft und glattstreicht, damit man sieht, wann der Spargel treibt – dann nämlich bekommen die Dämme Risse. Wer besonders früh Spargel ernten möchte, deckt die Dämme zusätzlich mit transparenter Folie ab.

Beim Grünspargel wird der Boden nach der Ernte ebenfalls mit Stallmist angereichert. Danach läßt man das Spargelkraut auswachsen und schneidet es im Herbst, wenn es sich gelb verfärbt hat, bis zum Boden herunter ab.

Ernte und Verwertung: Spargel wird ab dem dritten Jahr nach dem Auspflanzen je nach Klima von Mitte April bis spätestens zum 24. Juni (Johannistag) geerntet. Bleichspargel ist zum Stechen bereit, wenn sich auf den festgeklopften Dämmen Risse zeigen. Man legt den Spargeltrieb vorsichtig von der Seite oder von oben her frei, sticht ihn mit einem speziellen Spargelmesser vorsichtig ab, ohne dabei die

Wurzeln oder die weiteren Knospen zu beschädigen. Dann verschließt man den Damm wieder und klopft ihn glatt. Geerntet wird zweimal am Tag: frühmorgens und abends. Im ersten Erntejahr sticht man nur 30 Tage, in den darauffolgenden Jahren kann dann bis zum 24. Juni geerntet werden.
Grünspargel erntet man, wenn die Triebe 10–20 cm aus dem Boden ragen. Man schneidet möglichst tief, am besten mit einem abgewinkelten Spargelmesser.
Spargel schmeckt frisch gestochen am besten, er hält sich aber, in ein feuchtes Tuch gewickelt, einige Tage im Kühlschrank und kann auch eingefroren werden. Gekochter Spargel ist eine Delikatesse und kann abgekühlt auch als Salat zubereitet werden.
Schädlinge und Krankheiten: Spargelfliege; Grauschimmel
Tips: Legt man die Gräben für den Anbau von Bleichspargel in Nord-Süd-Richtung an, so erwärmen sich die später angelegten Erdwälle optimal durch die Sonneneinstrahlung. Überdeckt man die Spargelbeete Anfang April mit einem 50 cm hohen Tunnel oder Zelt aus lichtundurchlässiger schwarzer Folie, kann man sich das Aufwerfen von Dämmen sparen. Außerdem kann man dann mehrere Ernten zusammenfassen und muß die Folie nur alle 2 bis 3 Tage zum Stechen anheben. Mit dieser Methode gelingt Bleichspargel auch auf steinigen Böden.

Spargelernte

Spargelerbse
Flügelerbse
Tetragonolobus purpureus
(auch *T. edulis, Lotus tetragonolobus*)

Familie: Schmetterlingsblütler *(Leguminosae)*
Herkunft: Südeuropa
Merkmale: Die Spargelerbse wird heute nur noch wenig kultiviert. Dieses einjährige Gemüse wächst buschig mit etwa 40 cm langen, teils aufrechten, teils kriechenden Trieben und hat graugrüne, dreigeteilte, kleeartige Blätter und gestielte, braunrote Blüten. Den Namen Flügelerbse verdankt die Pflanze den viereckigen, flügelartigen Fruchthülsen.
Standort: sonnig und warm
Boden: Der Schwachzehrer benötigt einen humosen, leicht sandigen Boden.
Kultur: Ab Anfang Mai sät man 3–4 cm tief in Reihen möglichst dünn direkt ins Freie aus. Die buschigen Pflanzen benötigen einen Reihenabstand von 50–60 cm, innerhalb der Reihen einen Abstand von 20–30 cm. Stehen die Sämlinge zu dicht, muß ausgedünnt werden.
Pflege: Die Pflege beschränkt sich auf ausreichendes Wässern, vor allem in längeren Hitzeperioden.
Ernte und Verwertung: Die Hülsen kann man von Juni bis Anfang September ernten. Sie werden 5–6 cm

Spargelerbse

lang und müssen jung gepflückt werden. Wie Zuckererbsen im Ganzen in etwas Butter gedünstet, erinnern sie im Geschmack an Spargel. Ältere Hülsen werden schnell hart und verlieren ihren guten Geschmack.

Speiserübe
Weiße Rübe, Wasserrübe, Stoppelrübe
Brassica rapa var. *rapa*

Familie: Kreuzblütler *(Brassicaceae, Cruciferae)*
Herkunft: Asien, Europa, Nordamerika
Merkmale: Die bereits von den Römern geschätzte zweijährige Pflanze wird bei uns als Wurzelgemüse einjährig kultiviert. Im ersten Jahr entwickelt sie eine längliche bis runde, weiße, violette oder gelbe Rübe, aus der zahlreiche Blätter mit kräftigen Stielen hervorwachsen. Erst im zweiten Jahr erscheint der Blütenstand.
Speiserüben sind reich an ätherischen Ölen, Mineralstoffen, Vitaminen und Eiweiß und wurden wegen ihres Nährwerts früher vor allem in Notzeiten angebaut.
Von der Speiserübe gibt es viele Kulturformen, deren botanische Zuordnung nicht immer eindeutig ist.
Die Mairübe (*Brassica rapa* var. *rapa* subvar. *majalis*) bildet je nach Sorte weiße, weiß-violette oder gelbe plattrunde bis runde Rüben aus und ist sehr schnellwüchsig.
Die Herbst- oder Stoppelrübe (*Brassica rapa* var. *rapa* subvar. *rapifera*) entwickelt meist lange, kegelförmige weiße, gelb- oder violettköpfige Rüben.
Werden Mai- und Herbstrüben dicht gesät und als Rübstiel oder Stielmus kultiviert (siehe Seite 195), dann bilden sie keine oder kaum Rüben aus.
Teltower Rübchen (*Brassica rapa* var. *rapa* subvar. *pygmaea*), auch Kleine oder Zwergspeiserübe genannt, haben besonders kleine gelbe oder weiße Rüben.
Standort: sonnig bis halbschattig
Boden: Alle Speiserüben sind Schwachzehrer, die einen lehmigen Sandboden bevorzugen.
Mischkultur: Gute Nachbarn sind Buschbohnen, Erbsen, Dill, Kopfsalat und Mangold, schlechte Nachbarn dagegen andere Kreuzblütler.
Sorten: von Mairüben u. a. 'Goldball', 'Holländische Weiße', 'Schneeball' und 'Tokyo Cross' F_1-Hybride; von Herbstrüben 'Runde Weiße Rotköpfige', 'Teutoburger', 'Ulmer Ochsenhörner' und 'Weseler'; von Teltower

Rübchen 'Petrowski' und 'Teltower kleine Märkische'
Kultur: Speiserüben haben eine kurze Kulturzeit. Sie werden 2 cm tief in Reihen gesät und nach dem Auflaufen ausgedünnt.

Teltower Rübchen

Mairüben kann man von Mitte März bis Anfang August in Folgesätzen im Reihenabstand von 25 cm aussäen und später auf 10–12 cm ausdünnen. Bei Frühjahrs- und Herbsternte werden die Rüben besonders zart, im Sommer kann ihr Geschmack sehr kräftig ausfallen. Mairüben können vom Herbst bis zum Frühjahr auch im Gewächshaus angebaut werden; zu diesem Zweck zieht man die Jungpflanzen am besten platzsparend in Kästen an.
Herbstrüben werden im Juli/August im Reihenabstand von 30 cm direkt ins Freiland gesät und später auf 20 cm vereinzelt.
Teltower Rübchen werden als Nachkultur Anfang bis Mitte August im Reihenabstand von 20 cm ausgesät und auf 10×20 cm vereinzelt.
Pflege: Alle Speiserüben sollten regelmäßig gegossen und gehackt werden.
Ernte und Verwertung: Im Juli/August ausgesäte Herbstrüben sind erst nach 8–10 Wochen erntereif. In feuchtem Sand oder Torf eingeschlagen, können sie in einem kühlen Raum bis zum Frühjahr gelagert werden.
Mairüben können 6–8 Wochen nach der Aussaat geerntet werden. Die Rüben sollen noch weich und zart sein.
Teltower Rübchen werden im Oktober/November geerntet. Sie können ebenfalls in feuchtem Sand oder Torf kühl eingelagert werden, nachdem man das Laub entfernt hat.
Speiserüben werden gekocht und gedünstet als Gemüse und Eintopfgericht gegessen. Zarte Mairüben eignen sich auch für Rohkostsalate.
Schädlinge und Krankheiten: Erdflöhe, Kohlfliege, Kohlweißlingsraupen; Kohlhernie

Mairüben

Spinat
Spinacia oleracea

Familie: Gänsefußgewächse *(Chenopodiaceae)*
Herkunft: Vorderer Orient
Merkmale: Der Spinat ist ein einjähriges Blattgemüse mit dunkelgrünen Blättern an dünnen Stielen, die sich aus einer tief in den Boden reichenden Pfahlwurzel entwickeln. Die Langtagpflanze blüht zwischen Mai und August. Je wärmer und trockener das Klima ist, desto eher schießt (blüht) sie und ist dann als Gemüse nicht mehr verwendbar. Deshalb wird der schon in 7–8 Wochen schnittreife Spinat als Frühjahrs-, Herbst- und Wintergemüse angebaut. Er eignet sich gut als Vor- und Nachkultur, allerdings ist ein Fruchtwechsel (siehe Seite 89f.) notwendig.
Spinat ist getrenntgeschlechtig. Die männlichen Pflanzen entwickeln rasch einen Blütenstand, die weiblichen schießen nicht so schnell und bilden mehr Blätter aus. Heutige einhäusige Züchtungen (monözische Sorten) vereinen männliche und weibliche Blüten in einer Pflanze, wodurch der Ertrag gesteigert wurde und die Pflanzen länger nutzbar sind.
Spinat ist reich an Mineralstoffen wie Eisen, Kalium und Calcium, den Vitaminen B und C sowie Karotin. Der verhältnismäßig hohe Anteil an Oxalsäure, die die Calciumaufnahme des Körpers vermindert, wird durch normale Calciumzufuhr in der Nahrung, z.B. in Milch, ausgeglichen. Wer auch in den Sommermonaten nicht auf Spinat verzichten will, kann auf Neuseeländer Spinat (siehe Seite 182), Mangold (siehe Seite 178f.) oder auf Malabarspinat (siehe Seite 177f.) ausweichen. Diese Gemüse sind zwar nicht mit dem Spinat verwandt, schmecken aber ähnlich.
Standort: sonnig bis halbschattig
Boden: Der Mittelzehrer gedeiht gut auf einem gelokkerten, humosen Boden. Sandböden, die den Blütentrieb fördern, und stark stickstoffhaltige Böden, die den Nitratgehalt im Blatt erhöhen, eignen sich nicht.
Mischkultur: Spinat verträgt sich gut mit vielen Gemüsearten, besonders mit Salat, Tomaten, Bohnen, Sellerie, Radieschen, Rettichen, Kohlgemüsen und Kartoffeln, nicht dagegen mit anderen Gänsefußgewächsen wie z.B. Rote Bete. Er eignet sich als Lückenfüller und am Beetrand als schnelle Kultur, die abgeerntet wird, wenn die Nachbarpflanzen heranwachsen.
Sorten: Als frühe bis mittelfrühe Sorten haben sich u.a. bewährt 'Butterfly', 'Monnopa', 'Polka' F_1-Hybride und 'Vital', als Frühsommer- und Herbstsorten 'Medania', 'Pavana' F_1-Hybride und 'Rico' F_1-Hybride. Alle genannten Sorten sind mehltauresistent.
Kultur: Die Aussaat ins Freiland erfolgt von März bis Mai (unter Folie schon,

sobald der Boden offen ist) und von August bis September, für die Überwinterung erst Ende September. Im Gewächshaus ist die Kultur, außer in den Monaten Mai bis Juli, ganzjährig möglich. Man sät fortlaufend dünn in Reihen von 25–35 cm Abstand, etwa 3–4 cm tief. Die Keimtemperatur darf nicht unter 5 °C sinken. Da Spinat schnell schießt, sollte nur soviel ausgesät werden, wie auch in kurzer Zeit verbraucht werden kann.
Pflege: Spinat muß regelmäßig gegossen und gehackt werden. Bei verdichtetem Boden und Staunässe, aber auch bei Trockenheit gedeiht er schlecht.
Ernte und Verwertung: Man pflückt entweder nur einzelne äußere Blätter und läßt weitere von innen her nachwachsen, oder man schneidet die ganze Pflanze dicht über dem Boden ab. Nach der Blütenbildung sollte Spinat nicht mehr geerntet werden, weil er dann viel Nitrat gespeichert hat und bitter schmeckt. Spinat verwertet man am besten möglichst erntefrisch. Die Blätter lassen sich aber auch gut einfrieren. Als Gemüse gedünstet oder roh als Salat zubereitet, ist Spinat sehr beliebt.
Schädlinge und Krankheiten: Rübenfliege, Erdraupen, Schnecken, Blattläuse; Falscher Mehltau
Tip: Spinatwurzeln fördern die Bodengare, deshalb sollte man nach der Ernte die Pflanzen nie ausreißen. Überzählige Blätter sind ein gutes Mulchmaterial.

Spinat

Süßkartoffel
Batate
Ipomoea batatas

Süßkartoffelpflanze

Familie: Windengewächse *(Convolvulaceae)*
Herkunft: Mexiko
Merkmale: Die einjährig kultivierte Süßkartoffel ist eine alte Kulturpflanze der Tropen und Subtropen und gedeiht nur in sehr warmen Regionen im Freien, am besten im Weinbauklima. Aus ihren Knollen treiben lange Sprossen mit üppigem Blattwerk, das den Boden schnell bedeckt. Die gestielten, dunkelgrünen, herzförmigen Blätter erinnern an Efeu. Die Süßkartoffel blüht nur im Kurztag. Ihre Wurzeln verdicken sich zu spindelförmigen Knollen, die 20–25 cm lang und 7–8 cm dick werden können. Von den verschiedenen Sorten werden am häufigsten diejenigen mit hellbrauner, blaßvioletter und roter Schale und weißem Fleisch angeboten. Es gibt aber auch rot- und gelbfleischige Süßkartoffeln. Die Knollen enthalten Zucker, Stärke und die Vitamine C und E. Ihr Geschmack erinnert ein wenig an Möhren.
Standort: sonnig, warm und geschützt; im Weinbauklima im Freien, sonst im Gewächshaus
Boden: Der Mittelzehrer benötigt einen nährstoffreichen, humosen, gut gelockerten Boden.
Kultur: Süßkartoffeln werden heute in vielen Gemüsegeschäften und auf Märkten angeboten. Man setzt die Knollen Mitte April flach in mit Erde gefüllte Töpfe oder Kisten. In kurzer Zeit entwickeln sich bei 18–25 °C bewurzelte Triebe; dann setzt man die Pflanzen entweder in große Gefäße ins Gewächshaus oder ab Ende Mai ins Freie. Im Beet benötigt jede Pflanze einen Abstand von etwa 80×80 cm.
Pflege: Süßkartoffeln sollten immer vor Wind und kaltem Regen geschützt werden. Regelmäßige Wassergaben sind bei dem üppigen Pflanzenwuchs besonders bei Gefäßkulturen und in Trokkenperioden nötig.

Süßkartoffeln

Ernte und Verwertung: Im Herbst, wenn die Blätter vergilben und absterben, gräbt man die Knollen aus und lagert sie bei etwa 10 °C. In Alufolie gebacken, paniert, püriert oder als Eintopfgericht zusammen mit anderen Wurzelgemüsen schmecken die etwas mehligen Süßkartoffeln ausgezeichnet.
Tip: Die hübschen Pflanzen lassen sich gut in Kübeln und anderen Gefäßen als Hängepflanzen kultivieren.

T

Thymian

Thymian

Gartenthymian, Römischer Quendel
Thymus vulgaris

Familie: Lippenblütler *(Lamiaceae, Labiatae)*
Herkunft: Mittelmeerraum
Merkmale: Der mehrjährige, immergrüne, 10–40 cm hohe Halbstrauch besitzt reich verzweigte Triebe, die im Innern stark verholzen. Seine schmalen Blättchen sind auf der Unterseite kurz behaart und am Rand etwas eingerollt. Von Mai bis in den Herbst öffnen sich in Scheinquirlen angeordnete, rosa- bis lilafarbene kleine Lippenblüten. Alle Teile der Pflanze riechen und schmecken stark würzig. Sie enthalten ätherisches Öl sowie Gerb- und Bitterstoffe.
Der nahe Verwandte des Gartenthymians, der Zitronenthymian (*T.* x *citriodorus*, auch *T. pulegioides* x *T. vulgaris*), duftet und schmeckt stark nach Zitrone. Seine Blätter sind rund, bei der Zierform auch gelbgrün gefleckt. Er bleibt im Wuchs niedriger als der Gartenthymian und übersteht strenge Winter nur mit Winterschutz. Der Zitronenthymian läßt sich nur vegetativ über Stecklinge vermehren.
Völlig winterhart ist dagegen der wildwachsende Quendel oder Feldthymian *(T. serpyllum)*. Er wächst polsterartig und wird nur 5–20 cm hoch. Seine feinen graugrünen Blättchen sind weniger aromatisch als die des Gartenthymians. Die hell- bis dunkelpurpurfarbenen Blüten erscheinen von Mai bis September in kugeligen Trauben an den Zweigenden.
Standort: sonnig, warm und trocken; wächst auch gut in Töpfen
Boden: Als Schwachzehrer gedeiht Thymian am besten auf sandigem, magerem und trockenem Boden.
Mischkultur: Thymian läßt sich gut mit anderen Kräutern anbauen, am besten in einer Kräuterspirale (siehe Seite 87 f.).
Kultur: Am einfachsten ist es, zur Pflanzzeit im Mai Jungpflanzen zu kaufen. Thymian läßt sich aber auch aus Samen ziehen. Man sät im April bei Zimmertemperatur dünn in Töpfe mit Anzuchterde aus. Die Samen werden nur leicht mit Erde bedeckt (Lichtkeimer) und keimen schon nach 10 bis 14 Tagen. Im Mai werden die Sämlinge im Abstand von 20×20 cm ausgepflanzt. Möglich ist aber auch, im Mai in flache Rillen mit einem Reihenabstand von 20 cm direkt ins Freie zu säen und die Sämlinge nach dem Aufgehen auf 20 cm auszudünnen. Ältere Thymianpflanzen vermehrt man über Kopfstecklinge oder durch Teilung.
Pflege: Thymian sollte entweder im Sommer oder im Frühjahr zurückgeschnitten werden, weil dann junge Triebe nachwachsen und die Pflanzen nicht so schnell verholzen.
Ernte und Verwertung: Frische Triebe und Blätter können laufend geerntet werden. Zum Trocknen schneidet man die Zweige am besten mittags und kurz vor der Blüte, weil dann der Gehalt an ätherischen Ölen am höchsten ist.
Man würzt mit Thymian Fleisch, Fisch, Soßen, Schafs- und Ziegenkäse, Wild- und Kartoffelgerichte. In Kräuteressig oder -beizen darf Thymian nicht fehlen. Als Tee aufgebrüht, als Badezusatz und als Bestandteil duftender Kräuterkissen wird Thymian ebenfalls sehr geschätzt.

Zitronenthymian

Tomate

Paradiesapfel, Paradeiser
Lycopersicon esculentum var. *esculentum* (auch *L. lycopersicum, Solanum lycopersicum*)

Familie: Nachtschattengewächse *(Solanaceae)*
Herkunft: Mittel- und Südamerika
Merkmale: Wildtomaten waren schon in vorkolumbianischer Zeit ein fester Bestandteil der Nahrung der Indianer. Im 16. Jh. gelangten die ersten Arten nach Europa, wo sie an Fürstenhöfen und in botanischen Gärten als Zierpflanzen bestaunt wurden. Richtig durchgesetzt hat sich die Tomate bei uns erst nach dem Ersten Weltkrieg, als widerstandsfähigere und ertragreichere Sorten gezüchtet wurden.
Das einjährige Fruchtgemüse wird je nach Wuchsform von 20 cm (Buschtomaten) bis über 2 m (Stabtomaten im Gewächshaus) hoch und entwickelt kräftige Wurzeln. Die dunkelgrünen fleischigen

Stabtomaten

Blätter sind grob gefiedert. Die überall leicht behaarte Pflanze strömt einen ganz typischen Geruch aus. Ab Mai erscheinen in den Blattachseln kleine gelbe Einzelblüten, die zu 6–20 in einer lockeren Traube angeordnet sind und sich selbst bestäuben. Innerhalb von 2 Monaten entwickeln sich daraus zunächst grüne Beerenfrüchte, die sich dann gelb oder rot verfärben. Sie besitzen je nach Sorte zwei bis mehrere Kammern, in denen zahlreiche Samen heranreifen. Solange sie grün sind, enthalten die Früchte das Alkaloid Solanin und sind daher giftig. Mit zunehmender Reife jedoch bildet sich diese Stickstoffverbindung zurück. Voll ausgereifte Früchte sind frei von Solanin und reich an Vitamin B und C, Karotin, Fruchtsäuren, ätherischen Ölen, Zucker und Mineralstoffen und dabei kalorienarm.
Man unterscheidet nach Wuchs- und Fruchtform: Stabtomaten mit langem, unbegrenzt wachsendem Haupttrieb, der aufgebunden werden muß; Busch- oder Balkontomaten mit buschigem Wuchs, stark verzweigtem Haupttrieb und begrenztem Höhenwachstum; Fleischtomaten mit großen gerippten Früchten mit 5–10 Kammern; Kirsch- oder Cocktailtomaten (*L. esculentum* var. *cerasiforme*) mit kleinen kirschen-, pflaumen- oder birnenförmigen Früchten.
Standort: sonnig, warm, windgeschützt; auch in Kübeln und Töpfen, im Gewächshaus und auf dem Balkon
Boden: Tomaten sind Starkzehrer, die einen gut gelokkerten, nährstoffreichen Boden benötigen.
Mischkultur: Geeignete Nachbarn sind Salat, Spinat, Sellerie, Radieschen, Petersilie, Porree, Kohlrabi und Buschbohnen, schlechte Nachbarn Gurken, Fenchel, Kartoffeln und Erbsen.
Sorten: Im Handel gibt es viele Sorten von unterschiedlichem Wuchs und mit verschiedenartigen Früchten; besonders die F_1-Hybriden sind meist resistent gegen Krankheiten. Bewährt haben sich u. a. von Stabtomaten 'Harzfeuer', 'Meran', 'Planet', 'Sonata' (alles F_1-Hybriden), 'Goldene Königin' (gelbfrüchtig), 'Haubners Vollendung', 'Hellfrucht', 'San Marzano' (Eiertomate mit länglichen Früchten) und 'Yellow Pearshaped' (sog. Perettitomate mit birnenförmigen gelben Früchten); von Busch- oder Balkontomaten 'Balkonstar', 'Hoffmanns Rendita', 'Minibel', 'Mirabell' (gelbfrüchtig), 'Patio' F_1-Hybride, 'Phyra' (zahlreiche kleine Früchte), 'Roma' (Eiertomate mit länglichen Früchten), 'Tiny Tim' (kissenartiger Wuchs) und 'Totem' F_1-Hybride; von Fleischtomaten 'Beefmaster', 'Creon', 'Lucy', 'Luxor' und 'Master' (alles F_1-Hybriden); von Kirsch- oder Cocktailtomaten 'Evita', 'Gartenfreude', 'Sweet Cherry' und 'Sweet 100' (bis auf 'Gartenfreude' alles hochwachsende F_1-Hybriden); von Ampel- oder Hängetomaten 'Pendulina' und 'Tumbler' F_1-Hybride (beide sehr früh reif).

Perettitomaten

Kultur: Tomaten werden zwischen Anfang März und Anfang April in Kisten oder Schalen mit Anzuchterde dünn ausgesät und hell und feucht bei 18–20 °C gehalten. Nach etwa 8–10 Tagen läuft der Samen auf. Sobald die Sämlinge die ersten beiden Blattpaare entwickelt haben, pikiert man sie einzeln in 10–11-cm-Töpfe mit Pikier- oder Komposterde. Ende April/Anfang Mai beginnt man damit, die Pflänzchen abzuhärten, und nach den Eisheiligen setzt man sie dann an einen warmen und geschützten Platz ins Freie (im Gewächshaus kann man sowohl früher, ab Februar, als auch später, bis Mitte Juni, pflanzen). Das Pflanzloch sollte mit einer Unterlage aus Kompost oder verrottetem Stallmist versehen werden. Der Pflanzabstand beträgt bei Buschtomaten 60×80 cm, bei den anderen Sorten 40×80 cm. Damit sich weitere Wurzeln bilden, die der Pflanze mehr Halt geben und sich günstig auf das gesamte Wachstum auswirken, weil die Nährstoffaufnahme verbessert wird, pflanzt man Tomaten bis zum untersten Blattansatz ein (siehe Seite 77). Abgesehen von den Buschtomaten benötigen alle anderen Sorten eine Stütze, die man gleich beim Einpflanzen neben den Wurzelballen ausreichend tief in die Erde steckt.
Tomatenhauben aus geschlitzter Folie schützen die Pflanzen in der ersten Zeit und tragen zu schnellerem Wachstum bei. Wenn die

Fleischtomaten

Tomaten gut angewachsen sind, nimmt man die Hauben besser ab.
Man kann die Pflanzen aber auch in Töpfe, Kübel oder Eimer setzen und an die Südwand des Hauses stellen. Die Gefäße dürfen jedoch auf keinen Fall zu klein sein und

Eiertomaten

müssen mindestens mit 10 l guter, nährstoffreicher Erde gefüllt werden.

Pflege: Tomaten brauchen viel Wärme und müssen regelmäßig durchdringend gegossen werden. Dabei ist darauf zu achten, daß nur leicht angewärmtes Wasser verwendet und immer an den Wurzelballen gegossen wird. Die empfindlichen Blätter müssen trocken bleiben.
Die Starkzehrer sollten alle 4 Wochen nachgedüngt werden.
In kühleren Lagen empfiehlt es sich, die Pflanzen bei Temperaturen um 10 °C und weniger mit einer Plastikhaube oder mit Folie zu schützen.
Bei hochwachsenden Tomaten müssen die Seitentriebe (Achsel- oder Geiztriebe), die sich in den Blattachseln bilden, wöchentlich ausgegeizt werden (siehe Seite 104 f.), damit nicht zuviel Kraft in die Entwicklung neuer Triebe gesteckt, sondern der Fruchtansatz am Haupttrieb gestärkt wird.
Auch sollte man nicht mehr als 5–6 Fruchtstände (im Gewächshaus 7) pro Pflanze stehenlassen, damit sich die einzelnen Früchte besser entwickeln können. Busch- und Ampeltomaten müssen jedoch nicht entgeizt oder entspitzt werden.
Die heranwachsenden Pflanzen werden nach und nach gut, jedoch nicht zu fest an Stäben angebunden (siehe Seite 106 f.). Das Anbinden entfällt, wenn man spiralförmige Aluminiumstäbe verwendet oder die Pflanzen im Gewächshaus an Schnüren, die an einem Draht in Firstnähe befestigt sind, hochleitet.
Beim Anbau unter Folienzelten oder im Gewächshaus müssen die Pflanzen stets gut belüftet werden. Da Tomaten Selbstbestäuber sind, kann man der Befruchtung etwas nachhelfen, indem man die Pflanzen um die Mittagszeit schüttelt, damit der Pollen auf die Narben gelangen kann. Schlechte Befruchtung zeigt sich durch verkrüppelte Früchte.

Ernte und Verwertung: Von Juli bis Ende Oktober, sobald die Früchte voll ausgereift und leuchtend rot oder gelb sind, können sie laufend geerntet werden. Im Spätherbst, wenn der erste Frost droht, pflückt man auch die grünen Tomaten ab. Sie reifen, dunkel und warm gelagert, langsam nach.
Tomaten können roh und gekocht auf vielerlei Art zubereitet werden. Grüne, unreife Tomaten darf man nicht essen: Sie sind giftig, weil sie das Alkaloid Solanin enthalten; je kleiner und grüner sie sind, desto mehr Solanin weisen sie auf.

Schädlinge und Krankheiten: Blattläuse, Thripse, Weiße Fliege, Rote Spinne, Nematoden; Keimlingskrankheiten, Grauschimmel, Viruskrankheiten, Blattfleckenkrankheit, Kraut- oder Braunfäule.
Virus- und Blattfleckenkrankheiten lassen sich am besten vorbeugend durch die Verwendung resistenter Sorten bekämpfen.
Gegen Braunfäule gibt es keine resistenten, aber weniger empfindliche Sorten. Um beim Gießen das Hochspritzen von Braunfäulepilzen, die im Boden auf Pflanzenresten überwintert haben, zu verhindern, entfernt man bei allen Stabtomatensorten ab Ende Juni die unteren 4–5 Blätter.
Auch Tomatenhauben aus geschlitzter Folie, die gegen Ende August als Nässe- und Reifeschutz wieder über die Pflanzen gestülpt werden

Ampeltomate

Balkontomaten

können, beugen einem Befall mit Braunfäule vor. Auch das Überbauen mit Folie oder Frühbeetfenstern oder ein regengeschützter Platz auf der Terrasse kann vor Ernteschäden bewahren, denn die Erreger wandern bei feuchten Blattoberflächen immer höher und befallen auch die Früchte.

Topinambur
Erdbirne
Helianthus tuberosus

Familie: Korbblütler *(Compositae)*
Herkunft: Nordamerika
Merkmale: Topinambur ist eine ausdauernde Sonnenblumenart, die bis zu 3 m hoch werden kann. Der aufrechte, schwarzgrüne runde Stengel trägt rauhe, herzförmige, gezähnte Blätter. Je nach Sorte erscheinen im Sommer oder ab September an den Stengelenden große hellgelbe bis rotbraune Korbblüten mit dunkelbrauner Mitte. An den Wurzeln bilden sich hellbraune, rot-weiße oder violette, unregelmäßig geformte, kartoffelähnliche Knollen. Diese enthalten Eiweiß, Fruchtzucker – vor allem Inulin –, Mineralstoffe und Vitamine. Wegen des hohen Gehalts an Inulin sind Topinamburknollen als Diätkost für Zuckerkranke geeignet.
Standort: Der zum Wuchern neigende Topinambur benötigt viel Platz, stellt aber sonst keine besonderen Ansprüche an den Standort im Garten.
Boden: Der Mittelzehrer wächst am besten auf lockerem, nährstoffreichem Boden mit gutem Wasserabzug.
Sorten: 'Bianka' (früh, im Sommer blühend), 'Küppers rote Zonenkugel' (spät, rotweiße Knollen), 'Topinaka' (hoher Ertrag) und 'Waldspindel' (mittelfrüh, violette Knollen)

Blühender Topinambur

Topinamburknollen

Kultur: Die winterharten Topinamburknollen werden ab Mitte April (in gemäßigtem Klima auch schon im Herbst) ins Freiland gesetzt. Man legt sie im Abstand von 20×20 cm etwa 5 cm tief.
Pflege: Bei längerer Trokkenheit muß gegossen werden. Nach dem ersten Frost schneidet man die Stengel ab. Um eine stärkere Ausbreitung der Pflanzen zu verhindern, muß man im Winter genügend Knollen ausgraben, denn aus jeder noch so kleinen im Boden verbliebenen Topinamburknolle treibt im nächsten Frühjahr sonst eine neue Pflanze.
Ernte und Verwertung: Ab November, wenn die oberirdischen Triebe abgestorben sind, beginnt die Ernte. Man gräbt die Knollen mit der Grabegabel aus. Da sie frosthart sind, können sie auch bei offenem Boden den ganzen Winter über bis zum Austrieb im Frühjahr nach Bedarf jeweils frisch geerntet werden. Ausgegraben schrumpfen die dünnhäutigen Knollen nämlich ziemlich schnell ein und sind deshalb nicht lagerfähig. Sie eignen sich aber durchaus auch zum Einfrieren. Topinambur kann roh, gekocht, gedünstet, gebraten oder paniert gegessen werden.
Schädlinge: Wühlmäuse

Tripmadam
Fetthenne, Mauerpfeffer
Sedum reflexum (auch *S. rupestre, S. rupestre* ssp. *reflexum*)

Familie: Dickblattgewächse *(Crassulaceae)*
Herkunft: Mitteleuropa
Merkmale: In Steingärten, an Wegrändern und in Schalen oder Trögen bedeckt Tripmadam bald den Boden. Die dünnen, verzweigten Wurzeln der mehrjährigen Polsterstaude finden aber auch in Mauerritzen noch Halt. Die nadelähnlichen blaugrünen Blättchen sind fleischig und schmecken

säuerlich. Von Juni bis August erscheinen auf etwa 30 cm hohen, dünn beblätterten Blütentrieben zahlreiche kleine gelbe Blüten.
Standort: sonnig und trocken
Boden: Der Schwachzehrer gedeiht auf sandigem, aber auch auf steinigem, trokkenem Boden.
Kultur: Die Anzucht aus Samen lohnt sich nicht, daher kauft man am besten Pflanzen in der Gärtnerei. Später läßt sich die Pflanze leicht über Ausläufer vermehren, die, in die Erde gesteckt, in der Regel völlig problemlos anwurzeln.
Pflege: Die anspruchslose Pflanze braucht keine besondere Pflege.
Ernte und Verwertung: Die fleischigen, säuerlichen Blättchen können das ganze Jahr über frisch geerntet werden. Mit den gehackten Triebspitzen würzt man Salate und Soßen, man mischt sie mit anderen Kräutern oder legt sie in Essig ein.

Tripmadam

W

Waldmeister

Waldmeister
Galium odoratum
(auch *Asperula odorata*)

Familie: Röte-, Krapp- oder Labkrautgewächse *(Rubiaceae)*
Herkunft: Nord- und Mitteleuropa
Merkmale: Die mehrjährige Pflanze breitet sich rasch aus und ist ein guter Bodendecker. Aus einem feinverzweigten, kriechenden Wurzelstock treiben im Frühjahr 10–30 cm hohe, vierkantige Stengel. Die dunkel- bis hellgrünen Blätter sind lanzettlich, vorne spitz und sitzen in Etagen sternförmig zu 6–8 um den Stiel. Im Mai erscheinen die weißen, angenehm duftenden Blütensterne. Waldmeister enthält Gerb- und Bitterstoffe, vor allem aber das Cumaringlykosid, das beim Trocknen den Aromastoff Cumarin freisetzt.
Standort: halbschattig bis schattig
Boden: Waldmeister ist ein Schwachzehrer, der am besten auf humosem, gut gelockertem, feuchtem Boden gedeiht.
Kultur: Die Anzucht aus Samen ist relativ schwierig und langwierig, denn Waldmeister ist ein Kaltkeimer und wird bereits im Herbst gesät. Deshalb ist es ratsam, Jungpflanzen beim Gärtner zu kaufen. Da sie sich rasch ausbreiten, setzt man die Pflanzen nur an freie Stellen, wo sie auf großen Flächen einen dichten Teppich bilden dürfen.
Pflege: Bis die Pflanzen eingewachsen sind, muß man das Beet unkrautfrei halten. Waldmeister wächst zwar am besten auf feuchtem Boden, muß jedoch nur während trockener Perioden gegossen werden.
Ernte und Verwertung: Man schneidet die frischen Triebe während der Blüte im Mai – dann sind sie am würzigsten – und verwendet sie zum Aromatisieren von Getränken oder getrocknet für Duftsäckchen, die Motten vertreiben sollen. Zur Herstellung von Sirup läßt man die Zweige in Zuckerwasser ziehen.
Waldmeister darf jedoch – wegen seines Cumaringehalts – nicht in größeren Mengen genossen werden. Eine Überdosierung führt zu Kopfschmerzen und Übelkeit.
Tip: Etwas angewelkt, entfaltet Waldmeister seinen typischen Duft noch stärker.

Weinraute

Weinraute
Ruta graveolens

Familie: Rauten- oder Weinrautengewächse *(Rutaceae)*
Herkunft: Mittelmeerländer
Merkmale: Der mehrjährige dekorative Halbstrauch wird 50–80 cm hoch. Er besitzt verzweigte, kahle Stengel, an denen zarte, blaugrüne, unpaarig gefiederte Blätter

sitzen. Im Juni und Juli erscheinen zahlreiche zu einer Scheindolde angeordnete gelbe Blüten. Die Weinraute enthält ätherisches Öl und viele heilkräftige Stoffe.
Standort: sonnig
Boden: Die Weinraute ist ein Schwachzehrer, der am besten auf einem gut durchlässigen, mageren Boden gedeiht.
Kultur: Da die Weinraute wegen ihrer Inhaltsstoffe nur sehr sparsam verwendet werden darf, genügt für den Hausgebrauch eine Pflanze, die man am besten beim Gärtner kauft. Später ist die Vermehrung durch Teilung oder über Triebstecklinge möglich. Weinrauten haben einen Platzbedarf von etwa 30×40 cm.
Pflege: In rauhen Gegenden sollte die Pflanze im Herbst angehäufelt werden und leichten Winterschutz erhalten.
Ernte und Verwertung: Sparsam verwendet, geben die kleingehackten aromatisch-bitteren Blätter der Weinraute Salaten, Soßen, Lammfleisch und Käse eine besondere Note. Das Kraut ist ein wichtiger Bestandteil der bekannten „Hamburger Aalsuppe".
Tip: Vorsicht ist geboten, wenn man empfindlich auf das ätherische Öl der Weinraute reagiert. Dann kann es bei Berührung, vor allem bei starker Sonne, zu Hautentzündungen kommen.

Wermut
Absinth
Artemisia absinthium

Familie: Korbblütler *(Compositae)*
Herkunft: Europa, Asien
Merkmale: Der herb-bitter schmeckende Wermut wird schon seit Jahrtausenden als Heilpflanze genutzt. In der Küche verwendet man ihn auch zum Würzen. Regelmäßig in größeren Mengen verzehrt, ist Wermut allerdings gesundheitsschädlich. Der mehrjährige, stark verzweigte Halbstrauch wird 60–150 cm hoch und verholzt am Grund. Seine silbergrauen, kurzbehaarten Blätter sind mehrfach gefiedert. Von Juni bis September erblühen zahlreiche in lockeren Rispen stehende, kleine gelbe Blütenköpfe. Wermut enthält ätherisches Öl sowie Gerb- und Bitterstoffe und riecht streng aromatisch.

Wermut

Winterportulak

Standort: sonnig, trocken
Boden: Der Schwachzehrer benötigt einen lockeren, sandigen und etwas kalkhaltigen Boden.
Kultur: Da das Kraut nur in kleinen Mengen zum Würzen verwendet wird, kauft man im Frühjahr am besten eine Pflanze und setzt sie an einen Platz, an dem sie sich ausbreiten kann.
Pflege: Das robuste Kraut ist anspruchslos und überdauert ohne Pflege viele Jahre an derselben Stelle. Im Spätherbst entfernt man die trokkenen Zweige, damit der Wermut im Frühling des nächsten Jahres ungehindert neu austreiben kann.
Ernte und Verwertung: Junge Triebspitzen können laufend geerntet werden. Zum Trocknen pflückt man die Zweigspitzen während der Blüte. Das Kraut würzt fette Gerichte und macht sie leichter verdaulich oder dient zum Aromatisieren von selbst hergestelltem Wein oder Likören.

Winterportulak
Kubaspinat, Postelein, Tellerkraut
Montia perfoliata
(auch *Claytonia perfoliata*)

Familie: Portulakgewächse *(Portulacaceae)*
Herkunft: Nordamerika
Merkmale: Die einjährige winterharte Pflanze bringt eine Vielzahl von glatten, fleischigen, langgestielten grünen Blättern hervor. Die zunächst spatelförmigen, bei Erscheinen der Blüten im Frühjahr und Sommer telleroder schüsselartig gebogenen Blätter entwickeln in ihrer Mitte ein Büschel von weißen Sternblüten, die schnell Samen ansetzen. Die Pflanzen werden maximal 25 cm hoch und vertragen Frost. Ihr Geschmack ist spinatartig mild, und ihr

Gehalt an Vitamin C sowie Calcium und Eisen ist hoch.
Standort: halbschattig bis schattig
Boden: Der Schwachzehrer gedeiht gut auf feuchtem Boden.
Sorte: 'Postelein'
Kultur: Mit Ausnahme der Sommermonate Juni bis August kann der sehr feine Samen das ganze Jahr über an frostfreien Tagen direkt ins Freie ausgesät werden, von September bis März am besten unter Glas, im Frühbeet oder Gewächshaus. In Reihen von 10–20 cm Abstand bringt man den Samen dünn verteilt etwa 0,5 cm tief aus. Die optimale Keimtemperatur liegt zwischen 8–12 °C. Die Sämlinge werden später auf 20 cm Abstand ausgedünnt.
Pflege: Außer ausreichendem Gießen und regelmäßigem Lüften im Frühbeet oder Gewächshaus ist keine besondere Pflege erforderlich. Im Gewächshaus braucht der Winterportulak auch in kühleren Zeiten keine Heizung.
Ernte und Verwertung: Winterportulak wird wie Spinat spätestens beim Erscheinen der ersten Blüten mit den zarten Stengeln abgeschnitten. Die Blätter wachsen nach und können mehrmals, auch den ganzen Winter über geerntet werden, wenn man das Herz stehenläßt. Sie schmecken vor allem als Salat, aber auch gedünstet als Gemüse.
Schädlinge und Krankheiten: Blattläuse; Grauschimmel
Tip: So anspruchslos der Winterportulak ist, so lästig kann er werden: In wintermilden Gebieten verwildert er leicht als Unkraut. Daher sollte man ihn immer vor der Samenbildung ernten.

Y

Ysop

Ysop
Hyssopus officinalis ssp. officinalis

Familie: Lippenblütler *(Lamiaceae, Labiatae)*
Herkunft: Südeuropa, Vorderasien
Merkmale: Die mehrjährige Heil- und Gewürzpflanze riecht stark aromatisch und schmeckt leicht bitter. Der kleine Halbstrauch wird 30–60 cm hoch, seine niederliegend-aufsteigenden oder aufrechten Stengel sind vielfach verästelt. An ihnen sitzen schmale, lanzettliche, in Quirlen angeordnete Blätter. Von Juli bis Oktober erscheinen in den oberen Blattachseln zahlreiche blauviolette, weiße oder rosafarbene Lippenblüten in Scheinquirlen. Die Pflanze enthält ätherisches Öl, Bitter- und Gerbstoffe.
Standort: sonnig
Boden: Der Schwachzehrer braucht einen trockenen, gut gelockerten, kalkhaltigen Boden.
Mischkultur: Ysop gedeiht gut zusammen mit anderen sonnenliebenden Kräutern, am besten ganz oben auf einer Kräuterspirale (siehe Seite 87 f.).
Kultur: Ausgesät wird ab April in Schalen mit Anzuchterde auf der Fensterbank. Die Samen werden in etwa 0,5 cm tiefe Rillen gelegt und nach dem Aufgehen auf 8 cm Abstand pikiert. Im Mai setzt man die Sämlinge im Abstand von 25×30 cm ins Freie. Da für den Haushalt 1–2 Pflanzen ausreichen, ist es sinnvoller, vorgezogenen Ysop beim Gärtner zu kaufen, den man später teilen oder durch Kopfstecklinge vermehren kann.
Pflege: In rauhen Gegenden braucht die Pflanze einen Winterschutz. Im Frühjahr schneidet man die trockenen, abgestorbenen Stiele ab.
Ernte und Verwertung: Blätter und junge Triebspitzen kann man laufend frisch ernten und in kleinen Mengen zum Würzen von Kartoffelgerichten, Salaten, Soßen und Ragouts verwenden. Der leicht bittere Geschmack verleiht den Speisen eine besondere Note. Zum Trocknen werden blühende Triebe geschnitten.

Z

Zitronenmelisse
Melisse
Melissa officinalis

Familie: Lippenblütler *(Lamiaceae, Labiatae)*
Herkunft: Orient, Mittelmeerraum
Merkmale: Die mehrjährige Heil- und Gewürzpflanze besitzt einen kräftigen Wurzelstock und verbreitet sich schnell durch Ausläufer, aber auch durch Selbstaussaat. Ihre verzweigten, vierkantigen Stengel sind dicht behaart und werden bis 70 cm hoch. An ihnen sitzen gestielte, ovale grüne oder gelblichgrüne Blätter mit gezähntem Rand. Von Juli bis August erscheinen in Scheinquirlen kleine weißlichgelbe Lippenblüten. Die ganze Pflanze duftet, vor allem beim Zerreiben der Blätter, aromatisch nach Zitrone. Sie enthält ätherisches Öl sowie Gerb- und Bitterstoffe.
Standort: sonnig bis halbschattig

Zitronenmelisse

Boden: Der Schwachzehrer benötigt einen durchlässigen, humosen Boden. Schwere Böden sollten mit etwas Sand gemischt werden.
Kultur: Da für den Hausgebrauch 1–2 Pflanzen ausreichend sind, empfiehlt es sich, diese im Herbst oder Frühjahr beim Gärtner zu kaufen. Zitronenmelisse kann jedoch auch im März/April unter Glas bei 15–20 °C in Kisten oder Schalen ausgesät werden. Der feine Samen wird nur sehr dünn mit Erde abgedeckt. Die Samen keimen erst nach 3–4 Wochen. Die Jungpflanzen werden 5–6 Wochen nach der Keimung im Abstand von 30 × 30 cm ins Freie gesetzt. Ältere Stauden lassen sich im Frühjahr gut teilen.
Pflege: Zitronenmelisse wächst auch ohne besondere Pflege so üppig, daß sie durch Abstechen mit dem Spaten immer wieder an zu starker Ausbreitung gehindert werden muß.
Ernte und Verwertung: Man pflückt vom Frühjahr bis zum Herbst immer nur die jungen zarten Blätter oder Triebe. Mit frischer Zitronenmelisse lassen sich alle Speisen würzen, zu denen Zitrone paßt. Getrocknete Blätter werden gern als Tee aufgebrüht oder als Badezusatz verwendet. Zum Trocknen schneidet man die Triebe vor der Blüte.

Zucchini

Zucchetti, Courgettes
Cucurbita pepo var. *giromontiina*

Familie: Kürbisgewächse *(Cucurbitaceae)*
Herkunft: Südeuropa
Merkmale: Bei dem einjährigen Fruchtgemüse wachsen aus einem kräftigen Haupttrieb dicht gedrängt Blattstiele und Blütentriebe zu einer ausladend buschigen oder rankenden Pflanze. An den langen hohlen Stielen sitzen große, herzförmig gelappte Blätter, die häufig graue Flecken aufweisen. Stiele und Blätter sind rauh behaart. Die großen gelben Blüten öffnen sich zu sternförmigen Schalen. Jede Pflanze trägt sowohl männliche wie weibliche Blüten – letztere sind an ihrem unter den Blütenblättern stehenden Fruchtknoten und später am Fruchtansatz zu erkennen. Die gurkenähnlichen, mit zunehmender Größe oft keulenförmigen, stark wasserhaltigen grünen, weißen, gelben oder gestreiften Früchte können ausgewachsen bis zu 5 kg wiegen und enthalten die Vitamine B und C, Ballaststoffe, Protein, Kohlenhydrate und Mineralstoffe, vor allem Kalium.
Standort: sonnig bis halbschattig, warm
Boden: Die Starkzehrer brauchen einen nährstoffreichen, humosen Boden.
Sorten: F_1-Hybriden mit buschigem Wuchs und hohem Ertrag sind u.a. 'Ambassador' (schwarzgrüne Früchte), 'Black Jack' (schwarzgrüne Früchte), 'Diamant' (mittelgrüne Früchte) und 'Gold Rush' (goldgelbe Früchte).
Kultur: Zucchinipflanzen werden am besten vorkultiviert. Man legt im April jeweils 1 Samenkorn in einen 4–8-cm-Topf mit Anzuchterde. Bei 20 °C keimen die Samen innerhalb 1 Woche. Da Zucchini reichlich Früchte entwickeln, werden nur wenige Pflanzen benötigt. Ausgepflanzt wird Mitte Mai im Abstand von 80×80 cm. Nach Mitte Mai kann man auch direkt ins Freiland säen.
Pflege: Zucchini müssen reichlich gegossen werden.
Ernte und Verwertung: Zucchini können schon 6 bis 8 Wochen nach der Pflanzung, bei Direktsaat ab Mitte Juli und dann bis zum ersten Frost geerntet werden. Am besten schmecken die Früchte, wenn sie etwa 15–20 cm lang sind, denn dann sind sie noch durch und durch fest und von nußartigem Geschmack. Große Früchte werden im Innern oft schwammig und schmecken weniger gut. Zucchini werden mit dem Küchenmesser abgeschnitten, nicht abgedreht. Je häufiger man erntet, desto mehr Früchte setzen an.
In Olivenöl gedünstet, mit

Zucchini mit grünen Früchten

Zucchini mit gelben Früchten

Tomaten und Paprika gemischt, gefüllt und überbacken, als Auflauf oder roh als Salat finden Zucchini immer mehr Freunde. Die männlichen Blüten können in Teig ausgebacken werden. Zucchini sind nicht lange lagerfähig und sehr kälteempfindlich.
Schädlinge und Krankheiten: Schnecken; Echter Mehltau

Männliche Zucchiniblüte

Zuckerhut
Fleischkraut, Zichorie
Cichorium intybus var. *foliosum*

Familie: Korbblütler *(Compositae)*
Herkunft: Italien
Merkmale: Seinen Namen verdankt der Zuckerhut, eine einjährige Zichorienart, der Form seines zylindrischen, hellgrünen, festen Kopfes, der an einen Zuckerhut erinnert und sich erst im Spätherbst richtig schließt. Die Pflanze verträgt noch Temperaturen bis –7 °C. In milden Gegenden kann Zuckerhut mit leichtem Winterschutz den ganzen Winter über im Freien bleiben. Die Blätter sind ähnlich wie beim Chinakohl etwas in sich gekraust und haben gewellte Ränder.
Standort: sonnig bis halbschattig
Boden: Der Mittelzehrer benötigt einen humusreichen, lockeren Boden.
Mischkultur: Tomaten, Möhren und Fenchel sind gute Nachbarn, Kartoffeln dagegen schlechte.
Sorten: 'Jupiter' F_1-Hybride und 'Zuckerhut Kristallkopf'
Kultur: Als Langtagpflanze würde der Zuckerhut bei Frühjahrsaussaat schießen, deshalb wird er von Ende Juni bis Mitte Juli in Reihen von 35 cm Abstand direkt ins Freiland gesät. Die Keimlinge werden in der Reihe auf 35–40 cm vereinzelt. Weil der Zuckerhut Pfahlwurzeln entwickelt, lassen sich die Sämlinge nur selten mit Erfolg verpflanzen.
Pflege: Die Pflanzen benötigen, besonders wenn der Herbst sonnig und trocken ist, ausreichende Wassergaben. Für die in milden Gegenden mögliche Überwinterung werden sie im Spätherbst durch etwas Reisig oder einen Folientunnel geschützt.
Ernte und Verwertung: Ab Oktober können die Köpfe direkt über dem Boden abgeschnitten und roh als Salat oder gedünstet oder überbacken als Gemüse zubereitet werden. In rauhen Lagen erntet man etwa Mitte November das Beet ganz ab. Die Köpfe werden mit den Wurzelballen ausgegraben und an einem kühlen, dunklen Ort in feuchtem Sand oder Erde eingelagert.
Schädlinge: Erdraupen
Tip: In Zeitungspapier eingewickelt und kühl aufbewahrt, hält sich Zuckerhut einige Wochen frisch.

Zuckerhut

Zuckerwurzel
Süßwurzel
Sium sisarum

Familie: Doldenblütler *(Apiaceae, Umbelliferae)*
Herkunft: Osteuropa, Vorderasien
Merkmale: Die Zuckerwurzel wird heute nur noch selten angebaut. Die ausdauernde Pflanze bildet im ersten Jahr eine Blattrosette aus dunkelgrünen, gefiederten, möhrenähnlichen Blättern und entwickelt etwa 15 fingerlange, knollig verdickte, weißfleischige Wurzeln, die bis zu 8% Zucker enthalten und mehligsüß schmecken. Im zweiten Jahr wächst ein bis 120 cm hoher, kantig geriffelter Stengel, der sich locker verzweigt und ebenfalls gefiederte, möhrenähnliche Blätter trägt. Im Juli/August erscheinen weiße Doldenblüten.
Standort: sonnig bis halbschattig
Boden: Die Zuckerwurzel ist ein Mittelzehrer, der am besten auf einem sandigen, humosen, tief gelockerten, nährstoffreichen Boden gedeiht.

Wurzel der Zuckerwurzel

Blühende Zuckerwurzelpflanze

Kultur: Um die Keimdauer, die sich über 4–5 Wochen hinziehen kann, zu beschleunigen, läßt man die Samen über Nacht in Wasser vorquellen. Ausgesät wird entweder im August oder im zeitigen Frühjahr (März/April) direkt ins Freiland in Reihen von 30–40 cm Abstand. Wenn die Jungpflanzen 4–5 Blättchen besitzen, vereinzelt man in der Reihe auf 15 cm Abstand. Die Aussaat im Spätsommer bringt kräftigere Pflanzen und eine reichere Ernte hervor.
Pflege: Vor allem im Sommer benötigen die Pflanzen viel Feuchtigkeit.
Ernte und Verwertung: Die Wurzeln sind winterhart, so daß man vom Herbst bis zum Frühjahr ernten kann. Sie können roh oder gekocht wie Möhren gegessen werden. Den harten Kern muß man beim Putzen entfernen. Im kühlen Keller oder im Einschlag sind Zuckerwurzeln lange haltbar.

Zwiebeln

Die zu den Liliengewächsen *(Liliaceae)* zählenden Zwiebeln stammen, bis auf die ursprünglich vermutlich in Ägypten beheimatete Etagenzwiebel, aus Asien und gehören zu den ältesten Kulturpflanzen. Sie bilden eine sehr formen- und sortenreiche Gruppe von Gemüsepflanzen, von denen unterschiedliche Teile in der Küche verwendet werden: entweder das Speicherorgan, die Zwiebel oder die dunkelgrünen, runden und hohlen Blätter, die sog. Schlotten. Zwiebeln sind zwei- bis mehrjährige Pflanzen, die bei uns jedoch vorwiegend einjährig kultiviert werden. Sie entwickeln im zweiten Jahr auf einem hohen, hohlen Schaft einen mehr oder weniger großen, kugeligen Blütenstand aus vielen kleinen weißen oder rosafarbenen Einzelblüten. Eine Ausnahme bildet dabei die Etagenzwiebel, die statt der Blüten auf dem hohen Schaft Brutzwiebeln trägt. Zwiebeln sind äußerst würzig und gesund. Sie enthalten Vitamine, Mineralstoffe und schwefelhaltiges, ätherisches Öl (Lauchöl), das der Zwiebel den typischen Geruch und Geschmack verleiht.

Speisezwiebel
Küchenzwiebel
Allium cepa

Merkmale: Von der Küchenzwiebel gibt es viele verschiedene Sorten und Formen. Haushaltszwiebeln besitzen eine weiße, gelbe, braune, rote oder violette Schale und unterschiedliche Schärfe. Gemüsezwiebeln sind besonders groß und nicht so scharf. Die sehr kleinen Silberzwiebeln mit weißer Schale werden früh ausgesät und schmecken mild.
Standort: sonnig
Boden: Speisezwiebeln sind Mittelzehrer, die einen tiefgründig gelockerten, humosen Boden benötigen. Staunässe und Stallmist werden nicht vertragen.
Mischkultur: Gute Nachbarn sind Möhren, Gurken, Salat, Tomaten, Dill, Erdbeeren, schlechte dagegen alle Bohnen, Erbsen und Kohlgemüse.
Sorten: Von den zahlreichen Sorten haben sich u. a. bewährt: von Haushaltszwiebeln 'Birnenförmige' (klein und birnenförmig), 'Braunschweiger Rote' (rot, flach), 'Golden Bear' F_1-Hybride (sehr früh), 'Juwarund', 'Piroska' (rot), 'Rijnsburger' (sehr haltbar), 'Stuttgarter Riesen' (meist als Steckzwiebeln) und 'Zittauer Gelbe' (rund, gut lagerfähig); zum Überwintern mit Aussaat im August sind geeignet: 'Express Yellow' (gelb, frühreifend), 'Senshyu Yellow Globe' (gelb, frühreifend), 'Weiße Königin' (weiß, mild); zum Überwintern durch Anbau von Steckzwiebeln 'Presto', 'Taify' (beide gelb) und 'Ronny' (rot); von Gemüsezwiebeln 'Ailsa Craig' (Standardsorte), 'Exhibition' (sehr groß), 'The Kelsae' (sehr groß) und 'Yellow Sweet Spanish' (rund, mild); von Silberzwiebeln 'Barletta' und 'Pompeii'.
Kultur: Speisezwiebeln können entweder aus Samen oder aus Steckzwiebeln herangezogen werden. Steck-

Verschiedene Zwiebeln

Silberzwiebeln

zwiebeln kann man kaufen oder selbst kultivieren, indem man Ende März dicht ins Freie aussät und im Juli die Zwiebelchen aberntet. Sie werden getrocknet, kühl und trocken überwintert und im März/April mit einem Abstand von 10–15 cm in Reihen mit 25 cm Abstand flach, aber fest in den Boden gesteckt. Nicht fest eingesteckte Zwiebelchen wachsen nicht ein und müssen nachgedrückt werden. Neue Sorten ermöglichen den Anbau von Steckzwiebeln auch im Herbst. Diese Wintersteckzwiebeln steckt man Ende September, häufelt sie vor den ersten Frösten leicht an und deckt sie über Winter mit Reisig oder Stroh ab. Sie können dann ab Mitte Mai geerntet werden.

Rote Haushaltszwiebeln

Gemüsezwiebeln

Ausgesät werden Haushaltszwiebeln für den Sommer- und Winterbedarf im März/April, für die Überwinterung Anfang August. Man sät den feinen Samen möglichst dünn, etwa 1 cm tief in Reihen mit einem Abstand von 25–30 cm und vereinzelt die Keimlinge später auf etwa 5 cm Abstand.

Silberzwiebeln werden wesentlich dichter gesät (10×3 cm).

Die großen Gemüsezwiebeln haben eine besonders lange Kulturzeit und müssen auf der Fensterbank vorkultiviert werden. Man sät von Ende Februar bis März bei 15 °C in Kisten oder Töpfe mit Anzuchterde aus. Nach etwa 8–9 Wochen werden die Sämlinge pikiert und Ende Mai im Abstand von 25×30 cm ausgepflanzt.

Birnenförmige Haushaltszwiebeln

Pflege: Während der Hauptwachstumszeit muß man regelmäßig hacken, Unkraut jäten und vor allem gießen. Stehen die Zwiebeln in dieser Zeit nämlich zu trocken, beginnen sie zu schießen. Zwiebeln, die man lagern möchte, hält man ab August trockener.

Ernte und Verwertung: Frische grüne Schlotten können je nach Kultur das ganze Jahr über geerntet und wie Schnittlauch verwendet werden.

Im Frühjahr ausgesäte Zwiebeln sind ab August erntefähig, gesteckte schon ab Juli. Überwinterte Zwiebeln, die im August ausgesät wurden, können ab April/Mai geerntet werden, voll ausgereift sind sie allerdings erst im Juni/Juli. Wenn die Blätter umknicken und sich gelbbraun verfärben, zieht man die Zwiebeln vorsichtig heraus oder hebt sie mit der Grabegabel aus der Erde. Dann läßt man sie noch einige Tage auf dem Beet abtrocknen und bindet sie entweder zu einem Zopf oder hängt sie am getrockneten Laub oder in Netzen luftig und trocken auf. Beschädigte Zwiebeln sind nicht lange lagerfähig und müssen zuerst verbraucht werden. Die Verwendungsmöglichkeiten sind sehr vielfältig: Man kann sie roh, gekocht, gedünstet oder eingelegt essen.

Schädlinge und Krankheiten: Zwiebelfliege, Blattläuse; Grauschimmel, Falscher Mehltau

Tip: Zwiebeln reifen viel schneller aus, wenn man die Schlotten, sobald sie sich gelb verfärben, vorsichtig umknickt, ohne das Zwiebelherz zu verletzen.

Etagenzwiebel

Luftzwiebel, Ägyptische Zwiebel
Allium cepa var. *viviparum*

Merkmale: Die Etagenzwiebel entwickelt am Ende eines 30–60 cm hohen, runden, hohlen hellgrünen Schaftes 6–8 kleine, braunrote Brutzwiebeln, die schon nach kurzer Zeit austreiben. Oft wächst aus der Mitte ein neuer Schaft, der wiederum Brutzwiebeln trägt. Durch

Etagenzwiebeln

diese Zwiebelkrone belastet, neigt sich der Schaft, und die Brutzwiebeln verankern ihre Wurzeln im Boden: Es entstehen neue Pflanzen. Etagenzwiebeln sind winterhart und liefern das ganze Jahr über frische Schlotten.
Standort: sonnig, warm und geschützt
Boden: Etagenzwiebeln gelten als Schwachzehrer und gedeihen in jedem lockeren, humosen Boden.
Kultur: Die Brutzwiebeln werden im Spätsommer oder im Frühjahr im Abstand von 10–20 cm etwa 1 cm tief in den Boden gesteckt, wo sie schnell anwurzeln und sich weiterentwickeln. Brutzwiebeln dieser Zwiebelart findet man nur selten in Samenkatalogen, sie werden meist von Gärtner zu Gärtner weitergegeben. Da sie sich leicht vermehren, reicht es aus, sich einige wenige zu beschaffen.
Pflege: Etagenzwiebeln benötigen keine Pflege und können mehrere Jahre am selben Platz stehen.
Ernte und Verwertung: Die würzigen, dunkelgrünen Schlotten können laufend geschnitten und wie Schnittlauch verwendet werden. Die Brutzwiebelchen können ab Ende Juli abgeerntet und entweder frisch gegessen oder wie Silberzwiebeln eingelegt werden.

Lauchzwiebel

Frühlingszwiebel, Bundzwiebel Schlottenzwiebel
Allium cepa oder *A. fistulosum*

Merkmale: Als Lauchzwiebeln werden die Zwiebelarten bezeichnet, von denen man nicht die Zwiebel, sondern hauptsächlich das Laub nutzt. Sie sind entweder sehr frühe Züchtungen der Küchenzwiebel *(A. cepa)* oder der aus Japan stammenden Lauchzwiebel *(A. fistulosum)* mit langem, porreeähnlichem, weißem oder rötlichem Schaft und mildem Geschmack. Alle bilden kräfige, dunkelgrüne Schlotten und keine richtige Zwiebel aus. Ein Zwiebelansatz ist je nach Sorte als

Lauchzwiebeln mit weißem Schaft

unterschiedliche Verdickung zu erkennen.
Standort: sonnig
Boden: Lauchzwiebeln sind Mittelzehrer, die einen gut gelockerten, nährstoffreichen Boden bevorzugen.
Mischkultur: Gute Nachbarn sind Möhren, Gurken, Erdbeeren und Salat, schlechte Nachbarn dagegen Busch- und Stangenbohnen sowie Kohlgemüse.
Sorten: mit weißem Schaft u. a. 'Evergreen Bunching', 'Ishikura Long White', 'Lange Weiße Milda', 'Southport White Globe' und 'White Lisbon' (winterhart), mit rotem Schaft 'Red Beard', 'Southport Red Globe' und 'Toga'
Kultur: Lauchzwiebeln können je nach Sorte im Frühjahr, Sommer oder in besonders milden Klimagebieten im Spätsommer ins Freie gesät werden. Für die Überwinterung im Freien wird der Samen Ende Juli/Anfang August, im Gewächshaus Anfang bis Mitte August ausgebracht. Man sät dünn in flache Rillen mit einem Abstand von 15–20 cm aus. Nach dem Auflaufen werden die Sämlinge auf einen Abstand von 4–5 cm vereinzelt.
Pflege: Die Pflanzen müssen regelmäßig gehackt und gegossen werden. Damit sich ein möglichst langer Schaft bildet, häufelt man sie 2–3mal an. Bei Überwinterung im Freien müssen Lauchzwiebeln mit Reisig abgedeckt werden.
Ernte und Verwertung: Lauchzwiebeln können je

Schalottenpflanze

nach Aussaat von April bis November geerntet werden. Man würzt damit meist Salate oder Kräuterquark, kann sie aber auch als Gemüse dünsten.
Schädlinge und Krankheiten: Lauchmotten, Thripse, Zwiebelfliege; Falscher Mehltau

Schalotte
Eschlauch
Allium cepa var. *ascalonicum* (auch *A. ascalonicum*)

Schalotten

Merkmale: Um die Hauptzwiebel von Schalotten entwickeln sich rasch Horste von kleinen, länglich-eiförmigen, roten oder gelbbraunen Zwiebeln, die am Grund miteinander verwachsen sind. Treiben Schalotten einen Blütentrieb, dann bilden sich zwischen den Einzelblüten häufig zahlreiche Brutzwiebeln, die zur Vermehrung, aber auch in der Küche verwendet werden können. Schalotten sind würziger im Geschmack, früher reif und länger haltbar als Speisezwiebeln.
Standort: sonnig und warm
Boden: Die Mittelzehrer brauchen einen lockeren, humosen Boden.
Mischkultur: Als gute Nachbarn erweisen sich Möhren und Salat, als schlechte dagegen Kohlgemüse und alle Bohnen.
Kultur: Vermehrungszwiebeln werden im März/April, in milden Klimagebieten auch im Herbst im Abstand von 15×20 cm in den Boden gesteckt. Neuere Sorten wie z. B. die 'Creation' F_1-Hybride kann man auch wie Speisezwiebeln im März/April säen und ab Juli ernten.
Pflege: Während der Wachstumszeit muß man regelmäßig gießen und flach hacken sowie Unkraut entfernen, damit die Zwiebelhorste sich gut entwickeln.
Ernte und Verwertung: Ab Juni können Schalotten mit Laub frisch vom Beet geerntet werden. Erntereif sind sie im Juli/August, wenn das Laub abtrocknet und umfällt. Damit die Horste nicht auseinanderbrechen, gräbt man die Zwiebeln vorsichtig aus. Man läßt sie 1–2 Tage auf dem Beet abtrocknen und lagert sie dann luftig und trocken. Schalotten werden wie Haushaltszwiebeln verwendet.
Schädlinge und Krankheiten: Zwiebelfliege; Falscher Mehltau, Grauschimmel

Winterheckzwiebel
Winterzwiebel
Allium fistulosum

Merkmale: Die mehrjährige, winterharte Winterheckzwiebel bildet nur sehr kleine Zwiebeln, dafür aber um so mehr Laub aus. Ihre Schlotten sind dunkelgrün, hohl und in der Mitte bauchig verdickt. Im Juli/August erscheinen auf dicken, ebenfalls in der Mitte aufgeblähten Stengeln große Kugelblüten, die aus zahlreichen kleinen weißen Einzelblüten bestehen.
Standort: sonnig und geschützt
Boden: Winterheckzwiebeln sind Schwachzehrer, die gut auf tiefgründigem, humosem Boden wachsen.
Kultur: Im März/April oder im August sät man breitwürfig dünn aus. Die Sämlinge werden dann in kleinen Büscheln im Abstand von 20×40 cm verpflanzt.
Pflege: Winterheckzwiebeln sind recht anspruchslos und benötigen kaum Pflege. Im Sommer erscheinende Blütenstände sollten abgeschnitten werden. Winterheckzwiebeln können 3 bis 4 Jahre am selben Platz stehen, dann sollte man sie jedoch teilen und verpflanzen.

Winterheckzwiebeln

Winterheckzwiebeln

Ernte und Verwertung: Die grünen Schlotten können ganzjährig geerntet und wie Schnittlauch verwendet werden.

Gute und schlechte Nachbarn in Mischkulturen

Gemüseart	gute Nachbarn	schlechte Nachbarn
Artischocke	Kopfsalat, Radieschen	
Bohnen		
Buschbohne	Gurken, Kohlgemüse, Rote Bete, Salat, Sellerie, Tomaten	Erbsen, Fenchel, Knoblauch, Porree, Zwiebeln
Puffbohne	Kohlrabi, früher Schnittsalat, Spinat	Erbsen, Fenchel, Knoblauch, Porree
Cardy	Kohlrabi, Salat, Spinat	
Chicorée	Knollenfenchel, Möhren, Tomaten	Kartoffeln
Eiskraut	Porree, Zwiebeln	Kohlgemüse, Mais
Endivie	Fenchel, Kohlgemüse, Porree	Sellerie
Erbsen	Anis, Fenchel, Gurken, Kohlgemüse, Kopfsalat, Möhren, Radieschen, Rettich, Zucchini	alle Bohnen, Kartoffeln, Knoblauch, Porree, Tomaten, Zwiebeln
Erdbeerspinat	Kohlgemüse, Sellerie, Tomaten	
Feldsalat	Frühlings- oder Winterzwiebeln	Kohlgemüse
Fenchel		
Gewürzfenchel	Frühgemüse, Salat	Doldenblütler**
Knollenfenchel	Chicorée, Endivien, Erbsen, später Kopfsalat	Stangenbohnen, Tomaten
Gurken		
Einlegegurke und Schälgurke	Buschbohnen, Dill, Erbsen, Knoblauch, Kohlgemüse, Salat, Zwiebeln	Kartoffeln, Radieschen, Tomaten
Salatgurke	Dill, Knoblauch, Salat, Zwiebeln	Radieschen, Rettich, Tomaten
Kartoffel	buschig wachsende Kapuzinerkresse, Kohlgemüse, Knoblauch, Kümmel, Meerrettich, Spinat	Erbsen, Kürbisse, Sellerie, Tomaten
Knoblauch	Gurken, Möhren, Rote Bete, Tomaten	Erbsen, Kohlgemüse, Stangenbohnen
Kohlgemüse		
Blumenkohl	Dill, Kartoffeln, Rote Bete, Salat, Sellerie	Erdbeeren, Knoblauch, andere Kreuzblütler*, Porree, Zwiebeln
Brokkoli	Erbsen, Gurken, Rote Bete, Salat, Sellerie, Spinat, Tomaten	Knoblauch, andere Kreuzblütler*, Porree, Zwiebeln
Butterkohl	Erbsen, Rote Bete, Salat, Sellerie, Spinat	Erdbeeren, andere Kreuzblütler*, Porree, Zwiebeln
Chinakohl	Mangold, Rote Bete, Salat, Sellerie	Knoblauch, andere Kreuzblütler*, Porree, Zwiebeln
Grünkohl	Radicchio, Rote Bete, Salat, Zuckerhut	Erdbeeren, andere Kreuzblütler*, Zwiebeln
Kohlrabi	Gurken, Porree, Puffbohnen, Rote Bete, Salat, Sellerie, Spinat, Tomaten	andere Kreuzblütler*, Zwiebeln
Pak Choi	Möhren, Porree, Salat	Kartoffeln, Knoblauch, andere Kreuzblütler*
Rosenkohl	Erbsen, Kartoffeln, Rote Bete, Salat, Sellerie, Spinat	andere Kreuzblütler*
Rotkohl und Weißkohl	Bohnen, Erbsen, Gurken, Salat, Sellerie, Spinat, Tomaten	andere Kreuzblütler*
Schnittkohl und Stengelkohl	Busch- und Stangenbohnen, Erbsen, Salat, Spinat	andere Kreuzblütler*
Wirsing	Gurken, Rote Bete, Sellerie, Tomaten	andere Kreuzblütler*
Mais	Buschbohnen, Kürbisse, Möhren, Tomaten	Erbsen, Rettich, Spargel
Malabarspinat	Petersilie, Radieschen, Schnittsalat, Zwiebeln	Amarant, Portulak, Winterportulak
Mangold	Kohlgemüse, Möhren, Radieschen, Rettich	

Gemüseart	gute Nachbarn	schlechte Nachbarn
Möhre	Dill, Erbsen, Knoblauch, Kohlrabi, Mangold, Porree, Salat, Zwiebeln	Kartoffeln
Paprika		
Gemüsepaprika	Gurken, Tomaten	
Gewürzpaprika	Petersilie, Radieschen, schnellwachsende Sommersalate	
Pastinake	Radieschen, Schnittsalate	
Porree	Gurken, Kohlrabi, Majoran, Möhren, Rettich, Salatarten, Sellerie	Busch- und Stangenbohnen, Erbsen, Rote Bete
Portulak	Kräuter, Radieschen, Salat	
Radicchio	Fenchel, Kohlgemüse, Möhren, Porree, Stangenbohnen, Rote Bete, Tomaten, Zwiebeln	
Radieschen	alle Bohnen, Mangold, Pastinake, Portulak, Salat, Tomaten	Gurken, andere Kreuzblütler*
Rettich	alle Bohnen, Porree, Salat, Spinat, Tomaten	Gurken, andere Kreuzblütler*
Rote Bete	Bohnen, Dill, Gurken, Kohlrabi	Kartoffeln, Mais, Porree
Salat		
Eissalat	Buschbohnen, Dill, Kohlgemüse, Möhren, Porree, Radieschen, Spinat, Tomaten, Zwiebeln	Petersilie, Sellerie
Kopfsalat	Kohlgemüse, Möhren, Porree, Radieschen, Rettich, alle Rübenarten, Spinat, Tomaten, Zwiebeln	Petersilie, Sellerie
Pflücksalat und Schnittsalat	Dill, alle Kohlgemüse, Möhren, Radieschen, Rettich, Rote Bete, Spinat, Tomaten, Zwiebeln	Petersilie, Schwarzwurzeln
Römischer Salat	Gurken, Porree, Tomaten	Petersilie, Sellerie
Schwarzwurzel	Kohlrabi, Porree, Salat	
Sellerie		
Knollensellerie	Bohnen, Kohlgemüse, Porree	Kartoffeln, Kopfsalat
Schnittsellerie	Busch- und Stangenbohnen, Porree	
Stangensellerie	Gurken	Kartoffeln, Kopfsalat, Mais
Speiserübe	Buschbohnen, Dill, Erbsen, Kopfsalat, Mangold	andere Kreuzblütler*
Spinat	Kartoffeln, Kohlgemüse, Puffbohnen, Radieschen, Rettich, Salat, Sellerie, Tomaten	andere Gänsefußgewächse***
Tomate	Buschbohnen, Kohlrabi, Petersilie, Porree, Radieschen, Salat, Sellerie, Spinat	Erbsen, Fenchel, Gurken, Kartoffeln
Zuckerhut	Fenchel, Möhren, Tomaten	Kartoffeln
Zwiebeln		
Lauchzwiebel	Erdbeeren, Gurken, Möhren, Salat	Busch- und Stangenbohnen, Kohlgemüse
Schalotte	Möhren, Salat	Busch- und Stangenbohnen, Kohlgemüse
Speisezwiebel	Erdbeeren, Dill, Gurken, Möhren, Salat, Tomaten	alle Bohnen, Erbsen, Kohlgemüse

*Kreuzblütler: Blumenkohl, Brokkoli, Brunnenkresse, Butterkohl, Chinakohl, Gartenkresse, Grünkohl, Kohlrabi, Kohlrübe, Löffelkraut, Meerkohl, Meerrettich, Pak Choi, Radieschen, Rettich, Rosenkohl, Rotkohl, Rübstiel, Salatrauke, Schnittkohl, Senf, Speiserübe, Stengelkohl, Weißkohl, Wirsing
**Doldenblütler: Anis, Dill, Engelwurz, Fenchel, Kerbel, Kerbelrübe, Koriander, Kümmel, Liebstöckel, Möhre, Pastinake, Petersilie, Sellerie, Zuckerwurzel
*** Gänsefußgewächse: Erdbeerspinat, Gartenmelde, Guter Heinrich, Mangold, Rote Bete, Spinat

Saat- und Erntekalender der wichtigsten Gemüsearten

Gemüseart	Aussaat unter Glas/ Vorkultur	Aussaat ins Freiland	Pflanzung ins Freiland	Ernte
Aubergine	von Ende Februar bis Mitte März		Ende Mai (ins geheizte Gewächshaus Ende April)	frühestens Ende Juli (im Gewächshaus ab Juni)
Bohnen Buschbohne	Ende April/Anfang Mai	von Anfang Mai bis Mitte Juli	nach den Eisheiligen	Juli bis Ende September
Stangenbohne	Ende April/Anfang Mai	von Mitte Mai bis Ende Juni	nach den Eisheiligen	etwa 10 Wochen nach der Aussaat bis zum Herbst
Feuerbohne	Ende April/Anfang Mai	von Mitte Mai bis Anfang Juni	nach den Eisheiligen	junge Hülsen im Juli/August, Samen in den Herbstmonaten
Puffbohne		von Anfang März bis Anfang Juni		von Ende Mai bis Ende September
Cardy	von Februar bis März	ab Mitte Mai	Mitte bis Ende Mai	September/Oktober
Chicorée		von Mitte Mai bis Anfang Juni		ab November, wenn die Sprosse etwa 15 cm lang sind
Endivie		von Mitte Juni bis Anfang Juli		Oktober/November, in milden Gebieten bis Dezember
Erbsen Mark- und Zuckererbsen		von Mitte April bis Anfang Juni		Haupternte im Juni
Schalerbsen		von Ende März bis Mai		Haupternte im Juni
Feldsalat	im Frühbeet von Mitte August bis Ende September, im Gewächshaus bis Ende Oktober	von Mitte August (Herbsternte) bis Mitte September (Frühjahrsernte)		von Ende September bis ins späte Frühjahr
Fenchel Gewürzfenchel		von April bis Ende Mai		grüne Blätter laufend; Samen, wenn die trockenen Körner graue Streifen zeigen
Knollenfenchel	ab März im Gewächshaus	von Mitte April bis Mitte Juli	ab Mai ohne Folienschutz (unter Folientunnel oder Vlies ab Mitte April)	3–4 Monate nach Aussaat, spätestens jedoch Ende Oktober/Anfang November
Gurken Einlegegurke und Schälgurke	April	von Mitte Mai bis Anfang Juni	Ende Mai/Anfang Juni	ab Mitte Juli, sobald die Früchte 6–9 cm lang sind
Salatgurke	von Anfang April bis Anfang Mai	robuste Sorten von Mitte Mai bis Anfang Juni	nach den Eisheiligen	Gewächshausgurken ab Ende Juni, Freilandgurken von Juli bis September
Kartoffel		Auslegen der Saatknollen meist Mitte April, in rauhen Gegenden bis Ende Mai		frühe Sorten von Mitte Juni bis Mitte Juli, mittelfrühe Sorten im August, mittelspäte bis späte Sorten im August/September
Knoblauch		Stecken der einzelnen Zehen oder Brutzwiebeln meist im April, in wärmeren Gegenden auch im September/Oktober		Frühjahrspflanzung im August/September, Herbstpflanzung im Mai/Juni

Gemüseart	Aussaat unter Glas/ Vorkultur	Aussaat ins Freiland	Pflanzung ins Freiland	Ernte
Kohlgemüse				
Blumenkohl	frühe Sorten für Gewächshauskultur ab Januar, für Freilandkultur ab Mitte Februar	Sommersorten Mitte Mai, Herbstsorten bis Ende Juni in ein Saatbeet im Freien	frühe Sorten ab Mitte April, Sommer- und Herbstsorten 3–4 Wochen nach der Aussaat an Endstandort	frühe Sorten ab Mitte Juli, Sommersorten und Herbstsorten bis November
Brokkoli	frühe Sorten Januar bis März	späte Sorten von Mitte April bis Mitte Juni	frühe Sorten unter Folie oder Vlies ab April, ohne Schutz ab Ende Mai	frühe Sorten von Juni bis Juli, späte Sorten Ende Juli bis November
Chinakohl		von Mitte Juni bis Anfang August	von Anfang Juli bis Ende August, wenn die Pflanzen 3–4 Blätter angesetzt haben	2–3 Monate nach der Aussaat
Grünkohl		ab Mitte Mai auf ein Saatbeet im Freien	nach Ausbildung von 4–5 Blättern an Endstandort	3–5 Monate nach der Pflanzung
Kohlrabi	von Februar bis Anfang April	von April bis Mitte Juli in ein Saatbeet im Freien	ab April an Endstandort	etwa 2–3 Monate nach dem Pflanzen
Pak Choi		von Anfang Juli bis Anfang August		ab Ende September
Rosenkohl	von April bis Mai ins Frühbeet	von April bis Mai in ein Saatbeet im Freien	von Mitte Mai bis Ende Juni an Endstandort	frühe Sorten ab September, Haupternte im November/ Dezember
Rotkohl und Weißkohl	frühe Sorten Februar/März, mittelfrühe und späte Sorten im März/April ins Frühbeet	mittelfrühe und späte Sorten ab Mai in ein Saatbeet im Freien	ab Ende März	frühe Sorten im Juni, mittelfrühe Sorten von Juli bis September, späte Sorten von Ende Oktober bis Anfang November
Wirsing	frühe Sorten im Januar/ Februar unter Glas, mittelfrühe Sorten im März/April ins Frühbeet	späte Sorten im Mai/Juni	frühe Sorten ab Ende März, mittelfrühe und späte Sorten von Juni bis Juli	bei Vorkultur etwa 3 Monate nach dem Auspflanzen, bei Direktsaat von September bis zum ersten starken Frost
Malabarspinat	ab Ende März		ab Mitte Mai	von Juli bis zum Frost
Mangold		von Mitte April bis Anfang Juni		den ganzen Sommer über bis in den Spätherbst
Meerrettich			Fechser kommen im März/ April oder im Oktober/ November in die Erde	das ganze Jahr über, solange der Boden nicht gefroren ist
Möhre	frühe Sorten von Februar bis Anfang März	frühe Sorten von Februar bis Anfang Juli, späte Sorten von Mitte April bis Mai		von Juni bis Oktober
Neuseeländer Spinat	von Mitte Februar bis Anfang April		nach den Eisheiligen	von Mitte Juli bis Frostbeginn
Paprika	von Mitte Februar bis Anfang März		Anfang Juni (ins Gewächshaus/unter Folie Mitte Mai)	ab Ende Juli
Porree	Sommerporree ab Mitte Januar, Herbstporree von Mitte März bis April	Sommerporree ab April, Winterporree Ende Mai	Sommerporree von Anfang bis Mitte April, Herbstporree von Ende Mai bis Mitte Juni, Winterporree von Juli bis Mitte August	Sommerporree von Anfang Juli bis Ende August, Herbstporree von Anfang September bis Dezember, Winterporree von Dezember bis Ende Mai

Saat- und Erntekalender der wichtigsten Gemüsearten

Gemüseart	Aussaat unter Glas/ Vorkultur	Aussaat ins Freiland	Pflanzung ins Freiland	Ernte
Radicchio		frühe Sorten von Ende Mai bis Mitte Juli, späte Sorten Anfang Juli		frühe Sorten von September bis November, späte Sorten im Frühjahr
Radieschen	ab Februar in Frühbeetkästen, im Gewächshaus nur im späten Herbst oder zeitigen Frühjahr	bei milder Witterung unter Folie ab Februar, ohne Schutz von Anfang/Mitte März bis Mitte September		im Sommer 4 Wochen, im Frühjahr und Herbst 7–8 Wochen nach der Aussaat
Rettich	im Gewächshaus von Januar bis März und von August bis Mitte September, im Frühbeet ab Ende Februar	frühe Sorten unter Folie ab Anfang März, Sommersorten von April bis Anfang Juni, Herbst- und Wintersorten von Mitte Juni bis August		im Gewächshaus 6–8 Wochen, im Freiland Sommersorten 8–9 Wochen und späte Sorten 14–16 Wochen nach der Aussaat
Rote Bete		von Mitte April bis Mai, für Wintereinlagerung von Mitte bis Ende Juni		etwa 12–15 Wochen nach der Aussaat bis zum Herbst
Salat				
Kopfsalat	ab Ende Februar	von April bis Ende Juli	je nach Klima unter Folie oder ins Frühbeet von Anfang März bis Anfang April	8–10 Wochen nach der Aussaat
Pflücksalat und Schnittsalat	ab Januar unter Glas, ab März ins Frühbeet	ab März unter Folie, ab April ohne Schutz		6–7 Wochen nach der Aussaat
Eissalat	von März bis Spätsommer	ab März unter Folie, von Mai bis Ende Juni ohne Schutz	vom Frühjahr bis zum Spätsommer, wenn die Pflanzen 5 Blätter ausgebildet haben	Eissalat 11–12 Wochen, Bataviasalat 8 Wochen nach der Aussaat
Römischer Salat	von Februar bis März	von April bis Juli	April/Mai	bei Vorkultur 6–8 Wochen nach dem Pflanzen, bei Direktsaat 8–10 Wochen später
Sellerie				
Knollensellerie	von Mitte bis Ende März		nach den Eisheiligen	Oktober
Stangensellerie	von Mitte bis Ende März		von Mitte Mai bis Juni	ab August, wenn die Blattstiele kräftig entwickelt sind
Spinat	im Gewächshaus ganzjährig außer von Mai bis Juli	von März bis Mai und von August bis September, für die Überwinterung erst Ende September		frische Blätter laufend bis zur Blütenbildung
Tomaten	von Anfang März bis Anfang April		nach den Eisheiligen	von Juli bis Ende Oktober
Zucchini	April	ab Mitte Mai	Mitte Mai	6–8 Wochen nach der Pflanzung, bei Direktsaat ab Mitte Juli
Zwiebeln	Gemüsezwiebeln von Ende Februar bis März	Haushaltszwiebeln für Sommer- und Winterbedarf im März/April, für die Überwinterung Anfang August	Gemüsezwiebeln Ende Mai; Steckzwiebeln werden im März/April oder Oktober in die Erde gesteckt	im Frühjahr ausgesäte Zwiebeln ab August, gesteckte Zwiebeln ab Juli; im August ausgesäte Zwiebeln ab April/Mai, besser im Juni/Juli

Adressen

Pflanzenschutzdienst in der Bundesrepublik Deutschland

Bundesministerium und Bundesanstalten

Bundesministerium für Ernährung, Landwirtschaft und Forsten
– Referat Pflanzenschutz –
Rochusstraße 1
53123 Bonn

Biologische Bundesanstalt für Land- und Forstwirtschaft
Königin-Luise-Straße 19
14195 Berlin

Biologische Bundesanstalt für Land- und Forstwirtschaft
Messeweg 11/12
38104 Braunschweig

Bundesanstalt für Züchtungsforschung an Kulturpflanzen
Neuer Weg 22/23
06484 Quedlinburg

Pflanzenschutzdienst der Länder

Baden-Württemberg
Landesanstalt für Pflanzenschutz
Reinsburgstraße 107
70197 Stuttgart

Bayern
Bayerische Landesanstalt für Bodenkultur und Pflanzenbau
– Abteilung Pflanzenschutz –
Menzinger Straße 54
80638 München

Berlin
Pflanzenschutzamt Berlin
Mohriner Allee 137
12347 Berlin

Brandenburg
Landesamt für Ernährung, Landwirtschaft und Flurneuordnung
– Dezernat Pflanzenschutzdienst (Abteilung 3) –
Wildbahn/PF 379
15236 Frankfurt/Oder

Bremen
Der Senator für Umweltschutz und Stadtentwicklung
– Pflanzenschutzdienst –
Slevogtstraße 48
28209 Bremen

Hamburg
Institut für Angewandte Botanik der Universität Hamburg
– Abteilung Pflanzenschutz (Pflanzenschutzamt Hamburg) –
Marseiller Straße 7
20355 Hamburg

Hessen
Hessisches Landesamt für Regionalentwicklung und Landwirtschaft
– Pflanzenschutzdienst –
Friedrich-Wilhelm-von-Steuben-Straße 2
60487 Frankfurt

Mecklenburg-Vorpommern
Landespflanzenschutzamt Mecklenburg-Vorpommern
Sitz Rostock
Graf-Lippe-Straße 1
18059 Rostock

Niedersachsen
Landwirtschaftskammer Hannover
– Pflanzenschutzamt –
Wunstorfer Landstraße 9
30453 Hannover

Landwirtschaftskammer Weser-Ems
– Pflanzenschutzamt –
Sedanstraße 4
26121 Oldenburg

Nordrhein-Westfalen
Pflanzenschutzamt der Landwirtschaftskammer Rheinland
Siebengebirgsstraße 200
53229 Bonn

Institut für Pflanzenschutz, Saatgutuntersuchung und Bienenkunde der Landwirtschaftskammer Westfalen-Lippe
Nevinghoff 40
48147 Münster

Rheinland-Pfalz
Landespflanzenschutzamt Rheinland-Pfalz
Essenheimer Straße 144
55128 Mainz

Saarland
Landwirtschaftskammer für das Saarland
– Pflanzenschutzamt –
Lessingstraße 12
66121 Saarbrücken

Sachsen
Sächsische Landesanstalt für Landwirtschaft
Institut für Integrierten Pflanzenschutz
Stübelallee 2
01307 Dresden

Sachsen-Anhalt
Landespflanzenschutzamt Sachsen-Anhalt, Halle
Sitz Magdeburg
Zum Waldsee 1
39114 Magdeburg

Schleswig-Holstein
Pflanzenschutzamt des Landes Schleswig-Holstein
Westring 383
24118 Kiel

Thüringen
Thüringer Landesverwaltungsamt
Abt. Landwirtschaft
– Referat 808/Pflanzenschutzdienst –
Carl-August-Allee 4 a
99423 Weimar

Pflanzenschutzdienst in Österreich

Bundesanstalt für Pflanzenschutz
Trunnerstraße 5
1020 Wien

Magistrat der Stadt Wien
MA 42: Stadtgartenamt
Am Heumarkt 2 b
1030 Wien

Österreichische Gartenbaugesellschaft
Parkring 12
1010 Wien

Pflanzenschutzdienst in der Schweiz

Bundesamt für Landwirtschaft
– Sektion Zertifizierung und Pflanzenschutz –
Mattenhofstraße 5
3003 Bern

Staatliche Bodenuntersuchungsanstalten in der Bundesrepublik Deutschland

Baden-Württemberg
Landwirtschaftliche Untersuchungs- und Forschungsanstalt (LUFA) Augustenberg
Neßlerstraße 23
76227 Karlsruhe

Landesanstalt für landwirtschaftliche Chemie (710) der Universität Hohenheim
Emil-Wolff-Straße 14
70599 Stuttgart

Bayern
Bayerische Hauptversuchsanstalt für Landwirtschaft der Technischen Universität München
Weihenstephan
85354 Freising

Bayerische Landesanstalt für Weinbau und Gartenbau, Kellerwirtschaft und Untersuchungswesen
Herrnstraße 8
97209 Veitshöchheim

Berlin
Pflanzenschutzamt Berlin
Mohriner Allee 137
12347 Berlin

Brandenburg
Landwirtschaftliche Untersuchungs- und Forschungsanstalt (LUFA) Potsdam
Templiner Straße 21
14473 Potsdam

Hamburg
Institut für Angewandte Botanik der Universität Hamburg
Marseiller Straße 7
20355 Hamburg

Hessen
Verband Deutscher Landwirtschaftlicher Untersuchungs- und Forschungsanstalten e.V. (VDLUFA)
Bismarckstraße 41 A
64293 Darmstadt

Hessische Landwirtschaftliche Versuchsanstalt – Landwirtschaftliches Untersuchungsamt Darmstadt –
Rheinstraße 91
64295 Darmstadt

Hessische Landwirtschaftliche Versuchsanstalt – Landwirtschaftliches Untersuchungsamt Kassel –
Am Versuchsfeld 13
34128 Kassel

Mecklenburg-Vorpommern
Landwirtschaftliche Untersuchungs- und Forschungsanstalt (LUFA) Rostock
Graf-Lippe-Straße 1
18059 Rostock

Niedersachsen
Landwirtschaftliche Untersuchungs- und Forschungsanstalt (LUFA) Hameln
Finkenborner Weg 1 A
31787 Hameln

Landwirtschaftliche Untersuchungs- und Forschungsanstalt (LUFA) Oldenburg
Jägerstraße 23–27
26121 Oldenburg

Nordrhein-Westfalen
Landwirtschaftliche Untersuchungs- und Forschungsanstalt (LUFA) Bonn
Siebengebirgsstraße 200
53229 Bonn

Landwirtschaftliche Untersuchungs- und Forschungsanstalt (LUFA) Münster
Nevinghoff 40
48147 Münster

Rheinland-Pfalz
Landwirtschaftliche Untersuchungs- und Forschungsanstalt (LUFA) Speyer
Obere Langgasse 40
67346 Speyer

Landeslehr- und Versuchsanstalt für Weinbau, Gartenbau und Landwirtschaft Trier
Egbertstraße 18/19
54295 Trier

Sachsen
Sächsische Landesanstalt für Landwirtschaft
Fachbereich LU (LUFA)
Gustav-Kühn-Straße 8
04159 Leipzig

Sachsen-Anhalt
Landwirtschaftliche Untersuchungs- und Forschungsanstalt (LUFA) des Landes Sachsen-Anhalt
Schiepziger Straße 29
06120 Halle

Schleswig-Holstein
Landwirtschaftliche Untersuchungs- und Forschungsanstalt (LUFA) Kiel
Gutenbergstraße 75–77
24116 Kiel

Thüringen
Landwirtschaftliche Untersuchungs- und Forschungsanstalt (LUFA) Jena
Naumburger Straße 98
07743 Jena

Staatliche Bodenuntersuchungsanstalten in Österreich

Bundesanstalt für Agrarbiologie
Wieningerstraße 8
4020 Linz

Bundesanstalt für Bodenwirtschaft
Denisgasse 31–33
1200 Wien

Landwirtschaftlich-Chemische Landesversuchs- und Untersuchungsanstalt
Burggasse 2
8010 Graz

LUVA-TIROL
Tiroler Landwirtschaftliche Untersuchungs- und Versuchsanstalt
Rotholz
6200 Jenbach

Staatliche Bodenuntersuchungsanstalten in der Schweiz

Staatliches (Eidgenössisches) Fachinstitut
Eidgenössische Forschungsanstalt für Obst-, Wein- und Gartenbau
Schloss
8820 Wädenswil

Register

Halbfette Seitenzahlen bedeuten, daß es sich um einen ausführlichen Eintrag handelt. *Kursive* Seitenzahlen weisen auf eine Abbildung hin.

A

B

C

D

E

F

G

H

I

J

K

L

M

N

S

Z

Bildnachweis

Titelfoto: Fotoservice Silvestris, Kastl
–/Hanneforth
A-Z Botanical Collection, Herts: 135 u., 138 o., 138 u., 189 u., 220 o.
T. Angermayer, Holzkirchen
–/Pfletschinger: 114, 114/115, 119 u., 121 l., 123 l., 123 r., 128 M.
–/Reinhard: 119 r.o.
U. Borstell, Essen: 16 l., 17 u., 20 r.o, 21 r.o, 23, 33 3.v.o., 46 o., 76, 118 o., 118 l., 154 r., 216 u.
R. Bühl, Stuttgart: 120 u., 124 u., 124 r., 125 r., 126 r., 127 M.u, 129 o., 130 r., 131 l.o, 131 l.u, 131 M.r.
Bildarchiv de Cuveland, Norderstedt: 33 o., 33 u., 119 l.o.
Institut für botanisch-ökologische Beratung, München: 134 r.o., 146 o., 161 l.u., 166 u., 174 u., 187 M.r., 217 o.
U. Niehoff, Bienenbüttel: 110 M.u.
W. Redeleit, Bienenbüttel: 10 l.o, 14 l.o., 14 3.v.l., 18 r.u, 19 r.u., 24 l.o., 24 M.u., 24 r.o., 26 l.o, 26 r.o, 31 l.o, 34, 35, 37 l., 37 r., 39 l.o., 39 r.o, 40 o., 40 u., 41 o., 41 r.u., 42 l., 42 M., 43 r., 50 u., 50 o., 53 M., 54 l., 55 o., 55 M., 56 l.o., 56 l.M., 56 o.l, 62 l., 62 r.u, 63 M.r., 65 l., 66, 68 l., 68 r., 69 r., 71, 73 M.u., 78 l.u., 80 r., 85, 86 M.o, 86 l.o., 87 u., 88, 89, 90 u., 91, 94 r.o., 95 r.u., 98/99, 101 o., 101 u., 102 M., 109 o., 111 l.M., 111 r.M., 111 u., 112 M.o., 112 l.o., 117 o., 117 r.o., 118 u., 121 u., 122 o., 150 u., 158 u., 163 r., 165 l., 165 u., 169 u., 172 M.o., 188 o, 193 M., 195 o., 200, 202 l., 207 o., 209 u., 210 u., 222 r.u.
Bildarchiv Sammer, Neuenkirchen: 8/9, 11 r.o., 11 r.u., 16/17, 26 r.u., 30 l., 31 r.o., 32 l.o, 32 l.u, 32 r.o, 39 M.u, 41 l.u, 42/43, 49, 53 l., 54 r., 56 M.u, 58 l., 58.3.v.l., 58 r., 62 l.u., 65 r.u., 70 u., 73 r., 77, 78 o., 79 M.l., 80 l., 81, 84 o., 84 u., 86 u., 87 r., 93 r.o, 94 l.o, 95 o., 95 u.l, 95 u.r., 96 u., 101 M., 102 u., 110 r., 112 l.u, 113 r., 122 u., 123 o., 125 l.o, 126 u., 128 r., 135 r., 140 u., 141 r.o., 141 r.u., 146 r., 148 u., 152 r., 156 l.o., 159 r., 160 l., 162 l., 163 l., 165 r., 168 o., 171 o., 173 o., 173 r., 173 u., 179 M., 182 u., 194 u., 199 o., 201 u., 206 l., 210 M., 211 l., 211 r., 212 M., 215 u., 216 u., 223 o.
F. Sauer, Karlsfeld 124 l.
U. Schneiders, Lindau: 132/133
S. Seidl, München: 32 u., 70 l.u., 142 r.o. 143 u.
Silvestris Fotoservice, Kastl: 20 l.o, 20 l.M., 20 l.u., 21 2.v.o., 21 u., 132, 201 o., 214 o.,
–/Aitken: 46 u.
–/Bogon: 95 r.o.
–/Brockhaus: 166 M.
–/Bühler: 52 u., 60/61, 64 o., 70 r.o., 73 l., 92, 96 l., 167 u., 172 u., 193 o., 218 o., 219 l.
–/de Cuveland: 63 l.m., 103 l.u., 215 o.
–/Gebhard: 171 M.
–/Göhler: 120 o.
–/Grünert: 97 M., 97 u.
–/Hanneforth: 175 l.u.
–/Heine: 30 r., 215 M.
–/Heitmann: 19 o., 20 r.M.
–/Irsch: 177 l.
–/Kerscher: 157 r.
–/Kottal: 25, 36/37 o.
–/Kuch: 161 l.M., 162 l.u., 184 l., 203 l.
–/Kuchelbauer: 158 o.
–/Lochstampfer: 150 r., 151 u., 152 u., 177 r.
–/Maier: 120 M.
–/Palinkas: 10 u.
–/Prato: 18 o., 136 o., 159 M.
–/Riedmiller: 8, 22, 26 M.u., 28, 51, 67 l.o., 69 o., 70 l.o., 72 l., 90 M., 90 o., 98, 103 M.o., 109 r., 111 o., 116, 144 r., 157 l., 159 o., 174 r., 178 u., 183 u., 204 u., 204 o., 217 u.
–/Scholz: 128 l.
–/Schwirtz: 33 2.v.o.
–/Siepmann: 206 r.
–/Skibbe: 97 o., 187 o.
–/TH Foto-Werbung: 21 3.v.o.
–/Weinzierl: 112 r.u.
–/Wendler: 125 u.
–/Wörle: 100
C. Sperling & Co., Lüneburg: 170 l.
B. u. S. Stein, Vastorf: 1, 10/11, 18 M., 19 l., 27, 31 l.u., 31 r.u., 38, 47 l., 47 r., 52 o., 53 r., 56 o.r., 58 2.v.l., 60, 63 l.o., 63 r.o., 64 u., 65 r.o., 67 r., 72 o., 74 o., 75 l.o., 75 r.o., 78 r.u., 79 u., 83 l.u., 83 o., 83 r.u., 93 u., 94 l.u., 94 M.u., 103 r.o., 103 r.u., 105 l., 105 M, 105 r., 109 u, 110 l.o., 110 l.u., 113 l., 117 l.u., 117 M.u., 118 r., 121 o., 122 M., 126 l., 127 l.o., 127 r., 129 l.u., 129 r.u., 130 u., 131 M, 134 l., 137 u., 139, 140 l., 141 M., 142 l., 142 r.u., 145 r., 145 M., 147 l., 148 r., 149 r., 153 l., 153 r., 154 l., 155 l., 155 o., 156 u., 161 r., 164 o., 164 u., 168 u., 168 r., 169 l., 172 r.u., 172 r.o., 175 o., 175 r.u., 176 l., 178 o., 179 l.o., 180, 181 l., 181 r, 182 l., 183 l., 184 r., 185 o., 186 u., 186 M., 188 l., 190 u., 191 o., 191 u., 192 o., 195 u., 196 l., 197 r.o., 197 r.M., 197 r.u., 198 u., 199 u., 201 M., 202 r., 205 o., 205 r., 207 u., 208 u., 209 o., 210 o., 212 u., 212 r., 213 o., 213 M., 213 u., 214 l., 218 u., 220 u., 221 l.o., 221 u., 221 M.l, 221 M.r., 222 o., 223 u.
G. Steinbach/Geiger, Oberreutte: 219 u.
F. Strauss, Au/Hallertau: 192 l., 197 l.u., 199 l.
M. F. Wetterwald, Offenburg: 137 o., 143 r., 147 u., 149 l., 167 o., 171 u., 179 r., 183 M., 187 u., 190 l., 194 o.,
K. Wothe, München: 14 2.v.l., 14 r., 102 r.o., 147 o., 151 l., 156 r., 160 r., 170 r., 203 r., 222 l.
J. Zeltner, München: 134 u., 136 u., 144 u., 176 r., 185 r., 189 r., 196 o., 198 r., 208 r., 219 o., 223 r.

Abbildungen im Inhaltsverzeichnis und auf der Rückseite des Einbandes: aus dem Inhalt